"十二五"职业教育国家规划教材
经全国职业教育教材审定委员会审定

数字传媒设计与制作（第2版）

主　编　王正友
副主编　胡　郁　李　果　廖小兵
编　者　吴丽萍　徐　东　韩剑亮
　　　　吴　猛　李　杰

SHUZI CHUANMEI
SHEJI YU ZHIZUO

重庆大学出版社

内容提要

本教材以数字传媒设计与制作过程为基础构建学习项目，以完成岗位工作任务为主线，编写各任务内容。全书共有10个模块，分别为认识数字媒体、图文数字化处理、数字传媒界面色彩设计、数字传媒界面元素设计、数字音频与合成、数字视频与编辑、Flash动画设计与制作、三维图文动画设计与制作、数字传媒交互设计、动作捕捉技术。教材内容贴近职业实际，按照工作主线提取不同的能力目标，并分配到28个情境教学中，主要培养学生在数字传媒设计与制作中分析问题、解决问题的能力。

本教材打破一贯到底的单一叙述方式，采用任务引领模式，每个模块下的工作情境由不同的模拟制作任务和独立实践任务组成，这些模拟制作任务都是典型实用的案例。

根据学生为主、教师为辅的教学需要，本教材不但在教材网站上配备教案、电子课件等资料，还提供网络互动教学平台，以期为学生学习和老师授课提供更多的帮助。

图书在版编目(CIP)数据

数字传媒设计与制作 / 王正友主编. —2版. —重庆：重庆大学出版社，2016.5(2022.2重印)
ISBN 978-7-5624-9730-1

Ⅰ. ①数… Ⅱ. ①王… Ⅲ. ①数字技术—应用—传播媒介—高等职业教育—教材 Ⅳ. ①G206.2

中国版本图书馆CIP数据核字(2016)第063469号

数字传媒设计与制作
(第2版)

主　编　王正友
副主编　胡　郁　李　果　廖小兵
策划编辑：尚东亮
责任编辑：陈　力　　版式设计：尚东亮
责任校对：秦巴达　　责任印制：张　策

*

重庆大学出版社出版发行
出版人：饶帮华
社址：重庆市沙坪坝区大学城西路21号
邮编：401331
电话：(023) 88617190　88617185(中小学)
传真：(023) 88617186　88617166
网址：http://www.cqup.com.cn
邮箱：fxk@cqup.com.cn (营销中心)
全国新华书店经销
POD：重庆圣立印刷有限公司

*

开本：787mm×1092mm　1/16　印张：20.5　字数：449千
2016年5月第2版　2022年2月第3次印刷
ISBN 978-7-5624-9730-1　定价：68.00元

【第2版　前　言】

当前,全国各职业院校正在如火如荼地进行职业教育人才培养模式和课程改革,“校企合作、工学结合”“模块教学法”“任务驱动法”和“项目教学法”等先进的人才培养模式和教学理念越来越被大家所认同。在教学实践中,笔者发现适合数字出版、出版与计算机编辑技术、广告设计与制作、会展策划与管理、多媒体设计与制作、影视多媒体技术、影视动画、印刷图文信息处理、计算机艺术设计、出版与发行等相关专业的数字传媒设计与制作方面的与之相配套的教材几乎没有,这为教师的有效教学和学生的高效学习带来了不便。

……材第 1 版自 2011 年出版以来,得到相关高校师生的认可。2013 年 8 月,本教材获……五”职业教育国家规划教材立项。鉴于此,我们根据《教育部关于“十二五”……建设的若干意见》(职成教〔2012〕9 号)、《高等职业学校专业教学标准(试……完成了本书的修订。后经全国职业教育教材审定委员会审定,正式评为“十二……国家规划教材。

……材编写的指导思想

在广泛调研了目前高职院校中使用的数字媒体技术相关教材的基础上,本着高职院校常态教学应强调学生以技能为主,提出了独具特色的教材开发的指导思想:技能为主、理论为辅、情境典型、任务实际。

二、本教材的创新

1. 以项目为载体,以模块化和任务驱动方式设计教学任务

《数字传媒设计与制作》教材围绕“工作过程”这一主线,以“能力本位”为主旨,通过情境教学,培养学生的职业技能与职业素质,每个情境由不同的工作过程,完整的模拟制作任务和独立实践任务组成。

每个情境的开始部分对本情境应掌握的能力目标、知识目标提出了明确的要求,强调“能用什么做什么”。每一个任务都通过任务背景、任务要求、重点难点、素材来源、操作步骤详解、知识点拓展和职业技能知识点考核部分引导。这些情境下所选用的典型任务,是目前就业市场上最通用的职业技能。

2. 以培养职业技能为抓手

在本教材的编写过程中,笔者分析了数字传媒行业的典型职业技能,在设计教学任务时贯彻了以下基本原则:所举案例不但要符合职业就业市场的需要,而且制作过程要容易掌握,以实现效果最佳。培养学生不但要知道怎么做,而且要又快又好地做。

3. 以人为本,培养学生可持续发展

笔者在每个模拟制作任务后设计了相关知识点拓展,通过这一环节,可进一步巩固对知识点的掌握，并促进技巧的熟练化，以满足个性化的发展需求，使每个学生都有最大的发展空间。

本教材的编写得到了全国新闻出版职业教育教学指导委员会、上海出版传媒研究院、上海出版印刷高等专科学校、上海理工大学出版印刷与艺术设计学院、安徽新闻出版职业技术学院、江西新闻出版职业技术学院、上海市信息管理学校、上海睿光视觉设计有限公司、爱迪斯通（北京）科技有限公司、上海力富展示系统工程有限公司、上海触动传媒、上海聚力传媒有限公司、上海贝康广告传媒有限公司、动捕中国会等高校及相关行业人士的大力支持，编写队伍是由教学或应用开发一线的资深人员组成，也有来自行业的资深工程师。

本教材的编写由吴丽萍负责模块01，徐东负责模块02，韩剑亮负责模块03，朱伟负责模块04，胡郁负责模块05，李果负责模块06，王正友负责模块07，吴猛负责模块08，王正友，廖小兵负责模块09，廖小兵负责模块10，上海市信息管理学校（董恒甫高级中学）李杰负责全书的文字编校与修饰。

本教材的编写参考了一些相关资料和出版物，在此不一一列举，编者在此向这些资料和出版物的作者表示由衷的感谢。

本教材既适合作为高等院校相关课程教学的教材，又可作为各类、各层次学历教育和短期培训的选用教材，也适合作为数字传媒设计与制作工作人员的参考用书。

本教材的项目实例素材和完成效果、教学资料均可从重庆大学出版社网站下载。欢迎相关行业人士、教师和读者对本书提出宝贵的改进意见。主编联系方式：wangzy59@163.com。

编　者
2016 年 1 月

数字传媒设计与制作

模块 01　认识数字媒体 …… 1

情境 01　数字媒体作品欣赏 …… 2

任务　数字媒体作品 …… 2

情境 02　Windows 的媒体工具 …… 16

任务 1　拼凑冷僻字 …… 16

任务 2　绘制异形字 …… 24

任务 3　构造文字 …… 27

模块 02　图文数字化处理 …… 30

情境 01　文字稿 OCR 扫描输入与识别 …… 31

任务 1　文字稿 OCR 扫描输入与识别 …… 31

任务 2　利用 OCR 进行文字识别 …… 34

情境 02　图像原稿的扫描输入 …… 35

任务 1　反射原稿的扫描输入 …… 36

任务 2　透射原稿的扫描输入 …… 37

任务 3　扫描印刷原稿 …… 42

模块 03　数字传媒界面色彩设计 …… 44

情境 01　图像的色彩构成 …… 45

任务 1　更改图像色调 …… 45

任务 2　制作黑白照片 …… 47

任务 3　数码图像的拍摄和格式修改 …… 49

任务 4　更改图像风格 …… 56

情境 02　界面元素色彩搭配 …… 56

任务 1　数字媒体中色彩搭配 …… 57

任务 2　配色工具 …… 58

任务 3　使用在线配色工具进行配色 …… 62

模块 04　数字传媒界面元素设计 …… 64
情境 01　按钮制作 …… 65
任务 1　双按钮制作 …… 66
任务 2　脚印按钮制作 …… 70
情境 02　制作播放器界面 …… 71
任务 1　制作视频播放器界面 …… 71
任务 2　制作音频播放器界面 …… 78
情境 03　图文模板制作 …… 78
任务 1　触摸屏图文界面设计 …… 79
任务 2　制作网站主页面 …… 86
任务 3　滚屏图文界面设计 …… 99

模块 05　数字音频与合成 …… 102
情境 01　音频的获取 …… 103
任务 1　录制声音 …… 103
任务 2　CD 抓轨 …… 106
任务 3　诗朗诵《海燕》…… 113
情境 02　音频文件的基本操作 …… 114
任务 1　裁剪声音 …… 115
任务 2　连接声音 …… 116
任务 3　混合声音 …… 118
任务 4　《我爱家乡》配乐诗朗诵 …… 122
情境 03　音频文件的特效制作 …… 123
任务 1　制作回音效果 …… 123
任务 2　制作淡入淡出效果 …… 125
任务 3　音频合成 …… 126
任务 4　手机铃声制作 …… 132
任务 5　剪辑与混音 …… 132

模块 06　数字视频与编辑 …… 136
情境 01　素材文件的加工 …… 137
任务 1　剪辑合成视频短片 …… 138
任务 2　使用时间线窗口完成视频剪辑 …… 142
情境 02　字幕与转场的设置 …… 142
任务 1　设计制作视频字幕 …… 143
任务 2　转场特效制作 …… 146

任务3 视频字幕及转场特效 …… 149
情境03 视频、音频特效使用 …… 149
任务1 视频特效设计制作 …… 150
任务2 音频设计制作 …… 154
任务3 影音特效合成 …… 157
情境04 动态效果的实现 …… 158
任务1 运动特效 …… 159
任务2 抠像合成 …… 162
任务3 夏秋变换的音频片 …… 168

模块07 Flash动画设计与制作 …… 171
情境01 按钮制作 …… 172
任务1 动感导航按钮 …… 173
任务2 制作“回忆世博”跳转播放按钮 …… 179
情境02 Flash图片展示 …… 179
任务1 利用幻灯片模板——制作旅游照片欣赏 …… 180
任务2 利用脚本语言——制作外部图片展示 …… 182
任务3 Flash广告条 …… 186
任务4 图片滚动动画 …… 193
任务5 影视在线 …… 199
情境03 图文特效制作 …… 199
任务1 利用滤镜特效——制作汽车广告宣传动画 …… 200
任务2 利用混合模式——制作动画的“片头艺术字” …… 203
任务3 利用滤镜特效——制作动态图像 …… 209
任务4 利用混合模式——制作幻彩效果图像 …… 209
情境04 菜单制作 …… 209
任务1 XML垂直动态菜单 …… 210
任务2 制作菜单式图片播放效果 …… 218
任务3 XML水平动态菜单 …… 219

模块08 三维图文动画设计与制作 …… 222
情境01 三维文字动画 …… 223
任务1 制作三维文字空间位移动画 …… 224
任务2 制作三维文字旋转上升动画 …… 231
情境02 修改器动画 …… 231
任务1 水面波浪动画 …… 232
任务2 彩色小球融化 …… 238

模块 09 数字传媒交互设计 …… 240
情境 01 图片播放器设计 …… 241
任务 1 电子相册 …… 241
任务 2 “美丽的家乡”多媒体光盘 …… 250
情境 02 滚屏文本设计 …… 250
任务 1 触摸屏界面文本设计 …… 251
任务 2 滚屏文本设计 …… 256
情境 03 视频播放器设计 …… 256
任务 1 视频播放器的制作 …… 257
任务 2 视频播放特效制作 …… 266
情境 04 数字传媒作品制作 …… 266
任务 1 《美丽上海,精彩世博》多媒体光盘设计 …… 267
任务 2 “新江湾城楼盘规划”触摸屏展示设计 …… 289

模块 10 动作捕捉技术 …… 292
情境 01 初识动作捕捉技术 …… 293
任务 1 了解动作捕捉技术 …… 293
任务 2 演员贴点和场地校正 …… 299
任务 3 动作捕捉和数据处理 …… 300
情境 02 开启制作人物动画之旅 …… 300
任务 1 认识 MotionBuilder …… 301
任务 2 制作人物动画 …… 303
任务 3 制作双人动画 …… 317

认识数字媒体

在人类社会中，信息的表现形式是多种多样的，通常把这些表现形式称为媒体(Medium)。用计算机记录和传播信息媒体的一个共同的重要特点就是信息的最小单元是比特(bit)——“0”或“1”。任何信息在计算机中存储和传播时都可分解为一系列“0”或“1”的排列组合。故将通过计算机存储、处理和传播的信息媒体称为数字媒体(Digital Media)。

比特只是一种存在的状态：开或关、真或假、高或低、黑或白，将其简记为0或1。比特易于复制，可以快速传播和重复使用，不同媒体之间可相互混合，也可用来表现文字、图像、动画、影视、语音及音乐等信息，文本数据、声音、图像、动画等的融合被称为多媒体(Multimedia)。

过去所熟悉的媒体几乎都是以模拟的方式进行存储和传播的，而数字媒体却是以比特的形式通过计算机进行存储、处理和传播。交互性能的实现，在模拟域中是相当困难的，而在数字域中却容易很多。因此，具有计算机的“人机交互作用”是数字媒体的一个显著特点。

本模块通过欣赏数字媒体作品，简单介绍 Windows 自带媒体工具的基本使用方法，激发学生了解相关的数字媒体技术和学习兴趣，为深入学习该课程作好基本准备。

广告制作、影视动画、媒体传播、会展设计、数字出版、计算机编辑、印刷图文等相关专业可以根据专业的特点，对本模块的内容进行选择性的教学。

情境 01 数字媒体作品欣赏

数字媒体是以信息科学和数字技术为主导，以大众传播理论为依据，以现代艺术为指导，将信息传播技术应用到文化、艺术、商业、教育和管理领域的科学与艺术高度融合的综合性交叉学科。数字媒体包括了图像、文字以及音频、视频等各种形式，同时也包括了传播形式和传播内容的数字化过程。数字媒体已经成为继语言、文字和电子技术之后最新的信息载体。

数字媒体作品区别于传统的艺术形式，其所呈现的最主要特征有三个方面：艺术语言的数字化、表现形式的多样化、体验上的互动性。各种传统的艺术形式，均可与数字媒体艺术相结合，形成一种全新的门类。借由数字媒体艺术独有的数字语言，可以极大地丰富艺术的表现力。

本情境通过欣赏典型数字媒体作品，探究具体的应用艺术形式及应用技巧，揭开数字媒体的神秘面纱，培养读者对数字媒体的学习兴趣。

【能力目标】

1. 能理解数字媒体的基本含义。
2. 能使用 Windows 自带的多媒体工具。

【知识目标】

1. 理解和掌握数字媒体的基本概念、分类及其特点。
2. 熟练掌握 Windows 自带的多媒体工具。

【学时分配】

1 课时(授课 1 课时)。

◎ 模拟制作任务

任务 数字媒体作品

【任务背景】

数字化是平面媒体的发展方向，数字媒体作品是指以数字科技的发展和全新的传媒技术为基础，将人类理性思维和艺术感觉巧妙地融合为一体的艺术作品。数字媒体艺术作品拥有其独特的个性，由于作者并不是作品最终成型的决定者，所以每一位参与者都拥有独立的个性和理解力，他们的参与使作品的发展变得不可预知，对于作品结果的不确定性这一特征，每个人都可以参与并改变作品本身的发展方向。

【任务要求】

从表现形式和技术的角度来展示数字媒体作品，引导读者对新兴的数字媒体从应用方式、应用形式、应用内容及应用承载媒介 4 个方面进行思考。

【任务分析】

数字媒体技术的发展使得艺术形式发展为构建于数字技术平台之上，以 0 和 1 为最基本的信息单位，基于信息技术表达来传递艺术思考和人文信息。数字媒体艺术使得艺术形式成为虚拟的存在，或者说是一种特殊形式的存在，使得艺术表现的想象与创造在信息技术的支持下得到充分释放。将平面图像、三维图像、多维图像、二维动画、三维动画以及数字视频，甚至是物体以全方位的"传达"。通过与观众、听众等参与者进行身体上的、心理上的、思维上的交互，直接带给参与者艺术的享受。这种形式使得艺术平台化、载体化，参与者本身成为了艺术的一部分。

【重点、难点】

1. 了解数字媒体艺术的表现形式。

2. 了解数字媒体技术的基本特点。

【技术要领】数字媒体就是以数字化的方式，通过计算机产生、记录、处理、传播与获取的信息媒体。

【解决问题】艺术品的创作已经不再拘泥于传统的静态模式，具有实时性、动态性、交互性的数字媒体艺术模式已经成为艺术发展的必然。

【素材来源】\模块 01\情境 01\任务 1\素材\1-1 人物原图.jpg 等。

【完成效果】\模块 01\情境 01\任务 1\完成效果\1-2 人物迷幻效果处理图等。

分类欣赏

01. 数字图像

数字图像(Digital Image)，又称数码图像或数位图像，是二维图像用有限数字数值像素的表示。数字图像是由模拟图像数字化得到的、以像素为基本元素的、可以用数字计算机或数字电路存储和处理的图像。

数字图像可以由许多不同的输入设备和技术生成，例如数码相机、扫描仪、坐标测量机、机载雷达、地震仪等，也可以由任意的非图像数据合成得到，例如数学函数或者三维几何模型，三维几何模型是计算机图形学的一个主要分支。

数字图像处理(Digital Image Processing)是用计算机对图像信息进行处理的一门技术，是利用计算机对图像进行各种处理的技术和方法。利用数字图像处理主要是为了修改图形，改善图像质量，或是从图像中提取有效信息，另外，利用数字图像处理可以对图像进行体积压缩，便于传输和保存。如图 1-2 所示，该图使用了图像处理手段，将原图实现了传统方式不能实现的效果。

图 1-2 是利用 Adobe Photoshop 软件处理图 1-1，把绿色通道覆盖到蓝色通道后即可得到单色的图片，再用调色工具把所得颜色转为蓝色，适当细化处理后再加上一些补色就能得到如图所示的蓝色迷幻效果。

图 1-1　人物原图

图 1-2　人物迷幻效果处理图

图 1-4 是借助图像处理软件 Adobe Photoshop 对图 1-3 的明暗、色调、对比度进行加工处理，将在较差拍摄环境情况下拍出的照片修正为一幅明亮的风景图。

图 1-3　风景原图

图 1-4　风景色调修正图

图 1-5 是一幅通过图像处理软件 Adobe Photoshop 将图 1-6 所示的素材图像合成的图像，该图像荣获了 Adobe 公司举办的“数字艺术大赛”优秀作品称号。作者用简单的素材，组合出了春之神的魔幻形象。图像处理软件的普及打破了传统艺术的学科边界，降低了艺术创作的专业性，预示着艺术平民化。

图 1-5　“春神”合成图

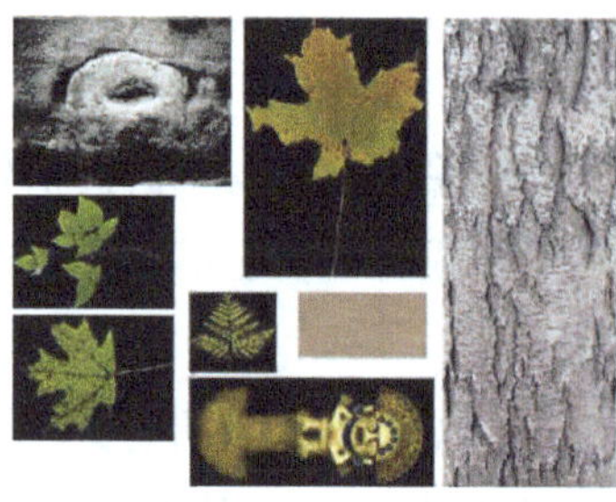

图 1-6　“春神”素材

在现实生活运用图像的过程中，仅仅只靠照相机获得的图像还不能满足实际需要。图1-7是利用计算机绘制的插画，十分生动地表现出建筑的构造，同时在图像放大时仍不会失真。

图1-7 插画中国馆

在图1-8中，右图是通过计算机技术计算合成的矢量“苹果”，并填充了适当的颜色和特效，与左图的真实苹果图相比，您觉得哪一个“苹果”更吸引您呢？显而易见，构造的苹果更适合作为吸引用户的宣传图。

图1-9是将传统手工绘制的方法转换到计算机中，构建出虚拟漫画人物，塑造了一个活泼可爱的小女孩形象，并易于复制，这个人物形象在多次运用过程中，只需一次转换多次运用，相比传统的手绘图而言，大大地降低了人工成本。

图1-8 真实的苹果和构造的苹果比较图

图1-9 插画漫画人物

由此可看出，使用数字图像技术不仅可以帮助人们获得现实中不能得到的一些图像效果，还可以实现人们一些天马行空的想象，丰富了生活的色彩。

02. 数字动画

数字动画（Digital Cartoon），是指运用计算机等数字设备作为主要制作工具完成的动画。数字动画相比于传统动画有许多优点，在画面表现力、题材范围、制作工艺等方面具有得天独厚的优势。数字动画继承了数字技术的许多特征，其中虚拟性是最重要的一个特征，而这个特征正是数字动画优势的根源。数字动画比较常见的形式有二维动画和三维动画。

二维动画是对手工传统动画的一个改进，将事先手工制作的原动画逐帧输入计算机，由计算机帮助完成绘线上色的工作，并且由计算机控制完成记录工作。二维数字动画在表现传统动画的基础上，有更多的灵活性，更具动画效果，其最终成果不仅仅是影视作品，也可以是网络动画、游戏动画或者计算机演示动画。相对于制作工艺而言，数字动画由于有计算机的参与，大大地简化了工作程序，方便快捷，提高了效率。

图1-10所示为我国52集大型动画片《西游记》的宣传海报，该动画片绘制了100多万张原画、近2万张背景，共耗纸30 t、耗时5年；而在迪士尼的动画大片《花木兰》中，如图1-11所示，一场匈奴大军厮杀的戏仅用了5张手绘士兵图，计算机就变化出三四千个不同表情士兵作战的模样。《花木兰》人物设计总监表示，这部影片如果用传统的手绘方式来完成，以动画制片小组的人力，完成整部影片的时间可能由5年延长至20年，而要拍摄出片中

千军万马奔腾厮杀的场面，是基本不可能的。

图 1-10 《西游记》宣传海报

图 1-11 《花木兰》宣传海报

图 1-12 是应用在网页上的片头。这是一个 Flash 格式动画，文件小，易于网络传播。该动画在原画的基础上展现了中国人的传统风格，描绘了古典的传统文化。通过二维动画，结合图像和声音，将古书法的动画展现得淋漓尽致，在制作过程中无须通过胶片拍摄和冲印，即使出错，在计算机中直接修改即可，减少了传统动画中的烦琐过程，节约了成本。

图 1-12 二维动画—网页片头

图 1-13 是使用二维动画软件 Flash 制作的带有互动效果的 Flash 游戏主界面，增加了读者的使用互动性，有较强的参与感，更加吸引读者。

图 1-13 带交互的 Flash 游戏主界面

图 1-14 是上海世博会的中国馆具有生命力的重点展项——《清明上河图》百米长卷，该艺术品将《清明上河图》由静态图像转化为了二维动画，从而带领观众从点的扩散，转变为面的跳跃。人们在观看这一幅《清明上河图》时，与其昼夜的交替更迭，与其行走的路人，与其吆喝的小商小贩，与其市井居民，形成了完美的互动，在互动中，重返流逝的时光，重温中国博大的五千年文化，在这一时间点，展现了整个上下五千年，堪称艺术品的杰作。

图 1-14 《清明上河图》局部

三维动画软件是一款帮助艺术家创作三维图像、动画、电影的软件，通过这款软件，艺术家可以创作出立体形象，并能够设计出立体形象的动作姿态，表情与神态，进而创作出鲜活的形象。三维动画是在计算机中建立一个虚拟的世界，设计师在这个虚拟的三维世界中按照要表现对象的形状、尺寸，建立模型以及场景，再根据要求设定模型的运动轨迹、虚拟摄影机的运动和其他动画参数，最后按要求为模型赋上特定的材质，并打上灯光。当这些工作完成后就可以让计算机自主运算，生成最后的画面。由于其精确性、真实性和无限的可操作性，目前被广泛应用于医学、教育、军事、娱乐等诸多领域。在影视广告制作方面，三维动画可用于广告和电影电视剧的特效制作（如爆炸、烟雾、下雨、光效等）、特技（撞车、变形、虚幻场景或角色等）、广告产品展示、片头飞字等。

图 1-15 所示为皮克斯动画公司制作的三维系列动画片《玩具总动员》海报。该动画片中的人物、场景是通过三维软件虚拟出来的，完成了实拍不能完成的镜头，塑造了一系列可爱的卡通人物形象，深受观众喜爱。《玩具总动员》系列影片在电影史上都取得了很好的成绩。

图 1-15 三维动画—广告海报

03. 数字视频

数字视频（Digital Video），即先用摄像机之类的视频捕捉设备，将外界影像的颜色和亮度信息转变为电信号，再记录到储存介质中。图 1-16 所示的汽车宣传片通过摄像、三维和剪辑技术的完美融合，展现了新款车系完美的外形，通过视频和音频的冲击，让用户得到了美的感受。

图 1-16　视频—汽车宣传片

以清晰度来区别数字电视或影片可分为低清晰度电视或影片、标准清晰度电视或影片、高清晰度电视或影片（HD）。VCD 的图像格式属于低清晰度电视或影片水平，DVD 图像格式属于标准清晰度电视或影片水平。图 1-17 和图 1-18 所示为《赵氏孤儿》同一时间的片段，从两幅图中可以看出，不同画质的画面可以给观众带来不一样的观感。

图 1-17　《赵氏孤儿》片段—标清画质

图 1-18　《赵氏孤儿》片段—高清画质

04. 动作捕捉技术

动作捕捉技术（Motion Capture），就是在运动物体的关键部位设置跟踪器，由动作捕捉系统捕捉跟踪器位置，再经过计算机处理后向用户传送可以在动画制作中应用的数据。当数据被计算机识别后，动画师即可在计算机产生的镜头中调整、控制运动的物体。从其基本原理来说，就是将人或动物的动作、空间位移记录下来，并以此数据驱动虚拟角色运动，达到比手工动画更流畅、更精确的效果。

早期动作捕捉只记录演员的肢体语言，脸部则靠动画师后期绘制。但是《猩球崛起》在表情捕捉技术上取得了突破性的进展，首次使用了“脸部肌肉组织模拟技术”（Facial Tissue Simulations），使得演员的演技得以最大化地传达给观众，让人意识到“动作捕捉技术”越来越应该被称为“表演捕捉技术”，《猩球崛起》通过“动作捕捉”技术呈现的猩猩凯撒，经典程度也不遑多让。凯撒兽性未泯与人性初露的种种复杂、微妙的表情和肢体语言，都在影片中呈现得极为自然鲜活，真正达到了以假乱真、真假难辨的高超境界。当影片结尾凯撒以平等的姿态站立在威尔博士面前时，神态中那种充满猩猩尊严的独立与霸气，无疑让观众更为真切地理解了《猩球崛起》这一片名的含义。可以说，正是“动作捕捉”技术成就了这部影片，更证明了好莱坞先进的电影科技不仅仅只有在动作场面中营造夸张的视听噱头一条路可走，将技术与故事完美地结合，即便没有多少大场面、即使没有太多的动作戏，也可以赢得很好的口碑。

图1-19所示为动作捕捉技术展示，大图中是演员穿上特制的动作捕捉服装，在该服装中的关键部分安排有很多传感点，利用场景中的捕捉摄像机来捕获传感点的数据，再通过计算机将这些数据处理后得到小图中的“数据人物”，该人物具有真实人物的动作特征。

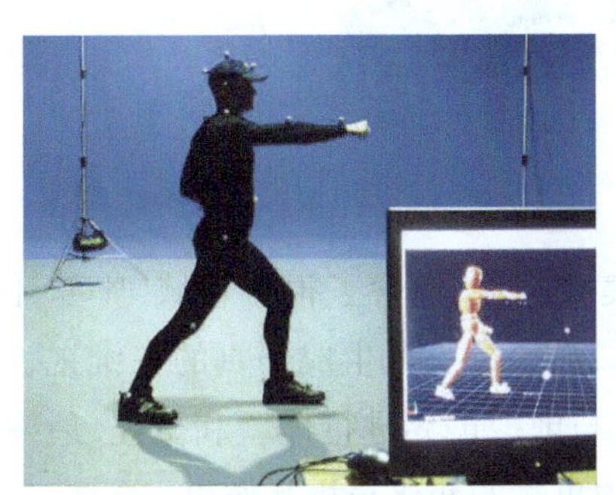

图1-19 动作捕捉技术展示

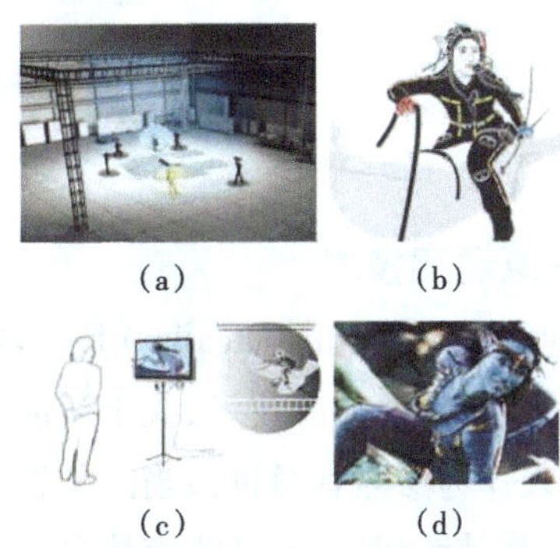

(a) (b) (c) (d)

图1-20 阿凡达制作过程

2009年引起世界关注的一部电影《阿凡达》开启了电影史的新篇章。该片采用了动作捕捉技术将现实人物的运动数据捕捉下来，当数据被计算机识别后，动画师在计算机产生的镜头中调整、控制运动的物体。由此大大提高了动画制作的效率，降低了成本，而且使动画制作过程更为直观，效果更为生动。

图1-20展示了一个镜头制作的过程。

(a)搭建完美的摄像场景，以方便360°的方向进行捕捉拍摄。

(b)特写的拍摄。演员身穿动作捕捉服装，服装上标记了动作与参考标记的条纹，以便场景进行动作捕捉；演员脸上也布置了墨水点，是为了让脸上的小摄像机拍摄演员的脸部表情。

(c)通过卡梅隆自行研发的虚拟摄像机技术将制作的虚拟世界和演员的表演进行实时合成，导演在这样的合成中观看和指导演员的表演，以符合场景的需要。

(d)演员表演的数据经过程序员的处理，渲染出真实可信的外星人。

图1-21 阿凡达外星人公主面部表情捕捉

图1-22 虚拟人物面部表情效果

图1-21体现了演员在摄影棚中如何进行前期表演，而动作捕捉系统如何将其动作行为捕获，即脸上的小摄像机捕捉演员脸上的绿色墨水点，从而得到稍纵即逝的脸部表情的运

动数据。图 1-22 所示为对捕获的运动数据经过后期特效，得到的虚拟人物面部表情效果。

图 1-23 展示了在不同的角度拍摄捕捉演员的动作、表情，然后这些数据再被映射到后期的计算机处理，从而令 CG(Computer Graphics)场景呈现出高度拟真的效果。

图 1-23　多角度的拍摄和后期合成过程

05. 虚拟现实技术

虚拟现实技术(Virtual Reality)是一项综合集成技术，包含了很多领域，比如计算机图形学、人机交互技术、传感技术、人工智能等领域。它用计算机生成逼真的三维视、听、嗅觉等感觉，使人作为参与者通过适当的装置，自然地与虚拟世界进行体验和交互，最终使得参与者产生身临其境感觉，并且能直接参与该环境中事物的变化与相互作用。

典型的 VR 系统主要由计算机、输入输出设备、应用软件系统、用户和数据库等组成。计算机负责虚拟世界的生成和人机交互的实现；输入输出设备负责识别用户各种形式的输入并实时生成相应的反馈信息；应用软件系统负责虚拟世界中物体的几何模型、物理模型、行为模型的建立，三维虚拟立体声的生成，模型管理及实时显示等；数据库主要用于存放整个虚拟世界中所有物体的各个方面的信息。

VR 技术与三维动画技术的本质区别在于其交互性上。三维动画技术是依靠计算机预先处理好的路径上所能看见的静止照片连续播放而形成的，不具有任何交互性，即不是用户想看什么地方就能看到什么地方，用户只能按照设计师预先设定好的一条线路去看某些场景，因此用户是被动的；而 VR 技术则通过计算机实时计算场景，根据用户的需要把整个空间中所有的信息真实地提供给用户，用户可以自己的路线行走，计算机会产生相应的场景，真正做到“想得到，就看得到”。

虚拟现实具有沉浸性、交互性、构想性特征。根据 VR 技术对沉浸程度的高低和交互程度的不同，将 VR 系统划分了 4 种类型：沉浸式 VR 系统、桌面式 VR 系统、增强式 VR 系统、分布式 VR 系统。

沉浸性指人能够沉浸到计算机系统所创建的环境中，由观察者变为参与者，成为虚拟现实系统的一部分；交互性指人能用多种传感器与多维化信息的环境发生交互，如同在真实的环境中一样与虚拟环境中的对象发生交互关系；构想性指人能从虚拟环境中得到感性和理性的认识，进而深化概念、产生新意和构想。

比如在 2010 年中国台湾花卉博览会中将参观者的角色在入馆时转化为一只蝴蝶，用虚拟环境来创造一个超级花卉王国，人们徜徉在巨大的花海之中，犹如一只真正的蝴蝶，利用 RFID 制作的手环(射频识别系统)来完成蝴蝶自身的成长过程和授粉过程，让参观者一边体验，一边学习。每个人都成为这个环境里不可分割的一部分，却又单独属于自身，中国台湾花博会的这项交互设计吸引了无数参观者的到来，他们在体验的同时学习了知识，而这只是现代科技馆、展览馆等一些数字化场馆的一个缩影，并且，虚拟展览馆的建设也在同步进行中，上海科技馆就是一个运用了虚拟和现实技术比较成功的案例，免费在网络上360°清晰展现科技馆的精彩。自从该馆引入了虚拟现实技术之后，官方网页的浏览量节节攀升。

图1-24所示为从上海科技馆网上虚拟展馆二号门进入网上虚拟展馆所看到的画面，按照指示箭头的方向移动，观众可以身临其境地观看到馆藏的内容。虚拟展馆的网址为：http://www.sstm.org.cn/kjg%5FWeb/html/defaultsite/kejiguan/TourViewer_u.html。

图1-24　上海科技馆网上虚拟展馆

06.增强现实技术

增强现实技术(Augmented Reality)是通过计算机技术，将虚拟的信息应用到真实世界，真实的环境和虚拟的物体实时地叠加到了同一个画面或空间同时存在。增强现实技术提供了在一般情况下，不同于人类可以感知的信息。它不仅展现了真实世界的信息，而且将虚拟信息同时显示出来，两种信息相互补充、叠加。在视觉化的增强现实中，用户利用头盔显示器，把真实世界与计算机图形多重合成在一起，便可以看到真实的世界围绕着它。

一个AR系统需要由显示技术、跟踪和定位技术、界面和可视化技术、标定技术构成。跟踪和定位技术与标定技术共同完成对位置与方位的检测，并将数据报告给AR系统，实现被跟踪对象在真实世界里的坐标与虚拟世界中的坐标统一，达到让虚拟物体与用户环境无缝结合的目标。为了生成准确定位，AR系统需要进行大量的标定，测量值包括摄像机参数、视域范围、传感器的偏移、对象定位以及变形等。

Wikitude Drive增强现实导航应用，用户看到的不是地图，而是前方街道的实时视图，以及叠加在视频上方的导航数据。现在已在欧洲、澳大利亚、北美市场得到了应用，如图1-25所示。

图1-25　指引路径

Wikitude 被称为“世界浏览器”，它可以帮助用户探索周围的环境，查找地标的资料。当用户举起手机并打开摄像头，屏幕上就会出现一些标记——包括维基百科词条，带 GEO 标签的 Tweet，ATM 的位置，如图 1-26 所示。

图 1-26　查找地标资料

使用 Zugara 的虚拟试衣间非常简单。只需要一台带摄像头的计算机和一点空间，后退到离摄像头 4 ~ 5 英尺(1 英尺 = 0. 304 8 m)的地方挥一挥手，选中的衣物会自动“穿”到身上。如果用户觉得没有“穿好”，还可以通过微调衣物的位置使其看起来更贴合，如图 1-27 所示。

图 1-27　虚拟试衣

◎ 知识点拓展

01. 什么是数字媒体

数字媒体是指以二进制数的形式记录、处理、传播、获取过程的信息载体，这些载体包括数字化的文字、图形、图像、声音、视频影像和动画等感觉媒体，以及表示这些感觉媒体的表示媒体(编码)等，统称为逻辑媒体，以及存储、传输、显示逻辑媒体的实物媒体。但通常意义下所称的数字媒体常常指感觉媒体。

数字媒体是以信息科学和数字技术为主导，以大众传播理论为依据，以现代艺术为指导，将信息传播技术应用到文化、艺术、商业、教育和管理领域的科学与艺术高度融合的综合交叉性学科。数字媒体包括了图像、文字以及音频、视频等各种形式，以及在传播形式和传播内容中采用数字化，即信息的采集、存取、加工和分发的数字化过程。数字媒体已经成为继语言、文字和电子技术之后的最新信息载体。

02. 数字媒体的分类

数字媒体可按不同的分类方法分成很多种类，目前主要有两种分类方法。

1)按照国际电报电话咨询委员会(CCITT)分类

(1)感觉媒体

感觉媒体(Perception),是指能够直接作用于人的感觉器官,使人产生直接感觉(视、听、嗅、味、触觉)的媒体,如语言、音乐、各种图像、图形、动画、文本等。

(2)表示媒体

表示媒体(Presentation),是指为了加工、处理和传输感觉媒体而人为构造出来的一种媒体,即各种编码,借助这一媒体可以更加有效地存储感觉媒体,或者是将感觉媒体从一个地方传送到远处另外一个地方的媒体,如语言编码、电报码、条形码、语言编码,静止和活动图像编码以及文本编码等。

(3)显示媒体

显示媒体(Display),是显示感觉媒体的设备。显示媒体又分为两类:一类是输入显示媒体,如话筒,摄像机、光笔以及键盘等;另一类是输出显示媒体,如扬声器、显示器以及打印机等。显示媒体是指用于通信中,使电信号和感觉媒体间产生转换用的媒体。

(4)存储媒体

存储媒体(Storage),是指用于存放某种媒体的载体,保存表示媒体的介质。也即存放感觉媒体数字化后的代码的媒体称为存储媒体。例如磁盘、光盘、磁带、纸张等。简而言之,是指用于存放某种媒体的载体。

(5)传输媒体

传输媒体(Transmission),是指传输信号的物理载体,即用来将媒体从一处传送到另一处的物理载体。例如同轴电缆、光纤、双绞线以及电磁波等都是传输媒体。

2)按照行业使用习惯分类

(1)按时间属性分

按时间属性分,数字媒体可分成静止媒体(Still media)和连续媒体(Continues media)。静止媒体是指内容不会随着时间而变化的数字媒体,比如文本和图片。而连续媒体是指内容随着时间而变化的数字媒体,比如音频和视频。

(2)按来源属性分

按来源属性分,则可分成自然媒体(Natural media)和合成媒体(Synthetic media)。其中自然媒体是指客观世界存在的景物、声音等,经过专门的设备进行数字化和编码处理之后得到的数字媒体,比如数码相机所拍摄的照片。合成媒体则是指以计算机为工具,采用特定符号、语言或算法表示的,由计算机生成(合成)的文本,音乐、语音、图像和动画等,比如用3D制作软件制作出来的动画角色。

(3)按感觉特征分

按感觉特征分,数字媒体可分为视觉媒体(Visual media)和听觉媒体(Auditory media)等。支持视觉的媒体有文本、图像、图形、动画等。支持听觉的媒体有语音、音乐等。同时支持听觉和视觉的媒体有带有声音的视频影像等。

(4)按组成元素分

按组成元素来分,则又可以将数字媒体分为单一媒体(Single media)和多媒体(Multi media)。顾名思义,单一媒体就是指单一信息载体组成的载体;而多媒体(Multimedia)则是指多种信息载体的表现形式和传递方式。

通常所说的"数字媒体"一般是指"多媒体",而"多媒体"也是现在被谈论得很多的一门技术,是由数字技术支持的信息传输载体,其表现形式更复杂,更具视觉冲击力,更具有互动特性。

图形图像数字出版是新媒体技术的一部分,以计算机技术、通信技术、网络技术、流媒体技术、存储技术、显示技术等高新技术为基础,通过设计规划和运用计算机进行艺术设计,融合并超越了传统出版内容而发展起来的新业态,如数字视听、数字动漫、网络学习、手机娱乐等都属于图形图像数字出版范畴。

数字媒体技术是实现数字媒体(感觉媒体即文字、图形、图像、声音、视频影像和动画)的表示、记录、处理、存储、传输、显示、管理等各个环节的软硬件技术,一般分为数字媒体表示技术、数字媒体存储技术、数字媒体创建技术、数字媒体显示应用技术、数字媒体管理技术等。

03. 数字媒体的发展趋势

数字媒体是在完整的技术体系的支撑下,在社会各部门的协调下,以企业为主导,对内容进行创意、生成、制作、管理、传播、运营等活动,向消费者提供多层次的、多类型的内容产品和服务的技术群。数字媒体技术是跨学科的综合性技术,其集成了图形图像处理技术、人机交互与虚拟现实技术和大众传媒等技术,具有明显的技术交叉特性。

国际数字媒体发展呈现出新趋势,内容销售呈现出由传统渠道移至数字化传播渠道,传统销售比例下降;网络等新媒体创造出许多新成长商机。

(1)数字游戏

全球数字游戏领域包括个人游戏、网络游戏、无线与在线游戏,国内外的研究主要集中在3D游戏引擎、游戏角色与场景的实时绘制、网络游戏的动态负载平衡、人工智能、网络协同与接口,并已经开发出很多较为成熟的网络游戏引擎。

(2)数字动漫

美国、日本仍为动漫产业大国,在技术上领先,人才和创意丰富,有能力开发极为复杂的3D动画。3D动画为数字动漫的重要发展方向,而内容创意仍为动画创作核心。尽管技术发展能为产业助力,但是流行娱乐行业仍然保持其高风险高回报的特性。

国内外对数字动画的研究集中在三维人物行为模拟、三维场景的敏捷建模、各种动画特效和变形手法的模拟、快速的运动获取和运动合成、艺术绘制技法的模拟等。

(3)数字影音

影音内容囊括电影、影视和音乐,其中影视市场所占比例最高,IPTV正在整合各项互动娱乐服务来变革家庭影视模式,各国政府纷纷鼓励在发展数字广播的基础上使将来电视信号以宽带数字信号代替模拟信号,同时在Cable线路上传递数字信号,在电视上提供上网功能和多元化的远程互动服务。

(4)数字学习

如今,全球数字学习市场规模已达到千亿美元,而2001年则为21亿美元,平均年复合增长率为100%,企业对量身定做的课程服务的需求也增加了,将来数字学习服务市场发展的潜力巨大。

(5)数字出版

数字出版被公认为是21世纪出版业的发展方向。到"十二五"期末,我国数字出版总产出力争达到新闻出版产业总产出的25%,在全国形成8~10家各具特色,年产值超百亿的国家数字出版基地或国家数字出版产业园区,建成5~8家集书报刊和音像电子出版物于一体的海量数字内容投送平台,形成20家左右年主营业务收入超过10亿元的具有国际竞争力的数字出版骨干企业。

但是,该领域的技术还需要不断地发展和完善,包括以下几个方面:高质量电子图书制作的流程化和自动化,电子图书的多样化表现形式,跨平台的阅读技术以及数字版权保护。

◎ 独立实践任务

【任务背景】

上海科技馆设有地壳探秘、生物万象、智慧之光、视听乐园、设计师摇篮、彩虹乐园、自然博物馆7个展区和巨幕影院、球幕影院、四维影院、太空影院及会馆、旅游纪念品商场、临展馆、多功能厅、银行等配套设施。

在以往的展览馆、博物馆或科技馆中,对于展项内容和信息的传达,通常会由讲解员带领参观讲解,后期发展出电子讲解员可供参展者携带入馆,自由安排参观时间和内容,但是这还不是互动式的交流,电子讲解员只能在一定意义上被动服务于参观者,但是交互性的数字媒体智能导览系统将彻底改变主、被动的关系,而改为基于人与人之间的交流模式来传递信息,这种智能导览系统会在跟随参观者的过程中,智能分析并提供给参观者更个性化的建议,接收到参观者对某一展项的偏好,会同步预定其他类似展项并提供展项细节传输给参观者。

【任务要求】

传统媒体在现有科学技术的光辉照耀下日渐退去原有的光环,人们不再单纯地对文字或图像形式的展项感兴趣。

身临其境地体验上海科技馆,使每个来参观的观众能在赏心悦目的活动中,接受现代科技知识的教育和科学精神的熏陶。

【技术要领】数字媒体就是一种数字化的信息载体,支撑它的技术包括计算机技术与互联网技术。

【解决问题】多媒体艺术作品、电子游戏艺术作品、数字图像作品、交互装置、电子音乐作品等,在数字艺术的创作实践中,数字技术必须作为一种工具和手段来使用。

【素材来源】上海科技馆。

情境 02　Windows 的媒体工具

Windows 操作系统是一款图形化界面的视窗操作系统，系统提供了一些实用的媒体数字化工具，主要包括：画图、录音机、写字板、Windows Live Movie Maker、Windows Media Player、Windows DVD Maker、Windows 语音识别、专用字符编辑程序。画图工具用于绘制图形，输入文字，处理以图形为主的文件；录音机工具可以录制、播放声音文件(.wma 文件)；写字板工具应用于文档的编辑；Windows Live Movie Maker 工具可以轻松导入和编辑用户的电影，使之更具视觉效果；Windows Media Player 工具主要用于数字媒体的播放，包括音乐、视频、CD、DVD 和 Internet 电台；Windows DVD Maker 工具主要用于制作视频和数码照片的 DVD 光盘；Windows 语音识别功能可以使用声音命令指挥用户的计算机，实现更为方便的人机交互；专用字符编辑程序提供对冷僻字、特殊符号的创建功能。

本情境利用 Windows 操作系统自带媒体工具——专用字符编辑程序创建冷僻字、异体字，引导学生更加深入地了解数字媒体的含义，对数字媒体作品的产生有一个入门概念。

【能力目标】

1. 培养学生认识数字媒体作品产生的基本思路。
2. 培养学生分析问题和实践操作的能力。

【知识目标】

了解 Windows 操作系统中各类数字化工具。

【学时分配】

1 课时(授课 0.5 课时，实践 0.5 课时)。

◎ 模拟制作任务

任务 1　拼凑冷僻字

【任务背景】

合肥的一名中学生本应该在高考前获得的毕业证书，直到高考后的一个月也没有拿到，到底是什么原因呢？其实原因很简单，由于该生姓名中存在生僻字，而各级管理部门的成绩录入库中没有这个字，导致了会考成绩记录、传输出了问题，造成毕业证书不能正常打印。

冷僻字在人名用字中出现的频率是比较高的。中国有十几亿人口,每个人都有自己的姓名,其中许多冷僻字在现有字库是找不到的。遇到这种情况该怎么办呢?其实,如果能够熟练掌握 Windows 系统提供的“专用字符编辑程序”自己造字,那么解决问题自然也就轻而易举了。

【任务要求】

利用专用字符编辑程序将冷僻字拼凑出来并使用,解决使用冷僻字的相关人员的困难。

【任务分析】

根据使用的冷僻字分析结构,利用现有的文字字库构造出新的文字,记录该文字的编码,就能在相关的文字录入工具中使用。

【重点、难点】

1. 文字结构的拆分。

2. 构造文字的使用。

【技术要领】计算机中需要安装带有内码的输入法,比如微软拼音输入法;在分析文字结构的过程中,引用文字的选取是关键,尽量选择和被造字体结构一致的引用文字,以减少修改;截取参考窗口中的文字部分应尽量贴合需要部分的边缘框选;在调整色块的过程中,以参考窗口作为模板,铅笔工具和橡皮工具交替使用进行修订色块的出现位置。

【解决问题】使用 Windows 系统自带的专用字符编辑程序。

【素材来源】无。

【完成效果】\模块 01\情境 02\任务 1\完成效果\1. jpg。

操作步骤

步骤一:分析文字结构及需要的组成部分

1. 首先分析造字的结构,文字效果如图 1-28 所示,该字为左—中—右结构,并且由多种文字或部首组成。因此需要选择合适的引用文字方便修改。

图 1-28 造字的样张

2. 在这个字中,包含了几个部分,左侧是“磤”字(音:yin)中的“石”旁,中间是两个字的组合,上部为“士”,可以取“窾”字(音:kuan)的“士”,下部为“夫”,可以取“瓒”字(音:zan)的“夫”,右边部分也包括两个部分,上部为“變”字(音:bian)中间部首的一半,下部为“凝”字的右下角部分。

步骤二:创建文件,指定编码和字体范围

1. 启动“专用字符编辑程序”,打开造字程序主界面。在进入操作界面之前,专用字符编辑程序弹出“选择代码”对话框,首先要为新构造的文字选择代码,如图 1-29 所示。

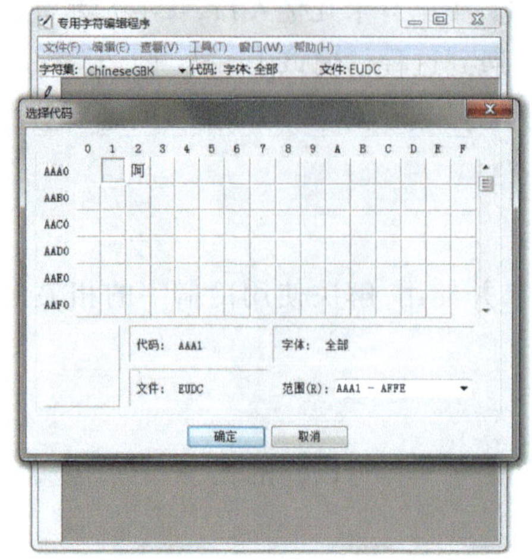

图 1-29　选择代码弹出框

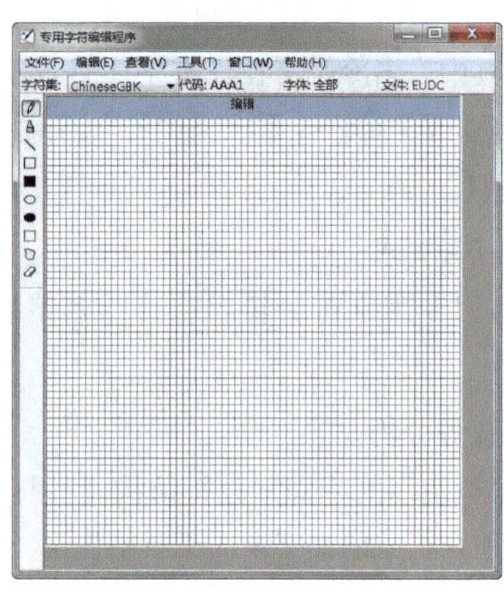

图 1-30　专用字符编辑程序操作窗口

2. 单击“AAA0”和“1”所对应的单元格，再单击“确定”按钮，新造字将以“AAA1”的代码存在。同时将进入操作窗口，如图 1-30 所示。

3. 选择“文件”→“字体链接”命令，弹出“字体链接”对话框，执行默认操作即可，如图 1-31 所示。

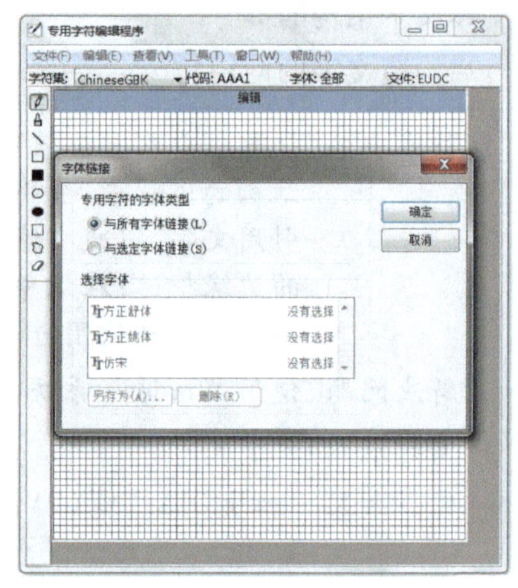

图 1-31　字体链接弹出对话框

步骤三：文字的拼凑

1. 选择“窗口”→“参照”命令，弹出“参照”对话框，如图 1-32 所示。

2. 单击“字体”按钮，在弹出的对话框中选择字体为“宋体”，字体样式保持“常规”选项不变，单击“确定”按钮，如图 1-33 所示。

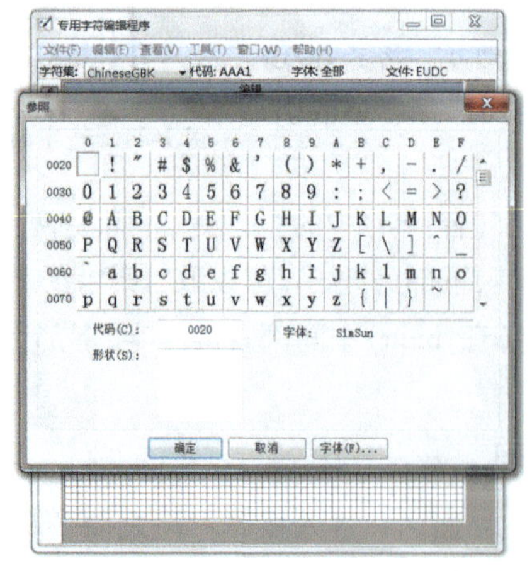

图 1-32　参照弹出框

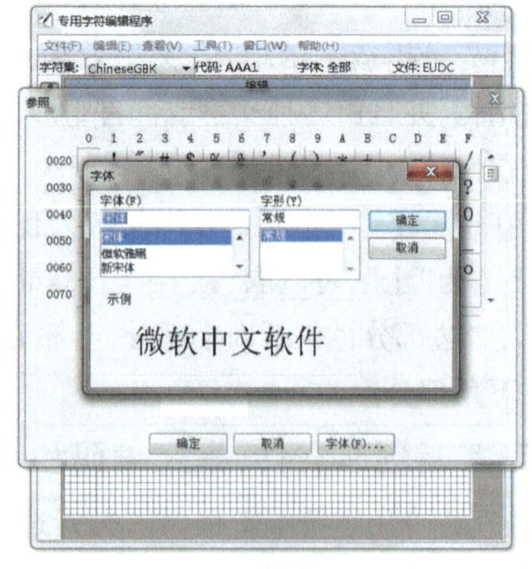

图 1-33　字体设置框

3. 在“形状”所对应的框中单击，输入文字“磁”，如图 1-34 所示。单击“确定”按钮后将退回到主界面，“参照”窗口中出现文字“碫”，如图 1-35 所示。

4. 选择工具栏中的“矩形选项”工具，框选参照窗口中的“石”字旁，如图 1-36 所示，然后拖移该部分到左侧的编辑窗口中，如图 1-37 所示。使用“橡皮擦”工具擦除多余部分。

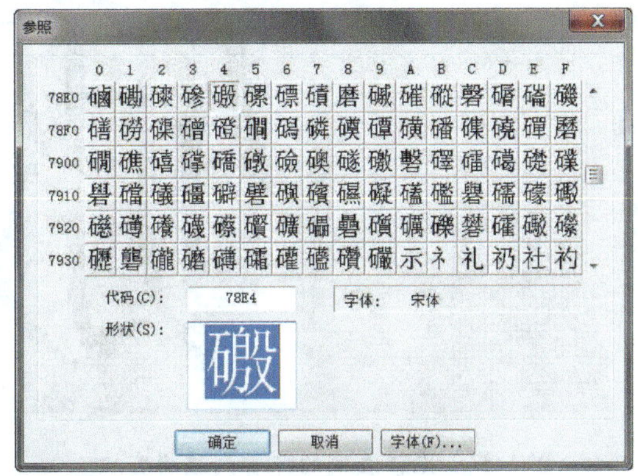

图 1-34　输入参照字体

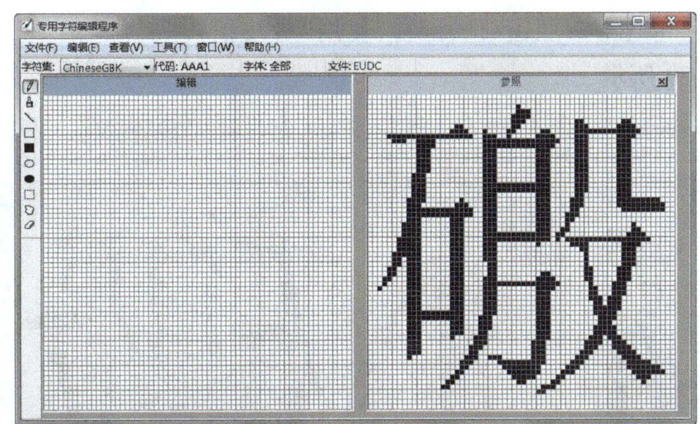

图 1-35　输入参照文字后的主窗口

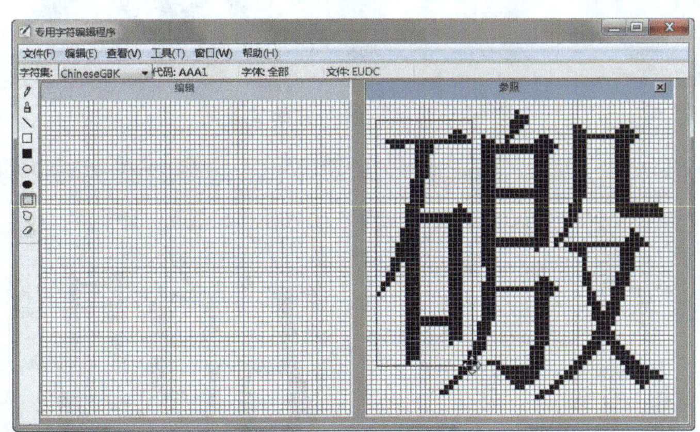

图 1-36　框选左侧的部首

注：对于文字的拼凑，不仅仅可以用打开参照窗口引用文字，也可直接选择“编辑”→“复制”命令，在弹出的“复制字符”对话框中输入要复制的文字，操作方式同参考窗口中的文字。

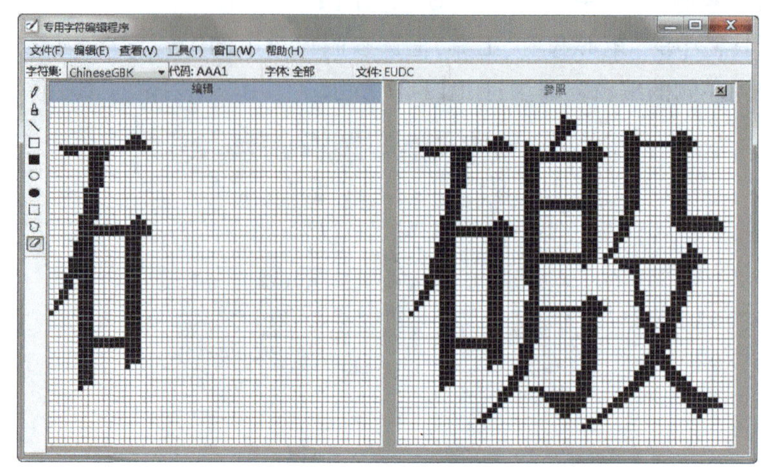

图 1-37　拖移左侧的部首到编辑窗口

5. 使用“框选”工具选择编辑窗口中的“石”字部，并适当地左右压缩。如图 1-38 所示。对压缩后的“石”字部比对参照窗口的部首，使用“橡皮擦”工具和“铅笔”工具调整变化的色块区域，如图 1-39 所示。

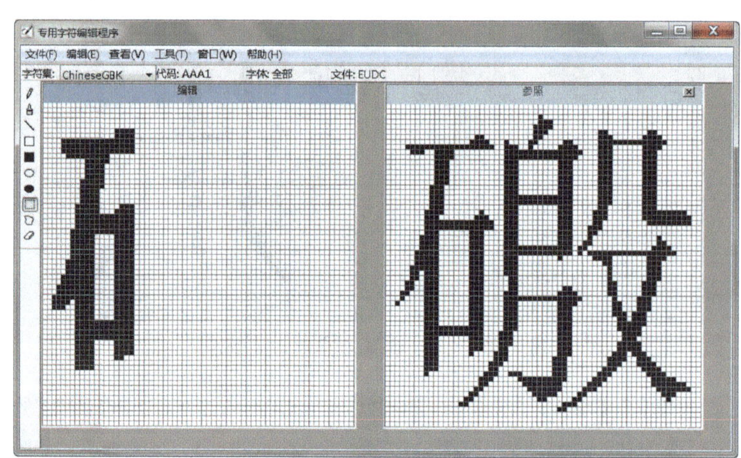

图 1-38　压缩部首的宽度

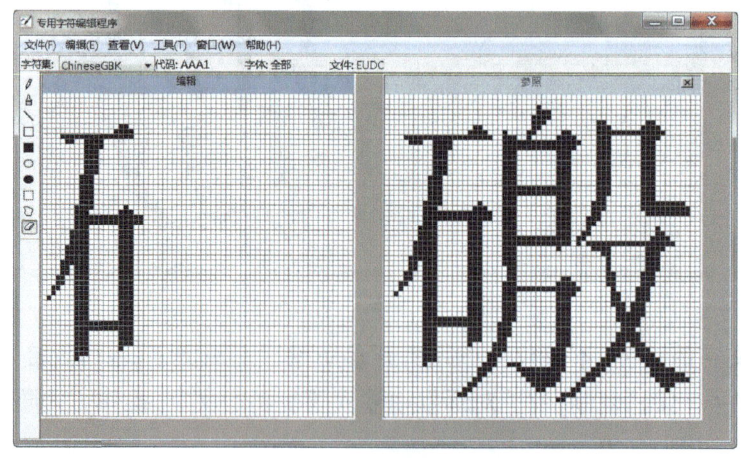

图 1-39　恢复色块的占位

6. 再次打开参照窗口，输入文字"簸"，框选左中上部分的"士"并拖移到编辑窗口中，如图1-40所示。使用"橡皮擦"工具擦除多余的部分，以调整"士"的大小，如图1-41所示。

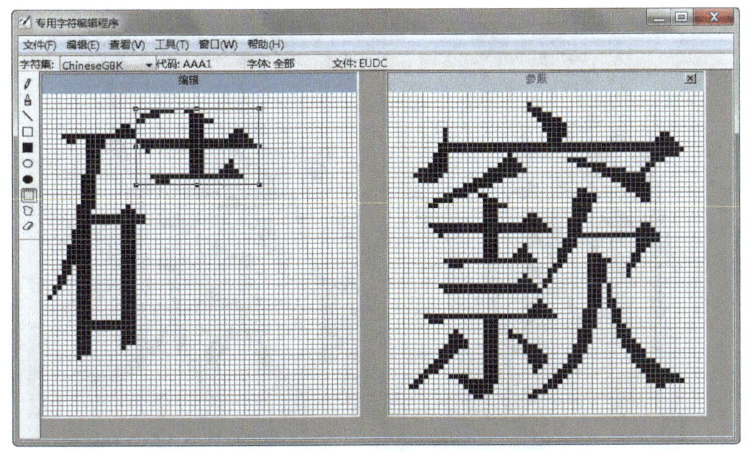

图1-40 拖移中上部分的内容"士"

7. 使用相同的方式，从"瓉"中取出相应的部分，拖动到编辑窗口中，如图1-42所示。使用"橡皮擦"工具擦除多余的部分后，再使用"铅笔"工具、"橡皮擦"工具和"矩形选项"修整缺失或多余的部分，调整"士""夫"的大小和位置，如图1-43所示。

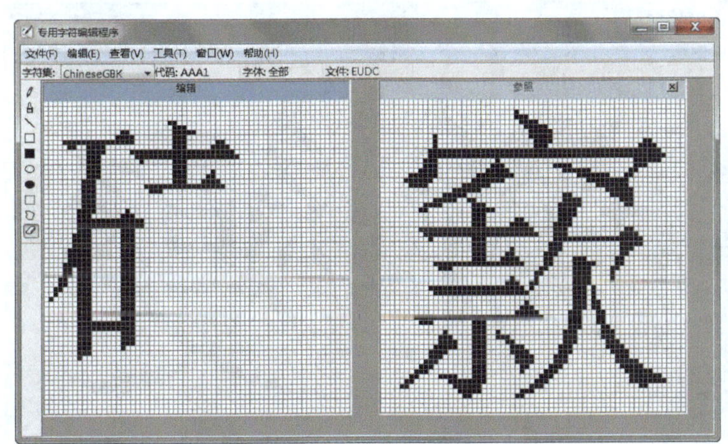

图1-41 编辑中上部分的内容"士"

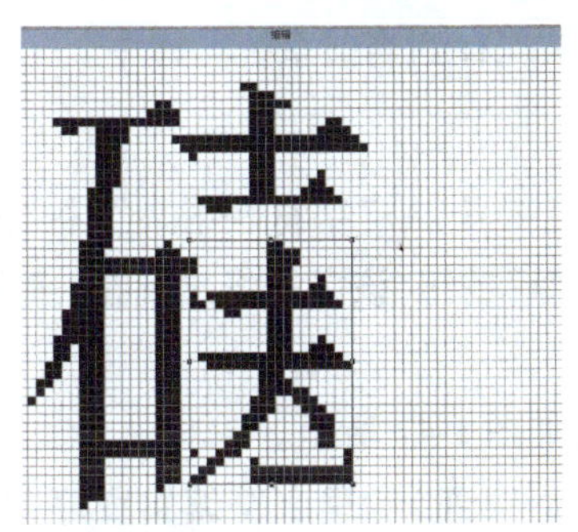

图1-42 拖移"夫"内容

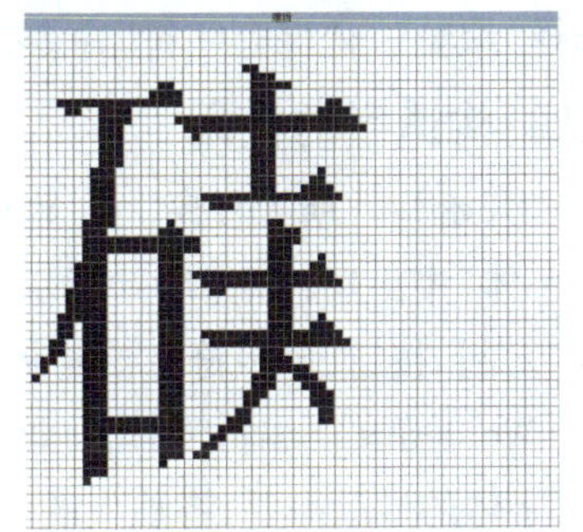

图1-43 编辑中下部分内容的"夫"

8. 再打开参照窗口，从“凝”字（音：ning）中取出相应的部分，拖动到编辑窗口中。并对照参照窗口调整大小和位置，如图 1-44 所示。

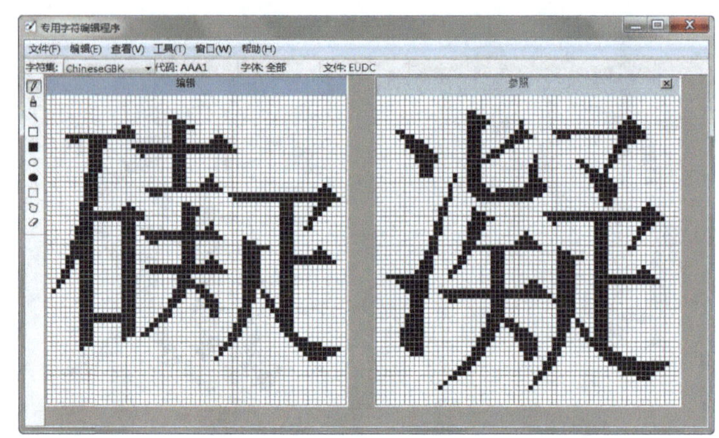

图 1-44　编辑右下部分内容

9. 再打开参照窗口，从“變”中取出相应的部分，拖动到编辑窗口中并适当调整大小和位置，如图 1-45 所示。

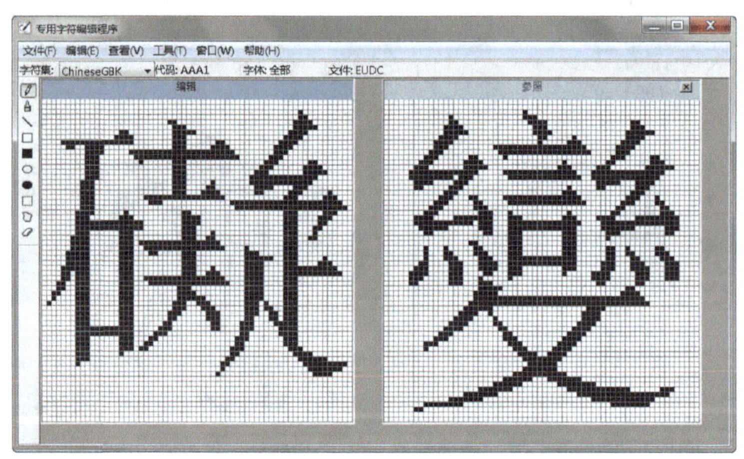

图 1-45　编辑右上部分内容

10. 选择“编辑”→“保存字符”命令，该字符会被保存到当前系统字库中。

步骤四：构造字的使用

1. 启动“开始”→“所有程序”→“附件”→“系统工具”→“字符映射表”，被保存的字符将在“所有字体”中出现，如图 1-46 所示。单击“选择”按钮，该字符将出现在“复制字符”栏中，再单击“复制”按钮，该字符将被复制到剪贴板。

2. 打开 Word 等文字编辑工具，将该字符粘贴，如图 1-47 所示。

3. 根据字体的显示需要，将缺失的部分补足。返回到“专用字符编辑程序”中，将右下角的“人”缺失的部分补齐，如图 1-48 所示。

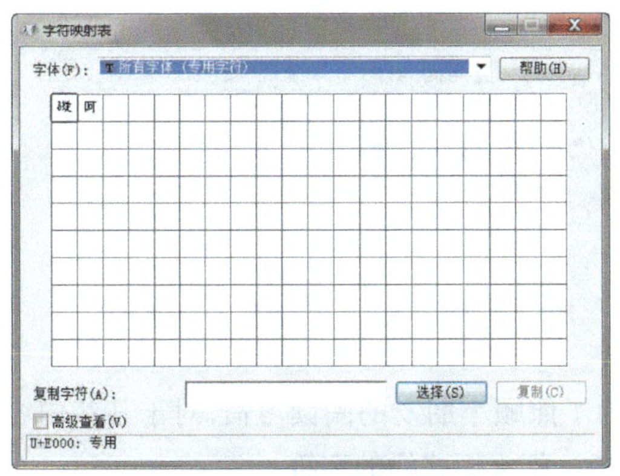

图 1-46　字符映射表

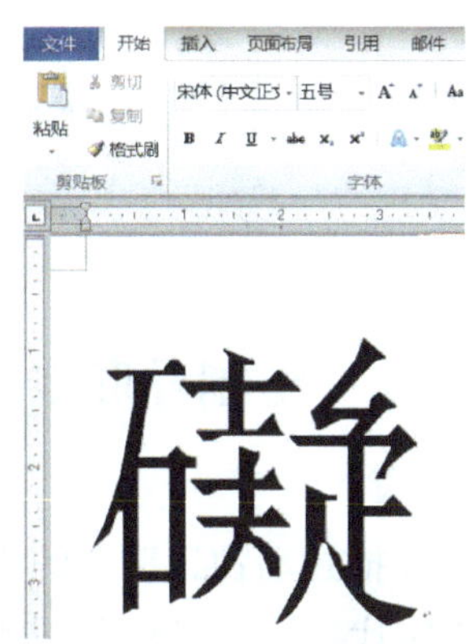
图 1-47　自造字符在 Word 中的应用

图 1-48　字符修改和在 Word 中的应用对比

步骤五：将构造字添加到输入法中

1. 保持输入法“微软拼音”不变，单击“编辑”→“输入法链接”，该字符被链接到输入法中。

2. 打开 Word 程序，将输入法切换到“微软拼音”，单击输入法中的“功能菜单”按钮，在弹出的下拉列表中单击“辅助输入法”→“GB 码输入”，输入法将切换到 GB 码的输入状态，如图 1-49 所示。

3. 在 Word 窗口中输入“aaa1”，字符将显示在窗口中。

4. 返回到“专用字符编辑程序”程序中，将当前窗口的输入法也切换到“微软拼音”，单击“编辑”→“Textservice”，弹出“TextService 链接-E000”对话框，在文本框中按照“拼音字母声调”的方式输入要定义的拼音，然后单击“注册”按钮，如图 1-50 所示。

图 1-49　切换 GB 码输入状态

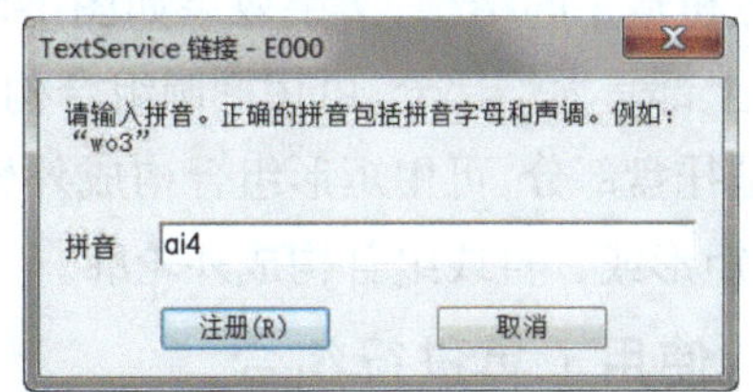

图 1-50　“TextService 链接-E000”对话框

5. 在 Word 窗口中，将输入法返回到“微软拼音”进行拼音输入，输入“ai”，字符将显示在窗口中，如图 1-51 所示。

ai

1絠 2礙 3磑 4硙 5硋 6瞹 7瞹 8暟 9譪

图 1-51　使用拼音输入字符

任务 2　绘制异形字

【任务背景】

在一篇描述动物运动会的文档中，为了照顾小朋友的阅读习惯，对于某些内容选择用字符型汉字代替。现需要将“火炬”替换成一把火炬式样的字符。

【任务要求】

制作的火炬字符具有火炬的直观效果，链接输入法后，能使用输入法直接使用。

【任务分析】

在许多专业性较强的文字处理工作中，比如对汉字的研究，无论要自造的字符是甲骨文、石鼓文、钟鼎文，还是大篆、小篆，或者特殊的徽标、符号，在系统现有的字库里都是没有任何字符可供参考、引用的。在这种情况下，使用“工具”菜单下的“项目”或左侧工具栏中各种画图工具在编辑窗口中直接画出所需的“火炬”字符，是较好的选择。

【重点、难点】

1. 掌握专用字符编辑程序。

2. 文字结构的拆分。

【技术要领】字符编辑程序运用。
【解决问题】将文字内容刻画成图符。
【素材来源】无。
【完成效果】\模块 01\情境 02\任务 2\完成效果\2. jpg。

操作步骤

步骤一：分析文字结构及需要的组成部分

1. 首先分析造字的结构，文字效果如图 1-52 所示，该字为上—中—下结构，上部是火焰部分，可用椭圆组合构成外轮廓。

2. 中部是托盘部分，可用矩形组合构成外轮廓。下部是把手部分，可以使用矩形或者直线组合构成外轮廓。

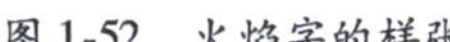

图 1-52　火焰字的样张

步骤二：使用工具进行组合

1. 选择“实心矩形”工具，在编辑框中间水平方向画两个上大下小、重叠在一起的实心矩形 A，为火炬的燃料托盘，如图 1-53 所示。

2. 选择“直线”工具，在 A 下靠近 A 的中心处向下画一条下端趋近中线的斜线 B，为火炬把柄的一边，如图 1-54 所示。

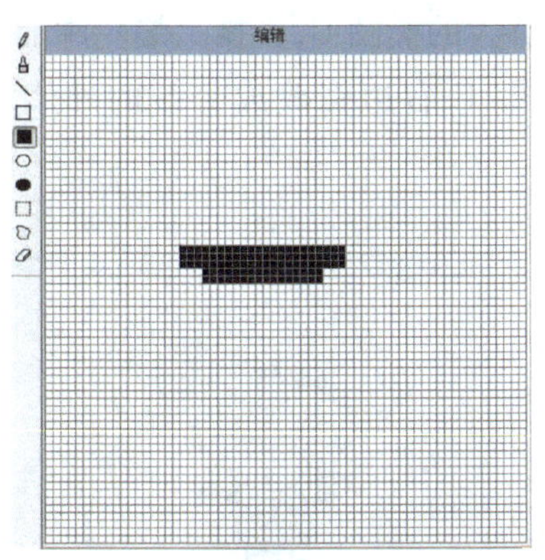

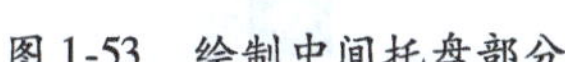
图 1-53　绘制中间托盘部分

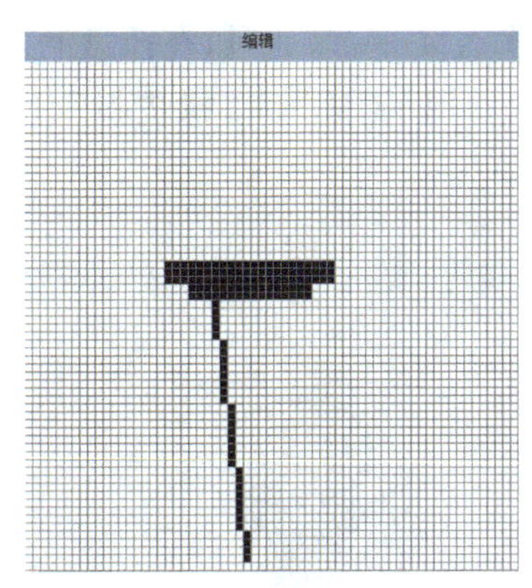

图 1-54　绘制手柄的左边部分

3. 选择"矩形选项"工具,按住鼠标从斜线 B 的左上拖到右下,将斜线框选,分别选择"编辑"菜单下的"复制""粘贴",得到一条形状相同的斜线 D,如图 1-55 所示。保持选择不变,选择"工具"→"翻转/旋转"命令,在弹出的"翻转/旋转"对话框中设置"水平翻转",单击"确定"按钮。将会获得另一条直线,如图 1-56 所示。

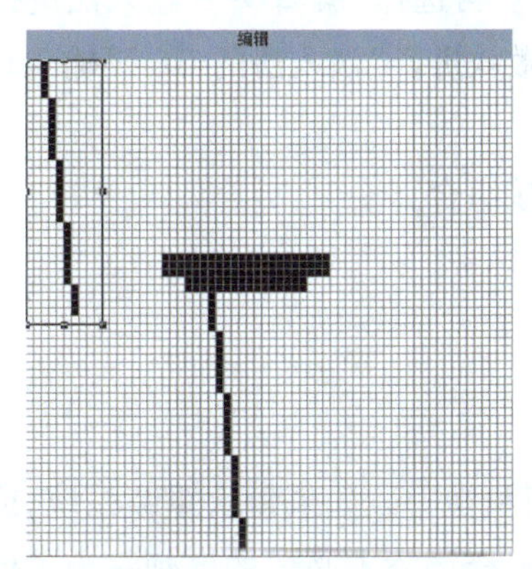

图 1-55　使用复制方法获得手柄的右边部分

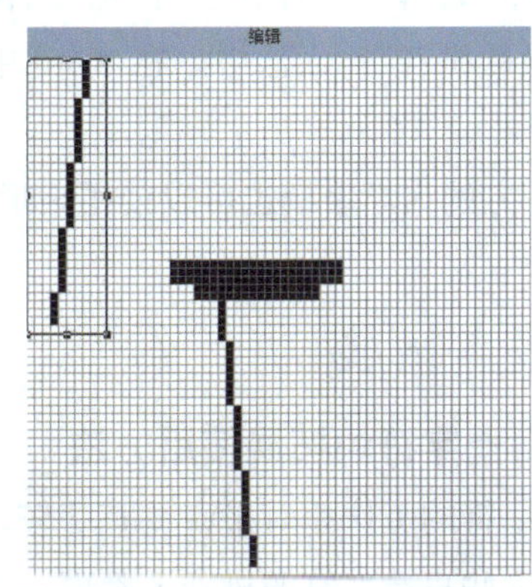

图 1-56　使用旋转方法调整手柄的右边部分

4. 将该直线按照左边斜线与托盘 A 的关系,拖放到与斜线 B 对称的位置,再用"刷子"或者"铅笔"工具将中间空白的部分刷黑,组成手柄,如图 1-57 所示。将手握部分多余的色块用"橡皮擦"工具擦除,如图 1-58 所示。

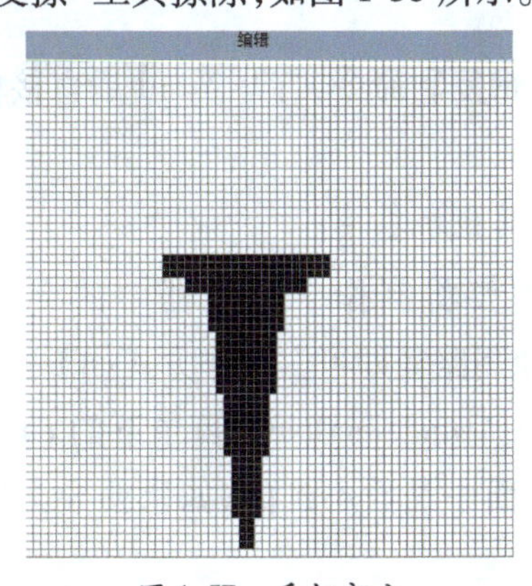

图 1-57　手柄部分

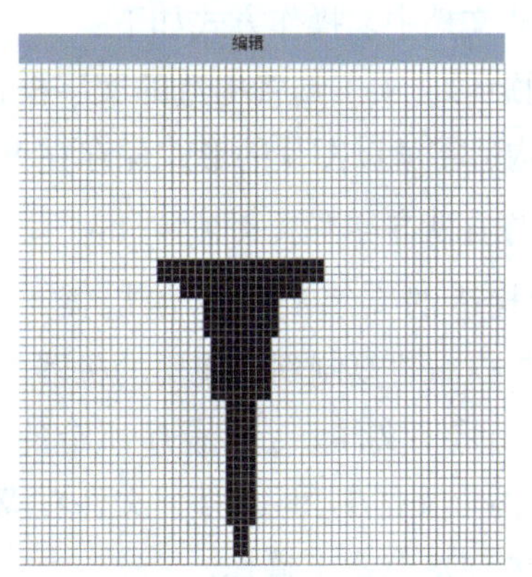

图 1-58　修正手柄部分

5. 选择“空心椭圆”工具，在托盘上方画一足够大的椭圆 C，占据火焰轮廓的位置，如图 1-59 所示。再用“铅笔”和“橡皮擦”工具，将椭圆 C 右边修改成分裂的外焰，如图 1-60 所示。

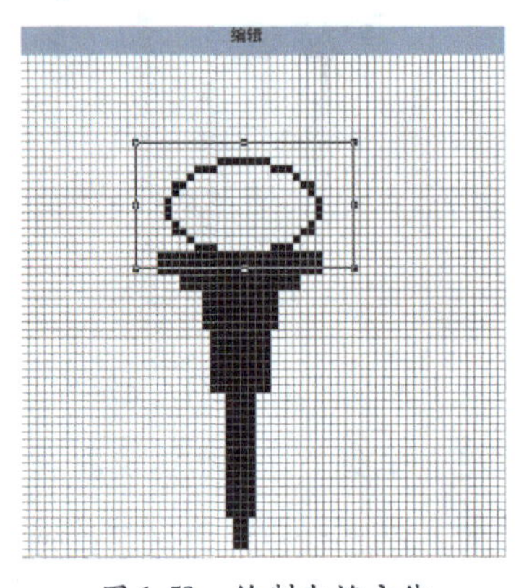

图 1-59　绘制火焰主体

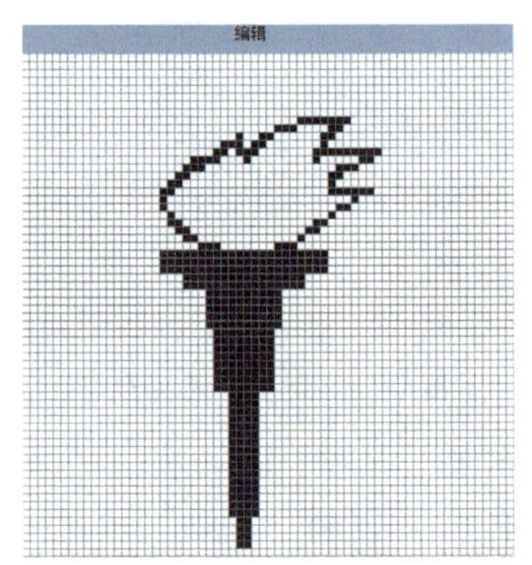

图 1-60　修正火焰部分

6. 选择“编辑”→“保存字符”命令，保存字符。再选择“编辑”→“输入法链接”，将字符保存到“微软拼音”输入法中。在 Word 中使用“微软拼音”输入法的 GB 码输入该字符的内码 aaa3 即可。

注：下方的火炬手柄也可以使用矩形工具直接组合。

◎ 知识点拓展

01. 自造字符的拓展使用方法

自造字符的工作相对来说要花费较多的时间和精力。如果每次重装系统，或者在另外需要使用这些自造字符的机器上都要一个个地造，会增添不必要的麻烦。为了使所造的文字能移植，就需要采用拓展的使用方法。

（1）构造字保留在 Word 文档中的移植使用

如果构造的文字是保留在 Word 文档中移植的话，可以考虑将该文字转换为图片直接插入 Word 文档中。操作方式如下：

使用矩形选项工具将构造的文字框选，选择编辑复制命令，打开 Word 后直接粘贴到文档中，该构造字就以图片的形式保存在 Word 中。

（2）将自造字字符集文件 *.tte、*.euf 移植到其他机器中。

如果构造的文字要在其他机器上使用，只需要将制作字符机器中的字符集文件“*.tte”“*.euf”复制到要使用的机器中，并指明使用路径即可。操作方式如下：

①导出造字文件。造字程序所造的字符存在 c:\windows\fonts\目录下的 eudc. euf 和 eudc. tte 两个文件中，但这两个文件在 Windows 界面中是看不到的，如果要导出这两个文件，需要在 DOS 状态下操作。

A. 在创建字符的计算机中，建立一个储存这两个文件的目录，例如 d:\myfonts\。

B. 单击“开始”→“搜索程序和文件”，键入“cmd”，进入 DOS 操作窗口。

C. 键入 copy c:\windows\fonts\eudc. * d:\myfonts\回车。

这时就把 eudc. euf 和 eudc. tte 两个文件复制到 d:\myfonts\了。

②导入造字文件。

A. 将创建字符计算机 myfonts 文件夹复制到要应用字符的计算机中，例如将 myfonts 复制到 d 盘中。

B. 打开注册表，修改键值。单击“开始”→“regedit”，定位到 HKEY_CURRENT_USER\EUDC\936 下，将 SystemDefaultEUDCFont 的路径改为:d:\myfonts\EUDC. TTE。

注:如果想恢复，恢复成系统默认的路径 c:\windows\fonts\eudc. tte 即可。

设置完成后，打开造字程序的“选定代码”对话框时，在相应的代码位置上有与原机器相同的造字字符存在，再将这些字符与输入法进行链接，就可以正常录入了。

02. 使用“专用字符编辑程序”的一些原则

①如果在“字体链接”时，选择“与选择的字体链接”，先后选择不同字体创建同一字符，则必须选定相同的代码，使所造不同字体的同一字符保存在字库的同一区位。否则，在应用程序中对该字符切换字体时就会出现乱码字符。

②“引用”偏旁部首等字根部件组合成自造字符时，引用的字根部件在原字符和新造字符中的位置和大小最好能够基本一致，尽量不要通过操作柄作宽度和高度的调整，确保新造字符笔画不变形、不变粗。确实需要调整高度和宽度时，要力求一次调整到位，同时配合工具进行修补。

③在对某一字根部件操作前，必须使用“矩形选项”“自由图形选择”工具将其选中，然后才能对其进行剪切、复制、粘贴、删除或者拖动等操作。

独立实践任务

任务 3　构造文字

【任务背景】

个人信息登录中难免会碰到一些无法输入的姓名，因为这是生僻字或已停止使用的汉字。现有一个文字，需要通过已有的文字进行构建，样张如图 1-61 所示。

图 1-61　构建文字

【任务要求】

1. 分析样张，寻找适合的引用文字。
2. 按照样张对文字进行操作。

【技术要领】分析文字，进行构建。

【解决问题】借助已有文字进行构建。

【素材来源】无。

【完成效果】\模块 01\情境 02\任务 3\完成效果\3. jpg。

职业技能知识点考核

1. 单选题

(1)媒体中的____是为了加工、处理和传输感觉媒体而人为构造出来的一种媒体,如文字、音频、图像和视频等的数字化编码表示等。

A. 感觉媒体　　B. 表示媒体　　C. 显示媒体　　D. 存储媒体

(2)____是指用户接触信息的感觉形式,如视觉、听觉和触觉等。

A. 感觉媒体　　B. 表示媒体　　C. 显示媒体　　D. 传输媒体

(3)数字媒体技术的主要特性有____。

①多样性　②集成性　③交互性　④实时性

A. ①②③　　B. ①②④　　C. ②③④　　D. 全部

(4)媒体有两种含义,即表示信息的载体和____。

A. 表达信息的实体　　B. 存储信息的实体

C. 传输信息的实体　　D. 显示信息的实体

(5)多媒体计算机中的媒体信息是指____。

①数字、文字　②声音、图形　③动画、视频　④图像

A. ①　　B. ②　　C. ③　　D. 全部

(6)多媒体技术未来发展的方向是____。

①高分辨率,提高显示质量　②高速度化,缩短处理时间

③简单化,便于操作　④智能化,提高信息识别能力

A. ①②③　　B. ①②④　　C. ①③④　　D. 全部

2. 多选题

(1)传输媒体有____等几类。

A. Internet　　B. 光盘　　C. 光纤　　D. 无线传输介质

E. 局域网　　F. 城域网　　G. 双绞线　　H. 同轴电缆

(2)以下文件属于音频文件格式的是____。

A. . wav　　B. . mp3　　C. . midi　　D. . wma

3. 填空题

(1)媒体有两种含义,即表示信息的载体和________________。

(2)数字媒体技术由________________________________。

(3)增强现实技术是通过________________,将虚拟的信息应用到真实世界,真实的环境和虚拟的物体实时地叠加到了同一个画面或空间同时存在。

(4) Windows 7 系统由于提供了专用字符编辑程序，其代码有效范围为____个地址段。

4. 简答题

(1)什么是媒体？媒体是如何分类的？

(2)什么是多媒体技术？它有哪些关键特性？

(3)简述数字媒体的特性？

(4)简述数字媒体技术的应用？

(5)谈谈“专用字符编辑程序”为用户提供了哪几种造字的方式？该怎样操作？

图文数字化处理

图文数字化处理，是泛指将平面媒体进行数字化的处理技术。在数字传媒作品设计过程中，由于受某些条件限制，没有拍摄的可能和需要输入大量文字的时间，只有一些静态图片资料和印刷的报刊和期刊作为素材。但只要处理得当，也能产生视频动画的效果。比如，对已数字化的图文进行平移缩放，可以产生类似摄影机镜头运动的效果，再配合滤镜、遮罩等的综合运用，可以获得出乎意料的视觉效果。

图文展示是数字传媒作品中最常见的一种表现形式，通过本模块中设计的文字稿、反射稿、透射稿，培养学生进行图文数字化的职业技能与职业素质，为数字传媒作品设计提供素材。

广告制作、影视动画、媒体传播、会展设计、数字出版、计算机编辑、印刷图文等相关专业可以根据专业的特点，对本情境的内容进行选择性教学。

情境 01　文字稿 OCR 扫描输入与识别

通过扫描仪把一个页面的文字扫描到计算机中，页面上的文字信息就被转化成由微小的储存点（或像素）存储在一个电子文件内。为了把文字转换成可编辑的像素组，图像必须经过字符识别（通常被称为光学字符识别，简称 OCR）。

OCR 的研究始于 20 世纪 50 年代末，从那时起，该技术已得到不断发展和完善。在 20 世纪 70 年代和 80 年代初，OCR 软件的功能还是非常有限的，它只能使用特定的字体和大小。但进入 90 年代，OCR 软件的功能变得更为强大，可以识别几乎所有字体以及严重退化的文件影像。

本情境主要通过使用扫描仪和 OCR 汉字识别技术，实现将文字原稿数字化的目的。

【能力目标】

1. 了解扫描仪设备的安装和使用。
2. 能够应用汉字识别软件进行文字的数字化。

【知识目标】

1. 理解文字原稿数字化的基本方法。
2. 理解汉字识别技术的应用。

【学时分配】

1 课时（授课 0.5 课时，实践 0.5 课时）。

◎ 模拟制作任务

任务 1　文字稿 OCR 扫描输入与识别

【任务背景】

公司布置小王将大量重要的纸质文字稿资料通过扫描仪使其数字化，以便于文字稿的使用。

【任务要求】

1. 扫描同一纸质文字原稿，选取同一扫描范围、固定扫描分辨率，选择不同的扫描类型，分析其对文字识别的影响。

2. 扫描同一纸质文字原稿，以黑白照片方式、选取同一扫描范围、选择设置不同的分辨率，分析其对文字识别的影响。

通过对扫描仪进行适当的参数设置，利用 OCR 汉字识别技术，不仅要将文字稿进行数字化，而且要提高文字识别的准确率。

【任务分析】

根据文字原稿质量，合理设置扫描文字原稿的扫描分辨率等参数，提高文字识别准确率。主要仪器设备为 Microtek ScanMizard 扫描仪、Epson 扫描仪、HP 扫描仪、PC 计算机。

【重点、难点】

1. 扫描仪参数的设置。

2. OCR 汉字识别软件的使用。

【技术要领】扫描分辨率，阈值的设置。

【解决问题】放置好要扫描的文字原稿，设置扫描参数，尤其是阈值。利用 OCR 汉字识别软件进行文字识别。设置文件格式和保存路径。

【素材来源】\模块 02\情境 01\任务 1\素材\文字扫描. jpg。

【完成效果】\模块 02\情境 01\任务 1\完成效果\文字扫描. txt。

操作步骤

步骤一：使用扫描仪

1. 打开 OCR 软件（以尚书 OCR 文字识别系统为例）启动扫描仪，如图 2-1 所示。

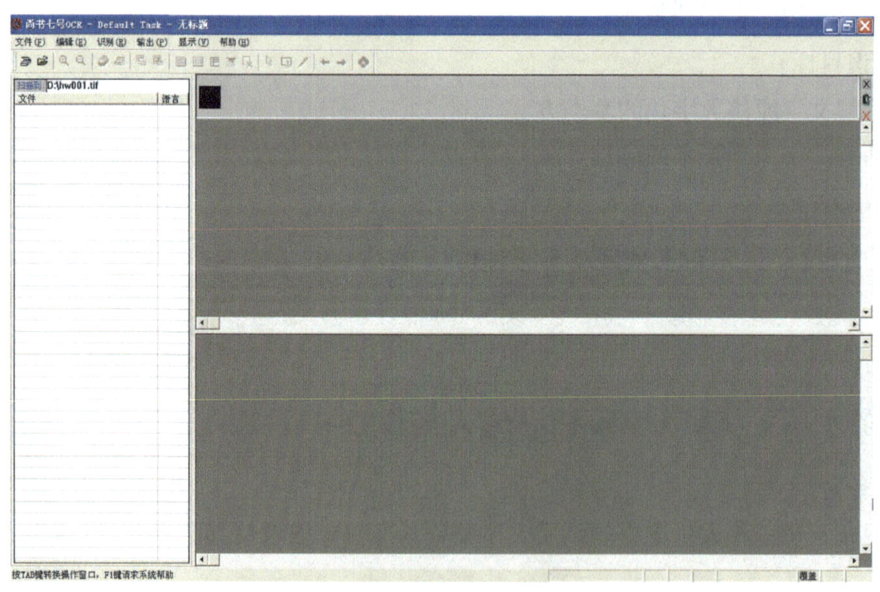

图 2-1　尚书 OCR 文字识别系统

2. 选取扫描范围，将“图像类型”设置为“黑白照片或文字”，“分辨率”设置为“300 dpi”（一般选择 300 dpi，分辨率选小了会使识别率降低；但是选得太大并不能有效提高识别率，反而会大幅度加长文件长度，浪费处理时间）。被扫描的文字原稿应尽可能放正。设置完毕后启动扫描,如图 2-2 所示。

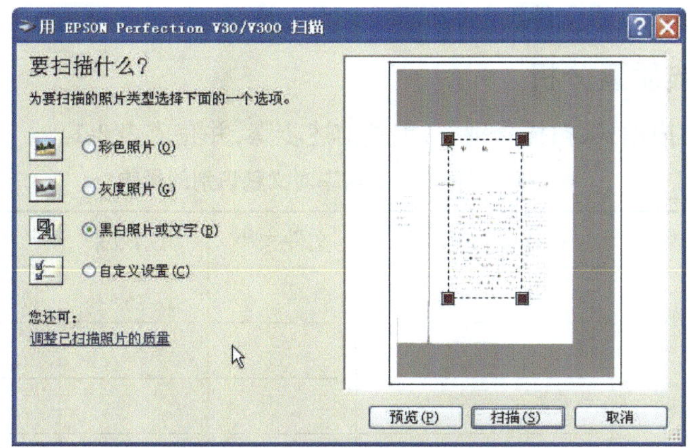

图 2-2　*有关扫描参数的设置*

步骤二:利用 OCR 识别系统进行文字识别

1. 利用 OCR 识别系统的"编辑"菜单,对扫描的图像进行适当纠正,具体可以根据图像的情况选择合适的纠正方法,如图 2-3 所示。

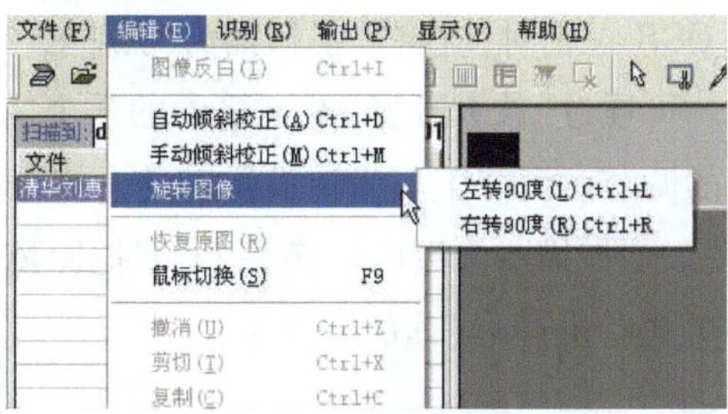

图 2-3　*有关扫描参数的设置*

2. 在"识别"→"版面分析"中选择与所扫描原稿对应的版面类型(如横排、竖排)。

3. 选择"识别"→"开始识别"命令,文字识别结果如图 2-4 所示。

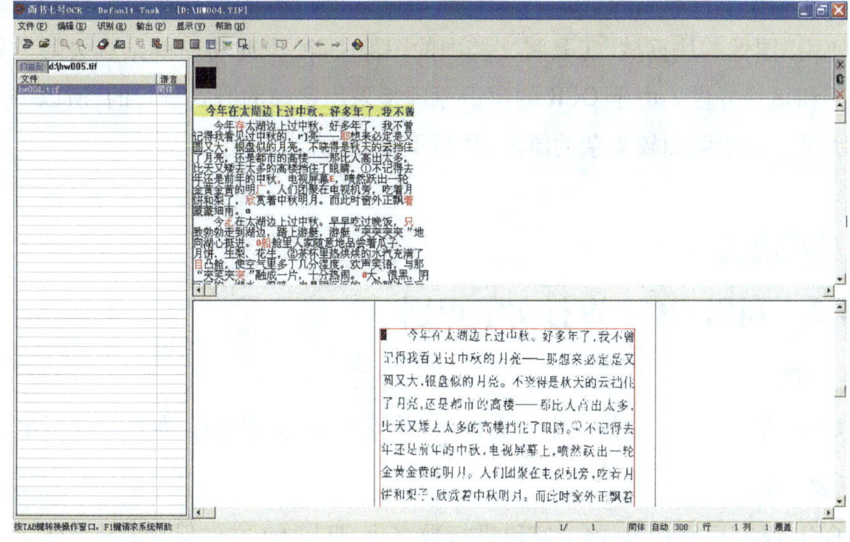

图 2-4　*文字识别结果*

4. 选择“输出”→“到指导格式文件”命令，在弹出的对话框中选择保存路径和文件名“文字扫描”，格式为“文本文件”。

步骤三：扫描质量分析

选择不同的扫描模式、扫描分别率，重复前述步骤，并完成表2-1。

表2-1　不同扫描分辨率对文稿识别的影响

实训设备	扫描模式	扫描分辨率/dpi	文件大小	识别效果	合理设置

◎ 知识点拓展

01. 文字原稿的扫描参数

一般对文字原稿进行OCR识别时，应将文字扫描为“黑白二值”，扫描文字的亮度和对比度对正确识别非常关键。可通过“放大预览”对文稿中的几个文字进行取样扫描，从而对图像的亮度进行更为细致的调节。调节工具为扫描仪工具内的“阈值”（阈值是扫描时黑白的临界点，调整阈值大小关系到扫描图像黑白转换关系，即把原稿上哪部分扫成黑，哪部分扫成白）。对于分辨率，一般300 dpi是最佳的分辨率。

02. 文字的OCR识别

OCR对原稿的要求是字符清晰、完整，无笔画间断；字符边缘锯齿不明显；文字摆放平行、水平。但原稿的情况是差异万千，所以需要在识别前做一些预先的处理。比如去除杂点和图像。如文稿中含有图像，OCR是不能识别的，如果有图像存在，会影响OCR的文字部分。可使用“图像的块擦拭”工具将文档中的图像去除，同时将一些杂点去除。另外要注意倾斜校正和正确分栏。由于OCR的辨识原理是采用字模的方式进行的，所以一定要注意稿件是否水平。对于版面较复杂的原稿，尽量不要采用“自动切分”。

◎ 独立实践任务

任务2　利用OCR进行文字识别

【任务背景】

利用OCR将下面图片中的文字识别出来，并且以txt文件保存，如图2-5所示。

【任务要求】

利用OCR汉字识别技术，将文字稿进行数字化，且以txt文件保存。

“不!”她绝望地说道，“我不相信自己还会有什么幸福的日子。我已不再年轻，孩子也都长大成人，成家立业。我还有什么地方可去呢?”可怜的妇人是得了严重的自怜症，而且不知道该如何治疗这种疾病。好几年过去了，我发现朋友的心情一直都没有好转。

有一次，我忍不住对她说：“我想，你并不是要特别引起别人的同情或怜悯。无论如何，你可以重新建立自己的新生活，结交新的朋友，培养新的兴趣，千万不要沉溺在旧的回忆里。”她没有把我的话听进去，因为她还在为自己的命运自怨自艾。后来，她觉得孩子们应该为她的幸福负责，因此便搬去与一个结了婚的女儿同住。

但事情的结果并不如意，她和女儿都面临一种痛苦的经历，甚至恶化到大家翻脸成仇。这个妇人后来又搬去与儿子同住，但也好不到哪里去。后来，孩子们共同买了一间公寓让她独住，这更不是真正解决问题的方法。

图 2-5　完成效果

【技术要领】利用 OCR 软件,进行适当设置以提高识别的准确率。

【解决问题】利用 OCR 汉字识别软件进行文字识别。设置文件格式和保存路径。

【素材来源】\模块 02\情境 01\任务 2\素材\图片.jpg。

情境 02　图像原稿的扫描输入

在实际工作中,经常会遇到老照片的扫描。对老照片的扫描和数字化也是保存珍贵照片的一种很好的方式。将照片扫描成数字化文件后,可以将照片保存到计算机并可在屏幕上查看,也可以将照片上传到网上与大家共享。

本情境主要通过使用扫描仪对反射原稿和透射原稿进行扫描,实现将图像原稿数字化。

【能力目标】

1. 能够了解扫描仪设备的安装和使用。
2. 能够应用扫描仪对反射稿和透射稿图像进行输入。
3. 能够按照一定的要求使用数字媒体硬件和软件。

【知识目标】

1. 理解反射原稿和透射原稿的基本扫描方法。
2. 理解图像参数的调整和设置。

【学时分配】

2 课时(授课 1 课时,实践 1 课时)。

◎ 模拟制作任务

任务1　反射原稿的扫描输入

【任务背景】

在数字媒体的制作中，经常会遇到各种反射原稿的扫描输入。反射稿包括照片、印刷品、手绘稿以及其他图片等。通过使用扫描仪，将各种不同类型的反射原稿进行数字化。

【任务要求】

将反射原稿通过扫描仪进行数字化输入。

【任务分析】

首先对反射原稿进行分析。针对不同的反射原稿，合理进行扫描仪参数的设置，使得扫描效果达到数字媒体创作的要求。通常先将原稿扫描成 RGB 文件格式，然后再用 Adobe Photoshop 软件处理（因为扫描仪自带的图像处理系统，其功能一般没有 Adobe Photoshop 软件专业）。

【重点、难点】

1. 反射原稿的分析。

2. 扫描仪扫描参数的合理选择。

【技术要领】扫描分辨率等参数的设置，预示扫描。

【解决问题】放置好要扫描的反射原稿，设置扫描参数，进行预示扫描。适当细调扫描参数和图像参数。设置文件格式和保存路径。

【素材来源】\模块 02\情境 02\任务 1\素材\反射稿.jpg。

操作步骤

步骤一：反射原稿分析

1. 对需要进行扫描的原稿进行分析。分析的内容包括反射原稿的质量、层次分布、色调、质感、缩放倍率等因素。扫描仪的扫描程序一般提供3种扫描方式：黑白、灰度和色彩。其中“黑白”方式适用于白纸黑字的原稿，而“灰度”适用于图文混排文件，色彩则适用于扫描彩色照片。因此在扫描之前，应先根据被扫描的原稿，选择一种合适的扫描方式，从而获得较好的扫描效果。

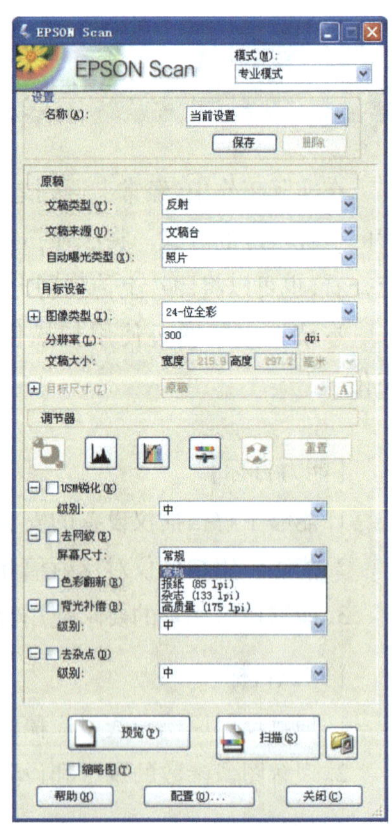

图 2-6　扫描仪参数设置

2. 清洁原稿和扫描仪的扫描平台，在扫描仪中放置好要扫描的原稿。

步骤二：进行参数设置和扫描

1. 启动计算机和扫描仪。

2. 设置扫描仪“模式”为“专业模式”。根据原稿及实际需要，在对话框中设置原稿和格式参数、扫描参数、扫描尺寸和扫描比例参数、图像调整参数等，如图 2-6 所示。

3. 设置好必要的参数后即可开始对原稿进行取景和预示扫描。预示扫描产生的是一个低分辨率图像。在预扫描完成后，可以利用取景工具在预示图像中根据需要重新取景，如图 2-7 所示。

4. 选择好需要扫描的区域后，通常需要对图像进行黑白场定标、层次和颜色校正、锐化和平滑处理等。例如，在图 2-8 所示的“图像调整”对话框中对有关参数进行调整，以达到理想的效果。

图 2-7　左图预示图像、右图选取扫描区域(虚线框内)

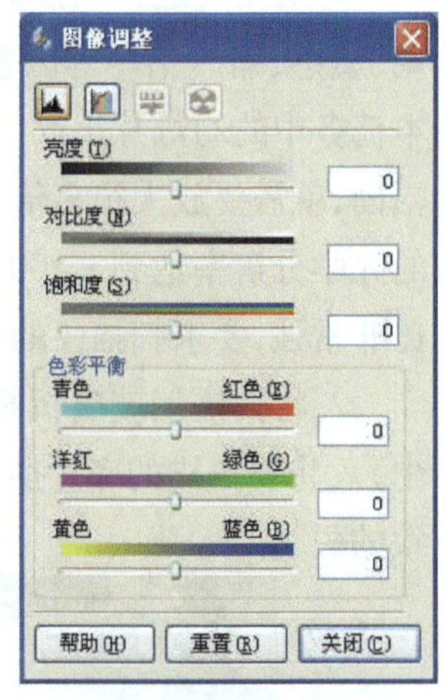

图 2-8　“图像调整”对话框

5. 在调整好参数后，设置扫描文件的保存位置和文件名，然后正式开始扫描。

任务 2　透射原稿的扫描输入

【任务背景】

在某天的工作中，小王需要将一张幻灯片的正片扫描出来，作为数字媒体制作中的素材。

【任务要求】

使用具有扫描正片功能的扫描仪。根据数字媒体素材的要求，设置适当的扫描参数，尤其需要注意正片相应的片基类型，避免出现扫描结果偏色等问题。

【任务分析】

首先对透射原稿进行分析。针对正片相应的片基类型，合理进行扫描仪参数的设置，使得扫描效果达到数字媒体创作的要求。

【重点、难点】

1. 透射原稿的分析、扫描仪扫描参数的合理选择。

2. 解决扫描结果偏色等问题。

【技术要领】透射原稿分析，扫描参数设置。

【解决问题】放置好要扫描的透射原稿，设置扫描参数，进行预示扫描。合理进行扫描参数的调整。设置文件格式和保存路径。

【素材来源】\模块02\情境02\任务2\素材\透射稿.jpg。

操作步骤

步骤一：透射原稿分析

1. 对需要进行扫描的透射原稿进行分析。分析的内容包括原稿的质量、层次分布、色调、质感、缩放倍率等因素。首先，透射稿件的一个特点是对扫描设备的分辨率要求颇高。本任务中的幻灯片正片，它的图像面积较小，所以信息密度很高。如果要想把它打印成A4幅面，就需要放大很多倍；这就要求扫描仪具有相当高的光学分辨率，因此一般要求扫描仪的光学分辨率达到1 200 dpi。其次，透射稿件的密度范围大，也就是图像的亮部和暗部对比非常强，要求扫描仪的色彩位数在36位以上。

2. 将扫描仪玻璃板擦拭干净，否则扫描出来的图像会有很多黑白点和线（其实是灰尘）。将要扫描的底片摆放在扫描起始线中央，这样可以最大限度地减少由于光学透镜导致的失真。

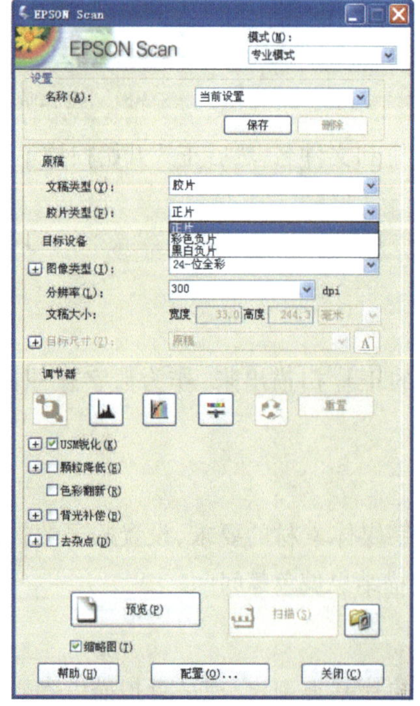

图2-9 扫描仪参数设置及其预扫描

步骤二:进行参数设置和扫描

1. 启动计算机和扫描仪。打开扫描软件,打开“Setup”对话框并出现菜单条。扫描时,选择原稿的“文稿类型”为“胶片”,“胶片类型”为“正片”(不同的扫描仪,菜单会有所不同),如图2-9所示。

2. 进行预示扫描的设置。在对话框中设置原稿和格式参数、扫描参数、扫描尺寸和扫描比例参数、图像调整参数等。预示扫描的分辨率一般设为300 dpi。

3. 设置好必要的参数后即可开始对原稿进行预示扫描,预示扫描产生的是一个低分辨率图像。在预扫描完成后,可以利用取景工具在预示图像中根据需要重新取景。

4. 选择好需要扫描的区域后,正式扫描时将扫描分辨率一般设置为1 200 ~2 000 dpi。通常需要对图像进行黑白场定标、层次和颜色校正、锐化和平滑处理等,以达到理想的效果(当然,有些参数今后可以用 Adobe Photoshop 软件来改善)。例如,要标定黑场的位置,如图2-10所示,设置框中有两个滴管,黑头的滴管用来设置黑场(图中最暗的地方),白头的滴管用来设置白场(图中最亮的地方)。设置的方法是用它们在图中最暗或最亮的地方单击。可将色阶曲线右边的三角滑块往左拉,直到画面几乎全白,只留下一点深斑,这就是原图中最黑的点。同样,要标定白场的位置,则将色阶曲线左边的三角滑块往右拉,直到画面几乎全黑,只留下一点亮斑,这就是原图中最白的点。也可以在扫描仪控制面板的黑白点设置对话框中设置黑场和白场的色值。

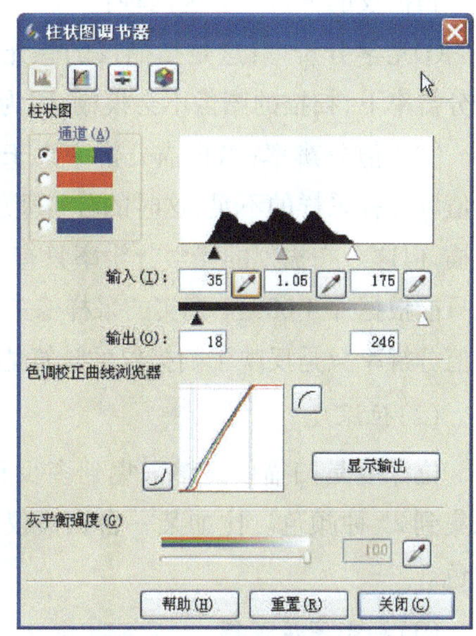

图2-10 扫描仪黑白点设置

5. 在调整好参数后,设置扫描文件的保存位置和文件名,然后正式开始扫描。

◎ 知识点拓展

01. 扫描仪常用参数

(1)分辨率

分辨率是指扫描仪在原稿的每英寸长度上可以采集到多少个像素,单位是“像素/英寸(ppi,也经常被记为dpi)”。扫描仪采集到的每个像素到了图像处理软件(如 Adobe Photoshop)中也是一个像素。扫描时设置的分辨率,取决于想让图像在 Adobe Photoshop 里有多大的分辨率,而这个分辨率通常又是将来印刷时加网线数的1.5 ~2倍。

例如,原稿是彩色反转片,需要的是其中10 mm×8 mm 的一小块区域,将来要把它印刷成 50 mm×40 mm 的区域，加网线数为 175 lpi。那么应该以多大的分辨率来扫描原稿呢？

首先计算图片在印刷时所需的尺寸下应有多大的分辨率，按加网线数的 2 倍来计算，175×2=350。即在 50 mm×40 mm 的尺寸下分辨率应为 350 dpi。那么，在 10 mm×8 mm 的尺寸下的分辨率就应该为 350 dpi×5，即 1 750 dpi（"5"是放大倍数），这就是扫描 10 mm 宽的原稿时所需的分辨率。

扫描仪的分辨率分为两种：

①光学分辨率：这是扫描仪的感光元件在每英寸中真正能够采集到的像素数量，在这一分辨率下，扫描的图像不会模糊，因为每个像素都来自真实的颜色。

②插值分辨率：当扫描分辨率大于光学分辨率时，扫描仪在真实的颜色之间计算出中间值以弥补采样的不足，这时的分辨率就是插值分辨率。例如用户要求扫描仪以 6 000 dpi 扫描，但这台扫描仪的光学分辨率只有 4 000 dpi，那么在每英寸中多出来的 2 000 个像素，就只能根据那 4 000 个真实的采样像素计算出来。显然，这样处理会引起一定程度的模糊。插值分辨率只是反映了扫描仪的计算能力，而非实际的采样能力。

（2）位深度

位深度是扫描仪能够采集到多少种颜色的参数，单位是"位（Bit）"。"*n* 位"表示能采集到 2^n 种颜色。比如某一台扫描仪是 24 位的，那么它可以采集到 $2^{24}=16\ 777\ 216$ 种颜色。

（3）动态密度范围

这是真正将中档扫描仪和高档扫描仪区分开来的指标，简写为 D_{max}。一般平板扫描仪的 D_{max} 为 3.0～3.7，而胶片扫描仪和滚筒扫描仪的 D_{max} 可达到 4.0。D_{max} 是反映原稿中从最暗处到最亮处色彩变化的幅度，对扫描仪来说，它是能够从原稿中识别的色彩变化的幅度。假如原稿的 D_{max} 是 4.0（从最暗处到最亮处的明度会相差 104 倍），扫描仪的 D_{max} 是 3.0（它所能识别的最暗处和最亮处的明度相差 103 倍），那么，扫描仪所能识别的阶调是原稿的 1/10——它会丢掉原稿的很多细节。这种损失又主要体现在高光和暗部，因为厂家会设计得让扫描仪尽量再现容易被人们注意到的中间调，而把阶调的压缩集中在高光和暗部。

印刷品原稿的 D_{max} 不会超过 1.8，普通相纸的 D_{max} 可达 2.1，那么使用 D_{max}3.0 的扫描仪已经绰绰有余。对于更精细的原稿，例如 D_{max}4.0 的彩色反转片，这样的扫描仪会损失一些图像细节，但在一般的印刷品上也看不出来。如果要制作非常高档的印刷品，原稿又是由专业摄影师拍摄的高品质反转片，则可以委托图片社用高端扫描仪来扫描。

02. 图像原稿扫描参数的设置

（1）线条图的扫描

对于线条稿而言，选择扫描色彩模式为"Line Art"，只需考虑区分黑色像素和白色像素的分界线，扫描时应该注意"阈值"的设定，即把原稿上什么色调的内容扫成黑，把哪些内容扫成白，使其在画稿最亮或最暗区域能保留足够的细节。一般以"阈值=50%"为标准值，如果测试扫描图过暗，则增加阈值，这样可将更多的灰边缘转换成白像素。如果测试扫描图过亮，则减少阈值，这样可将更多的灰边缘转换成黑像素。另一个要注意的问题是确定扫描分辨率。线条稿的扫描分辨率应高于连续调图像的扫描分辨率。一般应在600 dpi以上才能使输出的线条锯齿很小。如果扫描分辨率太低，则会产生锯齿。

(2)灰度图的扫描

对于某些线条文字，也可以用256级灰度扫描，所扫描图像相对于采用Line Art模式更光滑，而且对某些边缘处的灰度保存较好，扫入Adobe Photoshop软件中后可以视情况把它们调校到黑色。如果原稿为彩色，要想得到灰度图，获得丰富的层次，最好采用彩色扫描方式。因为彩色图饱和度高，层次丰富。如用256级灰度则有可能丢失一些信息。用RGB模式扫描后，再在Adobe Photoshop软件中转为灰度，转换时可以选用某一个通道的信息进行转换。

(3)彩色原稿的扫描

当彩色原稿质量较好时，扫描时只需对各参数进行正确的设置即可。但对有缺陷的原稿则要视实际情况，在扫描时进行校正。对一些特殊的原稿要进行特别的处理，如彩报上的彩色图片扫描。彩报用的是新闻纸，所以它有不同于铜版纸印刷的特点。新闻纸空白处的密度值为0.15~0.2，相当于铜版纸上C:3%、M:4%、Y:10%左右网点的总和，因此新闻纸白的地方不白。另外，新闻纸带有灰度且纸质松，油墨扩散大，吸墨性强，油墨的反射率低，所以在最深处即使给100%的K，也仍然不够黑(即密度不够)。总之，新闻纸的反差小，只有1.2左右，这就决定了高光处应该C、M、Y、K四色都小面积绝网，在暗调处四色应用适当的叠印总量(不低于250)来加大反差。彩报不应将层次再现作为重点，应多用原色和间色，重用基本色而少用相反色或补色，使色彩鲜艳明快。对于肤色部分，应少用青版，以免发灰发暗，C、M、Y三色油墨叠印总量也应有意识地相对降低。

(4)印刷品的扫描

许多印刷品存在玫瑰斑和龟纹，扫描后，玫瑰斑和龟纹会更明显。一般扫描仪都有去网功能，去网实质是要将图像虚化。可将龟纹去掉，而得到一个光滑的图像。因此遇到印刷品原稿时，一般要选择"去网纹，Descreen"命令和"USM锐化"命令。扫描时去网，比扫描后在Adobe Photoshop软件中去网效果要好。有的印刷品的龟纹很严重，扫描中去网仍不能使图像光滑，需要在Adobe Photoshop中继续去网；有时去网后图像变得太虚，也可在Adobe Photoshop用USM锐化对清晰度进行强调。

(5)透射稿的扫描

透射稿有正片和负片两种。负片和正片扫描的效果有所差别，目前扫描仪对正片的扫描效果要比负片理想，所以选择原稿时最好选择理想的正片，它比反射稿的清晰度要好，层次丰富，色彩鲜艳，而且颗粒细腻，适合于大倍率扫描。

扫描透射原稿时，滚筒扫描仪的扫描效果要比平板扫描仪好。

(6)条码的扫描

同细小文字一样,条码扫描的分辨率要比一般印刷图像的分辨率更高些,保真大于600 dpi。另外扫描色彩模式设为Gray模式比较好,若用线条稿二值图像的话,可能会引起边缘锯齿。

◎ 独立实践任务

任务3　扫描印刷原稿

【任务背景】

印刷原稿的数字化也是经常会遇到的工作,印刷原稿扫描后的效果如图2-11所示。

图2-11　完成效果

【任务要求】

对印刷原稿的扫描,除了其他反射稿的设置要求外,还要特别注意去除网线。

【技术要领】扫描分辨率等参数的设置,预示扫描。然后进行正式扫描参数的设置。
【解决问题】放置好要扫描的印刷原稿,设置扫描参数,进行预示扫描。适当细调扫描参数和图像参数。设置文件格式和保存路径。
【素材来源】\模块02\情境02\任务3\素材\印刷原稿.jpg。

职业技能知识点考核

1. 单选题

(1)分辨率是指扫描仪在原稿的每英寸长度上可以采集到的多少个像素,单位为____。

A. 像素/英寸　　B. 像素/英尺　　C. 位　　D. 线数/英寸

(2)位深度是扫描仪能够采集到多少种颜色的参数,单位是"位(Bit)"。如果某一台扫描仪是24位的，那么它可以采集____种颜色。

A. 2^{12}　　B. 2^{36}　　C. 2^{24}　　D. 2^{48}

(3)利用OCR系统识别文字时，要将文字扫描成____图像。

A. "黑白二值"　　B. 灰色　　C. 彩色　　D. 黑白

(4)对文字原稿进行OCR识别时，扫描分辨率一般设置为____。

A. 150 dpi　　B. 300 dpi　　C. 100 dpi　　D. 1 200 dpi

2. 多选题

(1)对印刷品原稿进行扫描时，对扫描结果有影响的参数有____。

A. 亮度　　B. 对比度　　C. 分辨率　　D. 去网纹

(2)对透射原稿的扫描最好采用____。

A. 正片原稿　　B. 滚筒扫描仪　　C. 负片　　D. 平板扫描仪

(3)对文字原稿进行OCR识别时，应将文字扫描为"黑白二值"，对扫描文字结果有影响的参数还有____。

A. 亮度　　B. 对比度　　C. 分辨率　　D. 色彩

(4)采用OCR识别时，对原稿的要求是____。

A. 字符清晰、完整　　B. 字符边缘无明显锯齿

C. 文字摆放水平　　D. 原稿平整

3. 简答题

(1)对反射原稿扫描时，预扫描后的参数设置有哪些？

(2)对透射原稿扫描时，预扫描后的参数设置有哪些？

模块 03

数字传媒界面色彩设计

随着数字化设备的普及，人们接触到越来越多的数字图像。但却被越来越多的问题所困扰，诸如“为什么图像上的颜色会失真？”“我想把我新拍的照片改成怀旧风格的，可以吗？”“在显示器上看得很清晰，印出来的照片怎么那么模糊？”。

接下来的内容将通过案例直观地介绍色彩的相关知识和在计算机中表现的方式，数字图像输入输出和使用图像处理软件 Adobe Photoshop CS 进行一些简单的处理。希望有以上问题的人们能够在这里找到答案，并且为进一步学习数字图像编辑奠定基础。

广告制作、影视动画、媒体传播、会展设计、数字出版、计算机编辑、印刷图文等相关专业可根据专业的特点，对本模块的内容进行选择性教学。

情境 01　图像的色彩构成

不同的色彩表达不同的情绪，起着不同的渲染氛围的作用。红色象征热情、蓝色代表理性、绿色则联想到生命；对比强烈的色调容易激发观众的兴奋情绪，过度柔和的色调让观众体验宁静和舒适。所以，在实际运用中必须注意色彩的主次、重点应突出、对比要鲜明、整体需和谐。

本情境主要引导学生掌握色彩在计算机中的表示方式，掌握如何使用 Adobe Photoshop CS 修改颜色的色相、饱和度和亮度，进而对图像内容进行修改。

通过本情境的学习，掌握计算机中的颜色概念和设置方法，为以后在实际项目中修改图像打好基础，同时为数字传媒作品的色彩设计奠定扎实的基础。

【能力目标】

1. 能使用 Adobe Photoshop CS 进行简单图像的色相、饱和度和亮度的调整。
2. 能使用 Adobe Photoshop CS 制作黑白、怀旧风格的照片。
3. 能使用 Adobe Photoshop CS 更改相片着色。

【知识目标】

1. 掌握色彩三要素的基本概念。
2. 掌握图像色彩模型。

【学时分配】

2 课时（授课 1 课时，实践 1 课时）。

◎ 模拟制作任务

任务 1　更改图像色调

【任务背景】

数码相片常常需要根据客户要求改变风格，现在要将图片的主色调修改为淡淡的彩色，如图 3-1 所示。

图 3-1　原图(左)部分去色(中)更改色相(右)

【任务要求】

将图片修改成“淡淡的彩色”的感觉,并且改变照片的色调。

【任务分析】

使用图像处理软件 Adobe Photoshop CS 中色调/饱和度对话框修改图像。

【重点、难点】

1. “色调/饱和度”对话框的使用。

[技术要领]	使用“色调/饱和度”对话框中饱和度滑块调整图像饱和度,使用色调滑块改变图像的色调。
[解决问题]	改变图像的色调。
[素材来源]	\模块 03\情境 01\任务 1\素材\邮局. jpg。
[完成效果]	\模块 03\情境 01\任务 1\完成效果\邮局 2. jpg。

2. 图像色相调整和饱和度的调整。

操作步骤

步骤一:在 Adobe Photoshop 中打开图像文件

启动 Adobe Photoshop CS,使用快捷键“Ctrl+O”打开位于“模块 03\情境 02\任务 1\素材”目录下的图像文件“邮局. jpg”,如图 3-1(左)所示。

步骤二:调整饱和度

1. 使用快捷键“Ctrl+U”或者选择“图像”→“调整”→“色相/饱和度”打开“色相/饱和度”对话框,向左滑动“饱和度”滑块减弱照片中的颜色,可选中“预览”,边滑动边查看效果,直到满意为止,这里将“饱和度”设置为“-50”,如图 3-2 所示。

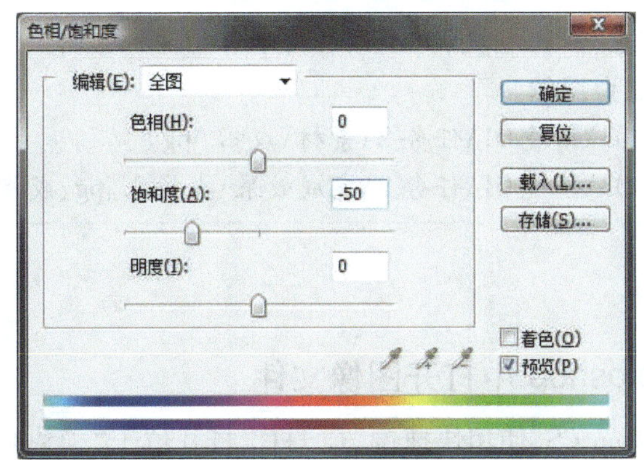

图 3-2　调整饱和度

2. 有时使用“色相/饱和度”对话框单纯降低图像饱和度的值,可以制作出“淡淡的彩色”效果,有点老相片的感觉,如图 3-1(中)所示。

步骤三:调整色相

1. 在“色相/饱和度”对话框中继续左右移动“色相”滑块,选中“预览”,同时查看效果,直到满意为止,这里将色相设置为“-33”。

2. 移动“色相”滑块,可以更改图像颜色进行重着色,效果如图 3-1(右)所示。

步骤四:保存

在 Adobe Photoshop CS 中使用快捷键“Shift+Ctrl+S”或者选择“文件”→“存储为”,将文件以“邮局 2. jpg”保存,在 JPEG 选项对话框设置相关参数,将“品质”设置为“最佳”。

任务 2　制作黑白照片

【任务背景】

当今是彩色摄影的时代,但黑白相片更加凸显对象线条和结构,光线和阴影。在图像调整过程中,经常会遇到将彩色图像调整成黑白影像的需要。

【任务要求】

将图片修改成黑白照片,并为戒指上色。

【任务分析】

使用 Adobe Photoshop CS 中“色相/饱和度调整”功能,将一张彩色照片调整为黑白照片。

【重点、难点】

1. “色调/饱和度调整”的使用。

2. 图像色相和饱和度的调整。

【技术要领】使用“色调/饱和度调整”调整图像饱和度和色调。
【解决问题】制作黑白图像。
【素材来源】\模块03\情境01\任务2\素材\戒指.jpg。
【完成效果】\模块03\情境01\任务2\完成效果\戒指2.jpg、戒指3.jpg。

操作步骤

步骤一:在Photoshop中打开图像文件

启动Adobe Photoshop CS,使用快捷键“Ctrl+O”打开位于“模块03\情境01\任务2\素材”目录下的图像文件“戒指.jpg”。

步骤二:添加色相/饱和度调整图层

单击图层面板底部的“创建新的填充或调整图层”按钮,并从菜单中选择“色相/饱和度”命令,为图像添加一个“色相/饱和度调整图层”,如图3-3所示。

步骤三:调整饱和度

在“色相/饱和度”对话框中向左滑动“饱和度”滑块到底,将“饱和度”设置为“-100”,并单击“确定”按钮确认,便可将图像转换为黑白图像了,如图3-4所示。

图3-3 “创建新的填充或调整图层”按钮菜单

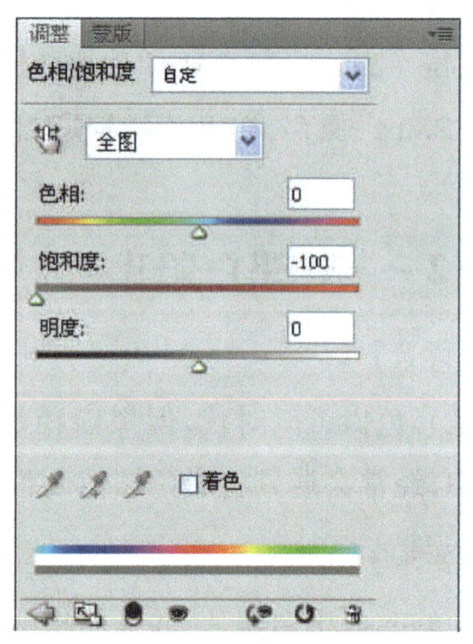

图3-4 调整饱和度

步骤四:添加色相/饱和度调整图层

在“图层”面板中单击“背景”图层,为图像再添加一个“色相/饱和度”调整图层,单击“确定”按钮。然后将“图层”面板左上角的“图层混合模式”选项设置为“颜色”,如图3-5所示。

步骤五:调整色相

双击“图层混合模式”为“颜色”的“色相/饱和度调整图层”,打开“色相/饱和度”对话框,调整“色相”滑块,以得到不同的转换效果。当得到最满意的值时单击“确定”按钮。

步骤六:保存

在 Adobe Photoshop CS 中使用快捷键“Shift+Ctrl+S”,将文件以“戒指 2. jpg”保存,在“JPEG 选项”对话框设置相关参数,将“品质”设置为“最佳”。

步骤七:选择工作区域

1. 选中正在编辑的“戒指 2. jpg”,在“图层”面板中“色相/饱和度/”图层。使用快捷键“Ctrl+Shift+Alt+E”盖印图层,会在“图层”面板中创建一个新图层“图层 1”。

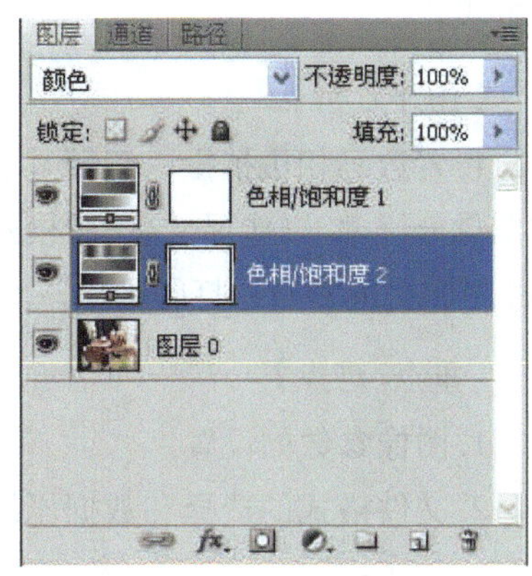

图 3-5　图层面板

2. 在“图层”面板中单击选中“图层 1”。按住“Alt”键同时使用鼠标左键单击工具栏中“套索”工具,或者使用快捷键“Shift+L”选中“磁性套索”工具。并将选项栏中“羽化”值设置为“0”,“宽度”值设置为“10 px”,“对比度”设置为“10%”,“频率”设置为 57。单击戒指边缘开始选择,并且沿着戒指边缘移动鼠标,选中图片中的戒指。

步骤八:添加色相/饱和度调整图层

1. 单击“图层”面板底部的“创建新的填充或调整图层按钮”,并从菜单中选择“色相/饱和度”,为图像添加一个“色相/饱和度”调整图层,创建“色相/饱和度 3”图层。

2. 在“色相/饱和度”对话框中选中“着色”,将“色相”设置为“56”,“饱和度”设置为“72”,并单击“确定”按钮确认。

步骤九:添加色相/饱和度调整图层

1. 单击“图层”面板底部的“创建新的填充或调整图层”按钮,并从菜单中选择“亮度/对比度”,在已创建好的“色相/饱和度 3”图层上,为图像添加一个“亮度/对比度”调整图层。

2. 在“亮度/对比度”对话框中,将“亮度”设置为“-20”,“对比度”设置为“30”,并单击“确定”按钮确认。

步骤十:保存

在 Adobe Photoshop CS 中使用快捷键“Shift+Ctrl+S”,将文件以“戒指 3. jpg”保存,在 JPEG 选项对话框设置相关参数,将“品质”设置为“最佳”。

任务 3　数码图像的拍摄和格式修改

【任务背景】

想把数码相机拍摄的照片打印出来挂在墙上吗?那么多文件格式该用哪种格式进行保存?保存时那么多的参数设置会对图像产生什么影响?通过任务 3 来解决这些问题。

【任务要求】

拍摄一组照片上传至计算机,并修改数字图像文件的参数,以最合适的方式保存。同时将数字图像打印输出。分析这些参数会对图像内容产生什么影响。找出最适合打印输出的设置。

【任务分析】

设置数码相机拍摄一组照片，使用数据线传送至计算机。使用 Adobe Photoshop CS 修改图像分辨率、图像尺寸、色彩模式和文件格式，并查看这些修改对图像质量的影响。选出 3 种图像质量的照片打印输出。

【重点、难点】

1. 图像参数的设置。

2. 文件格式的选择和数据压缩的设置。

【技术要领】在 Photoshop CS 中使用快捷键“Alt+Ctrl+I”或者选择“图像”→“图像大小”修改图像分辨率和图像尺寸；选择“图像”→“模式”更改色彩模式；“存储为”设置文件格式。

【解决问题】数码图像文件在计算机中的最佳存储方式，找出最适合打印输出的设置。

【素材来源】\模块 03\情境 01\任务 3\素材\原图. jpg。

【完成效果】\模块 03\情境 01\任务 3\完成效果\标准-高. jpg、标准-中. jpg，等多种质量图片。

操作步骤

步骤一：拍摄图像

设置相机拍摄参数，例子中所使用的是“Nikon D80”相机。将“影像品质”设置为“JPEG 精细”，实际操作中根据使用相机提供的选项进行设置，“图像尺寸”为“3 872×2 592”。拍摄一张色彩丰富，层次感强的照片。

步骤二：导入图像并更改格式

1. 通过数据线或读卡器将图像导入计算机。

2. 启动 Adobe Photoshop CS，使用快捷键“Ctrl+O”打开模块 03\情境 01\任务 3\素材目录下的图像文件“原图. jpg”。

3. 在 Adobe Photoshop CS 中使用快捷键“Shift+Ctrl+S”，将文件以“标准. bmp”保存，在“BMP 选项”对话框设置相关参数，将“深度”设置为“24 位”，如图 3-6 所示。

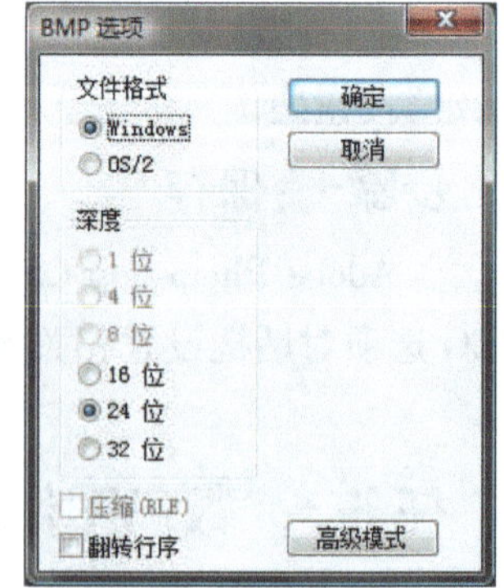

图 3-6 BMP 选项

步骤三：更改图像分辨率并保存

1. 按住“Alt”键的同时用鼠标左键单击“图像状态栏”，查看图像信息，“图像分辨率”为“300 像素/英寸”“文档大小”为“3 872×2 592”“文件大小”为“28. 7M”。

2. 使用快捷键“Alt+Ctrl+I”或者选择“图像”→“图像大小”打开“图像大小”对话框，选中“缩放样式”选项后，将“分辨率”设置为“150 像素/英寸”，可以发现图像的“像素大小”变为“1 936×1 296”，如图 3-7 所示。

3. 在 Adobe Photoshop CS 中使用快捷键“Shift+Ctrl+S”，将文件以“标准-150. bmp”保存，在 BMP 选项对话框设置相关参数，将“深度”设置为“24 位”。查看图像状态栏，“文件大小”为“7. 18M”。

4. 根据上述步骤将图像的分辨率改为“72 像素/英寸”，将文件以“标准-72. bmp”保存，在 BMP 选项对话框设置相关参数，将“深度”设置为“24 位”。查看图像状态栏，“文件大小”为“1. 65M”。

5. 打开“标准. bmp”“标准-150. bmp”“标准-72. bmp”3 个图像文件。按住“Alt”鼠标左键分别单击 3 个图像的状态栏，查看图像信息，可以发现分辨率越高，像素值越大。

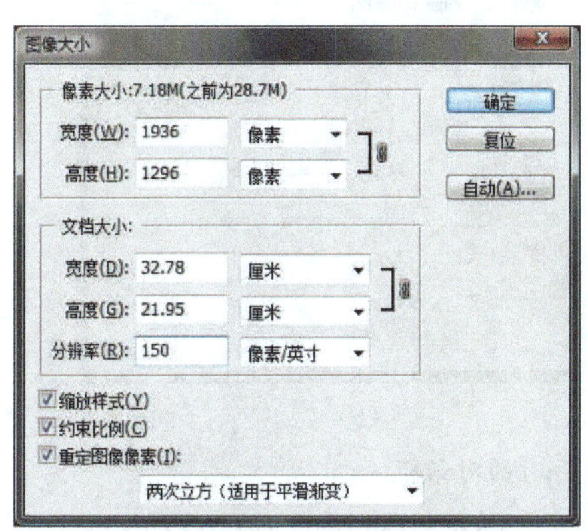

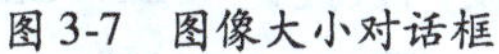
图 3-7　图像大小对话框

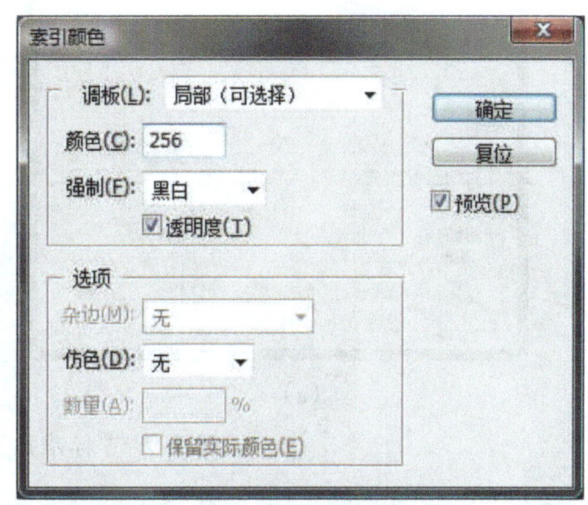

图 3-8　索引颜色对话框

步骤四：更改图像深度和色彩模式并保存

1. 打开“标准. bmp”，将文件另存为“标准-16 位. bmp”，在“BMP 选项”对话框设置相关参数，将“深度”设置为“16 位”。

2. 重新打开“标准. bmp”，选择“图像”→“模式”→“索引颜色”，将图像的“色彩模式”设置为“索引颜色”，如图 3-8 所示。将文件另存为“标准-索引色. bmp”，在“BMP 选项”对话框设置相关参数，将“深度”设置为“8 位”。

3. 重新打开“标准. bmp”，选择“图像”→“模式”→“灰度”，软件会提示“是否要扔掉颜色信息”，单击“是”确认，将图像的“色彩模式”设置为“灰度”。将文件另存为“标准-灰度 8 位. bmp”，在“BMP 选项”对话框设置相关参数，将“深度”设置为“8 位”。再次将图像另存为“标准-灰度 4 位. bmp”，在“BMP 选项”对话框设置相关参数，将“深度”设置为“4 位”。

4. 重新打开“标准. bmp”，将图像的“色彩模式”转换为“灰度”。再选择“图像”→“模式”→“位图”，将图像的“色彩模式”设置为“位图”。将文件另存为“标准-位图. bmp”，在“BMP 选项”对话框设置相关参数，将“深度”设置为“1 位”。

5. 打开“标准. bmp”“标准-16 位. bmp”“标准-索引色. bmp”“标准-灰度 8 位. bmp”“标准-灰度 4 位. bmp”“标准-位图. bmp”6 个图像文件。通过使用缩放工具对图像内容进行观察发现，在彩色图像中，图像深度越深，画面的色彩越丰富，层次越强。而在灰度图和位图中，层次感会随着图像深度的降低而减弱。

步骤五：更改图像格式

1. 打开“标准. bmp”，在 Adobe Photoshop CS 中使用快捷键“Shift+Ctrl+S”，将文件以“标

准. gif”保存,在“索引颜色”选项对话框设置相关参数,将“颜色”设置为“256”,如图 3-9(a)所示。

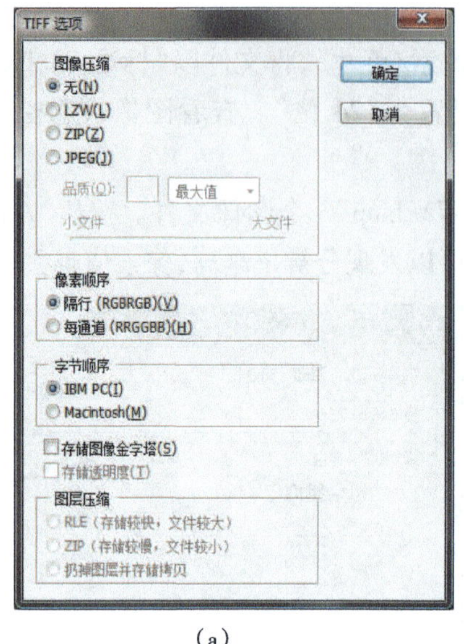

(a)

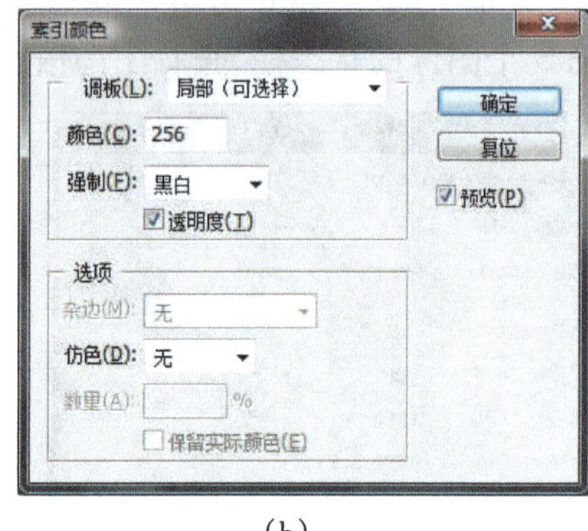

(b)

图 3-9 “标准. gif”保存时的对话框

2. 重新打开“标准. bmp”,在 Adobe Photoshop CS 中使用快捷键“Shift+Ctrl+S”,将文件以“标准. tiff”保存,在“TIFF 选项”对话框设置相关参数,如图 3-9(b)所示。

步骤六:设置不同压缩比保存

1. 打开“标准. bmp”,在 Adobe Photoshop CS 中使用快捷键“Shift+Ctrl+S”,将文件以“标准-最佳. jpg”保存,在“JPEG 选项”对话框设置相关参数,将“品质”设置为“最佳”,如图 3-10 所示。

2. 依次将“标准. bmp”保存为“标准-高. jpg”“标准-中 . jpg”和“标准-低. jpg”,“品质”依次设置为“高”“中”和“低”。

3. 打开“标准-最佳. jpg”“标准-高 . jpg”“标准-中. jpg”和“标准-低. jpg”4 个图像文件。随着图像品质从高到低的变化,文件大小也相应地变小。同时采用最佳品质压缩时,基本上无法察觉压缩后与原图的区别,但采用低品质压缩时,除了人眼敏感的信息数据几乎全部保留下来,大部分数据因为压缩的原因被剔除。

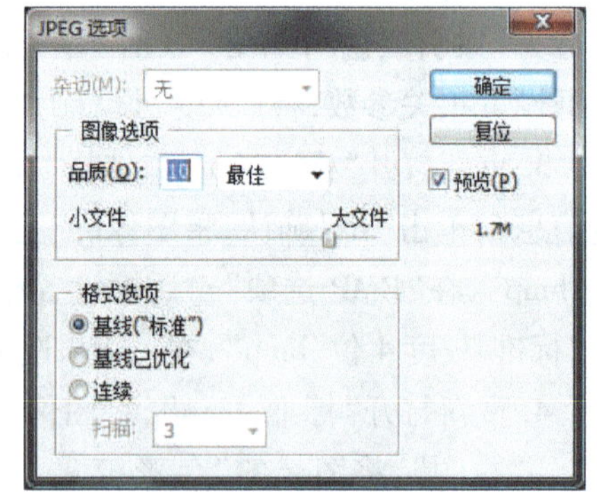

图 3-10 JPEG 选项

◎ 知识点拓展

01. 色彩三要素

色彩分为无彩类和有彩类两大色系。无彩色系为无色相感。只有明暗深浅的黑、白、灰系变化。有彩色系不但有明暗不同,而且有色相和纯度的变化,这种色彩的色相、明度和饱和度即为色彩的三要素，也称为色彩三属性。

色相是指色彩的相貌，如红、橙、黄、绿等，是色彩最显著的特征，是不同波长的色光被感觉的结果。

明度是指色彩的亮度、深浅，它决定于反射光的强度。任何色彩都存在明暗变化。其中黄色明度最高，紫色明度最低，绿、红、蓝、橙的明度相近，为中间明度。另外，在同一色相的明度中还存在深浅的变化。如绿色中由浅到深有粉绿、淡绿、翠绿等明度变化。

饱和度是指色彩的鲜艳度，也称纯度。纯度是由色光波长的单一度所决定的，单一波长的色光纯度最高，光谱上所有的色光混合，比例越接近，纯度越低，等比混合则为纯度最低的白色光。单一色相在没有与黑白色或其他色相混合时纯度最高，混合后纯度减弱。

02. 色彩的混合与互补

混色分为光的混色（相加混色）和色料的混色（相减混色）以及中性混合。

相减混色指不能发光，却能将照来的光吸掉一部分，将剩下的光反射出去的色料的混合。三原色是品红、黄和青。每两个原色依不同比例混合，可以化为若干间色，其中橙、绿、紫是典型的间色。三原色依一定比例可以调出黑色或深灰色，如图 3-11 所示。

图 3-11　减法混色（左）和加法混色（右）

相加混色把各种比例的三原色——红光、绿光和蓝光，或基本色组合在一起，如图 3-6 所示。三原色光双双混合，又可以混合出黄、青、品红 3 种间色光。一种原色光和另外两种原色光混合出的间色光称为互补色光。例如绿和品红，黄与蓝，红与青，3 组都是互补色光，而互补色光依照一定的比例混合，可以得到白色光，如图 3-11 所示。

03. 色相/饱和度

使用“色相/饱和度”命令，可以调整图像中特定颜色分量的色相、饱和度和亮度，或者同时调整图像中的所有颜色，如图 3-12 所示。

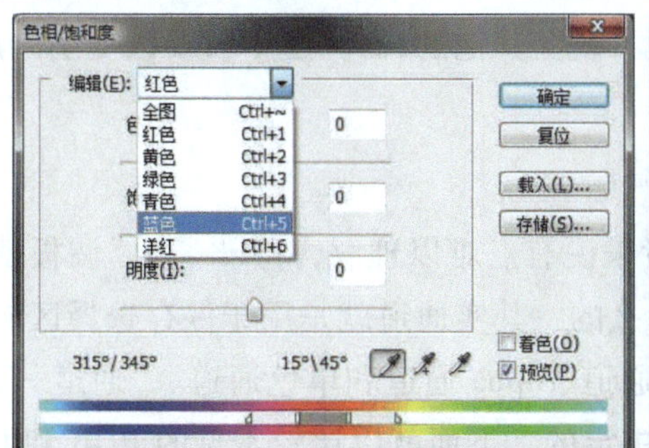

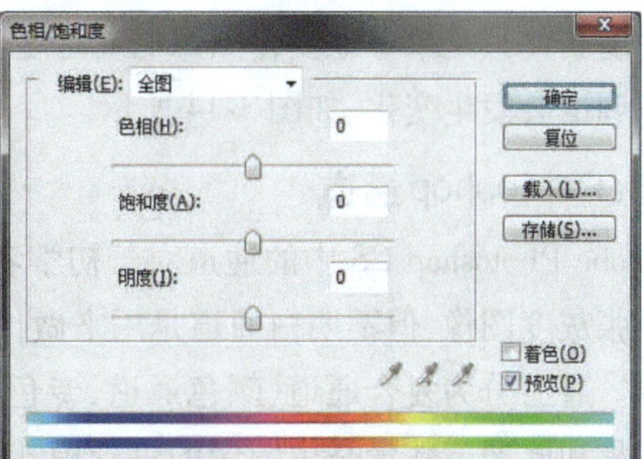

图 3-12　“色相/饱和度”对话框

“编辑”是“色相/饱和度”选择可编辑的色彩范围，它包括“全图”“红色”“黄色”“绿色”“青色”“蓝色”“洋红”。

“色相”是指编辑下拉菜单中的“RGB”和“CMY”。要调整色相，向右拖动“色相”滑块可模拟在色轮上顺时针旋转，向左拖动“色相”滑块可模拟在色轮上逆时针旋转。也可在文本框中直接输入数值，文本框中显示的值也同样反映像素原来的颜色在色轮中旋转的度数。正值表示顺时针旋转，负值表示逆时针旋转。数值的范围为“-180”到“+180”。

将“饱和度”滑块向右拖移可增加饱和度，向左拖移可减少饱和度。颜色相对于所选像素的起始颜色值，从色轮中心向外移动，或从外向色轮中心移动。数值范围为“-100”到“+100”。

“明度”滑块向右拖移增加明度，向左拖移减少明度。数值范围为“-100”到“+100”。

对话框下部左侧的“315/345”“15/45”是指红色色相(R)在色相环上的绝对位置是为345°~15°，从345°~315°的范围是指由红到品红的过渡范围，从15°~45°的范围是指由红到黄的过渡范围。分别对应图3-13上的a,b,c和d 4个滑块。

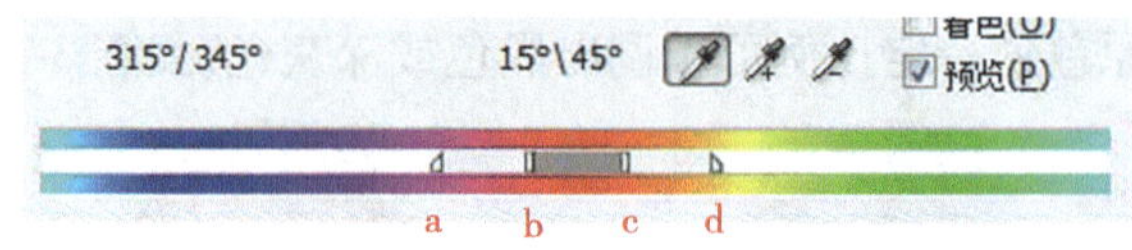

图3-13 “色相/饱和度”调整滑块

滑块“b”和“c”用来调整颜色成分的范围，使不同的颜色位于颜色条的中心。滑块“a”和“d”用来调整颜色衰减量(羽化)而不影响范围。向左或向右移动“色彩范围控制器”改变要编辑的颜色。当使用吸管工具单击一个颜色时，Adobe Photoshop 自动计算出该颜色在色相环上的位置并在“色相/饱和度”对话框的下部精确显示其所属的颜色范围和过渡范围的度数，还可以使用“添加到取样”吸管工具、“从取样中减去”吸管工具增加或者排除相似颜色，使拟控制的颜色范围扩大或缩小。

“着色”选项用于通过移动“色相”滑块，将某一种单独的色相或饱和度应用到整幅图像或选区中而抛弃原始图像上的其他色彩，所有的亮度值保持不变，饱和度默认值自动设置为“25%”。

04. 明度与亮度

亮度可以通过“图像”→“调整”→“亮度/对比度”打开“亮度/对比度”对话框进行调整。明度调整只是单一地变化图像的明暗度，不改变其他的；而亮度不仅要改变明暗度，图像的色调也会发生变化，如图3-14所示。

05. Photoshop通道

Adobe Photoshop CS 中的通道对于初学者来说有点难以理解，打开“通道”调板就可以看见几张灰度图像，但不明白通道是用来做什么的？其实通道就是用于保存选择区域的黑白图像。通道分为复合通道、颜色通道、专色通道、Alpha 通道和单色通道。“通道”调板中通道名称和原通道数量是由图像的色彩模式决定的。下面就以比较常见的 RGB 和 CMYK 色彩模式的图像为例进行详解。

图 3-14 Adobe Photoshop 中调整亮度和明度效果图

(1)RGB 色彩模式的图像通道

RGB 色彩模式的图像有 4 个颜色通道,分别保存图像的红、绿、蓝的信息,还包括一个综合通道 RGB。分别单击“单色通道”,观察原图可以发现红色在“红”通道中为白色,蓝绿为黑色。绿色在“绿”通道中为白色,红蓝为黑色。蓝色在“蓝”通道中为白色,红绿为黑色。不同的通道都可以用 256 级灰度来表示颜色的强度,图中洋红色包含不同强度的红绿蓝,因此在红绿蓝 3 个通道中显示为不同程度的灰色。黑色像素在所有通道都为黑色。白色像素在所有通道都为白色,如图 3-15 所示。

(2)CMYK 色彩模式的图像通道

CMYK 色彩模式的图像有 5 个颜色通道,分别保存图像的青色、洋红、黄色以及黑色的信息,还包括一个综合通道 CMYK。

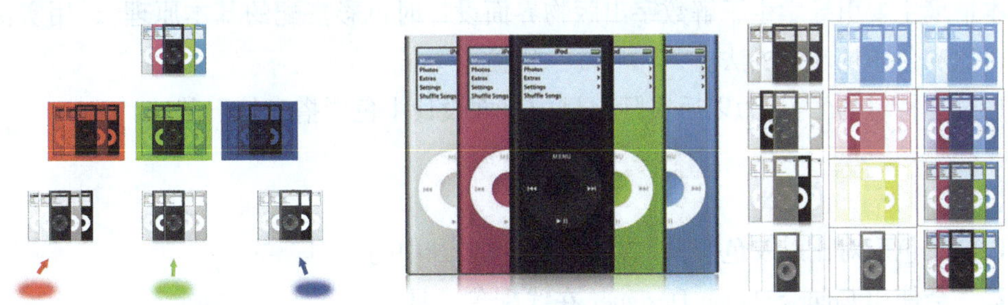

图 3-15 RGB 色彩模式的图像通道　　图 3-16 CMYK 色彩模式的图像通道

分别单击“单色通道”,观察原图可以发现其通道的变化规律与 RGB 色彩模式正好相反。青色在“青色”通道中为黑色,洋红、黄色为白色。洋红色在“洋红”通道中为黑色,青色、黄色为白色。黄色在“黄色”通道中为黑色,青色、洋红为白色。白色像素在所有通道都为白色。但是黑色像素只在“黑色”通道中为黑色。各个通道中黑色部分吸取与通道颜色相对应的油墨,灰色部分吸取部分与通道颜色相对应的油墨,白色部分不吸取油墨。油墨被印刷在纸张上的同一个位置，最后得到彩色图像，如图 3-16 所示。

◎ 独立实践任务

任务 4　更改图像风格

【任务背景】

某景点为了推广当地旅游产业，需要展示当地一年四季的风景的变化，但是缺少一张秋天的照片。使用 Adobe Photoshop 将提供的风景图片修改成秋天的风景。

【任务要求】

使用“色相/饱和度”将图像修改成秋天的风景。

【技术要领】使用“色调/饱和度调整”调整图像饱和度的色调。
【解决问题】使用“色相/饱和度”更改图像风格。
【素材来源】\模块 03\情境 01\任务 4\素材\春天. jpg。

情境 02　界面元素色彩搭配

不同的环境、不同的心情看到相同的色彩都有不同的理解，给人的感受肯定也是不一样的。所以赏析无定规，只看自己识同，用自己的认识水平去理解。

可以从主题的鲜明性、独创性、结构的合理性、色彩的艺术性以及内容的针对性来欣赏、评析、设计界面元素色彩。最根本的是不能偏离主题，只有保证在正确方向的前提下才能创新设计。

本情境主要引导学生了解数字出版物界面设计时色彩搭配的基本原理，运用实例说明色彩对比和色彩调和的方法。

通过本情境的学习，为以后实际项目中界面设计中色彩搭配打下基础。

【能力目标】

1. 熟悉色彩对比以及色彩调和在数字媒体设计中的应用。
2. 学会使用 Color Scheme Designer 在线配色工具。

【知识目标】

1. 了解色彩对比的分类及规律。
2. 了解色彩调和的基本原理、种类和相互关系。

【学时分配】

2 课时（授课 1 课时，实践 1 课时）。

◎ 模拟制作任务

任务1　数字媒体中色彩搭配

【任务背景】

色彩是数字媒体设计的重要组成部分。通过不同的样例来体会色彩在数字媒体设计中所起的作用,了解色彩对比和色彩调和的方法和规律。

【任务要求】

通过对样例的分析体会色彩在数字媒体设计中的应用原则。

【任务分析】

通过不同的数字媒体样例来说明色彩对比以及色彩调和在数字媒体设计中的应用。

【重点、难点】

1. 色彩对比的种类。
2. 初步了解色彩对比在数字媒体界面设计中的应用。

【技术要领】色彩对比和色彩调和的特征及方法。
【解决问题】了解色彩在数字媒体界面设计中的应用。
【素材来源】\模块03\情境02\任务1\素材\box. jpg、trek. pdf、nike. jpg、redspot. jpg。
【完成效果】请学生从主题的鲜明性、独创性、结构的合理性、色彩的艺术性以及内容的针对性方面进行创新设计。

操作步骤

步骤一:色彩色相的应用

1. 在数字媒体界面设计过程中,使用色彩的色相越接近,效果越柔和,越接近补色,则会产生强烈的对比效果。当使用单一色彩来设计时,可以通过改变明度和纯度来弥补同种色相的单调感。

2. “box”是一家提供在线数据服务的公司。图3-17所示为其公司首页,该页面主色调采用了蓝色,通过保持其色相不变,改变色彩的明度和纯度而形成同种色的调和,从而弥补

图3-17　“box”公司首页

图3-18　TREK 2011年产品手册

色相单一带来的单调感，从而使页面更具动感和空间感。

步骤二：色彩明度的应用

1. 明度是指色相的明暗程度，它显示了色相的明暗差别。每一色相都有其自身的光谱明度范围，加入白色会提高明度，加入黑色则会降低明度。明度在色彩的搭配中扮演着重要角色。

2. 图3-18所示为“TREK 2011年产品手册”电子版的封面，产品为自行车。该设计采用在一组照片上加了一层低明调的深灰色的线性渐变作为背景，与高明调的产品Logo形成明度上的对比，以此突出产品的Logo。

步骤三：色彩纯度的应用

1. 光谱中各种单色光是最纯的颜色，可以通过在一种颜色中加入黑、灰、白或者补色来降低纯度。色彩纯度的对比越强烈，色彩越鲜艳，差别越弱，则越显得浑浊。

2. 图3-19所示为NIKE官网首页上“自由你的”全球新广告，广告中应用了色彩纯度的对比手法。画面中鞋子和衣服形成青色的纯度对比，使鞋子的色彩显得更加鲜艳亮丽。

图3-19　NIKE“自由你的”全球新广告

图3-20　RedSpot“我们提供RedSpot比萨”广告

步骤四：色彩冷暖的应用

1. 色彩分为冷、暖两大色系，色彩的冷暖感觉主要取决于色调，以红、橙、黄为暖色体系，蓝、绿、紫则代表着冷色系，两者基本上互为补色关系。冷暖对比经常应用在食品产品的相关设计上。

2. 图3-20所示为RedSpot比萨的“我们提供RedSpot比萨”广告中的一例，背景中蓝色灯光与比萨递送员的红色服装形成冷暖对比，以突出主体。

任务2　配色工具

【任务背景】

在数字媒体设计初期，色彩的搭配是一项艰巨且关键的任务，而且没有直观的效果演示。现在介绍几种流行的在线配色工具的使用，可以使配色更直观，更有效率。

【任务要求】

学会使用Color Scheme Designer在线配色工具。

【任务分析】

通过使用 Color Scheme Designer 在线配色工具更有效地完成数字媒体界面的配色。

【重点、难点】

Color Scheme Designer在线配色工具的使用。

【技术要领】Color Scheme Designer 在线配色工具的使用。
【解决问题】更有效地完成数字媒体界面的配色。
【素材来源】http://www. color scheme designer. com/csd-3.5、在线配色工具. png。
【完成效果】\模块03\情境02\任务2\完成效果\mypalette. aco。

操作步骤

步骤一:打开 Color Scheme Designer 在线配色工具

打开 Internet Explorer,输入地址 http://www. color scheme designer. com/csd-3.5,打开"Color Scheme Designer 在线配色工具",如图 3-21 所示。

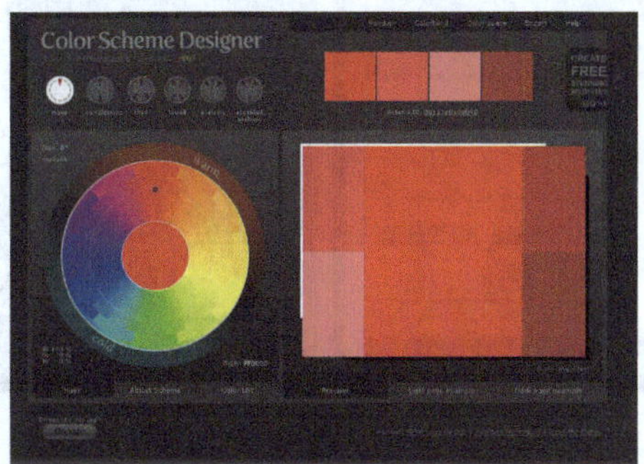

图 3-21　Color Scheme Designer 在线配色工具

步骤二:使用 Color Schcmc Dcsigner 在线配色

1. "Color Scheme Designer" 提供6种配色方案,单击选择一种配色方案,如图 3-22 所示。

图 3-22　配色方案

2. 在色轮上选择一个颜色,确定主色调,这里将颜色设置为#1240AB,如图 3-23(a)所示,单击右下角"RGB"按钮,在弹出的对话框中输入颜色值"1240AB",单击"OK"按钮。

(a)

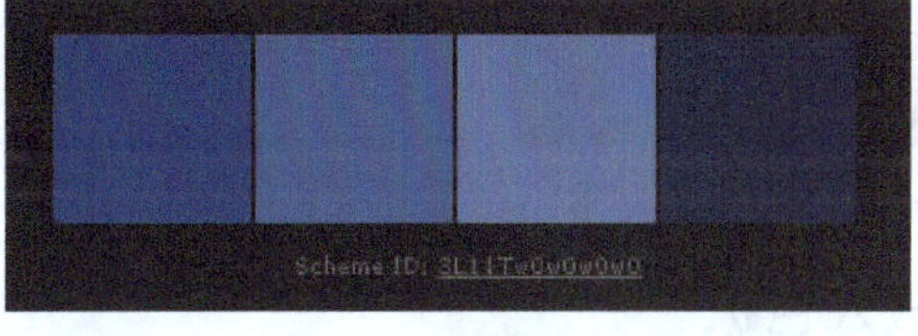

(b)

图 3-23　色轮与配色结果

3. “Color Scheme Designer”会自动完成配色，并在右上角显示配色结果，如图 3-23(b)所示。用户还可以进一步调整颜色的亮度、饱和度和对比度，如图 3-24 所示。

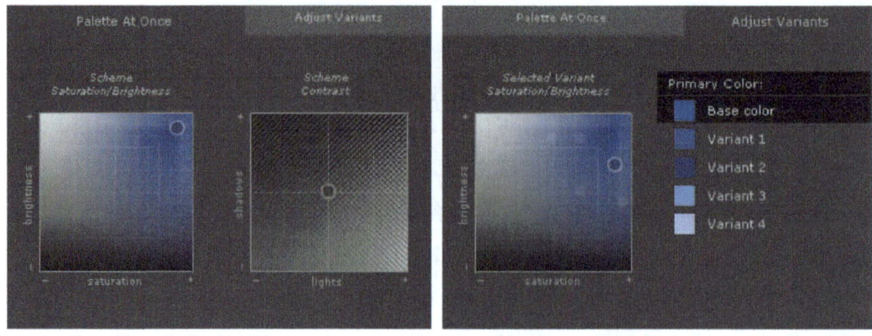

图 3-24 亮度、饱和度、对比度面板

4. “Color Scheme Designer”提供效果预览，可以通过单击页面上“高明度网页演示”按钮预览浅色调网页效果，或单击页面上“低明度网页演示”按钮预览深色调网页效果，如图 3-25 所示。

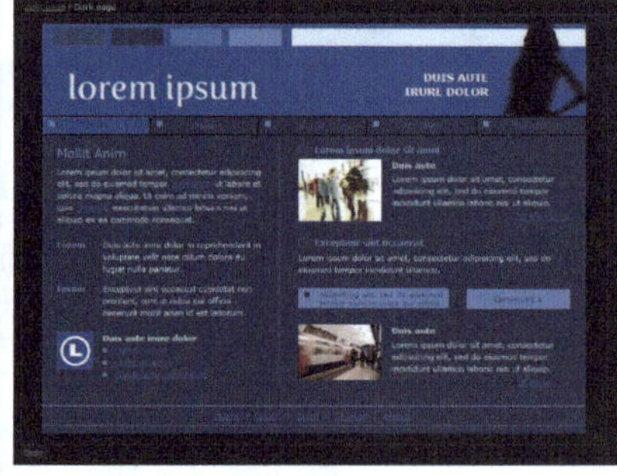

(a) (b)

图 3-25 浅色调样板预览与深色调样板预览

步骤三：导出结果

最终的配色方案可以根据用户需求导出成“HTML+CSS”“XML”“TEXT”“ACO”或“GPL”。这里选择“ACO”将文件保存为 mypalette. aco，如图 3-26 所示。

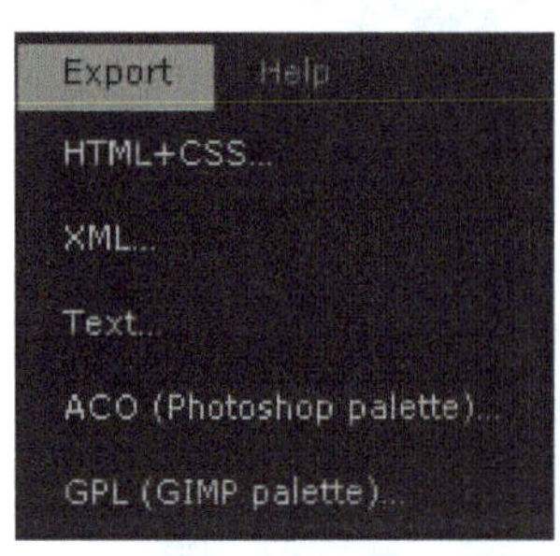

图 3-26 导出配色方案

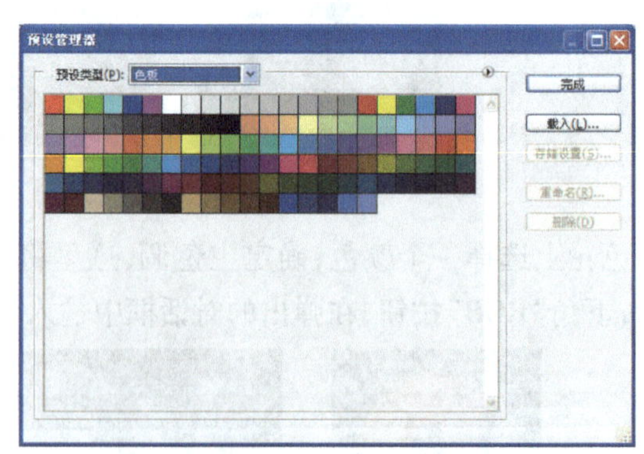

图 3-27 载入色板

步骤四：载入色板

1. 打开 Adobe PhotoShop CS，选择“编辑”→“预设管理器”打开“预设管理器”面板。将

“预设管理器”面板中“预设”类型设置为“色板”。

2. 单击“预设管理器”面板上“载入”按钮，选择 mypalette. aco。之前“Color Scheme Designer 在线配色工具”的配色结果就能载入 Adobe PhotoShop CS 的色板中，如图 3-27 所示。

步骤五：其他在线配色工具介绍

除了以上介绍的“Color Scheme Designer”以外，还有许多在线配色工具可以帮助设计人员找到更合适的颜色设计方案，“Kuler”就是其中一个。它还有一个特点，可以根据用户上传图片自动生成配色方案，用户可以直接在 Adobe Photoshop CS 中“窗口”→“扩展功能”→“Kuler”使用此功能，如图 3-28 所示。此外“ColorLovers”“ColorRotate”都是很好的在线配色工具。

图 3-28　Kuler 配色工具

◎ 知识点拓展

01. 色彩对比

俗话说，红花要有绿叶衬。颜色本身会受到环境色的影响而产生不同的色貌，通常称为“对比效果”。

(1) 色相对比

色相对比是指因色相的差别形成的对比，色相对比的强弱，决定于色相在色相环上的距离。色相距离在 15 以内的对比，称为同类色相对比，是最弱的色相对比。色相距离在 15 以上，45 左右的对比，称为近似色相对比。色相距离在 130 左右的对比，一般称为对比色相对比，例如红色和蓝色的百事可乐 Logo 以及红色和黄色的麦当劳 Logo。色相距离在 180 左右的对比，称互补色相对比，是色相强对比，最典型的补色对比是红和绿，黄和紫，蓝和橙。

(2) 明度对比

明度对比是指因色彩间明暗程度的差别而形成的对比。如前所述，每一种颜色都有自己的明度特征。因同样的灰色放在黑色背景和白色背景上，黑色背景上的灰色较之白色背景上的亮。

(3) 纯度对比

纯度对比是因色彩间纯度的差别而形成的对比，其对比不仅可以体现在同一色相的不同纯度的对比中，也可以体现在不同的色相对比中。

除了以上色彩对比以外，还包括色彩的面积对比、形状对比、冷暖对比和肌理对比。

02. 色彩调和

两种或两种以上的色彩合理搭配，产生统一谐调的效果，称为色彩调和。两种以上色彩在配置中，总会在色相、纯度、明度、面积等方面或多或少地有所差别，这种差别必然会导致不同程度的对比。过分对比的配色需要加强共性来进行调和,过分暧昧的配色需要加强对比来进行调和。色彩调和主要有以下几个方面:

(1)同一调和

当两个或两个以上的色彩对比效果非常尖锐刺激的时候,将一种颜料混入各色中去增加各色的同一因素,改变色彩的明度、色相、纯度,使强烈刺激的各色逐渐缓和,增加同一的一致性的因素越多调和感越强。

(2)近似调和

选择性质与程度很接近的色彩组合,或者增加对比色各方的同一性,使色彩间的差别很小,避免与削弱对比感觉,取得或增强色彩调和的基本方法,称为近似调和法。调和并非绝对同一,必须保留差别。近似是增强不带尖锐刺激的调和的重要方法。

(3)对比调和

对比调和的方法有提高或降低对比色的纯度;在对比色之间插入分割色如金、银、黑、白、灰等;采用双方面积大小不同的处理方法;或者在对比色之间加入相近的类似色。

(4)秩序调和

把不同明度、色相、彩度的色彩组织起来,形成渐变的、有条理的或等差的有韵律的画面效果,使原本对比强烈、刺激的色彩关系因此而变得调和。使本来杂乱无章的、自由散漫的色彩由此变得有条理、有秩序从而达到统一调和。

◎ 独立实践任务

任务3 使用在线配色工具进行配色

【任务背景】

某化妆品公司推出一系列香水,为了推广这批产品,要制作一个产品介绍的网站。在制作之前,需要进行界面的配色设计。使用在线配色工具可以使这项工作变得更直观,更高效。

【任务要求】

使用 Adobe Photoshop 中的扩展功能 Kuler 为自己的数字媒体出版物配色,并将配色方案添加到 Adobe Photoshop 色板。

【技术要领】在线配色工具的使用,Adobe Photoshop 色板的使用。
【解决问题】更高效地完成数字媒体界面的配色。
【素材来源】\模块03\情境02\任务3\素材\香水.jpg。

职业技能知识点考核

1. 单选题

(1)当 RGB 模式转换为 CMYK 模式时,下列哪个模式可作为转换的中间过渡模式?____。

A. Lab 模式　　B. 灰度模式　　C. 多通道模式　　D. 索引色彩模式

(2)Adobe Photoshop 中色彩模式的图像可直接转换为双色调(Duotont)色彩模式的是____。

A. RGB 颜色　　B. CMYK 颜色
C. IndexedColor 索引色　　D. Grayscale 灰度

2. 判断题

(1)使用"色相/饱和度"命令可以调整单个颜色的色相、饱和度和亮度值,或者同时调整图像中的所有颜色。　(　)

(2)描述颜色的 3 种语言是色相、饱和度和色阶。　(　)

3. 填空题

(1)色彩的对比是绝对的,色彩的调和是________。

(2)在色相环上,间隔____度的色相对比是中对比,间隔____度的色相对比是最强对比。

(3)任何一个纯色加白或加黑,都可形成明度色阶,称为________。

(4)当两个同形、同面积的图形涂以相同的颜色时,对比效果________。

4. 简答题

(1)色相对比有哪几种表现形式?

(2)同一调和与近似调和有什么不同?

数字传媒界面元素设计

常言道：一花一世界，一沙一天堂。均衡与对称广泛存在于自然界中，生活中的一片树叶、一朵鲜花乃至我们人类都是依照均衡与对称的法则长成的。人在生理上、心理上都趋向并喜欢这种和谐的美。

数字传媒界面及元素的设计要严格遵循设计中的 3C 原则，即 Concision（简洁）、Coherence（一致性）、Contrast（对比度）。

数字传媒界面及元素的设计同其他艺术形式的设计一样，都是设计者针对设计内容所进行的艺术构思，要求构思到位、准确，不能影响对信息内容传达的有效性，更不能产生误导。界面及元素设计包括文字排列方向，字群聚散组合，字体大小风格的选择，图片的分布及色彩与空白的经营。设计不仅追求界面形式的变化，更重视各视觉元素不同的形式构成给人造成的不同心理感受，并体现不同的主题。

本模块围绕着数字传媒的界面元素设计为核心展开，通过对 Adobe Photoshop 相关模块功能的学习和综合实践来掌握数字传媒界面元素的基本制作方法。

我们每天所见到的各式各样的网页界面以及界面中大大小小的各种模板和按钮都可以用 Adobe Photoshop 来绘制。无论多复杂的图形界面都是对基本元素的编辑和组合。本模块将会设计特定的情境来引导学生利用所学的基本软件知识和技能完整的体验从基本元素的制作到完整界面设计的整个过程，从而提高学生对软件的综合利用能力和整体设计。

广告制作、影视动画、媒体传播、会展设计、数字出版、计算机编辑、印刷图文等相关专业可根据专业的特点，对本情境的内容进行选择性地教学。

情境01 按钮制作

在页面里要强调的链接自然会以按钮的形式表现,按钮是促成观者完成页面功能的一个很重要的部分,所以按钮应该具有“吸引眼球”的效果。对于一个可以起到“吸引”作用的按钮,建议从以下几个方面来思考。

按钮用色:按钮颜色应该区别于周边环境色,因此它要更亮且有高对比度的颜色。

按钮位置:按钮位置要容易找到,重要的按钮应该处在画面的中心位置。

按钮文字:按钮文字需言简意赅,直接明了,如:注册、下载、创建等,甚至有时候用“点击进入”,千万不要让观者去思考,越简单、越直接越好。

按钮尺寸:按钮的大小尺寸应该适中,如按钮大到一定程度,会让人觉得那不像按钮,潜意识地认为那是一块区域,以致没有点击的欲望。

充分通透:按钮不能和网页中的其他元素挤在一起。它需要充足的(外边距)才能更加突出,也需要更多的 padding(内边距)才能让文字更容易阅读。

鼠标滑过效果:给较为重要的按钮适当地加一些鼠标滑过的效果,会有力地增强按钮的单击感,给用户带来良好的用户体验,起到画龙点睛的作用。

本情境主要引导学生掌握 Adobe Photoshop 软件中图层样式的使用方法,以及网页按钮的制作。熟悉和掌握图层样式的功能能使图像处理得到意想不到的效果。本情境通过实战练习拓宽学生思路,以提高工作效率。

【能力目标】

1. 能够使用和编辑图层样式效果。
2. 理解图层的功能。

【知识目标】

1. 理解图层样式效果。
2. 理解图层功能。

【学时分配】

4 课时(授课 2 课时,实践 2 课时)。

◎ 模拟制作任务

任务1　双按钮制作

【任务背景】

一家数码网站正在进行前期的准备工作，界面的设计是前期计划的一部分，需要相关设计人员为一些图文界面设计翻页的按钮，因为是数码类的网站，所以要求按钮的风格尽量简洁清晰，最终效果如图4-1所示。

图4-1　效果图

【任务要求】

为网页制作一组按钮，并带有半透明的水晶效果。

【任务分析】

制作半透明效果的方法很多，考虑到按钮的数量可能会有很多组，如果能够快速地将原始的按钮效果用到其他按钮上面的话，图层样式功能是首选的一种方式。

【重点、难点】

1. 如何制作半透明效果。
2. 图层样式功能的使用。

【技术要领】图层样式功能的使用。
【解决问题】如何通过图层样式和图层叠加的方式制作半透明水晶效果。
【素材来源】自己设计。
【完成效果】\模块04\情境01\任务1\完成效果\双按钮.jpg。

操作步骤

步骤一：新建文档

1. 启动Adobe Photoshop CS，按“Ctrl+N”键打开新建文档对话框，“大小”为640像素×320像素。

2. 选择“油漆桶工具”，设置“颜色”为608fce，并为其填充颜色。

步骤二：绘制外形

1. 新建一个图层，用“圆角矩形工具”绘制一个图形，如图4-2所示。

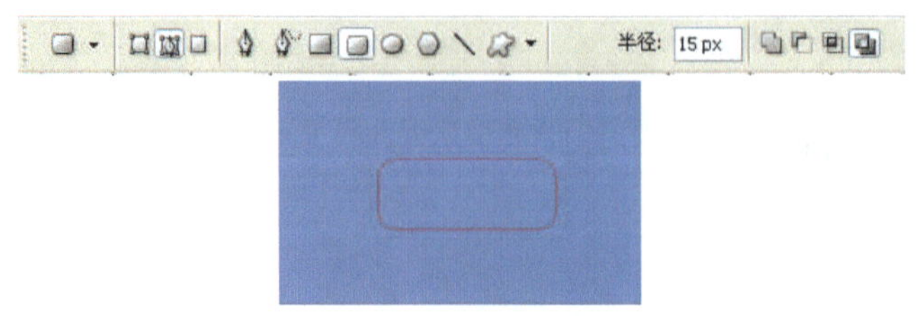

图4-2　绘制外形

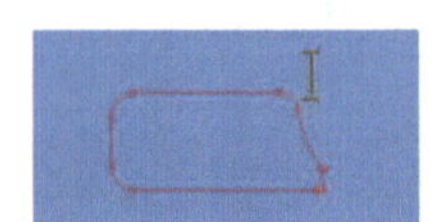

图4-3　编辑外形

2. 用钢笔工具对路径进行调整得到如图 4-3 所示效果。

3. 按“Ctrl+Enter”键将路径转化为选区，为选区填充“白色”。复制一个图层，调整位置得到如图 4-4 所示效果。

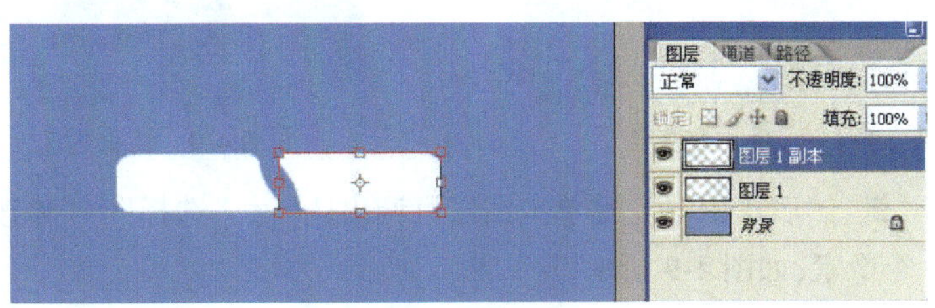

图 4-4　白色填充

4. 将两个图层同时选中后右击鼠标，在展开菜单中选择“合并图层”，然后单击“锁定透明像素”按钮，将其透明区域锁定，如图 4-5 所示。

图 4-5　合并图层锁定透明像素

步骤三：制作特效

1. 选择“渐变工具”，按照图 4-6、图 4-7 所示设置参数。

图 4-6　参数设置

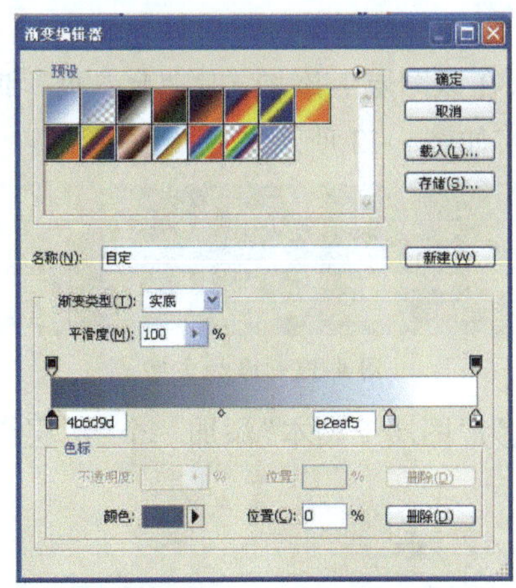

图 4-7　参数设置

2. 为图层 1 副本填充渐变色，得到如图 4-8 所示效果。

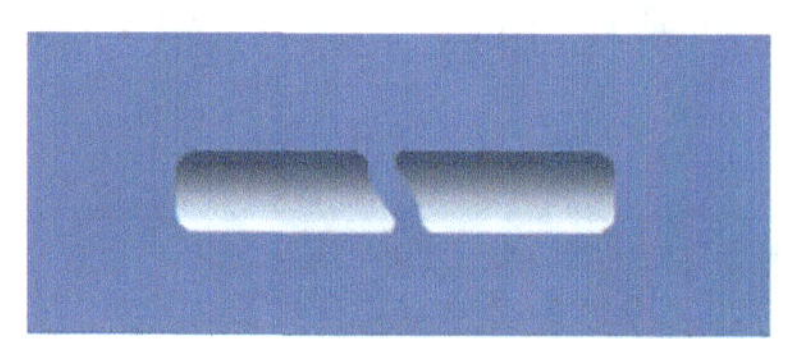

图 4-8　填充渐变色

图 4-9　调出选区

3. 按住“Ctrl”键，然后用鼠标左键单击图层可调出选区。“选择”→“修改”→“收缩”菜单下收缩选区 1 个像素，如图 4-9 所示。

4. 新建图层命名为“高光”，并为其填充“白色”，然后取消选区，单击图层通道底部的“添加图层蒙版按钮：”为其添加一个“图层蒙版”，如图 4-10 所示。

图 4-10　填充白色

5. 选择“渐变工具”，在“图层蒙版”上进行编辑得到如图 4-11、图 4-12 所示效果。

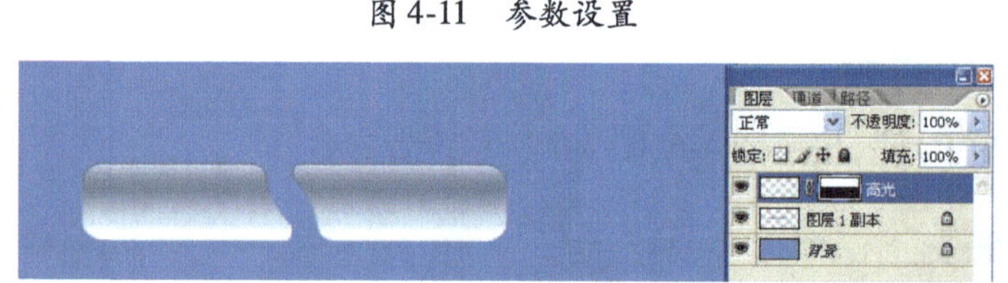

图 4-11　参数设置

图 4-12　效果

步骤四：制作文字

1. 选择“横排文字工具”，在该图层上添加文字“上一页”和“下一页”，大小和样式可根据个人喜好调节，以美观为主，如图 4-13 所示。

图 4-13　添加文字

2. 为按钮添加效果，首先为“图层 1 副本”添加一个“图层样式”，参数和效果如图 4-14、图 4-15 所示。

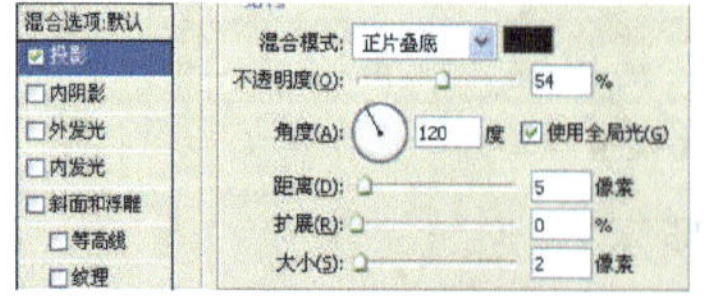

图 4-14　参数设置

图 4-15　效果图

3. 将“下一页”的图层复制一份，颜色设置为“#306cc1”，并为其添加一个“外发光”的“图层样式”，参数和效果如图 4-16、图 4-17 所示。

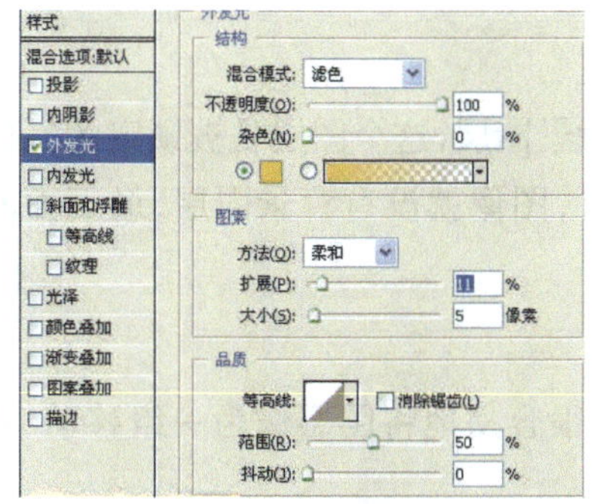

图 4-16　设置图层样式

图 4-17　效果图

4. 按住“Ctrl”键，单击“图层 1 副本”，用套索工具将一半选区减选掉，得到以下区域，并新建一个图层，命名为“底层外发光”，如图 4-18 所示。

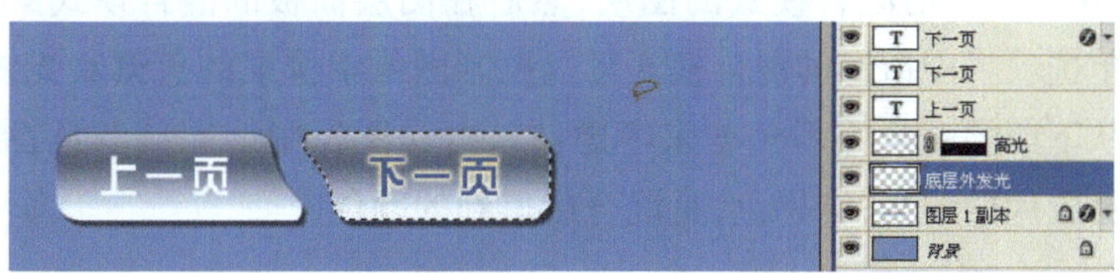

图 4-18　选择区域

5. 为该区域填充“白色”，将该图层的填充设置为 0，将之前做的“下一页”的图层的图层样式复制给它，得到最终效果如图 4-19 所示。

图 4-19　最终效果

◎ 知识点拓展

01. 图层概念

可以把图层想象成一张一张叠起来的透明胶片，每张透明胶片上都有不同的画面，改变图层的顺序和属性可以改变图像的最后效果。通过对图层的操作，使用它的特殊功能可以创建很多复杂的图像效果。

02. 图层面板

图层面板上显示了图像中的所有图层、图层组和图层效果，用户可以使用图层面板上的各种功能来完成一些图像编辑任务，例如创建、隐藏、复制和删除图层等。还可以使用图层模式改变图层上图像的效果，如添加阴影、外发光、浮雕等。另外，对图层的光线、色相、透明度等参数可以通过修改来制作不同的效果。

03. 图层类型

(1)背景图层

每次新建 Adobe Photoshop 文件时会自动建立一个背景图层,这个图层是被锁定的且位于图层的最底层。如果按照透明背景方式建立新文件时,图像就没有背景图层,最下面的图层不会受到功能上的限制。

(2)图层组

图层组可以帮助组织和管理图层,使用图层组可以很容易地将图层作为一组移动、对图层组应用属性和蒙版以减少图层调板中的混乱。

04. 图层混合模式

使用混合模式可以创建各种特殊效果,需要注意的是图层没有“清除”混合模式,Lab 图像无法使用“颜色减淡”“颜色加深”“变暗”“变亮”“差值”和“排除”等模式。混合模式操作简单,只要选中要添加的混合模式的图层,然后在图层面板的混合模式菜单中找到所要的效果。在菜单选项栏中指定的混合模式可以控制图像中像素的色调和光线,应用这些模式之前用户应从下面的颜色应用角度来考虑:基色,是图像中的原稿颜色;混合色,是通过绘画或编辑工具应用的颜色;结果色,是混合后得到的颜色。

◎ 独立实践任务

任务 2　脚印按钮制作

【任务背景】

鉴于国际上一些屡禁不止的屠杀和偷猎珍稀动物以牟取暴利的事件,国际动物保护组织计划建立网站来报道相关事宜。为此号召热心人士设计一些与动物保护主题相关的网页按钮。

图 4-20　最终效果

【任务要求】

按钮为半透明水晶效果,并能体现动物有关的信息,样张如图 4-20 所示。

【技术要领】图层样式功能的灵活运用以及充分利用软件本身的素材。
【解决问题】使用滤镜来增强目标效果。
【素材来源】无。

情境 02　制作播放器界面

目前，在人们的娱乐生活中，计算机和网络是必需品，而音乐、视频更是陶冶人们情操，让人们在工作和娱乐的同时，放松和舒缓心情。千千静听是一款完全免费的音乐播放软件，集播放、音效、转换、歌词等众多功能于一身。其界面小巧精致、操作简捷、功能强大的特点，深得用户喜爱。

高贵的黑色，淡雅的蔚蓝色，幽深的紫色，高贵的红色和银色等，使每一个用户都可以从中找到自己喜欢的外观。另外，在千千静听的官方网站上，还特别设有皮肤的下载页。很多热爱千千静听的用户都会使用一些软件，制作出自己喜欢的皮肤，并且上传到网上，供更多的用户下载和使用。每个用户都可以下载很多的皮肤到自己的计算机上，根据自己的喜好和心情随时更换皮肤，非常的方便和人性化。

千千静听虽然被评为中国十大优秀软件之一，并且成为国内目前最受欢迎的音乐播放软件，但是，无论多么复杂的图形都是由简单的元素组合而成。对图像进行合理的分解，化整为零后，每个元素的制作方法其实是大同小异的。作为学生，首先应该具备这种分析能力和整体的控制能力。

本情境的任务将指导学生如何制作复杂的图形，以及在制作过程中如何更好地规划和管理自己的文件。

【能力目标】

1. 能够分析和分解复杂的图形。

2. 能够使用图层组的功能。

【知识目标】

1. 理解为什么要分解复杂图形。

2. 理解图层组。

【学时分配】

4 课时（授课 2 课时，实践 2 课时）。

◎ 模拟制作任务

任务 1　制作视频播放器界面

【任务背景】

网络视频是现代网络不可或缺的元素，无论是综合性网站还是专业的视频网站都会有视频链接和播放功能。网络视频的观看方式也是当下人们最为喜欢的一种方式。现在一家新兴的视频网站要制作一个播放器界面来作为用户的默认界面，并委托广告公司进行设计，效果如图 4-21 所示。

图 4-21　最终效果

【任务要求】

绘制一个播放器界面，要求简洁明了实用。

【任务分析】

作为一个播放器的界面本身含有很多复杂的元素，作为初学者当然不可能在一个图层中完成这种较复杂的任务。所以如何灵活地运用 Adobe Photoshop 的图层功能，如何更好地分析和分解一个复杂的图形，然后逐个解决是任务 1 所要解决的。

【重点、难点】

1. 图层组的运用。

2. 元素的处理和排列。

【技术要领】图层组的使用。
【解决问题】如何分解和制作复杂图形。
【素材来源】\模块 04\情境 2\任务 1\素材\电影截图. jpg。
【完成效果】\模块 04\情境 2\任务 1\完成效果\播放器. jpg

操作步骤

步骤一：新建文档

1. 启动 Adobe Photoshop CS，按“Ctrl+N”键打开新建文档对话框，“大小”为 640 像素×480 像素。

2. 选择“油漆桶工具”，设置颜色为“黑色”，并为其填充颜色。

步骤二：制作界面外框

1. 新建一个组，命名为“外框”，将在这里制作播放器的外框部分，这部分的案例将引进图层组的应用。在这个组里新建一个图层，填充“黑色”，如图 4-22 所示。

图 4-22　黑色填充

2. 用“矩形选框工具”选择一部分区域并删除，如图 4-23 所示。

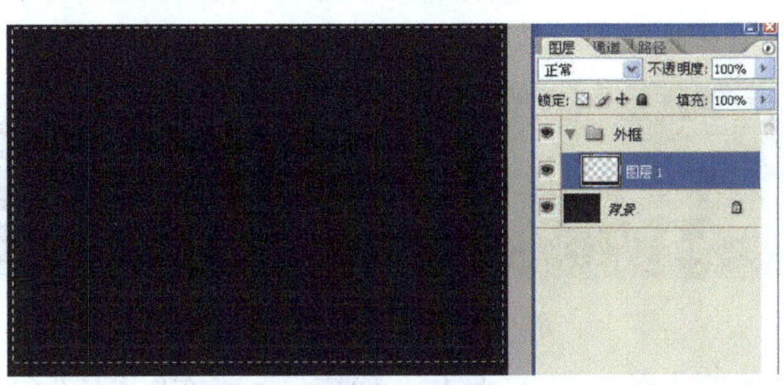

图 4-23　选择区域

3. 新建一个图层，命名为“高光”。按图中所示选区填充“白色”，并将其透明度改为 8，如图 4-24 所示。

图 4-24　设置高光和透明度

4. 接下来制作底部的反光。新建一个图层，按选择区域填充“白色”，把“透明度”设置为 50，“填充”设置为 47。为该图层添加一个“图层蒙版”，并用“渐变工具”进行处理，参数和效果如图 4-25、图 4-26 所示。

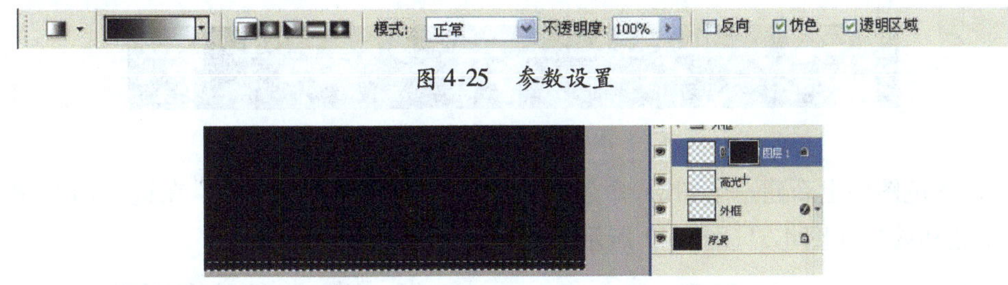

图 4-25　参数设置

图 4-26　效果

5. 在外框组里面再建一个组，命名为“进度条”，按照图片所示的位置制作两个颜色条，上一层为“蓝色”(#3755d3)，下一层为“灰色”(#343436)，如图 4-27 所示。

图 4-27　设置进度条颜色

步骤三：工具菜单制作

1. 接下来制作主要的播放按钮。按钮的制作方法大同小异，只要效果出来即可。在外框组上面再建一个组命名为“播放按钮”，在该组里面新建一个图层，用椭圆选框工具绘制一个正圆并填充“灰色”（#3d 3b3b），如图 4-28 所示。

图 4-28　绘制圆形选区

2. 新建一个图层，将原来的选区缩小 1 个像素，并填充“蓝色”（#2149f2），为其添加一个“描边”的“图层样式”，参数如图 4-29 所示，“描边”颜色为（#0e306e），如图 4-29、图 4-30 所示。

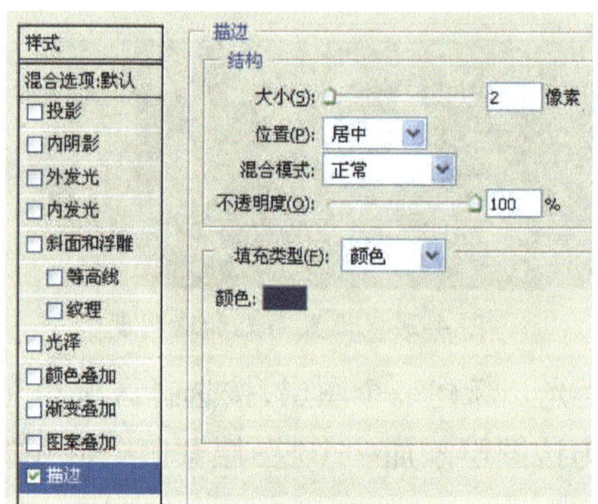

图 4-29　参数设置

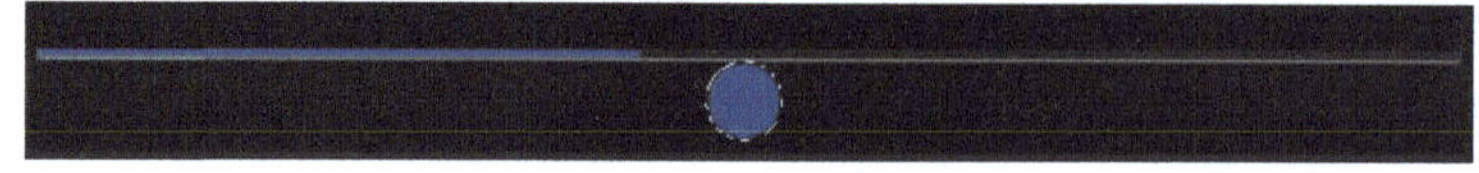

图 4-30　填充蓝色

3. 在蓝色图层上新建一个图层，命名为“底层高光”，用“渐变工具”在选区内绘制高光颜色，参数和效果如图 4-31、图 4-32 所示。

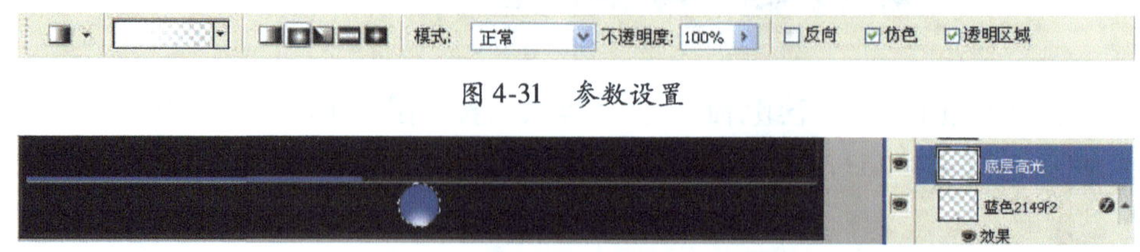

图 4-31　参数设置

图 4-32　效果图

4. 用“椭圆工具”绘制一个圆，用“钢笔工具”将其调整为如图3-34所示的形状，颜色为“蓝色”(#2149f2)，如图4-33、图4-34所示。

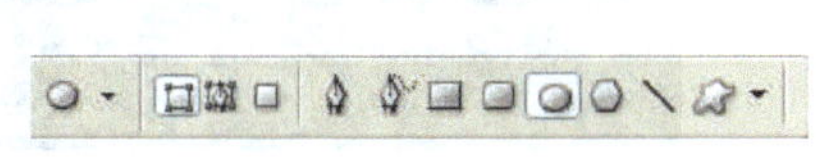

图4-33　参数设置

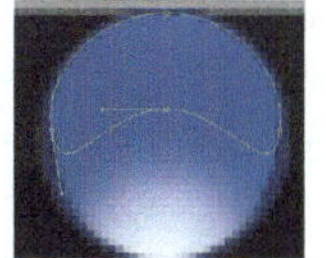

图4-34　绘制形状

5. 为其添加一个“内发光”的“图层样式”，参数如图4-35所示，“黄色”(#ffffbe)。

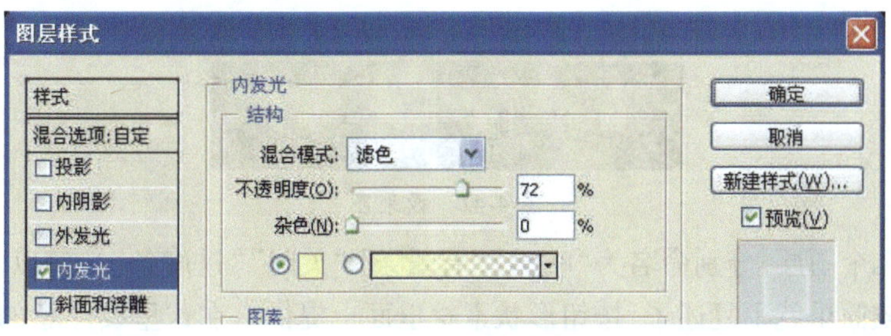

图4-35　参数设置

6. 将该图层的“不透明度”设置为70，“填充”设置为22，效果如图4-36所示。

7. 再新建一个图层，绘制一个三角形或者直接从素材文件中调入，调整位置，如图4-37所示，这样播放按钮就完成了。

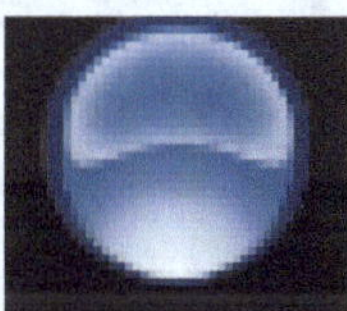

图4-36　调整透明度和填充

图4-37　添加播放图标

8. 接下来制作快进快退按钮，如图4-38所示用“圆角矩形工具”先绘制一个区域。

图4-38　绘制路径

9. 按“Ctrl+Enter”键将路径转换为选区。并用“渐变工具”为选区自上而下做“白色”到“黑色”的渐变填充，如图4-39所示。

图4-39　填充渐变

10. 为该图形做一个描边“图形样式”，参数和效果如图4-40、图4-41所示。

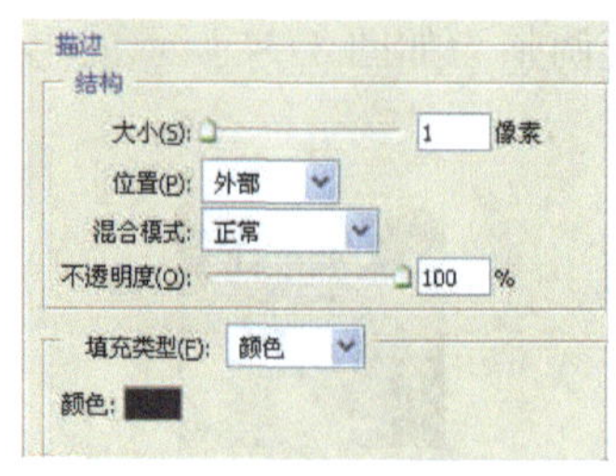

图 4-40　参数设置

图 4-41　效果图

11. 新建一个图层，绘制“快进”“快退”和“停止”按钮或者也可从素材里面调入，加上分割线，效果如图 4-42 所示。

图 4-42　效果图

12. 新建几个图层，分别命名为“喇叭”“音量条”“关闭”“进度条”按钮以及“音量控制”按钮，步骤比较简单就不复述了，按钮形状素材里面也提供。在这里要注意的是，“暂停”按钮，“快进”“快退”“关闭”按钮要做两个图层两个颜色，以区别鼠标触控时的不同效果。“暂停”按钮放在“播放”按钮后面。同时按钮底色也为两种。喇叭则多一个静音标志。这些都是操作简单但是略显烦琐的设置，可参见最终效果图，如图 4-43 所示。

图 4-43　两种效果

13. 最后在屏幕的播放区域贴张截图，整体效果如图 4-44 所示。

图 4-44　最终效果

◎ 知识点拓展

01. 隐藏、显示图层内容

在不需要对某些图层上的内容进行修改时，可以将这些图层上的内容隐藏起来，设计面板上只留下要编辑的图层内容,这样一来就可以更清楚地对作品进行修改。在图层面板中单击图层旁边的眼睛图标就可以隐藏该层的内容,再次单击该处可以重新显示内容。

02. 更改图层顺序

在图层面板上排列的图层一般是按照操作的先后顺序堆叠的,但是在很多时候还需要更改它们的上下顺序以便达到设计的效果。更改方法:可以在图层面板中将图层向上或向下拖移,当显示的突出线条出现在要放置图层或图层组的位置时松开鼠标按钮即可。

如果是要将单独的图层移入图层组中,可直接将图层拖移到图层组文件夹即可。

03. 链接图层

将两个或更多的图层链接起来,就可以同时改变它们的内容了。从所链接的图层中还可以进行复制、粘贴、对齐、合并、应用变换和创建剪贴组等操作,单击紧靠隐藏/显示图层内容的眼睛图标旁边的空格,空格中会出现链接图标。

04. 调整图层内容

在图层操作中可以使用移动工具来调整图层的内容在设计界面中的位置,还可以应用“图层”菜单中的“对齐”和“分布图层”命令来排列这些内容的位置。

小提示:对齐和分布命令只影响所含像素的不透明度大于50%的图层。

(1)对齐

要将图层的内容与选区边框对齐,即先在图像中建立选区,然后选择图层(要处理多个图层内容使用链接图层方式),最后选择“图层”→“与选区对齐”下的对齐方式。

如选择了在选区内所有链接的图层内容向左对齐,则这些图像将全部向左靠拢。

(2)分布图层

在图层面板中将3个或更多的图层链接起来。选取“图层”→“分布链接图层”的子菜单中选择这些图层内容的分布方式,如“顶边”可从每个图层的顶端像素开始,间隔均匀地分布链接的图层。

05. 锁定图层

如果隐藏图层是为了在修改的时候保护这些图层不被更改的话,锁定图层则是比较彻底的保护办法。在图层面板中有一个像锁一样的图标,选中要锁定的图层再单击这个图标就可以锁定该图层了,图层锁定后图层名称的右边会出现一个锁的图标。当图层完全锁定时锁图标是实心的,当图层部分锁定时,锁图标是空心的。

锁图标是完全锁定图层,除此之外还可以锁定像素、锁定像素的位置等。使用锁定像素位置按钮,图层的锁定图标是空心的呈半锁定状态。

用笔刷绘画的像素为了防止它被修改,可以使用“锁定图像像素”按钮来将图层锁定为半锁定状态。

另外图层面板的锁定列表中还有一个图标是“锁定透明像素”按钮,它将编辑操作限制在图层的不透明部分。

06. 从图层取样

使用魔术棒、涂抹、模糊、锐化、油漆桶、仿制图章工、修复画笔等工具，可以从当前的图层像素中获取颜色样本，即可以在一个图层中涂抹或取样在另一个图层中绘画。

◎ 独立实践任务

任务 2　制作音频播放器界面

【任务背景】

打开网页，在网站上一边收听音乐一边浏览信息是当下年轻人所热衷的一种生活方式，为此各类音乐网站都希望能设计一些另类个性的音乐播放器界面来吸引广大网民。本次任务就是为一家另类音乐网站设计一个风格独特的音乐播放器界面。

【任务要求】

界面简单明了，有半透明效果，最终效果如图 4-45 所示。

【技术要领】图层样式的编辑。
【解决问题】灵活运用所掌握的知识和技能。
【素材来源】\模块 04\情境 2\任务 2\素材\素材.jpg。

图 4-45　最终效果

情境 03　图文模板制作

视觉设计趋于简洁化，图文的版式越发显得重要。设计中最基础的部分是图文关系，图文关系是一个很容易出问题的地方，如果不知道如何正确处理这些关系，那么最终设计的界面效果将会是非常糟糕的。

图文界面是人与物或物与物之间的界限、结点、共有的领域，进一步说就是个体间相互联系的道路或空间。从心理学意义来划分，图文界面可分为感觉和情感两个层次。用户界面可简称为 UI，是指使用者与物的连接空间，是为解决人机交互问题而诞生的新概念。用户界面设计的领域是信息体系建设、交互和信息设计，以及导向系统设计的重叠。

图文关系在视觉设计中非常微妙，甚至超过了单纯的语言描述，即使在最简单的应用场景中也存在着类似语气和风格的丰富变化。就像有句话说，最简单的术，也是最基础的术，精者谓之强人！

本情境主要引导学生如何使用 Adobe Photoshop 软件制作常用的图文界面模板，综合性比较强。要求学生能够灵活地运用之前所学的知识，并且能发挥一定的版面设计能力。对于学生而言，软件毕竟只是工具而已，能否得心应手的运用软件来实现自己的想法才是最关键的。

【能力目标】

1. 能够使用软件制作综合性的图文模板。
2. 能够灵活运用画笔的各种功能。

【知识目标】

1. 理解画笔功能。
2. 理解各种工具之间的联系。

【学时分配】

4 课时（授课 2 课时，实践 2 课时）。

◎ 模拟制作任务

任务 1　触摸屏图文界面设计

【任务背景】

为了迎接上海世博会，社会各界人士自发建立网站来报道相关事宜，于是需要各类与世博会主题相关的图文界面的模板。在此前提之下请广告公司为此设计一些以世博会场馆为背景的模板，效果如图 4-46 所示。

图 4-46　最终效果

【任务要求】

绘制一个触摸屏图文界面，主题为上海世博会。

【任务分析】

主体性的图文模板设计首先要有基本的构思，然后需要一定的素材。巧妇难为无米之炊，如何更好地使用素材能达到事半功倍的效果。

【重点、难点】

1. 画笔工具和钢笔工具的综合运用。

2. 版面的设计。

【技术要领】画笔属性的编辑。
【解决问题】灵活运用软件的现有资源。
【素材来源】\模块04\情境3\任务1\素材\世博会Logo.psd、世博园区图.jpg、中国馆.jpg。
【完成效果】\模块04\情境3\任务1\完成效果\触摸屏图文模板.jpg。

操作步骤

步骤一：创建文档

启动 Adobe Photoshop CS 软件，按“Ctrl+N”键打开新建文档对话框，新建一个大小为“1024 像素×768 像素”，分辨率为“72 像素/英寸”的文件。

步骤二：编辑背景图层

1. 新建一个图层，命名为渐变图层。设置前景色为“橙色”（#eb8b0d），背景色为“白色”，用“渐变工具”按住“Shift”键自上而下地拖拉鼠标，绘制一个渐变图层，如图 4-47 所示。

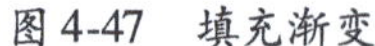
图 4-47 填充渐变

图 4-48 调整位置

2. 打开素材“中国馆”图片，并将图片粘贴到渐变图层的上一个图层，命名为“中国馆”。按“Ctrl+T”键调出“自由变换工具”，调整图片的大小和位置，如图 4-48 所示。

3. 选中该图层，单击图层工具栏下面的“添加矢量蒙版”按钮，为该图层添加一个矢量蒙版。然后设置前景色为“黑色”，选择“渐变工具”，设置渐变方式为“前景到透明”，对蒙版进行渐变填充。然后将整个图层的“透明度”设置为52，参数和效果如图4-49所示。

图4-49　参数和效果

步骤三：制作标题和背景

1. 新建一个图层组，命名为“标题背景”。在该图层组里面新建一个图层，命名为“标题背景”。打开素材里面的“世博园区图”，按“Ctrl+A”键全选该图层。然后选中“标题背景”图层，按“Ctrl+V”键，将“世博园区图”复制到该图层，调整大小和位置，如图4-50所示。

图4-50　置入图层

图4-51　效果图

2. 用钢笔工具绘制一条路径，然后按“Ctrl+Enter”键将路径转换为选区，并将选区内的内容删除，如图4-51所示。

3. 为该图层添加一个“投影”的“图层样式”，参数和效果如图4-52、图4-53所示。

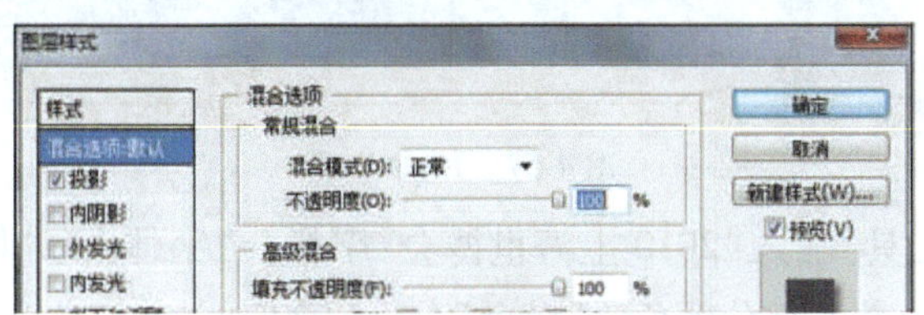

图4-52　参数设置

4. 按住“Ctrl”键，鼠标左击“标题底图”图层，调出该图层的选区。新建一个图层，将其命名为“白色遮罩”，将“前景色”设置为“白色”，选择“渐变工具”，渐变方式为“前景到透明”，在选区内从左到右绘制一个“白色”的渐变图层，调整透明度为60。参数和效果如图4-54、图4-55所示。

图 4-53　效果图

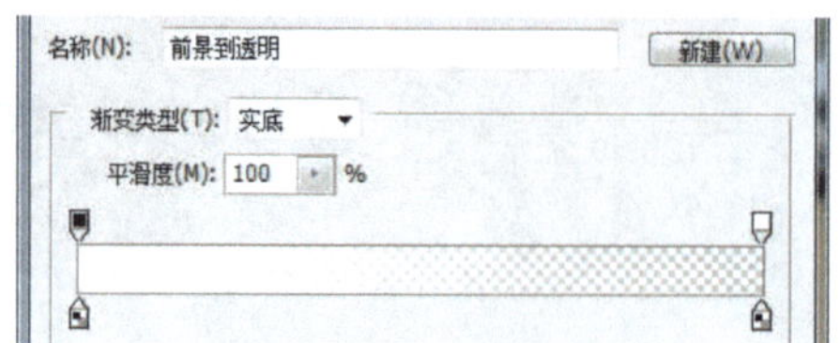

图 4-54　参数设置

图 4-55　效果图

5. 保持之前的选区仍被激活，新建一个图层，命名为“蓝色遮罩”。将“前景色”设置为“蓝色”(#0f3f5d)，不改变“渐变工具”的设置，从右到左绘制渐变图层，设置透明度为 55，效果如图 4-56 所示。

图 4-56　蓝色遮罩效果

6. 新建一个图层命名为“Logo”。打开素材里面的“世博会 Logo”图片，全选复制该图片，然后粘贴到“Logo”图层中，调整大小和位置如图 4-57 所示。

图 4-57　Logo 效果

7. 用“横排文字工具”输入“2010 上海世博会”字样。“字体”为“华文细黑”，“大小”为 63，“水平缩放”为 88。数字部分颜色为“黄色”(#ebb022)，文字部分为“绿色”(#32d72e)，调整移动该图层到适当位置，并为该图层设置“图层样式”，参数和效果如图 4-58、图 4-59 所示。

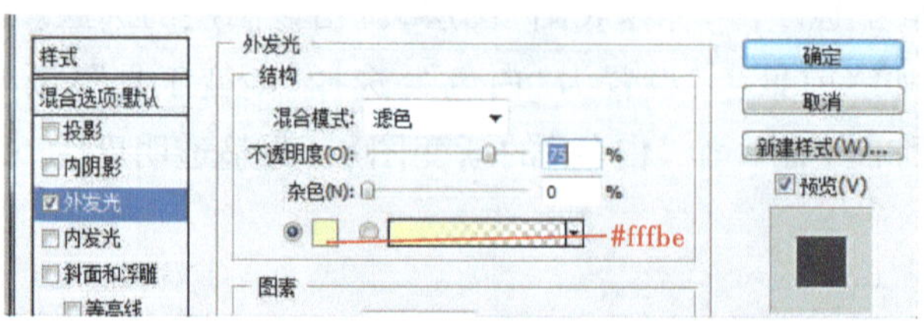

图 4-58　参数设置

图 4-59 效果图

8. 继续用“横排文字工具”输入“2010 SHANGHAI EXPO”字样，“字体”为“华文细黑”，“大小”为 27，“水平缩放”为 88，颜色为“白色”，将它放在之前的标题文字下方，右对齐，然后再绘制一条“黄色”(#ebb022)的色带，这样标题部分就完成了，效果如图 4-60 所示。

图 4-60 文字效果

步骤四：绘制文本框

1. 新建一个图层，命名为“文本框”，用“圆角矩形工具”绘制文本框的路径，并填充“白色”，参数和效果如图 4-61、图 4-62 所示。

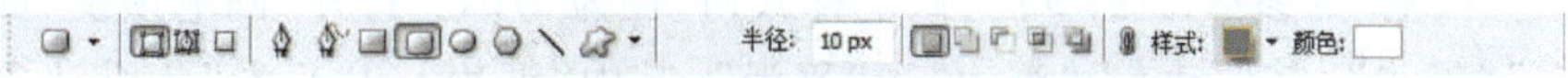

图 4-61 参数设置

图 4-62 绘制外形

2. 为该图层设置“投影”和“描边”图层样式，描边颜色为“#ffb400”，参数和效果如图 4-63、图 4-64 所示。

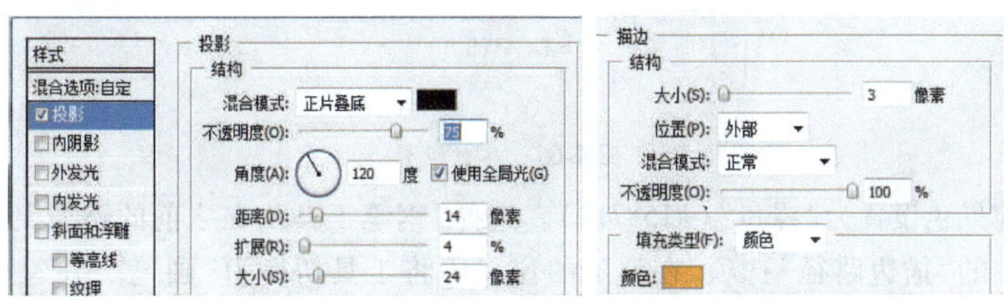

图 4-63 参数设置

图 4-64 效果图

3. 绘制绿色的花纹。首先用“钢笔工具”绘制一条弧形的路径，如图 4-65 所示。

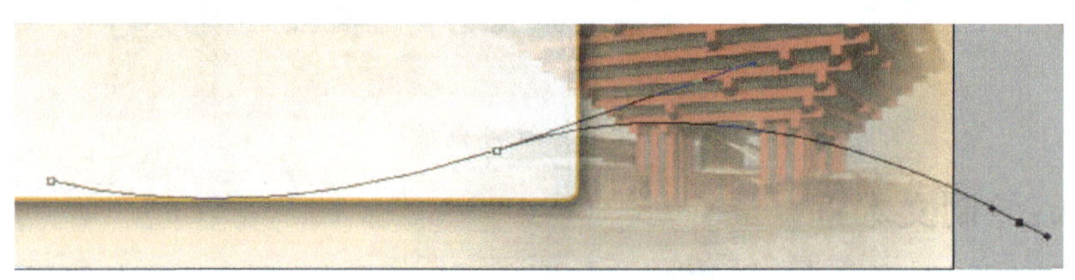

图 4-65 绘制路径

4. 设置“画笔”的参数：选择 95 号画笔样式，直径为 37px。打开“画笔预设”面板，勾选“形状动态”“散步”“其他动态”“湿边”和“平滑”，其中“湿边”和“平滑”为默认参数。“形状动态”“散步”“其他动态”参数如图 4-66 所示。

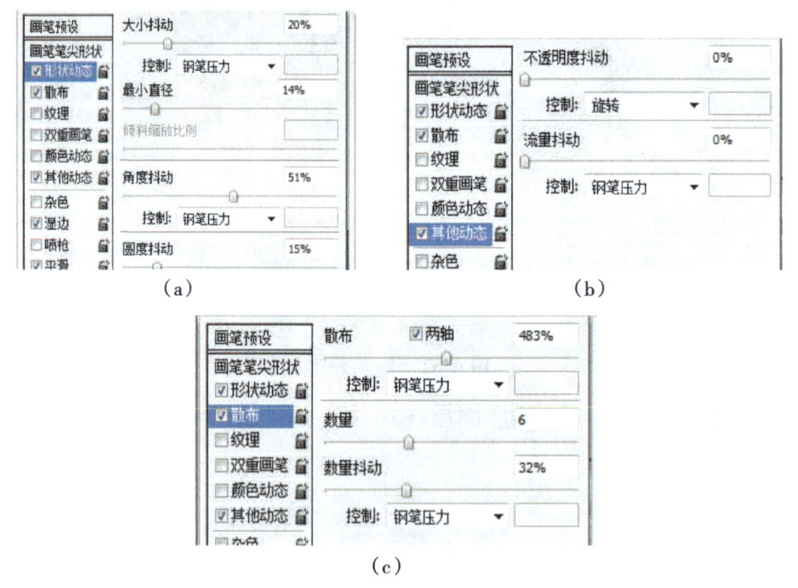

(a) (b)

(c)

图 4-66 参数设置

5. 将前景色设置为“绿色”(#158712)。选择“钢笔工具”，在之前的路径上右击，选择下拉菜单中的“描边路径”选项，在弹出的窗口中将工具切换为“画笔”，并勾选“模拟压力”，然后单击确定，花纹就绘制完成了。最后调整一下它的位置和大小，也可以将原始花纹复制一份，调整“透明度”和大小使其达到合适的效果，效果如图 4-67 所示。

图 4-67　效果图

步骤五:绘制圆形按钮

1. 新建一个图层,命名为"圆形按钮",设置前景色为"黄色"(#ea8809),用"椭圆工具"绘制路径,参数和效果如图 4-68、图 4-69 所示。

图 4-68　参数设置　　　图 4-69　黄色填充

2. 为该图层添加"描边"和"投影"的图层样式,参数和效果如图 4-70、图 4-71 所示。

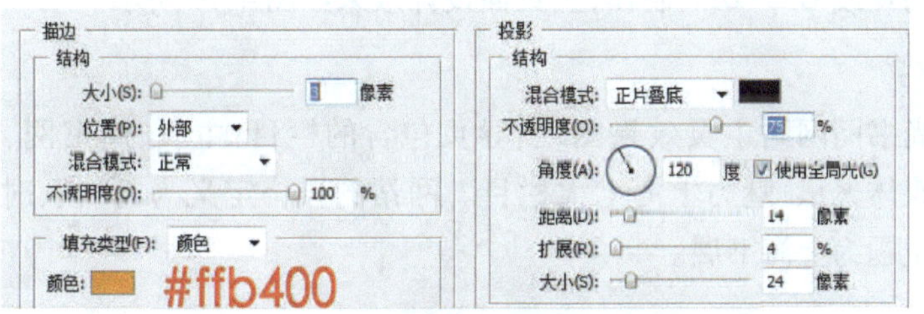

图 4-70　参数设置

图 4-71　效果图

3. 将这个图层复制 2 份,调整大小和排列位置,效果如图 4-72 所示。

图 4-72　排列位置

4. 最后可以将原来制作的那个按钮导入进来作为文本框的翻页按钮，最终效果如图 4-73 所示。

图 4-73　最终效果

任务 2　制作网站主页面

【任务背景】

每年的 8 月都会在上海举办全国性的书展，为了能够更好地为读者服务，需要建立一个网络平台，尚书网就应运而生。本次案例主要是制作一个尚书网主页面，以供网页设计专家进行后续的切片或 CSS+DIV 制作，主页面设计效果如图 4-74 所示。

【任务要求】

绘制一个尚书网网站主页效果图，引导页包含的栏目：主页、尚书网、尚书展、新闻中心、嘉宾访谈、媒体聚焦、魅力上海七大栏目。网站的风格定义为：科技、时尚、大气。类型定义为书展。主题为上海书展。

【任务分析】

整体网页其实是由一个个图文模板所构成的。所以如果能完成前一个案例的制作的话，网页制作应该没有太大的问题。前期版面的整体规划非常重要，一般来说网页的制作是在版面确定完以后再进行的。

目前主流显示器分辨率为 1 024×768，为了所制作网页能够满足更多的用户，故一般将网页设置的宽度为 1 002 px 或者 1 003 px，这样网页会占满整个屏幕而不会出现左右滚动条，高度受浏览器或者浏览器插件的影响比较大，正常情况下 IE6 满屏的高度为 600 px 左右，但是这个值仅供参考，网页的高度没有任何限制，可以根据实际需求调节页面的高度。

【重点、难点】

1. 图层的管理。网页的元素很复杂，单元也多，良好的图层管理习惯可以提高工作效率。

2. 版面的设计。设计为先，切忌边做边想，反复做无用功。

图 4-74　最终效果

3. 素材的收集和运用。不要什么都亲力亲为，要学会合理利用素材。

【技术要领】图层管理和图层组的运用。

【解决问题】多模块网页制作的思路。

【素材来源】\模块04\情境03\任务2\素材\尚书网素材包.rar

【完成效果】\模块04\情境03\任务3\完成效果\尚书网完稿.jpg

操作步骤

步骤一：创建文档

1. 启动 Adobe Photoshop CS 软件，按“Ctrl+N”键打开新建文档对话框，新建一个“990 像素×1 600 像素”，分辨率为“72 像素/英寸”的文件。

2. 保存文件，并命名为“尚书网网页制作”，格式为“psd”。

步骤二：导入模板

1. 打开素材里面的“尚书网模板”文件按“Ctrl+A”键全选图片，然后切换到打开的“尚书网网页制作”文件，按“Ctrl+V”将模板粘贴到背景图层上。

2. 将该图层命名为“模板”，同时按下锁定按钮将图层锁定，将根据模板分割的版面位置来制作整个网页，效果如图 4-75 所示。

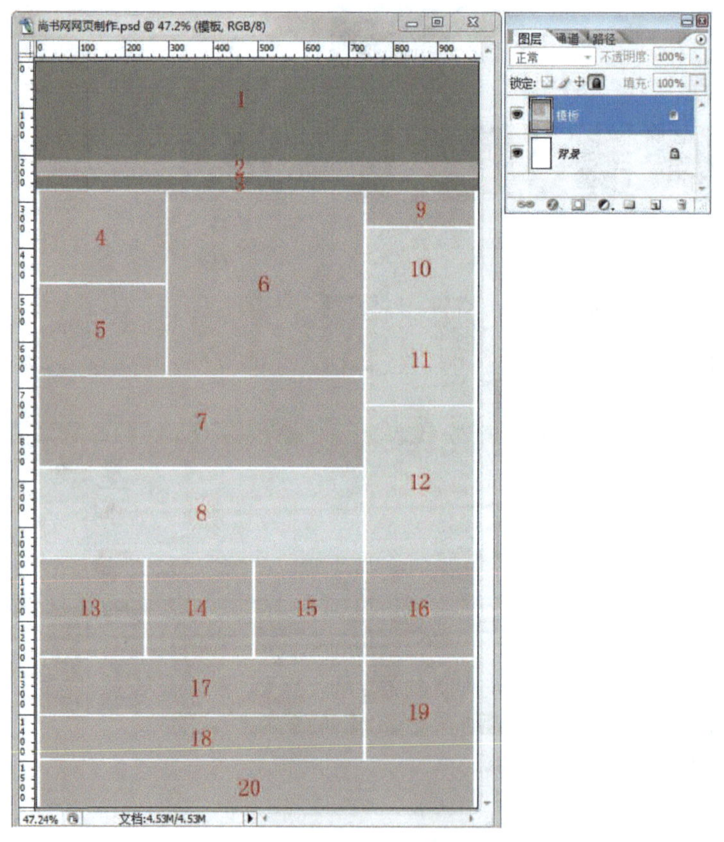

图 4-75 导入模板

步骤三：制作横幅

1. 在模板图层上新建一个组，并在右键单击组图层，在弹出的菜单中选择“组属性”将组命名为“横幅”，颜色设置为蓝色，如图 4-76 所示。现将在这个组里面制作网页的横幅部分。

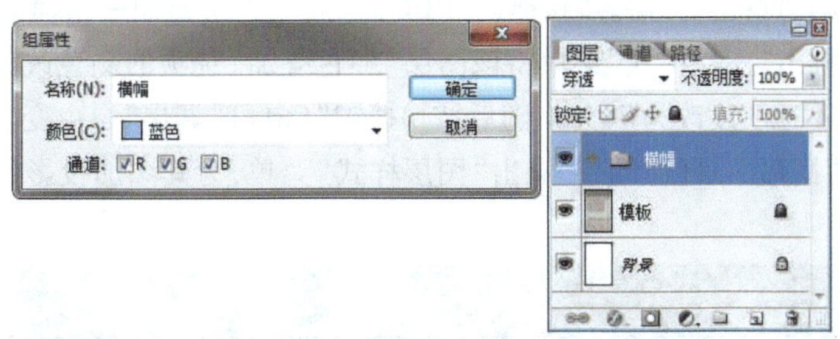

图 4-76　新建组和设置组属性

2. 在横幅组里面新建一个图层命名为“横幅背景色”。用矩形选框工具参照模板上“1”所标的灰色区域绘制一个选区。然后在“颜色”(如果没有颜色面板,可以到“窗口”菜单下勾选“颜色”面板,或者直接按快捷键“F6”)设置前景颜色为“R:90. G:25、B:5”。按快捷键“Alt+Delete”填充选区部分,效果如图 4-77 所示。

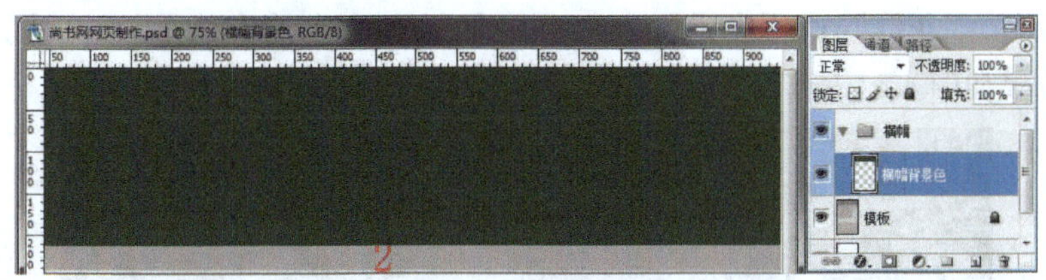

图 4-77　填充横幅背景色

3. 用钢笔工具绘制一个图形如图 4-78 所示,然后按“Ctrl+Enter”将路径转化成选区,如图 4-78 所示。

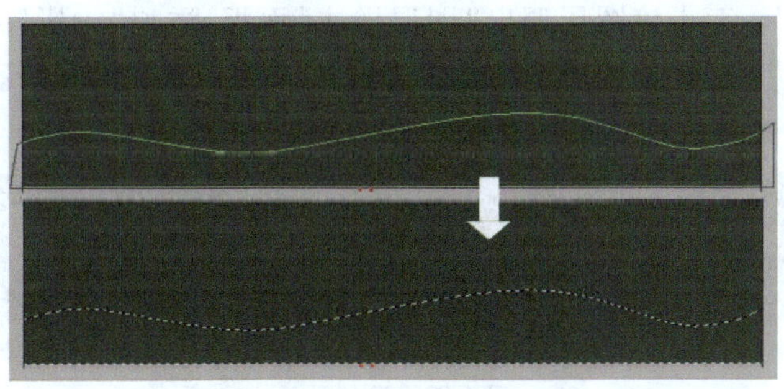

图 4-78　将路径转化为选区

4. 选中横幅背景色图层,按快捷键“Ctrl+J”,将选取所选区域复制到新的图层并将新图层命名为“横幅前景色”。鼠标左键双击该图层调出“图层样式”菜单勾选“颜色叠加”选项,“混合模式”为正常,单击“混合模式”右边的色块调出拾色器面板,将颜色设置为“R:130、G:135、B:40”,然后确定。设置该图层透明度为 60%,效果如图 4-79 所示。

图 4-79　绘制前景色

5. 选中“横幅前景色”图层，按快捷键“Ctrl+J”，将该图层复制一份命名为“横幅前景色2”，双击该图层调出“图层样式”菜单将该图层“颜色叠加”选项的颜色改为“R:35、G:160、B:15”。将图层不透明度改为70%。随后按快捷键“Ctrl+T”调出“自由变换”工具调整图层的形状，再选择“横幅前景色”图层，调出“图层样式”菜单，为其添加投影效果，最终效果如图4-80所示。

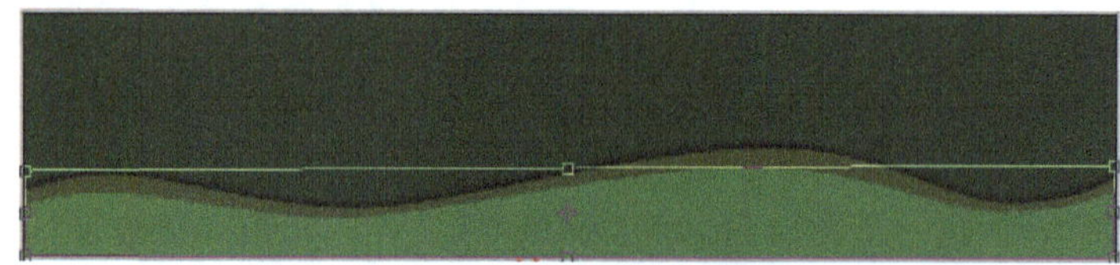

图4-80 绘制前景色

6. 打开素材中“横幅花纹. png”文件(诸如此类的花纹图案可以自己设计绘制，也可以利用现场的素材修改后再使用)。全选复制粘贴到“横幅背景色”图层之上。调整大小和位置，将图层命名为“花纹”，透明度设置为45%。复制该图层，命名为“花纹2”同样的调整大小和位置，效果如图4-81所示。

图4-81 绘制背景花纹

7. 打开素材中“尚书网Logo. png”文件。复制粘贴到“横幅前景色2”图层之上并将该图层命名为“Logo”。双击该图层调出“图层样式”面板，添加“投影”效果，调整“角度:120”，距离“2像素”并不勾选使用全局光的选项，这样可以单独控制投影的方向而不影响其他图层。调整位置大小，效果如图4-82所示。

图4-82 添加Logo

8. 用文字工具输入文字“我爱生活，我爱读书。”字体为“幼圆体”，大小为“34”，效果为“锐利”，颜色为“R:35、G:120、B:175”。再次使用文字工具，输入文字“Enjoy reading, enjoy your life.”字体为“Times New Roman/Bold”，大小为“34”，效果为“锐利”，颜色为“R:15、G:170、B:140”。尔后为两个文字图层添加一个“描边”效果，设置参数大小为“3”，位置为“外部”，颜色为“白色”。缩放和调整两端文字的位置，效果如图4-83所示。

图4-83 添加文字

9. 打开素材图片"读书的学生.png",复制粘贴到"Logo"图层之上,命名为"横幅插图"。调整大小和位置,最终效果如图 4-84 所示。

图 4-84　插入插图

步骤四:绘制主标题栏

1. 在横幅组下面新建一个组,命名为"主标题栏"。参照模板上"2"号位置所标记的区域用"矩形选框工具"绘制一个选区。在"主标题栏"组内新建一个图层命名为"主标题栏",在"颜色"面板上设置前景色为"R:90、G:25、B:5"。按快捷键"Ctrl+Enter"键为选取填充颜色。双击该图层,调出"图层样式"面板添加"投影"效果,设置参数如图 4-85 所示。

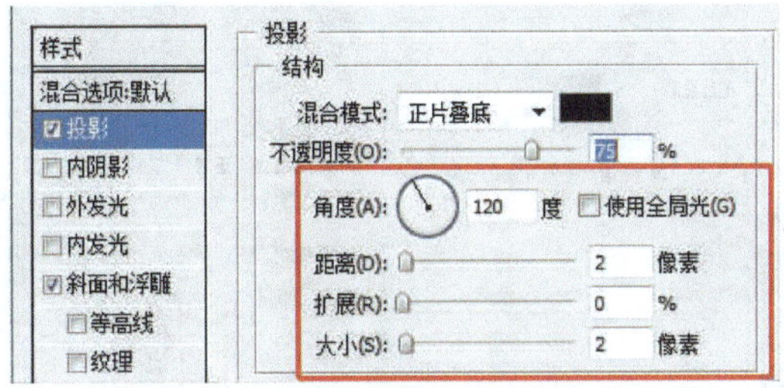

图 4-85　投影参数

2. 再添加一个"斜面浮雕"效果,参数如图 4-86 所示。

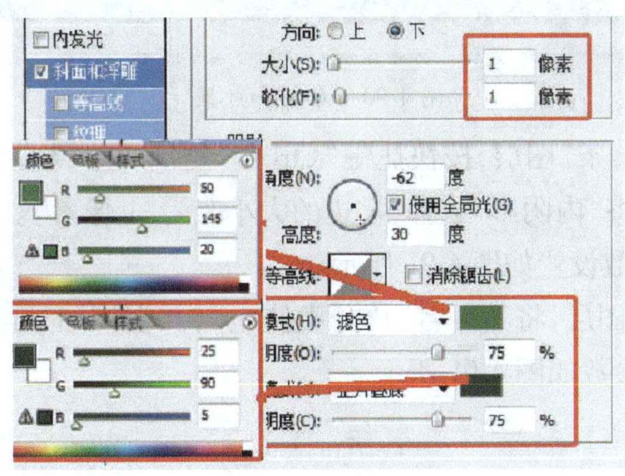

图 4-86　斜面浮雕效果参数

3. 用文字工具输入标题栏各分栏的文字名称:主页、尚书房、书展、新闻中心、嘉宾访谈、媒体聚焦、魅力上海。参数如图 4-87 所示,调整大小和位置,最终效果如图 4-88。

宋体	-	14点	无

图 4-87　字体参数

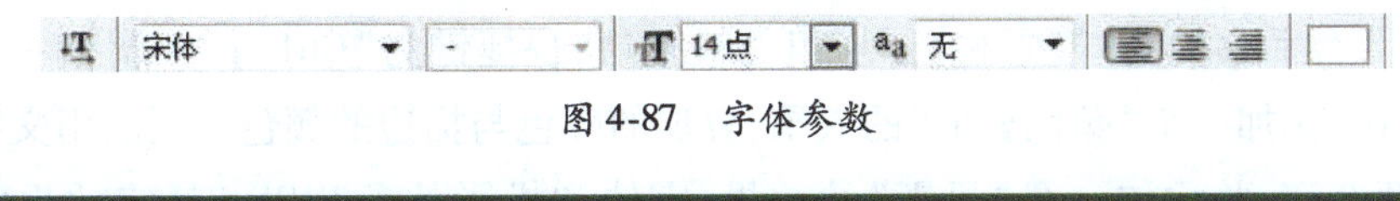

图 4-88　字体效果

步骤五：绘制搜索栏

1. 绘制搜索栏比较简单。首先还是与前面两个部分的制作一样，新建一个组并命名为"搜索栏"，组的颜色由自己确定，只要与临近的组有区别即可以，组的位置在主标题栏下面。然后在组里面新建一个图层，将其命名为"搜索栏底色"。

2. 用"矩形框选工具"根据模板上数字3所标记的位置绘制一个选区，并填充白色，方法与前面的填充颜色方法一样，在此不赘述，效果如图4-89所示。

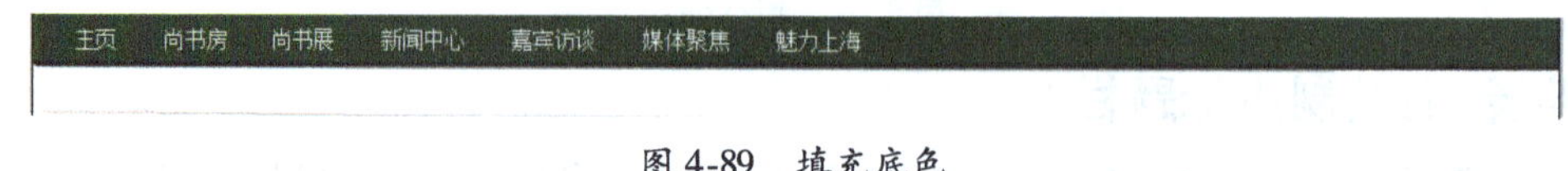

图4-89　填充底色

3. 底色图层之上新建一个图层，将其命名为"搜索条"，用"矩形框选工具"绘制一个矩形的选区，并填充为白色，然后按照前面的方法添加一个"内阴影"和"描边"的图层样式，参数和效果如图4-90所示。

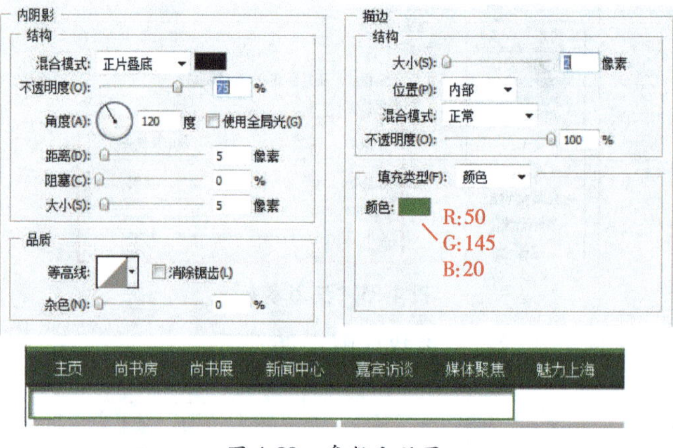

图4-90　参数和效果

4. 选中做好的"搜索条"图层，按快捷键"Ctrl+J"复制一个，然后重命名为"分类选框"调整一下"图层样式"，将"内阴影"去掉，描边的大小改为"1像素"。用文字工具输入"全部分类"4个字，大小和参数设置如图4-91所示。

5. 然后再新建一个图层，将其命名为"分类按钮"，并在该图层绘制一个灰色的倒三角作为按钮，具体效果和参数如图4-91所示。

图4-91　分类选框参数和效果

6. 接下来制作搜索按钮。先将"分类选框"图层复制一个，将复制出来的图层命名为"搜索按钮"，然后移动到"搜索栏"图层组的最上层，快捷键为"Ctrl+】"。调整一下该图层的"图层样式"添加一个"颜色叠加"的效果，叠加的颜色与描边的颜色相同。用文字工具输入"搜索"两个字，并添加一个"投影"的效果，字体和投影的参数以及最终效果如图4-92所示。

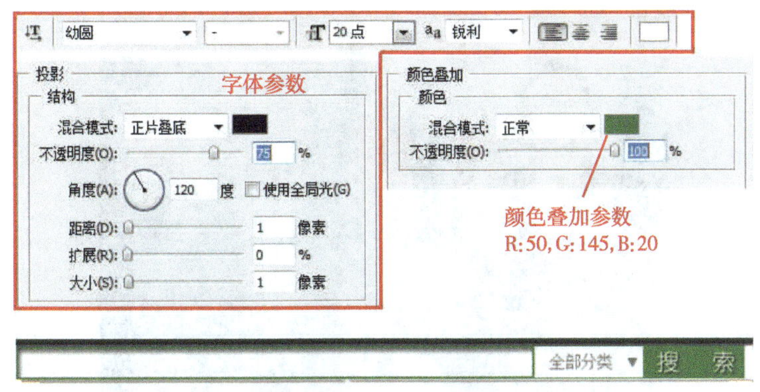

图 4-92　搜索按钮参数和效果

步骤六:绘制视频新闻栏

1. 模板上“4”所标记的位置为视频新闻栏,是用来滚动播放视频新闻的。因为视频的链接属于后台制作的部分,可先找一张视频新闻图片临时代替一下真正播放的视频,然后再制作切换按钮即可。

2. 首先建立一个组,将其命名为“图片新闻栏”。打开素材里面的“视频新闻图片. jpg”文件,按“Ctrl+A”全选图片,然后按“Ctrl+C”复制图片。

3. 然后在“图片新闻栏”组里面新建一个图层,将其命名为“视频新闻图片”,然后按“Ctrl+V”粘贴,再调整大小和位置。尽量和“4”所标记的灰色位置重合,效果如图 4-93 所示。

图 4-93　视频新闻图片效果

4. 接下来再做 3 个按钮。新建一个图层命名为“按钮 1”,在新闻图片右下角用“矩形框选工具”绘制一个矩形选区,然后填充“R:125、G:125、B:125”的灰色。

5. 然后用文字工具输入数字“1”,颜色为白色,大小正好能被以前的矩形包围。选中“按钮 1”图层再加选数字“1”图层,单击“图层”菜单下“对齐”→“垂直居中”和“对齐”→“水平居中”命令,将“按钮 1”和数字“1”居中对齐。将“按钮 1”图层复制 2 份,改名为“按钮 2”和“按钮 3”备用。选择“按钮 1”图层再加选数字“1”图层单击“图层”菜单下“合并图层”命令,或者按快捷键“Ctrl+E”将两个图层合并,合并后图层名字会改变,再将它改回为“按钮 1”。这样一个按钮就做好了。

6. 按此方法做另外两个按钮,有区别的是,第三个按钮的颜色改为 R:150、G:60、B:10。做好按钮后按照图 4-94 所示的位置排列好。

图 4-94　按钮效果

步骤七:绘制历届书展栏

1. 数字“5”所示的位置是“历届书展”栏,是个典型的以文字为主的文本框,这个网页其他部分大多数都是以这种图文框组成的。所以这个部分会做了其他部分也应该会做。首先我们还是得新建一个组,命名为“历届书展栏”,然后在里面新建一个图层命名为“文本框底色”。

2. 用“矩形框选工具”沿着数字“5”所示的灰色区域绘制一个选区,然后填充白色。为该图层添加“描边”效果,参数和效果如图 4-95 所示。

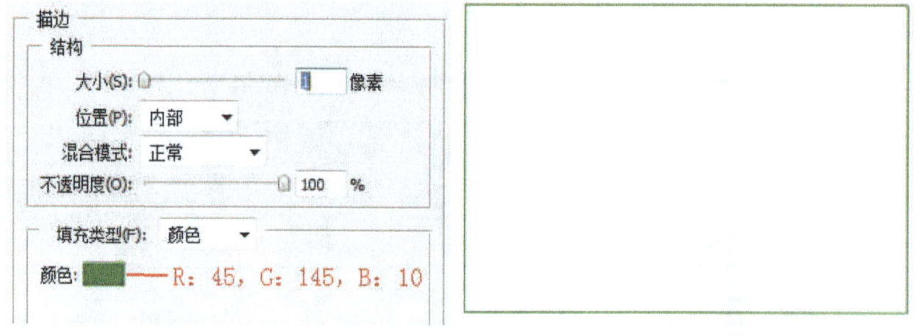

图 4-95　文本框底色

3. 将图层复制一份命名为“标题栏”,按快捷键“Ctrl+T”调出自由变换工具,将图层的形状调整为长条形。并跟“文本框底色”图层顶端对齐。为该图层添加一个“颜色叠加”效果颜色跟描边的颜色相同,再添加一个“投影”效果参数和最终效果如图 4-96 所示。

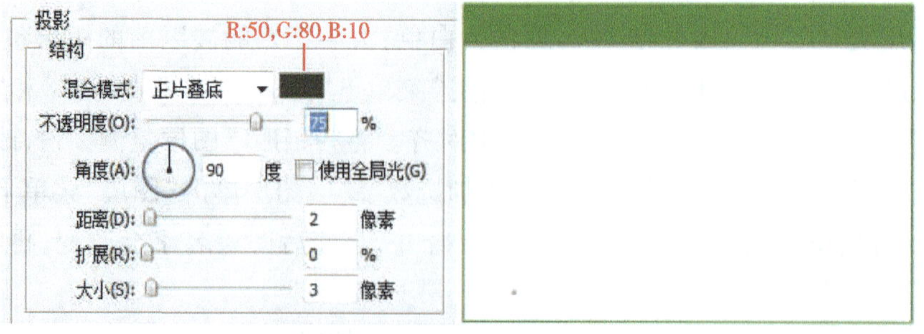

图 4-96　文本框标题栏

4. 在“历届书展”组内新建一个组命名为“文本框组”然后将之前做的“文本框底色”和“标题栏”图层拖放进去。因为其他栏的文本框与此基本相同，所以后面我们可以反复利用这个组以提高效率。

5. 单击“文件”菜单下的“置入”命令，选择素材中的“历届书展图标. png”文件。调整大小和位置使其位于标题栏的左端。再使用“文字工具”输入“历届书展”和“MORE”两组文字并为两组文字添加“外发光”的图层样式效果。文字和“外发光”的参数和整体效果见图 4-97。

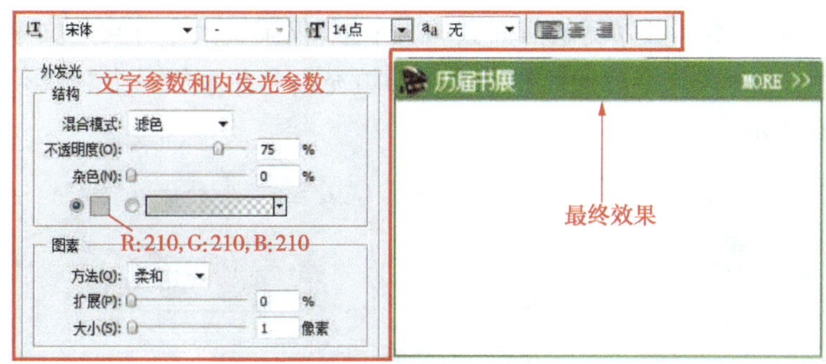

图 4-97　文本框标题栏

6. 中间的文本部分应由网站后台添加，在此可以先找一些文字图片代替一下。单击“文件”菜单下的“置入”命令，将文件“历届书展文字图片. jpg”导入“历届书展”图层组里面，并调整位置和大小，效果如图 4-98 所示。

图 4-98　文本框标题栏

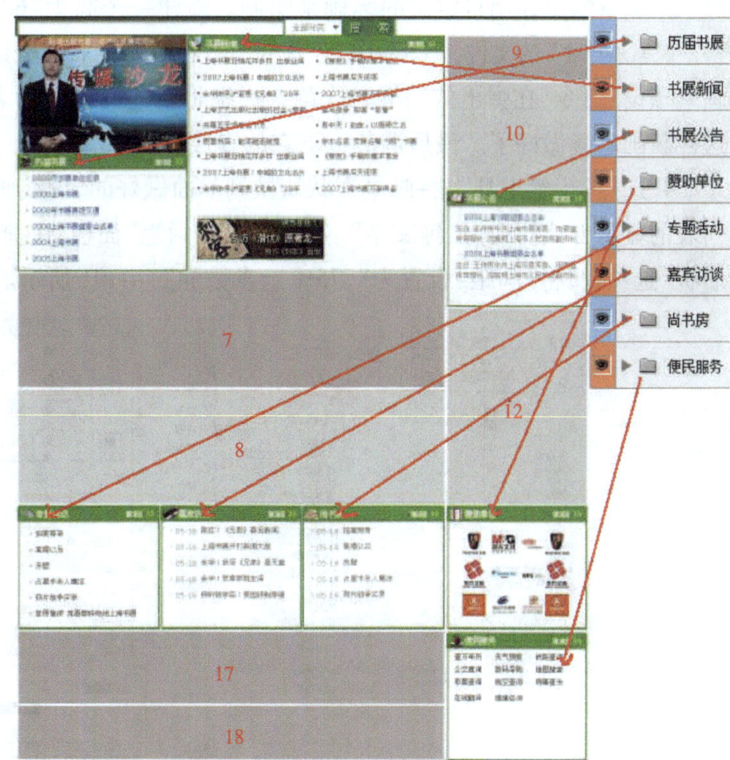

图 4-99　最终效果

7. 网页中其他相似的板块也按照此方法制作。可以反复利用前面做好的“标题栏”组，过程就不一一复述了。最终效果以及每个模块对应的图层文件夹如图 4-99 所示。

步骤八：书展广告栏制作

1. 数字“9”“10”号所标示的是一个广告栏，“9”号位是个广告图片，一般来说这类图片都是由广告商提供的，后台直接套用就可以了。在此可以先用一个原来制作的广告图片代替一下。单击“文件”菜单下的“置入”命令，把素材文件夹下的“上海书展广告. jpg”导入进来，移动到“9”号位即可。

2. “10”号位置文本框可以复制前面做的文本框，仅调整大小即可。文字部分很简单，输入文字排好后，在每段文字后面绘制一个矩形填充白色并添加一个“投影”效果，参数和效果如图 4-100 所示。

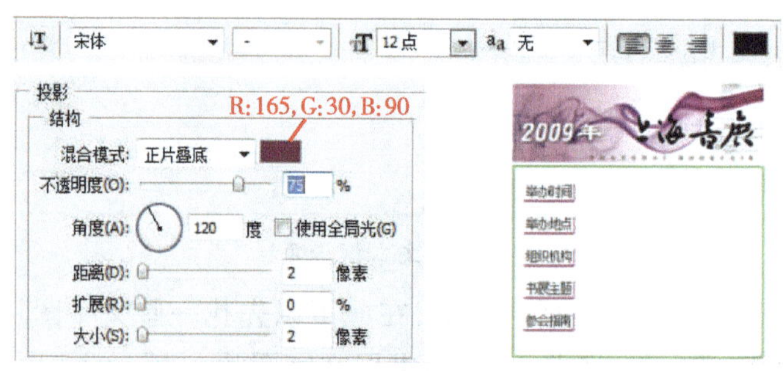

图 4-100　参数和效果

3. 剩下的虚线用自定义的笔刷来绘制。新建一个高为“60 像素×250 像素”，分辨率为“72 像素/英寸”的文件，填充颜色为黑色。然后按“Ctrl+A”全选，单击“编辑”菜单下“定义画笔预设”命令，在弹出的画笔名称菜单栏里将新建的画笔命名为“虚线画笔”，然后确定，这样新画笔就做好了。最后调节一下它的属性。

4. 选择“铅笔工具”，将画笔形状切换到前面做好的“虚线画笔”，如果找不到，可将画笔列表的显示方式切换为“纯文本”。然后打开“画笔”面板，快捷键为“F5”。找到“画笔笔尖形状”选项栏，将“间距”设置为“775%”，参数如图 4-101 所示。

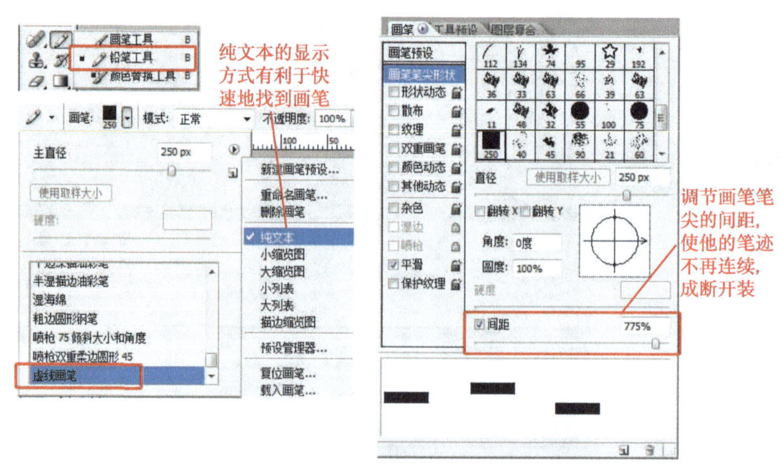

图 4-101　画笔参数设置

5. 新建一个图层，将其命名为“虚线”，透明度设为“40%”。将“铅笔工具”笔刷大小设置为“3”。在“颜色”面板中将颜色设置为“R:130，G:190，B:115”。然后在“举办时间”标题后用“钢笔工具”绘制一条路径。用“钢笔工具”在路径上右击鼠标，在下拉菜单中选择“描边路径”命令，在路径上绘制一条虚线，然后把路径删除。

6. 用“自由变换”工具调节一下虚线的位置和大小，到合适即可。其他几条虚线直接复制即可，效果如图 4-102 所示。

至此，整个广告栏的绘制已完成，整体效果如图 1-103 所示。

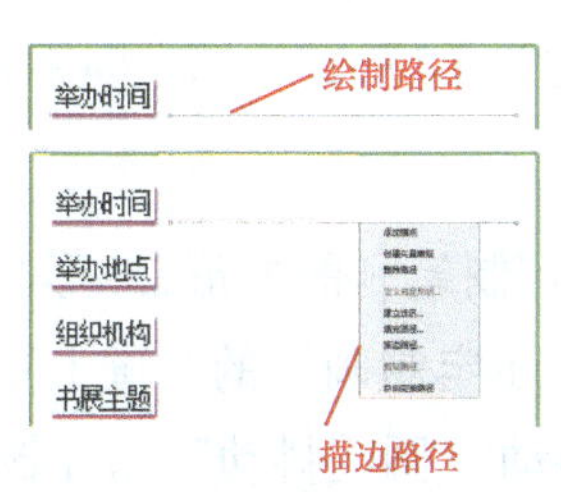

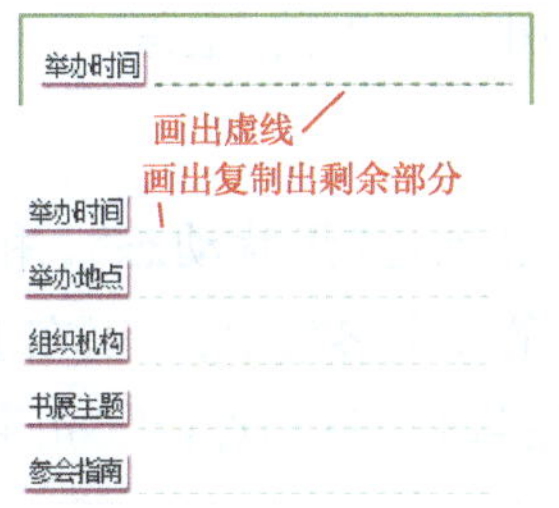

图 4-102　绘制虚线

图 4-103　广告栏整体效果

步骤九:完成其他模块

其他模块的制作方法与前面的模块大同小异。只要灵活运用前面所学知识点，再参考 psd 原始文件，应很容易就能完成，最终效果如图 4-104 所示。

图 4-104　最终效果

◎ 知识点拓展

01. 笔刷的设置面板

在笔刷的设置面板中有一项是“画笔笔尖形状”，在这里可用鼠标单击它，面板的右边会出现相应的选项。

首先应选择好画笔，“直径”是控制线条粗细的，单位为像素，数值越大线条越粗。“角度”和“纵横比”，是控制线条角度的，这里是针对某些画笔而不是所有画笔都能显示出效果的。“硬度”是控制线条的模糊程度，以百分比做单位，数值越大线条越清晰，数值越小线条越模糊。“间距”是控制线条之间的距离程度的，也是以百分比为单位，数值越大间距越大。

02. 形状动态

在“画笔笔尖形状”中的第一个选项是“形状动态”，用来定制笔刷的外形，外形决定了画笔一笔一画的形状。在该选项下的几个参数中，可以在上一步定制画笔的基础上更加详细地设置画笔的外形。例如:“大小抖动”“最小直径”“角度抖动”“圆度抖动”“最小圆度”。

03. 散布

外形设置的下面一个选项为“散布”，是用来控制画笔的散开程度，通过调节相应参数值的大小也可以得到不同的结果。这个选项只适合做一些特殊的图形，如星星散状之类的。

04. 纹理

除了对画笔的外形可以自定义外，还可以在材质上选择自己所喜欢的。单击“纹理”，在面板右边出现相关的选项。同样，材质选择面板下也有扩展菜单，可以定义材质选择面板的样式。

05. 双重画笔

双重画笔就是在已经选择好的画笔上再增加一个不同样式的画笔。首先在“模式”中选择一个样式，样式包括:“正片叠底”“滤色”“颜色加深”等，这是设计第二个画笔叠加在第一个画笔上的方式。然后在选择框里再选择一个画笔，调节“直径”“发散”“间距”等各个参数，可以得到不同的画笔效果。

06. 颜色动态

一般在一开始时就设置好了画笔的颜色，无论画什么形状的图形都是一种颜色，可不可以让线条产生不同颜色呢？在“颜色动态”这个选项中就可以让画笔的线条产生不同的颜色，随着线条的增加颜色逐一渐进。

07. 其他动态

最后还可以设置画笔跟随的不同波动参数，让画笔画出效果更加丰富的线条。

在设置区还有几个选项没有相关的参数设置，只是供用户选择，如“杂色”“湿边”“平滑”“喷笔”“保护纹理”等。

◎ 独立实践任务

任务3 滚屏图文界面设计

【任务背景】

世博会期间,应广大游客要求需要组建一些网站对世博会场馆做一些介绍,一方面可以更好地宣传世博会;一方面也可以为来自全国各地的游客做有效的指引。于是某设计公司即以世博场馆为主题,要求设计师设计一个网页的图文模板。

【任务要求】

界面颜色清新简洁明了,样张如图 4-105 所示。

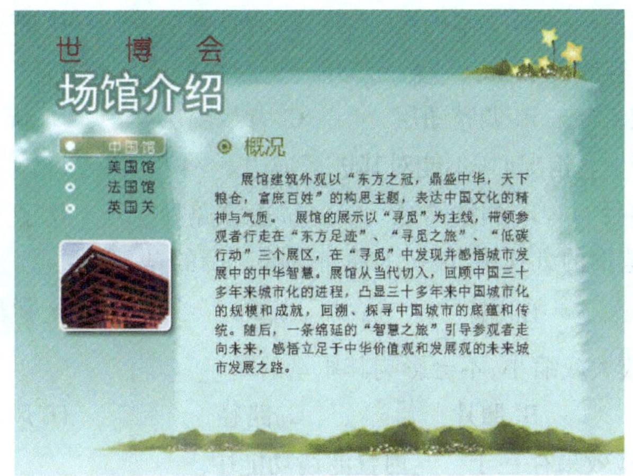

图 4-105 最终效果

【技术要领】自定义图案命令,版面编排。
【解决问题】合理运用素材和软件资源。
【素材来源】\模块 04\情境 03\任务 3\素材\滚屏图文模板 1. psd、滚屏图文模板 2. psd、中国馆介绍插图. jpg。

职业技能知识点考核

1. 单选题

(1)下列适合用矢量图表现的是____。

A. 桂林山水 B. 照片“父亲” C. 美术字 D. 柱状统计图

(2)矩形选框工具的快捷键是____。

A. K B. W C. M D. J

(3)一般情况下,笔刷会选取____作为自己的绘图颜色。

A.前景色　　B.背景色　　C.透明色　　D.黑色

(4)容差的取值范围为____。

A.0~254　　B.2~254　　C.0~255　　D.2~255

(5)如果想在图像上用魔术棒工具选中多个选区,应当选用的复合键为____。

A."Ctrl+ 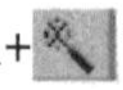 "　　B."Shift+ 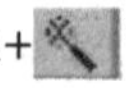 "

C."Alt+  "　　D."Shift+ Alt+  "

(6)将两个图层的颜色越叠加越浅的色彩混合模式为____。

A.正片叠底　　B.屏幕　　C.柔光　　D.颜色减淡

(7)无法进行锁定操作的是____。

A.调整图层　　B.文本图层　　C.背景图层　　D.普通图层

(8)不含像素内容的图层是____。

A.普通图层　　B.调整图层　　C.背景图层　　D.新建图层

(9)当路径处于____情况时,不能对其进行描边。

A.非闭合路径　　B.曲线路径　　C.隐藏路径　　D.直线路径

(10)下列选择范围的方式中,能扩大原有选择范围的是____。

A.　　B.　　C.　　D.

(11)不论图像放大或缩小,不会影响其质量的是____。

A.菱形　　B.照片　　C.路径　　D.风景画

(12)"浮雕"滤镜效果存在于____内置滤镜功能中。

A.渲染　　B.像素化　　C.风格化　　D.纹理

2.多选题

(1)在 Adobe Photoshop CS 中,对图层描述正确的是____。

A.背景始终在图层面板中所有层的下面

B.背景层可转化为普通图层

C.背景层肯定不是透明的

D.普通层是透明的

(2)对 Adobe Photoshop CS 中裁切工具描述正确的是____。

A.裁切工具可保留裁切框内区域,剪掉裁切框以外区域

B.裁切框可随意地旋转

C.要取消裁切操作可按 ESC 键

D.裁切后的图像大小改变了,分辨率也随之改变

(3)在 Adobe Photoshop CS 中,对选区的羽化描述正确的是____。

A.使选取范围扩大　　B.使选取范围缩小

C.使选取边缘柔软　　D.使选取边缘锐化

(4)在 Adobe Photoshop CS 中,若要选取对象的某一区域,下列哪些工具可以使

用？____。

A. 矩形选取工具　B. 魔术棒工具　C. 套索工具　D. 路径工具

(5)在 Adobe Photoshop CS 中,哪些内容不随文件而存储？____。

A. 通道　B. 历史记录　C. 图层　D. 蒙版

(6)属于绘画工具的有____。

A. 铅笔　B. 橡皮擦　C. 油漆桶工具　D. 渐变

(7)利用笔刷调节选框,可以对笔刷进行的调节有____。

A. 笔刷大小　B. 笔刷倾斜程度

C. 笔刷边缘模糊程度　D. 两个绘制点之间的距离

(8)滤镜功能针对____图层无效。

A. 背景图层　B. 文本图层　C. 普通图层　D. 形状图层

(9)属于图层样式的有____。

A. 投影　B. 外发光　C. 浮雕　D. 描边

3. 简答题

(1)简要说明 Adobe Photoshop 图层的意义。

(2)Adobe Photoshop 工具箱中的工具可归纳为哪几大类？

(3)Adobe Photoshop 绘图工具包括哪些？这些工具具有哪些共同特点？

(4)简述套索工具、多边形套索工具和磁性套索工具的功能和使用方法。

(5)简述魔术棒工具的工作原理及容差的作用。

(6)简述一个绿色圆角矩形框的制作过程。

(7)什么是色彩混合模式？它在图层操作中的作用是什么？

模块 05

数字音频与合成

声音是多媒体信息的一个重要组成部分,也是表达思想和情感的一种必不可少的媒体,随着多媒体技术的发展,音频技术也得到了广泛的应用。静态图像和动态视频均可以配以语音及背景音乐、游戏中可以增加音响效果、电子读物进行有声输出,音频的合理运用往往可以起到解构画面和渲染情感的作用。为了使音频能和画面更好地结合,应将音频进行听觉化处理。

GoldWave 软件是一个相当好的数码录音和编辑软件,它虽然“体积”小,但功能却不弱,集声音录制、编辑、播放和格式转换为一体,它可以打开 WAV、OGG、VOC、IFF、AU、SND、MP3、MAT、SMP、VOX、SDS 等音频文件格式,也可以使用 CD 读取器工具将 CD 音乐拷贝为一个声音文件,或转换成设计者所需要的音频文件,还可以使用批处理命令将一组声音文件转换为不同格式和类型的声音文件。该软件同时还内置了丰富的音频处理特效,使用者能很方便地进行音效合成。

本模块通过 3 个情境从不同的方面讲解如何利用 GoldWave 软件进行音频的合成,通过不同的任务让学生掌握该软件的应用方法,提升学生音频合成的基本素质。

广告制作、影视动画、媒体传播、会展设计、数字出版、电脑编辑、印刷图文等相关专业可以根据各专业的特点,对本情境的内容进行选择性的教学。

情境01　音频的获取

多媒体交互作品的数字音频获取的方法较多，可以购买数字音频光盘、音频资源素材库；可以通过网络下载音频资源；还可以从现有音频素材中截取音频片段；或者通过录制的方法获得教学所需的音频资源。

从软件的易得性和易用性出发，可以选择 Windows 自带的录音机和 GoldWave 软件。在没有专门的录音软件的情况下，可以直接利用 Windows 系统中的录音机录制计算机内部或外部的声音。

本情境主要引导学生使用 GoldWave 软件录制声音的方法和技巧，学会使用麦克风等录音设备，掌握如何将 CD 光盘中的音乐转换为 MP3 格式。通过学习，使学生能自己制作多媒体光盘的背景音乐或旁白，进而培养学生对素材加工的创作能力。

【能力目标】

1. 培养学生学会运用 Windows 自带的录音机工具。
2. 掌握使用 GoldWave 软件录制声音。

【知识目标】

1. 了解采集声音的方法。
2. 掌握声音文件格式的转换。

【学时分配】

2 课时(授课 1 课时，实践 1 课时)。

◎ 模拟制作任务

任务1　录制声音

【任务背景】

制作一套中小学语文阅读多媒体教学课件，要求将无声的书面文字转换成声音文件，使学生一边听着声情并茂的朗读，一边勾画出一幅幅令人心旷神怡的景色，还可以配上相应的动画，从视觉、听觉上引起学生审美的兴趣，获得审美的愉悦，使他们很好地融入文章所描述的故事之中。

【任务要求】

对《桂林山水》这篇文章设计录音，通过朗诵，让学生感受桂林山水的美景，激发热爱祖国山河美的思想感情。

录制长2′20″左右的声音，声音质量为“Layer-3，32 000 Hz，112 kbps，单声”。

【任务分析】

获取声音文件的方法有多种：从现有的声音素材中选取；使用多媒体计算机的声卡和话筒（麦克风）自己录制；从外部声音设备中转录等。采用录音机方法录制的声音，最多可以录制60 s，使用GoldWave软件和麦克风可以方便地录制一段较长时间的声音文件。

【重点、难点】

1. 声音文件的格式及转换。

2. 声音的数字化过程。

【技术要领】录音环境一定要安静；嘴离麦克风的间距要适当，太近会录下喷气声，太远则会使录制的声音太小；麦克风与音响之间应保持一定距离，以免产生失真或啸叫声。

【解决问题】麦克风的设置、声音录制。

【素材来源】\模块05\情境01\任务1\素材\桂林山水. txt。

【完成效果】\模块05\情境01\任务1\完成效果\桂林山水. mp3。

操作步骤

步骤一：麦克风设置

1. 将麦克风接入声卡插口。

2. 单击“开始”→“控制面板”，打开“控制面板”窗口，在窗口中单击“声音”选项，打开“声音”对话框，然后单击“录制”选项，如图5-1所示。

3. 双击“麦克风”图标或者在“麦克风”图标上单击右键选择“属性”命令，打开“麦克

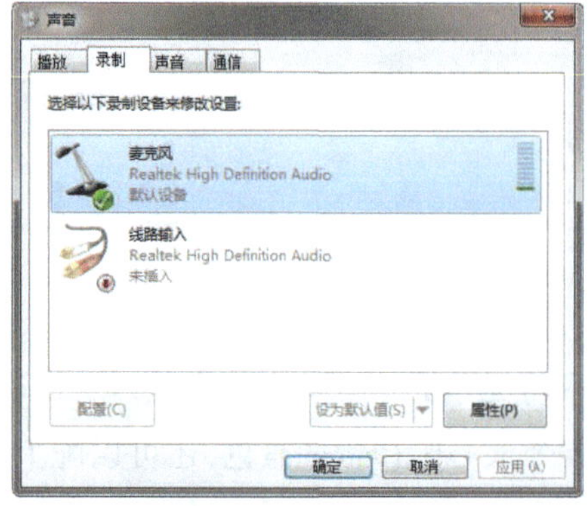

图5-1 “声音”对话框

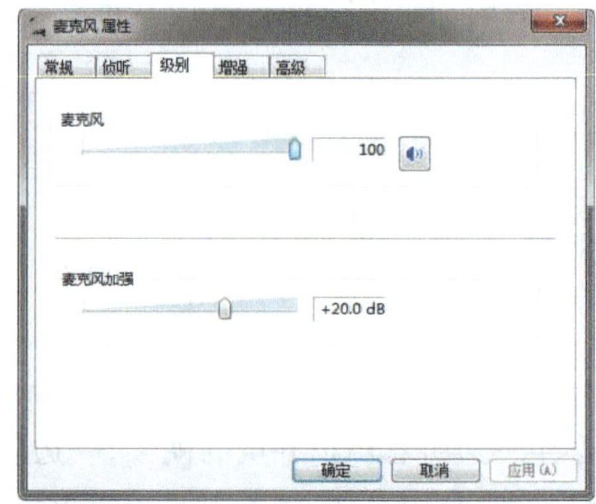

图5-2 “麦克风属性”对话框“级别”选项卡

风属性”对话框，然后单击“级别”选项卡，将“麦克风”音量调到最高，“麦克风加强”的音量调到合适位置（注：“麦克风加强”的音量调得越大，听到的回声也就越大），如图 5-2 所示。

4. 在“麦克风属性”对话框中选择“增强”选项卡，勾选“禁用所有声音效果”复选框，然后单击“确定”按钮，如图 5-3 所示。设置完后，就可以开始录音了。

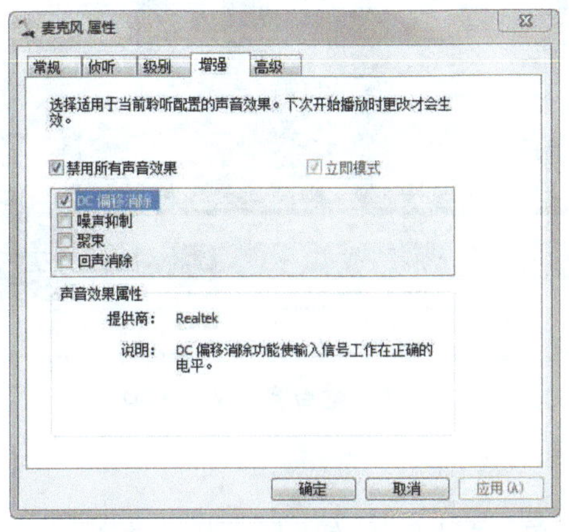

图 5-3 “麦克风属性”对话框“增强”选项卡

步骤二：创建文档

1. 启动 GoldWave 软件，打开窗口如图 5-4 所示。图中的大窗口为主窗口，可以对声音进行各种编辑；小窗口是设备控制窗口，可以控制录音、播放等功能。

2. 按“Ctrl+N”键新建一个空的声音文件，打开如图 5-5 所示的“新建声音”窗口。

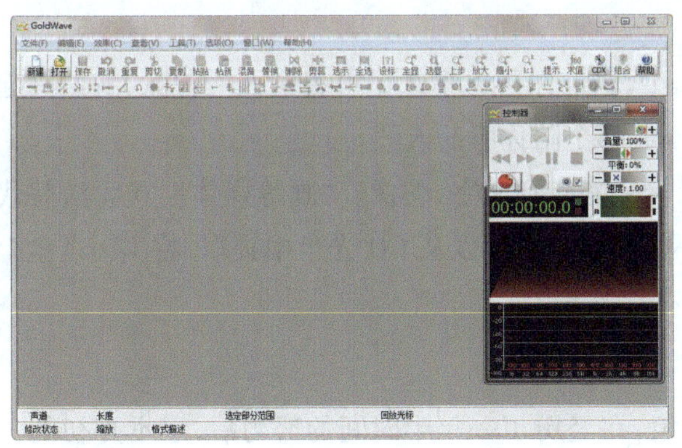

图 5-4 GoldWave 软件窗口

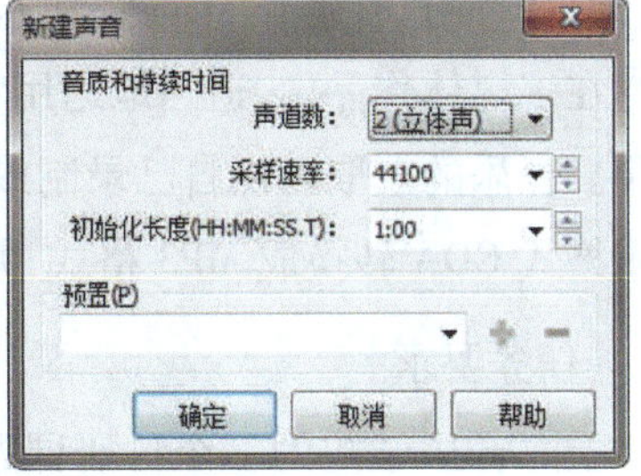

图 5-5 “新建声音”对话框

3. 在“新建声音”窗口中，“声道数”选择“1（单声道）”，“采样速率”为 32000，“初始化长度”设置为“2:20.0”，单击“确定”按钮，GoldWave 窗口中即出现空白声音文件，如图 5-6 所示。

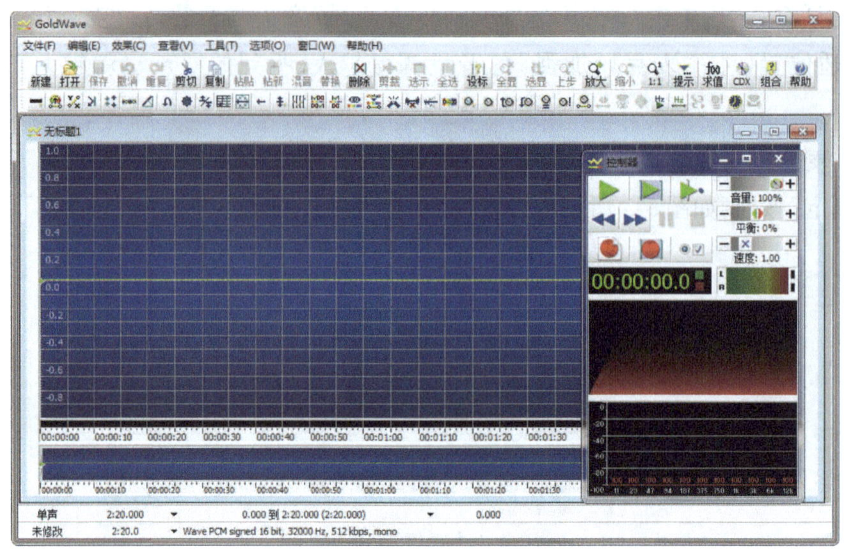

图 5-6　空白声音文件窗口

步骤三：录制声音

1. 在设备控制窗口中，单击“录音”按钮“”开始录音。

2. 录音结束后，按“Ctrl+S”键保存文件，“文件名”为“桂林山水”，“保存类型”为“MPEG 音频(*.mp3)”格式，“音质”为“Layer-3,32 000 Hz,112 kbps,单声”，将录制的声音文件保存在磁盘上，按“空格键”测试声音。

任务 2　CD 抓轨

【任务背景】

“打开 CD，放着那年一起听过的曲子，也许你再也不曾记得有这么一首歌，我们一起听过，记得或许只有朦胧的印象，再也想不起那个陪你听的人。”

在多媒体作品中，适当地运用背景音乐能起到文字、图像、动画等媒体形式无法替代的作用。音乐的获取可以自己录制或从网上下载，也可以从 CD 光盘中提取，将 CD 光盘上的音乐格式 CDA 转换成 MP3 格式，并保存在硬盘上。

【任务要求】

上海音乐学院的一个科研课题小组，在经历了一年半时间的努力后，于本月初的一个炎炎夏日，最终通过了市科委专家的验收，完成了一项被市科委定为 2007 年度重点科技的攻关项目。项目名称为《珍贵历史音频资料修复与数字化保存技术研究》，这里的音频资料指的是 CD 之前的黑胶唱片以及各种早期历史录音制品，而主要工作是将早期历史录音制品的音乐转换成 MP3 格式。

【任务分析】

正版 CD 的音质是 MP3 永远也无法达到的，一般来说，MP3 的码率一般为 128 kbps，最大码率为 320 kbps 左右(这样的音质也相当完美了,为一般人的听觉水平,专业级人士可能区分出来)。而 CD 可以达到 1 411.2 kbps, CD 片的播放文件可以是无损的文件。

利用 GoldWave 的 CD 读取器直接把 CD 光盘上需要的音乐转换成 MP3 格式,并保存在硬盘上。

【重点、难点】

1. 提取一段音乐。

2. 声音文件的格式及转换。

【技术要领】一段音乐的选取,声音文件的格式转换。

【解决问题】利用 GoldWave 软件,对声音文件格式进行转换。

【素材来源】自备经典 CD 光盘一张。

【完成效果】早期历史音频 CD 的数码化。

操作步骤

步骤一:打开 CD 光盘

1. 将 CD 光盘放入光驱中,启动 GoldWave 软件。

2. 单击“工具”→“CD 读取器”,打开“CD 读取器”对话框,单击“获得标题”,如图 5-7 所示。

步骤二:选取一首音乐并保存

1. 选择所需音乐,单击“保存”按钮,如图 5-8 所示。

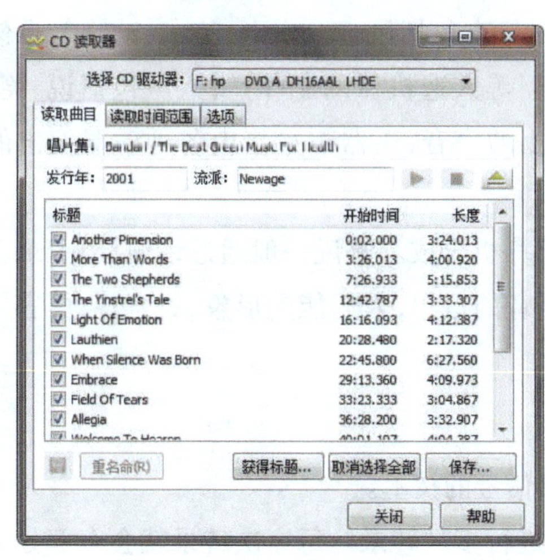

图 5-7 “CD 读取器”对话框

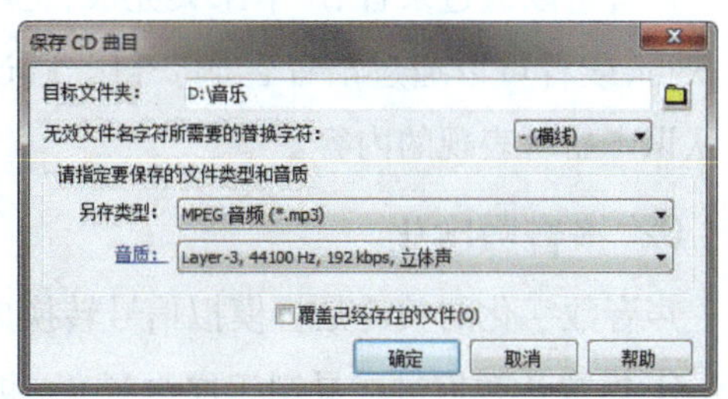

图 5-8 “保存 CD 曲目”对话框

2. 选择“另存类型”为“MPEG 音频(*. mp3)”,“音质”为“Layer-3,44 100 Hz,192 kbps,立体声”,单击“确定”按钮,将音乐保存在目标文件夹下。

步骤三:选取部分音乐并保存

1. 单击“读取时间范围”选项卡,如图 5-9 所示。

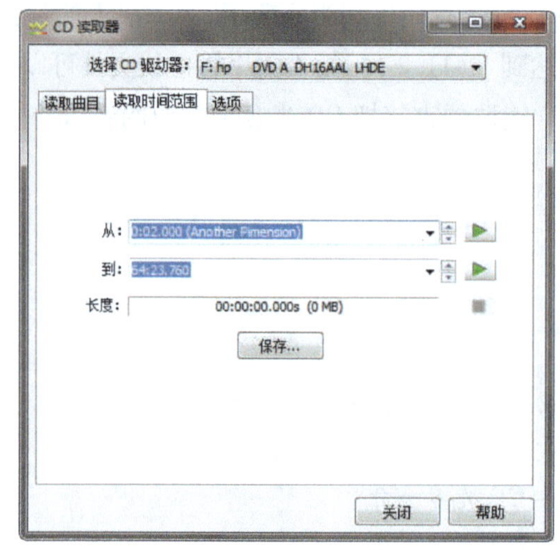

图 5-9 “读取时间范围”选项卡

2. 在对话框中选取一部分声音(可以是同一首曲子,也可以是相邻的几首曲子)。

3. 单击“保存”按钮,在“保存类型”中选择“MPEG 音频(*. mp3)”,“音质”为“Layer-3,44 100 Hz,192 kbps,立体声”,单击“保存”,将音乐保存在所需的文件夹中。

◎ 知识点拓展

01. 声音

多媒体中的声音包括解说、音响和配乐,其主要表现形式是语音、自然声和音乐。

音响分为自然声、机械声、人声和乐器声。自然声包括风、雨、雷电、流水、动物等自然界的声音;机械声包括车辆、枪炮、机床、实验仪器等人造机械的工作声;人声包括说、笑、哭、喊、脚步、心脏跳动、呼吸等来自人体器官发出的声音;乐器声是指由各种乐器发出的声音。

声音可以通过录音、声卡采集完成,也可由计算机合成。解说一般通过话筒、声卡录音后获得,或者可以通过语音合成获得。通过对声音的运用,人们能更形象、更直观、更容易地认识产品所表现的内容。

02. 声音数字化

声音数字化的关键是将模拟信号转换成数字信号的技术。

①模拟音频信号。录制工序很复杂,也需要进行多次转录。每一次转录就会有部分电信号由于信号变形和转为微弱信号而损失掉和声音失真。

②数字音频信号。录制方法一样,优点在于数字音频信号不管将来做多少次转录和音频处理,始终会保持原始的录音质量,不会有任何损失和失真。数字转录就像复制计算机里面任何一个文件一样,复制出来的文件和原来的文件不会有任何不同。

通过话筒以及相关电压放大电路把声波转换成电压的波形。通过“采样”和“量化”可以实现模拟量的数字化,这个过程称为"模数转换"(A/D 转换),承担转换任务的电路和芯片称为"数模转换器"(ADC),采样就是按一定的频率,每隔一个时间间隔在模拟声音波形上取一个幅度值(称为采样,采样的时间间隔称为采样周期),测得模拟信号的模拟量值。并把采样得到的表示声音强弱的模拟电压值,进行分级量化(用数字表示),方法是按整个电压变化的最大幅度划分成几个区段,把落在某区段的采样得到的样品值归成一类,并给出相应的量化值。

通过采样和量化,一个连续的波形变成了一系列二进制数字表示的数据。数字化声音的质量取决于采样频率和量化分级的细密程度。量化的分辨率越高,所得数字化的声音的保真程度也越好,数据量也越大。

决定数字化波形质量的重要因素之一是采样频率,采样频率越高(即采样周期越短),数字化音频的质量也就越高。根据奈奎斯特采样定理可知,在对模拟信号采集时,选用该信号所含最高频率两倍的频率采样,才可基本保证原信号的质量。目前普通声卡的最高采样频率通常为 48 kHz 或者 44.1 kHz,此外还支持 22.05 kHz 和 11.025 kHz 的采样频率。

决定数字化波形质量的第二个因素是量化位(即信号编码的位数)。在多媒体计算机音频处理系统中,一般有 8 位和 16 位两档。其中,8 位量化位数的精度有 256 个等级,16 位量化位数的精度有 65 536 个等级。量化位数越大,对音频信号的采样精度就越高,信息量也相应提高。

在播放时,计算机还要将数字信号转化成模拟信号。

采样频率越高,量化位数越多,声音的质量也就越好,但同时也会带来一个问题——庞大的数据量,不仅会造成处理上的困难,也不利于声音在网络中传输。

不经过压缩的声音数据量计算公式为:

数据量(字节)=采样频率(Hz)×采样位数(bit)×声道数×时间(s)/8

【例 1】 1 分钟声音,单声道、8 位采样位、采样频率为 11.025 kHz,数据量为:

解　11.025 × 1 000 × 8 × 1 × 60/8 = 661 500 B/s = 646 KB/s = 0.63 MB/s

若采样频率为 22.05 kHz,则数据量为 1.26 MB/s,若是立体声,则为 2.52 MB/s。

重点:

(1)立体声是单声道的两倍,所以在计算文件大小时,不要忘记乘以声道的系数。

(2)采样频率是原始声音频率的两倍,如果已知的是声音频率,计算文件大小时就要将声音频率乘以 2,才得出采样频率。

(3)单位换算:

数据量换算:1 MB=1 024 KB,1 KB=1 024 B,1 B= 8 Bit

采样频率换算:1 kHz=1 000 Hz

声音的质量与声音的频率范围有关,范围越宽,质量越高。不同采样指标的数字音频与音质效果的关系,见表 5-1。

表 5-1 声音质量和频率范围

质　量	采样频率/kHz	量化位/bit	单声道/立体声	频率范围 Hz
电话	8	8	单声道	200 ~ 3 400
AM	11.025	8	单声道	50 ~ 7 000
FM	22.025	16	立体声	20 ~ 15 000
CD-DA	44.1	16	立体声	10 ~ 20 000

【例 2】 请计算对于双声道立体声、采样频率为 44.1 kHz、采样位数为 16 位的激光唱盘(CD-A),用一个 650 MB 的 CD-ROM 可存放多长时间的音乐。

解　根据每一秒钟时间内容,双声道立体声激光唱盘(CD-A)的不压缩数据量为:

$$44.1 \times 1\,000 \times 16 \times 2 \times 60 \times 1/8 = 0.168 \text{ MB/s}$$

那么,一个 650 MB 的 CD-ROM 可存放的时间为(650/0.168)/(60×60) = 1.07 h。

业界公认的声音质量标准分为 4 级,即数字激光唱盘 CD-DA 质量,其信号带宽为 10 Hz ~ 20 kHz;调频广播 FM 质量,其信号带宽为 20 Hz ~ 15 kHz;调幅广播 AM 质量,其信号带宽为 50 Hz ~ 7 kHz;电话的话音质量,其信号带宽为 200 ~ 3 400 Hz。

03. 常用多媒体音频格式

关于多媒体音频格式,在数码生活当中随处可见,各种格式都有哪些特性,在实际使用中有多少格式实用或者必须,其实有很多方面需要系统地了解。

(1) MP3(MPEG Audio Layer 3)

MP3 自然是目前数码播放器第一大标准,它有着最为广泛的应用,以至于格式名称成为了播放器约定俗成的名字。这个格式采用了 MPEG Audio Layer 3 技术,将音乐以 1∶10 甚至更高的压缩比进行压缩,因而节省了大量的存储空间,符合数码时代多数用户对于数码音乐的需要,是一种有损的音频压缩编码技术。同时在音乐压缩当中,这项技术保留了人耳最为灵敏的频段,去掉了那些人听觉系统所无法察觉的声音,最大限度地保证了声音还原真实的效果。一般来说,衡量 MP3 的标准是比特率,常见的诸如 128、192、256、320 kpbs 等,越高的数值会有越高的音乐质量,文件大小也会相应地增加,这样也为用户保留了一定的音质可玩性和提升潜力。

实际上,对于对音乐音质要求不太高的用户来说,MP3 格式已经完全能够满足日常的使用。MP3 压缩编码技术已相当成熟,优势非常明显。MP3 格式音乐文件的来源最为广泛,制作也非常简单,和 PC 以及其他媒介有着完善的交互性和兼容性,同时它的音乐质量和文件体积之间形成了完美的均衡。因此,现在大容量播放器越来越多,但 MP3 格式也仍然是用户的首选,并且从现在的市场发展来看,这样的情况还将持续相当长的时间。

(2) WMA(Windows Media Audio)

微软凭借其在软件系统方面的绝对优势,能够很好地推广普及其技术标准,WMA 就是一个成功的例子。它是微软专门推出为对抗 MP3 格式的音频格式,它所应用的解码和压缩技术使得 WMA 格式在多个方面相比 MP3 格式有着一定的优势,它以减少数据流量来达到压缩的目的，在较低的采样率下也能够得到良好的音乐质量，最大限度地保证音质效果，1∶18的压缩比让WMA文件比同类MP3文件小了将近一半，特别是在数码播放器普及的早期，WMA凭借这一特性得到了用户的广泛支持和采用。而现在，虽然体积的优势越来越被人忽略，但在应用方面，WMA格式有着微软Windows Media Player的鼎力支持，天生有着其他格式所不能及的发展土壤，在网络传输和在线播放方面WMA的表现也是非常出色的。

WMA格式的普及率不亚于MP3格式，不过并非是所有播放器都对WMA格式买账，比如iPod就从来不支持WMA格式，微软和苹果在系统平台方面的对立，让这样的情况不难理解，而消费者可要注意这一点了。另外，WMA格式还有相当的潜力，它的可保护性能够有效地进行版权控制，同时WMA在低采样率的情况下有着比MP3格式好很多的音质表现，如果播放器的存储空间不大，WMA将会是最佳选择。

(3)WAVE文件

WAV是微软开发的又一种音频格式，它主要应用在高端或专业领域，它有着浓重的工业化特征，它来源于对声音模拟波形的采样，支持多种压缩算法，支持多种音频采样率和声道，采用44.1 kHz的采样频率，16位量化位数，音质与CD相差无几(44.1k×16×2＝1 411.2 kbps，2为双声道)，实际上在多数时候被用户直接称为CD格式，文件体积也基本上和CD碟片一致，当然，这就大大影响了WAV格式的普及，加之WAV格式一向给人以“毛坯”的感觉，专业的录音设备基本都默认WAV格式，但作为无损格式却没有APE和FLAC那样光鲜的包装，因此虽然现在几乎所有数码播放器产品都支持WAV格式，但用户用到的却非常少，网络资源当中直接以WAV格式共享的也较为少见。不过，从CD碟片直接提取制作WAV文件却比较方便，这算是留给用户在后期自由发挥的空间。

另外，在不少参数当中看到PCM格式的存在，实际上PCM只是模拟音频信号经过数模转换之后形成的二进制序列，它代表着数字音乐的最高保真标准，它和WAV的关系实际上是本质与形式的关系，WAV文件的采样一般采用PCM编码。不过在Hi-MD当中，索尼提出的线性PCM格式，就使得PCM文件能够直接应用，其实和WAV应用在MP3播放器上是一个道理。

(4)OGG(Ogg Vorbis)

支持OGG格式曾经一度是MP3播放器的卖点，这是一种先进的有损音频压缩技术，因为开发的时间较晚，在诸多方面对应MP3格式都有明显优势，它能够在相对较低的数据速率下实现比MP3更好的音质效果，同时它支持VBR(可变比特率)和ABR(平均比特率)两种编码方式，与MP3的CBR(固定比特率)相比能够保留更多的声音细节，同时应用和扩展方面有着更广大的发挥空间，比如它有灵活的ID3设置，还具有比特率缩放功能，可以不用重新编码来调节音频文件的比特率。

OGG格式的人性化贯穿于它出现和发展的始终，这源于它的开源性质，OGG是一个开源的技术标准，它完全免费，没有MP3格式方面的专利限制，另外它在后期可以有各种自由并且独立的二次开发，因而得到了许多音频软件和服务商的支持。不过在日常使用中，故OGG仍然不是一个常用选择，虽然它有着体积小音质好的特性，但制作比较麻烦，网络共享更是少之又少,故 OGG 的优势还没有完全发挥出来。

(5)AAC(Advanced Audio Coding)

AAC 中文称为"高级音频编码",目前有苹果的硬盘式 MP3(iPod),Nokia 手机,Sony MP3 等大多数播放器支持这一种格式。

AAC 出现的时间其实非常早,但由于各方面的原因一直未能普及,虽然 iPod 都一直支持 AAC 格式(iTunes Store 的选择),但这实在不是国内用户的选择(在手机上应用反而更多一些)。不过 AAC 终归与其他多数格式不同,AAC 格式虽然有技术专利限制,不过它的技术掌握在多家厂商手中,彼此没有秘密可言,这也使得它拥有了众多的编码器,可以提供更多的选择给用户。

算法方面,AAC 是一种高压缩比的音频压缩技术,压缩比达到 1∶20,但 AAC 的高解析力特性让它在音质方面很有保障,它的多声道特性能够支持 1~48 个全音域音轨和 15 个低频音轨。换句话说,AAC 能够在较小的文件体积下达到更好的音质表现,这符合现在数码音乐的发展趋势,加之 AAC 有着多种规格版本和多家厂商进行持续研发,未来还有相当大的发展空间。

(6)APE(ape)

APE 格式是目前流行的几种无损格式的一种,它的出现颇具传奇色彩,这完全是一个独立的个人行为,但却正好迎合了数码音乐时代发烧级用户追求高音质的需要,成为了行业领域中用户的主要选择,特别是在国内,APE 有着超高的人气,虽然文件体积巨大,但网络共享同样不少。一般可以将音频 CD 上的音频数据文件压缩成整张 APE,也能够以单独的曲目分开,或者还原成原来的 CD 音频文件。APE 格式的文件大小一般为 CD 文件的一半,作为无损格式来说,约 30 MB 的大小是用户可以接受的范围,加上现在大容量播放器已成为趋势,APE 得到音乐爱好者的追捧也就不难理解。

APE 格式给了很多从 CD 随身听过渡到 MP3 播放器的用户以美好的回忆,不少音乐爱好者硬盘里面只留 APE 音乐就是一个例证,同时,APE 格式给了不少崇尚 DIY 的玩家足够的发挥空间,压制 APE 文件或者单曲分离虽然烦琐但足够有趣。总的来说,APE 应用广泛,音质出色,体积的问题瑕不掩瑜,毕竟世上没有完美的东西。它有着庞大的保有量和在玩家群当中已经建立起的良好口碑,MP3 播放器支持 APE 格式确实是非常实用的。

(7)FLAC(Free Lossless Audio Codec)

从 FLAC 的全称 Free Lossless Audio Codec(免费无损音频格式)即可知它的性质,这是一个专门为数码音频处理而设计的压缩方式,提供了更大的压缩比率,同时保持了接近 CD 水平的音乐质量。作为一个新兴的无损格式,FLAC 的技术完全开放,同时对于硬件播放的良好支持为它的发展提供了最大契机,能够直接在 PC 播放器或者数码播放器当中播放,兼容性极佳,并且它的编码技术还在不断完善,而在国外 FLAC 的使用率已经超过了 APE,算得上是未来无损音频格式的首选。

FLAC 文件的体积同样约等于普通音频 CD 的一半,并且也能够自由地互相转换,所以它也是音乐光盘存储在计算机上的选择之一,它会完整保留音频的原始资料,用户可以随时将其转回光盘,音乐质量不会有任何改变,而在播放中,FLAC 文件的每个数据帧都包含了解码所需的全部信息,中间的错误不会影响其他帧的正常播放,这保证了它的实用有效和最小的网络时间延迟。目前在国内市场上,FLAC 已经是和 APE 齐名的两大最常用无损音频格式之一,并且它的编码技术原理使得它在未来有超过 APE 的巨大的发展空间。

(8)MIDI(Musical Instrument Digital Interface)

MIDI 是乐器数字接口(Musical Instrument Digital Interface)的英文缩写,是数字音乐/电子合成乐器的统一国际标准,它定义了计算机音乐程序、合成器及其他电子设备交换音乐信号的方式,还规定了不同厂家的电子乐器与计算机连接的电缆和硬件及设备间数据传输的协议,所以可以解决不同电子乐器之间不兼容的问题。可用于为不同乐器创建数字声音,可以模拟大提琴、小提琴、钢琴等常见乐器。

MIDI 文件中包含音符、定时和多达 16 个通道的演奏定义。文件包括每个通道的演奏音符信息:键通道号、音长、音量和力度(击键时,键达到最低位置的速度)。由于 MIDI 文件是一系列指令,而不是波形,它需要的磁盘空间非常少;并且装载 MIDI 文件比波形文件容易得多。这样,在设计多媒体节目时,用户可以指定什么时候播放音乐,将有很大的灵活性。在以下几种情况下,使用 MIDI 文件比使用波形音频更合适:需要播放长时间高质量音乐,如想在硬盘上存储的音乐大于 4 min,而硬盘又没有足够的存储容量;需要以音乐作背景音响效果,同时从 CD-ROM 中装载其他数据,如图像、文字的显示;需要以音乐作背景音响效果,同时播放波形音频或实现文—语转换,以实现音乐和语音的同时输出。

◎ 独立实践任务

任务 3　诗朗诵《海燕》

【任务背景】

高尔基著名的散文诗《海燕》写于 1901 年,那时正是俄国 1905 年革命前夕最黑暗的年代,俄国工人运动不断高涨,动摇着沙皇统治的根基。来自社会底层、深谙底层人民疾苦的高尔基,触摸到刚刚开始跳动的新时代脉搏,以敏锐的艺术感悟力创造出了"海燕"的艺术形象,来欢呼即将来临的革命风暴,为无产阶级唱出了一曲充满战斗激情的颂歌。

【任务要求】

"海燕"这篇散文,它的精髓就是几个关键字:勇敢、自信、不屈服。录制高尔基的《海燕》,感受作者在特定历史时代的激情。

> 【技术要领】朗诵情感热烈奔放,场面波澜壮阔,基调高亢有力。
> 【解决问题】使用 GoldWaver 软件录制声音。
> 【素材来源】\模块 05\情境 01\任务 3\素材\海燕.doc。

原文如下:

海　燕

高尔基

在苍茫的大海上,狂风卷集着乌云。在乌云和大海之间,海燕像黑色的闪电,在高傲地飞翔。

一会儿翅膀碰着波浪,一会儿箭一般地直冲向乌云,它叫喊着,——就在这鸟儿勇敢的叫喊声里,乌云听出了欢乐。

在这叫喊声里——充满着对暴风雨的渴望!在这叫喊声里,乌云听出了愤怒的力量、热情的火焰和胜利的信心。

海鸥在暴风雨来临之前呻吟着,——呻吟着,它们在大海上飞窜,想把自己对暴风雨的恐惧,掩藏到大海深处。

海鸭也在呻吟着,——它们这些海鸭啊,享受不了生活的战斗的欢乐:轰隆隆的雷声就把它们吓坏了。

蠢笨的企鹅,胆怯地把肥胖的身体躲藏到悬崖底下……只有那高傲的海燕,勇敢地,自由自在的,在泛起白沫的大海上飞翔!

乌云越来越暗,越来越低,向海面直压下来,而波浪一边歌唱,一边冲向高空,去迎接那雷声。

雷声轰响。波浪在愤怒的飞沫中呼叫,跟狂风争鸣。看吧,狂风紧紧抱起一层层巨浪,恶狠狠地把它们甩到悬崖上,把这些大块的翡翠摔成尘雾和碎末。

海燕叫喊着,飞翔着,像黑色的闪电,箭一般地穿过乌云,翅膀掠起波浪的飞沫。

看吧,它飞舞着,像个精灵,——高傲的、黑色的暴风雨的精灵,——它在大笑,它又在号叫……它笑那些乌云,它因为欢乐而号叫!

这个敏感的精灵,——它从雷声的震怒里,早就听出了困乏,它深信,乌云遮不住太阳,——是的,遮不住的!

狂风吼叫……雷声轰响……

一堆堆乌云,像青色的火焰,在无底在大海上燃烧。大海抓住闪电的箭光,把它们熄灭在自己的深渊里。这些闪电的影子,活像一条条火蛇,在大海里蜿蜒游动,一晃就消失了。

——暴风雨!暴风雨就要来啦!

这是勇敢的海燕,在怒吼的大海上,在闪电中间,高傲地飞翔;这是胜利的预言家在叫喊:

——让暴风雨来得更猛烈些吧!

情境 02　音频文件的基本操作

经典的影视配乐能成就一部经典的影视作品。而音乐作为一种艺术,也能够在人的内心形成震撼,有时候甚至能起到一种用言语所不能表达的效果。观众曾会因为一首熟悉的音乐,想起很多影视画面。而影视画面只能给观众以视觉上的直观感受。影视作品中音乐的出现却能让观众的感官全面活动起来,它可以推进剧情,体现主人公的情感,是一部影视作品所要形成的格调的灵魂。让人在观看时得到充分享受。现在观众在欣赏影视作品时,其中每一处剧情的跌宕起伏、每一个惊险场面的出现,都伴以在相应的音响上的不同的处理,使得人们在欣赏影视作品的同时能体会到视觉冲击与听觉冲击的交相辉映。音乐在影视作品中能体现出非常重要的地位,故不能忽视音乐编辑和影像与音乐完美结合的重要性。

制作者在制作多媒体作品时,常常需要对声音进行特效处理,如悬疑片中经常用恐怖的音效来吸引观众的注意,激发他们的想象。总之,数字艺术作品中的配乐,揭示主题思想、创造意境、吸引观众的注意力,激发观众的联想,配音是影视艺术语言中不可或缺的一部分。

当现有的声音文件不能满足需要时,可在声音录制完成后,对声音文件进行后期编辑,以实现特殊的音乐效果,满足人们的需要。本情境以 GoldWave 软件为例,讲解声音文件的裁减、连接、混合、静音、声道变换等操作。

【能力目标】

1. 掌握声音的合成、剪辑和混音的制作。
2. 掌握静音的制作、左右声道的编辑。

【知识目标】

1. 了解声音文件基本处理的过程与方法。
2. 培养学生的动手能力。

【学时分配】

2 课时(授课 1 课时,实践 1 课时)。

◎ 模拟制作任务

任务1　裁剪声音

【任务背景】

清晨,一首适合自己的抒情音乐让你从睡意蒙胧中醒来,是一件非常惬意之事。对声音文件进行适当地剪裁,可以实现不一样的效果。

【任务要求】

对素材“晚秋. wav”音乐文件进行编辑,以实现特殊的音乐效果。将“晚秋. wav”文件前 2 s 的内容裁剪掉。

【任务分析】

对音乐文件进行剪辑,最主要的是设置开始标记和结束标记,时间点要准确,连接的音乐要流畅。

【重点、难点】

1. 设置编辑标记。

2. 掌握基本的切割。

【技术要领】设置开始标记、设置结束标记。
【解决问题】声音选区的设置。
【素材来源】\模块05\情境02\任务1\素材\晚秋.wav。
【完成效果】\模块05\情境02\任务1\完成效果\裁剪声音.wav。

操作步骤

步骤一:打开文档

启动 GoldWave 软件,按"Ctrl+O"键打开素材"晚秋.wav"文件。

步骤二:裁剪声音

1. 在 2 s 处单击鼠标右键,选择"设置结束标记",选中部分变蓝色,如图 5-10 所示。

2. 选择"编辑"→"删除"命令或单击"删除"按钮,将选中区域的内容裁剪掉。

3. 选择"文件"→"另存为",将新文件以"裁剪声音.wav"为文件名保存在磁盘上,按"空格键"测试声音。

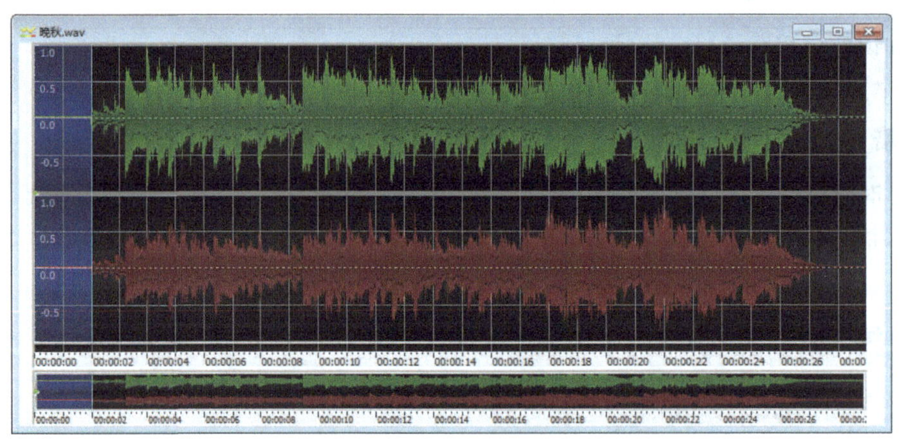

图 5-10 选定区域窗口

4. 选择"文件"→"关闭"菜单,退出编辑,关闭窗口。

注:"剪裁"按钮是将选中区域以外的内容(黑色区域)裁剪掉,"删除"按钮是将选中区域的内容(蓝色区域)裁剪掉。

任务 2 连接声音

【任务背景】

大学四年,一朝别离,所有的言语化为一句:520,在这个特殊的日子里,浓浓的深情,凝结成四年里所有的美好。不舍离别，不忍告别，然时光若水，终需告别，往后也许在一起的日子少之又少，但今日，歌声犹在耳畔，一起走过就是幸福！

今天是五月二十日，可以算是一个表白的日子，520—我爱你。有多少人，能够在这一天鼓足勇气对自己爱的人说一句——我爱你。又是一年毕业季，你，找到你的另一半了吗？找到了，你有足够的信念和她一直走到最后吗？没找到，那你有勇气向你爱的他表白吗？

【任务要求】

将素材“鸟鸣.wav”文件与“小夜曲__吉他曲.wav”文件连接，合成一个音乐，先听到鸟鸣声，播放完后再听到小夜曲。当听着这背景声，内心总有一丝悸动。

【任务分析】

舒伯特《小夜曲》又名《如歌的行板》，后来被改编为管弦乐曲、管乐合奏曲、小提琴独奏曲、吉他曲等，是用于向心爱的人表达情意的歌曲。旋律优美、委婉、缠绵，常用吉他或曼陀林伴奏。要将两段音乐进行连接，首先要注意连接点，其次注意连接区域音乐要流畅。

【重点、难点】

1. 选择精确的连接点。

2. 注意音乐的流畅。

【技术要领】声音的复制、声音的粘贴。
【解决问题】声音的匹配、流畅。
【素材来源】\模块05\情境02\任务2\素材\鸟鸣.wav、小夜曲_吉他曲.wav。
【完成效果】\模块05\情境02\任务2\完成效果\连接声音.wav。

操作步骤

步骤一：打开文档

1. 启动GoldWave软件，按“Ctrl+O”键打开素材“鸟鸣.wav”文件。

2. 选中全部声音，单击“编辑”→“复制”命令或单击“复制”按钮，将声音复制，如图5-11所示。

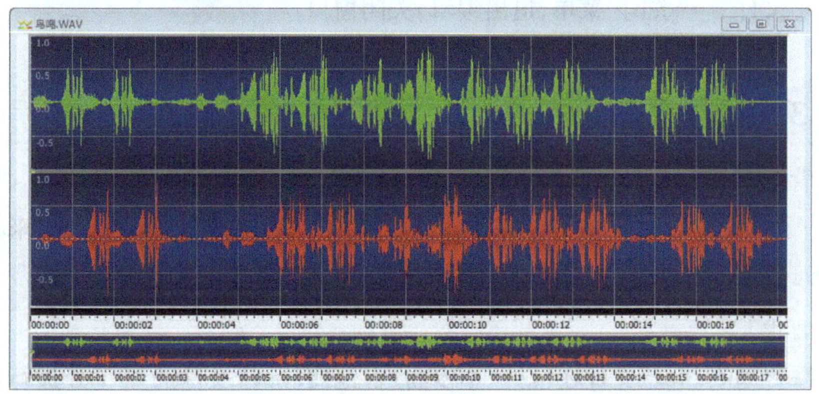

图5-11 “鸟鸣.wav”的波形

步骤二:连接声音

1. 按"Ctrl+O"键打开素材"小夜曲_吉他曲. wav"文件,如图 5-12 所示。

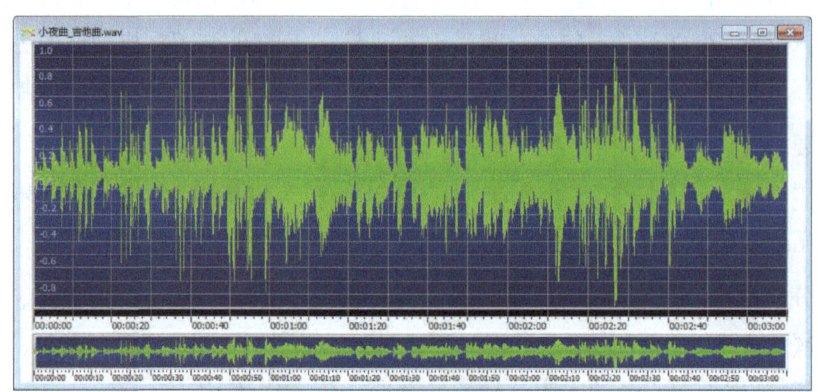

图 5-12 "小夜曲_吉他曲. wav"的波形

2. 在乐曲开始处单击鼠标右键,在快捷菜单中选择"粘贴"命令,粘贴后的波形如图 5-13 所示。

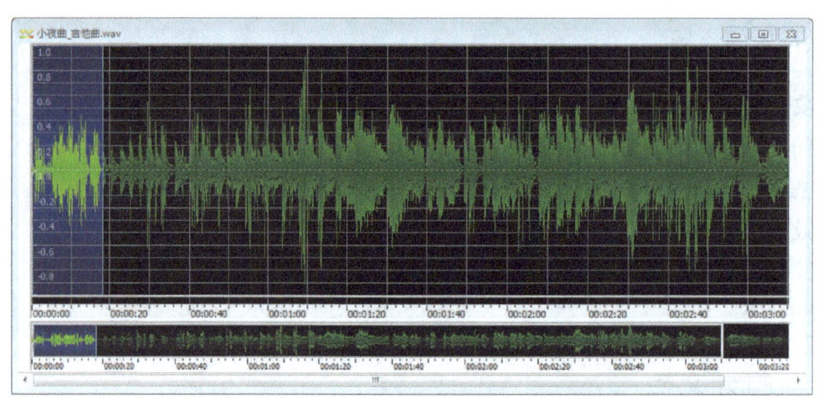

图 5-13 鸟鸣声与小夜曲组合后的波形

3. 选择"文件"→"另存为",将新文件以"连接声音. wav"为文件名保存在磁盘上,按"空格键"测试声音。

4. 选择"文件"→"关闭"菜单,退出编辑,关闭窗口。

任务3 混合声音

【任务背景】

制作一个带配乐的朗诵作品,它以配乐朗诵的形式将文章的意境表现出来,让读者在作品营造的真情实景中欣赏优美的音乐和朗诵。

【任务要求】

1. 将素材"鸟鸣. wav"文件在素材"小夜曲_吉他曲. wav"文件的 18 s 处进行混合,合成一个音乐。

2. 将素材"荷塘月色背景介绍. wav"文件与素材"yuzhou. wav"混合，制作"荷塘月色背景介绍. wav"在左声道，"yuzhou. wav"在右声道的立体声效果。

【任务分析】

不管声音在后期中发挥着什么作用，其音量都不可过高或过低。一般情况下，背景伴音的音量在台词音量的80%左右。

混合声音可以有两种方法：方法一是将两个音乐合成在一个通道中；方法二是将声音放在一个轨道，音乐放在另一个轨道，然后合成，但注意左右声道的选择。

【重点、难点】

1. 选择精确的位置混音。

2. 左右声道的选择、音量的匹配。

【技术要领】左右声道的选择，音乐的剪辑，音乐的复制和粘贴。
【解决问题】使用GoldWave软件，进行声音混合。
【素材来源】\模块05\情境02\任务3\素材\鸟鸣. wav、小夜曲_吉他曲. wav、荷塘月色背景介绍. wav、yuzhou. wav。
【完成效果】\模块05\情境02\任务3\完成效果\混合声音. wav、配乐. wav。

【任务要求1】

同轨双音的合成。

操作步骤

步骤一：打开文档

1. 启动GoldWave软件，按"Ctrl+O"键打开素材"鸟鸣. wav"文件。

2. 选中全部声音，单击"编辑"→"复制"命令或单击"复制"按钮，将声音复制。

步骤二：混合声音

1. 按"Ctrl+O"键打开素材"小夜曲_吉他曲. wav"文件。

2. 在乐曲开始18 s处单击鼠标左键，选择"编辑"→"混音"命令，此时弹出混音对话框，如图5-14所示。

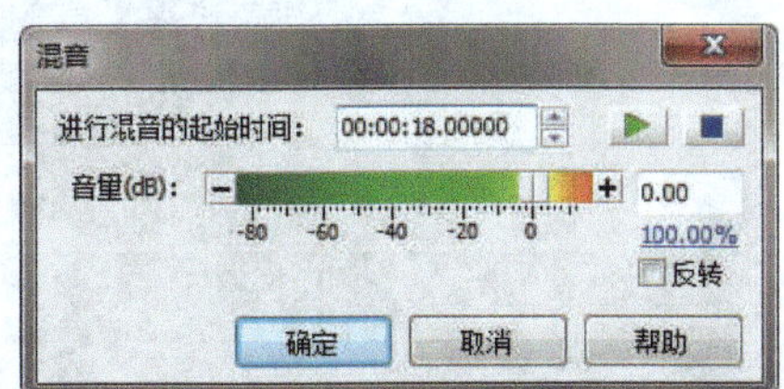

图5-14 "混音"对话框

3. 在"混音"对话框中，调节混合进来的声音音量相对于其原始音量的百分比，此处设置为100%，混合后的波形如图5-15所示。

4. 选择"文件"→"另存为"，将新文件以"混合声音. wav"为文件名保存在磁盘上，按

“空格键”测试声音。

5. 选择“文件”→“关闭”菜单，退出编辑，关闭窗口。

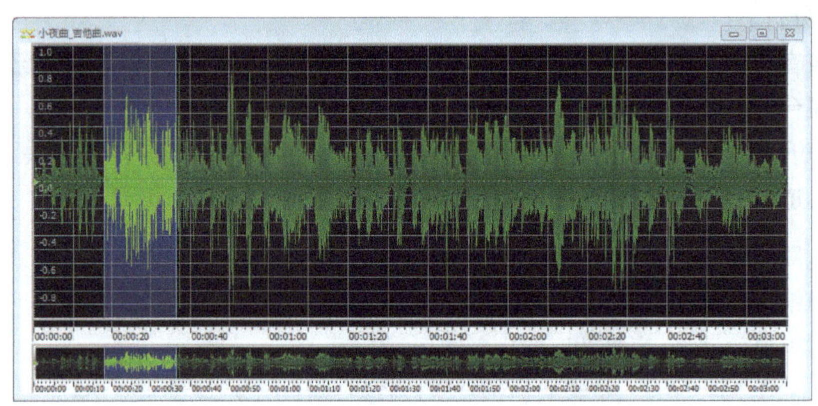

图 5-15 鸟鸣声与小夜曲混合后的波形

【任务要求 2】

异轨双声道的合成。

操作步骤

步骤一：新建文档

1. 启动 GoldWave 软件，按“Ctrl+N”键打开新建文档对话框。

2. 在“声道数:”中选择“2（立体声）”，新建一双声道的空文件，保存文件为“配乐.wav”。

步骤二：混合声音

1. 按“Ctrl+O”键，打开素材“荷塘月色背景介绍.wav”文件，选择“编辑”→“复制”命令。

2. 选中“配乐.wav”文件，选择“编辑”→“声道”→“左声道”，可看到上面左声道呈深蓝色，在开始处将“荷塘月色背景介绍.wav”以 100% 音量混入“配乐.wav”的左声道，如图 5-16 所示。

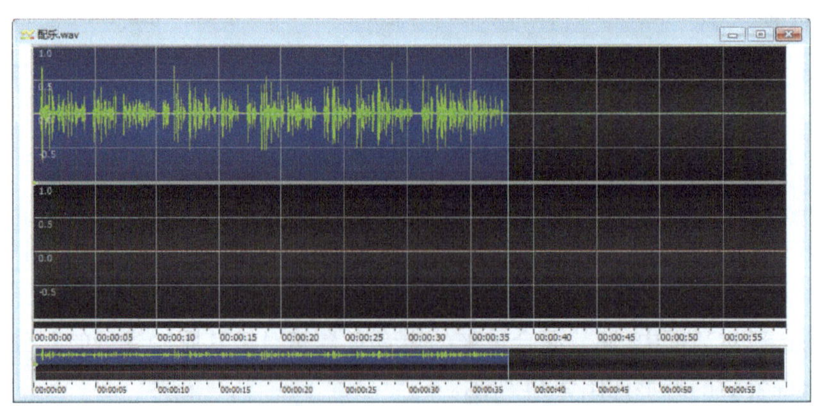

图 5-16 左声道混入“荷塘月色背景介绍.wav”波形

3. 选择“编辑”→“声道”→“右声道”，将“荷塘月色背景介绍. wav”以30%音量混入“配乐. wav”的右声道，如图5-17所示。

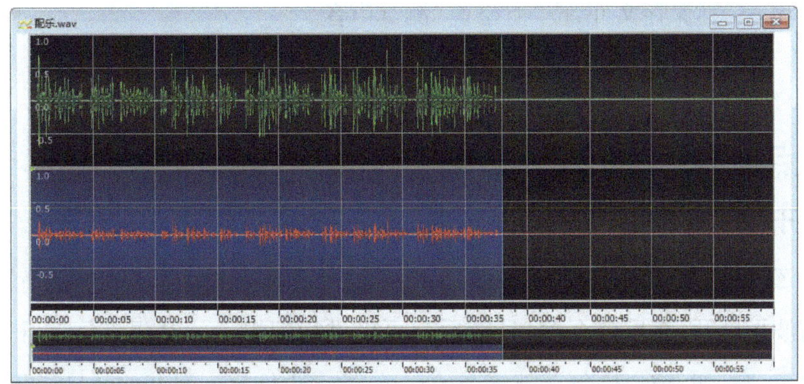

图5-17　右声道混入“荷塘月色背景介绍. wav”波形

4. 按“Ctrl+O”键，打开素材“yuzhou. wav”文件，选择“编辑”→“复制”命令。

5. 选择“配乐. wav”文件，选择“编辑”→“声道”→“左声道”，将“yuzhou. wav”以30%音量混入“配乐. wav”的左声道，如图5-18所示。

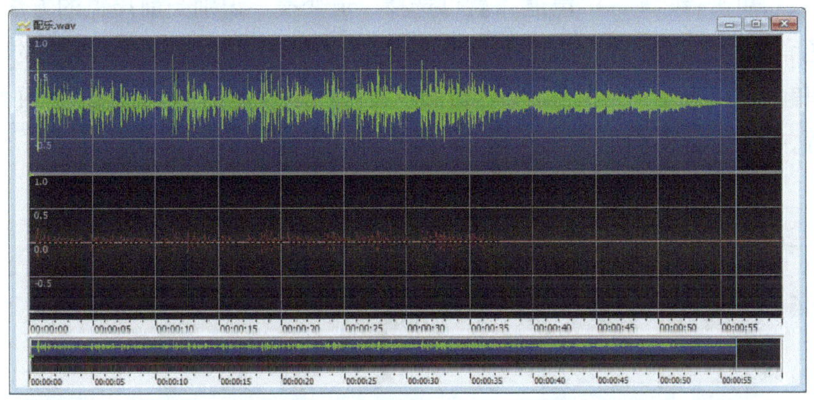

图5-18　左声道混合声音波形

6. 选择“编辑”→“声道”→“右声道”，将“yuzhou. wav”以100%音量混入“混合. wav”的右声道，如图5-19所示。

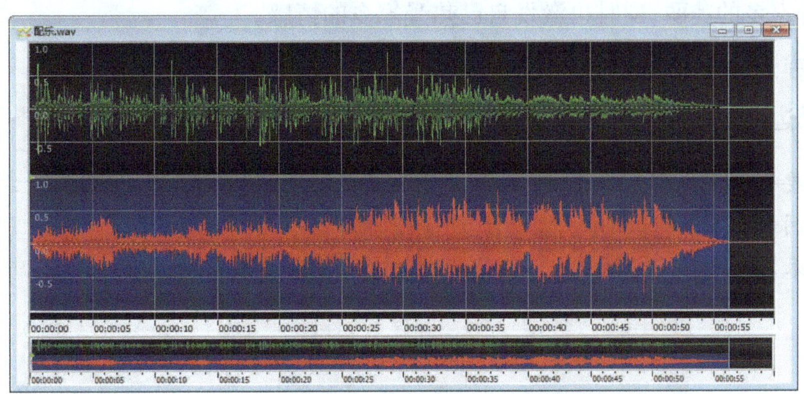

图5-19　右声道混合声音波形

7. 如使用耳机试听“配乐. wav”，由于左声道说话声音大，右声道音乐声音大，就会有“人在左侧说话，音乐在右侧响”的非常强烈的立体声感觉。

8. 按“Ctrl+S”键保存文件，按“空格键”测试声音。

9. 选择“文件”→“关闭”菜单，退出编辑，关闭窗口。

◎ 知识点拓展

01. 展开和还原选区

确定了选区后，有时选区内的波形密度很大，无法辨别其细节，这时可单击“选显”按钮，将选区内的波形展开，充斥整个窗口，随后就可以进行编辑了。希望恢复展开之前的显示形式，单击“全显”按钮，窗口恢复全部声音的显示，选区也恢复到展开前的显示状态。

02. 声道变换

一般的编辑操作都是对两个声道同时进行的。在实际应用中，有时需要打破这种双声道的同步关系，如在制作卡拉 OK 时，左声道是伴奏乐曲，右声道是演唱。

选择声道，单击“编辑”→“声道”，就可选择声道变换。识别当前声道的方法是：选区背景为深蓝色者是当前声道，可进行各种编辑操作，黑色背景的选区是不可编辑的声道。

注意：单独进行一个声道的删除、剪切操作将改变该声道的时间长度，使两个声道的时间长度不等，导致声音不同步。

◎ 独立实践任务

任务 4　《我爱家乡》配乐诗朗诵

【任务背景】

我爱家乡，家乡有生于斯长于斯的沟沟坎坎，家乡有滋养我成长的桑梓甘泉，家乡有教我做人的列祖列先，家乡有勤劳善良的父老乡亲和兄弟姐妹的绵绵思念。

收集有关家乡发展历程、家乡历史人文特色等方面的知识，以朗诵的形式来赞美家乡，让人们了解家乡的美丽，同时也激发自己热爱家乡的情感。

【任务要求】

意境无边际，领悟深度，情感表达准确，声音效果顺畅、自然。

【技术要领】录音、裁剪和合成声音，背景伴音的音量在台词音量的 80% 左右。
【解决问题】使用 GoldWave 软件，进行声音编辑。
【素材来源】\模块 05\情境 02\任务 3\素材\我爱我的家乡——香河. doc、雪之梦. mp3 等，也可自备素材。

情境 03　音频文件的特效制作

声音的处理在后期合成中尤为重要,也是较为容易忽视的一个地方。好的视频动画需要画面和声音同步配合才能够取得好的效果。有的动画视频很简单,但声音运用得恰到好处,往往能够营造出一种非常强烈的气氛。

画面和声音在后期中的影响可以各占 50%,二者缺一不可。最初的原始素材只是零散的视频、分段的配音解说和成堆的特效声音库,剪辑人员就是按照导演和编剧的要求,对这些分散的素材进行艺术加工。究竟该选择怎样的背景音乐?应该选择怎样的特效声音?什么时候应该强化突出背景音量?这是每一个剪辑人员都应该思考的问题。

总的来说,声音(不包括台词人声)起到的作用可以分为以下 3 类:营造气氛,魔法特效和背景伴音。

在多媒体作品中声音是非常重要的,它可以增加作品的趣味性和娱乐性,也可以表达出语言无法表达的信息,不同音调的声音带给人的感受也是各不相同的,不同的音乐效果可以产生不同的特殊效果。为了生成更好的声音效果,需要对声音做更进一步的处理,其中包括:调整固有音量、添加回声、声音的淡入淡出、时间和速度的调整、反向等技巧。

【能力目标】

1. 能够对音频进行特效处理。
2. 掌握淡入淡出效果的制作。
3. 掌握音量的调整、速度的调整。

【知识目标】

1. 掌握淡入淡出效果的制作。
2. 掌握声音文件的综合应用。

【学时分配】

2 课时(授课 1 课时,实践 1 课时)。

◎ 模拟制作任务

任务 1　制作回音效果

【任务背景】

在卡拉 OK 或广播、电视节目中,回音效果是比较常见的,常用于创造回荡于山谷的声响,还能起到润色声音的作用。

【任务要求】

将素材“荷塘月色背景介绍.wav”文件的第一句话设置回声,时间间隔为0.15 s。

【任务分析】

要制作回声,最好选择语音文件,乐曲和歌曲不宜制作回声,因为乐曲和歌曲比较连续,不易听出回声。

【重点、难点】

1. 回声的参数设置。

2. 音量参数设置。

【技术要领】回声对话框参数设置。
【解决问题】使用GoldWave软件,进行语音回声制作。
【素材来源】\模块05\情境03\任务1\素材\“荷塘月色”背景介绍.wav。
【完成效果】\模块05\情境03\任务1\完成效果\“荷塘月色”背景介绍.wav。

操作步骤

步骤一:打开文档

1. 启动GoldWave软件,按“Ctrl+O”键,打开素材“荷塘月色背景介绍.wav”文件。

步骤二:设置选区

1. 在开始处单击右键,选择“设置开始标志”。

2. 在文件第一句话“荷塘月色写于1927年7月”后单击右键,选择“设置结束标志”。

步骤三:设置回声

1. 选择“效果”→“回声”或单击“ ”按钮,显示“回声”对话框。

2. 在对话框中设置“回声”为2,“延迟”为0.15,单击“确定”按钮,如图5-20所示。

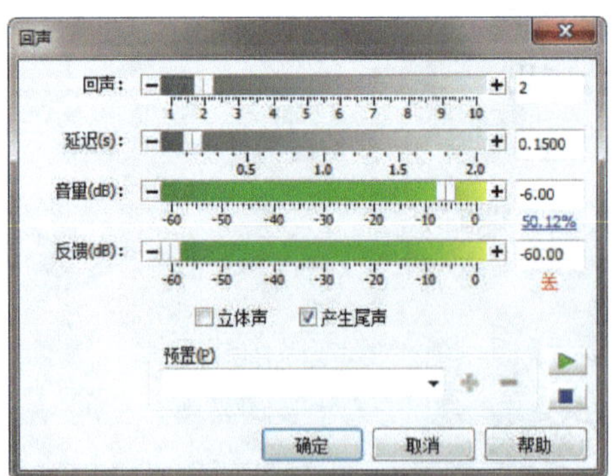

图5-20 “回声”对话框

3. 按“Ctrl+S”键保存文件,按“空格键”测试声音。

4. 选择“文件”→“关闭”菜单,退出编辑,关闭窗口。

任务2　制作淡入淡出效果

【任务背景】

很多的歌曲在开始或结尾的部分采用淡入淡出效果，声音淡入淡出，可使音轨更加优美。在电视上的 MTV 节目中这是经常使用的编辑手法，适当地运用可以有很强的感染力。

【任务要求】

将素材“斯堪的那维亚湖. wav”文件设置淡入淡出效果。

【任务分析】

声音在开始的时候无声，然后声音以线性方式慢慢地增大起来，淡出效果则是在演唱的结尾部分，声音缓缓地低下去（也是线性变化过程），直到渺渺而几不可闻。

【重点、难点】

淡入淡出的设置。

【技术要领】开始淡入、结束淡出。
【解决问题】声音的淡入淡出。
【素材来源】\模块 05\情境 03\任务 2\素材\斯堪的那维亚湖. wav。
【完成效果】\模块 05\情境 03\任务 2\完成效果\斯堪的那维亚湖. wav。

操作步骤

步骤一：打开文档

启动 GoldWave 软件，按“Ctrl+O”键，打开素材“斯堪的那维亚湖. wav”文件。

步骤二：设置淡入淡出

1. 在 5 s 处单击右键，选择“设置结束标记”，将前 5 s 作为一个选区，如图 5-21 所示。

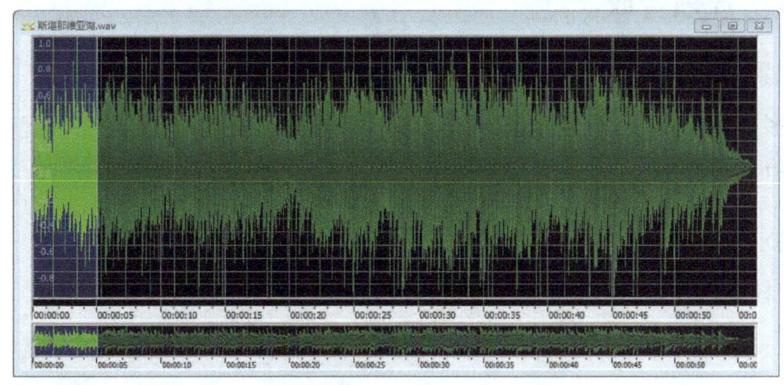

图 5-21　选区设置

2. 选择“效果”→“音量”→“淡入”或单击“ ”按钮，打开“淡入”对话框，如图 5-22 所示，调整数据后单击“确定”按钮。

3. 单击“全选”按钮，将所有的波形显示出来。

4. 将乐曲末尾部分(大约 7 s)设置选区,选择“效果”→“音量”→“淡出”或单击“ ”按钮,打开“淡出”对话框,如图 5-23 所示,调整数据后单击“确定”按钮,最后效果如图 5-24 所示。

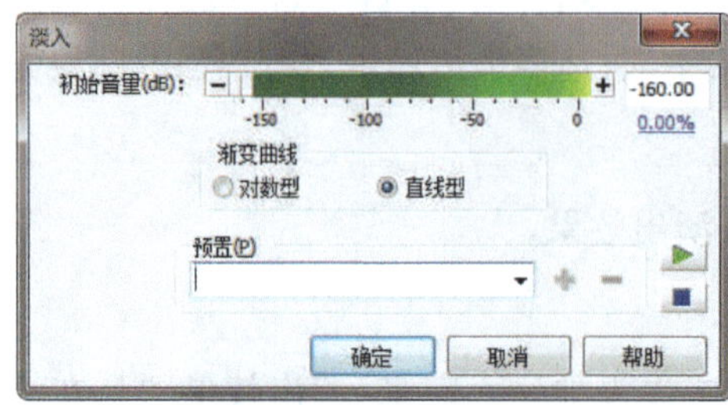

图 5-22 “淡入”对话框

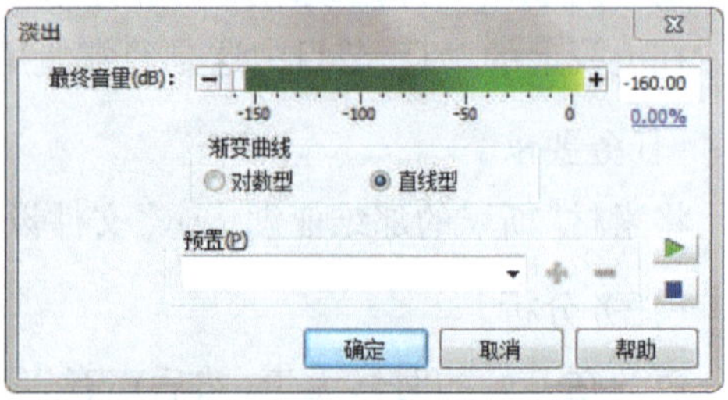

图 5-23 “淡出”对话框

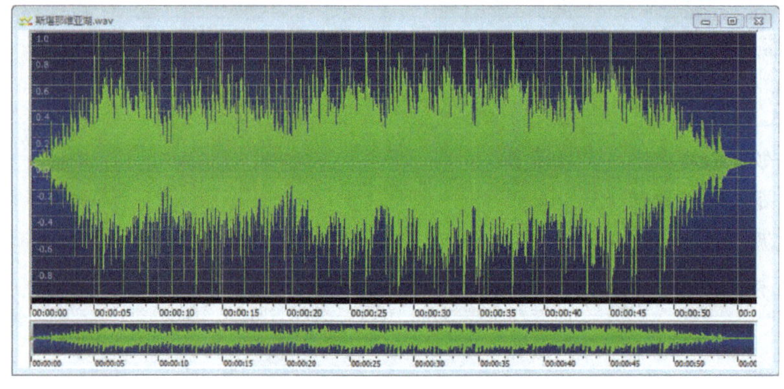

图 5-24 淡入淡出效果

5. 按“Ctrl+S”键保存文件,按“空格键”测试声音。

6. 选择“文件”→“关闭”菜单,退出编辑,关闭窗口。

任务 3 音频合成

【任务背景】

在制作多媒体作品时,会出现若干个声音素材按照某种方式叠加在一起的情况,如为一段解说词配上背景音乐,为一段录音棚中的音乐配上现场效果等。

【任务要求】

将素材“桂林山水. mp3”文件配上背景音乐“city. mp3”。

【任务分析】

制作配乐朗诵,必须考虑对背景音乐进行长度的调整、音量的调整以及淡入淡出的制作等。

【重点、难点】

1. 长度的调整,音量的调整。

2. 淡入淡出的设置。

【技术要领】调整背景音乐的长度、定型音量。
【解决问题】使用 GoldWave 软件，进行音频合成。
【素材来源】\模块 05\情境 03\任务 3\素材\city. mp3、桂林山水. mp3。
【完成效果】\模块 05\情境 03\任务 3\完成效果\音频合成. mp3。

操作步骤

步骤一：裁剪音乐

1. 启动 GoldWave 软件，按“Ctrl+O”键，打开素材“city. mp3”文件。

2. 在 2′52″处单击鼠标右键，选择“设置结束标记”。

3. 单击“剪裁”“剪裁”按钮，选中区域以外的内容（黑色区域）裁剪掉，裁剪后波形效果如图 5-25 所示。

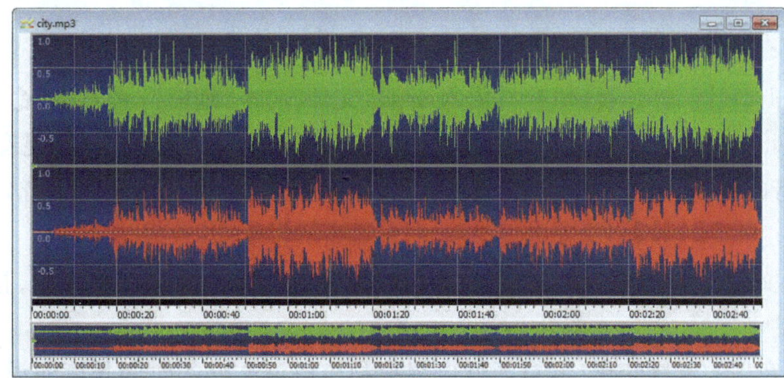

图 5-25　裁剪后波形效果

步骤二：定型音量

1. 选择“效果”→“音量”→“外形音量”或单击“ ”按钮，弹出“外形音量”对话框，如图 5-26 所示。

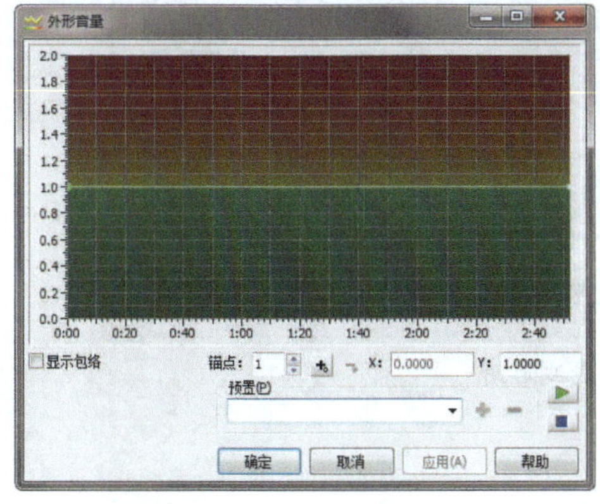

图 5-26　“外形音量”对话框

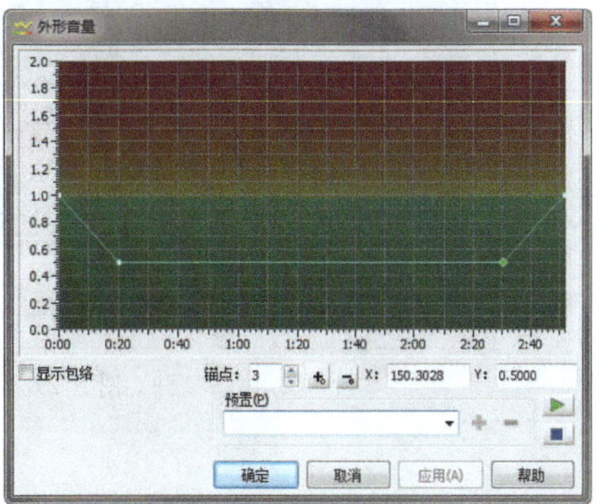

图 5-27　调整音量后的对话框

2. 在对话框中,用鼠标左键把绿色线段的两端向下拖动,形成如图 5-27 所示的图形。表示音量开始时降低,保持一段时间,然后再恢复原来的音量。

3. 调整后的音量图如图 5-28 所示。

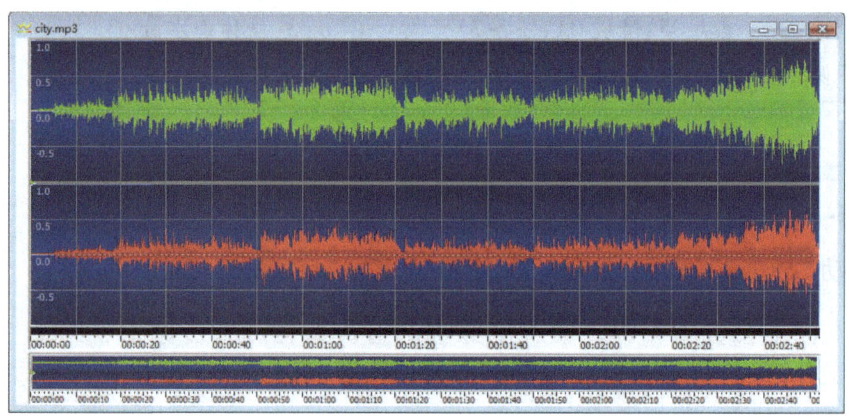

图 5-28 调整后的音量图

步骤三:合成音乐

1. 按"Ctrl+O"键,打开素材"桂林山水. mp3"文件,选择"编辑"→"复制"命令。

2. 选择 city. mp3,在 20 s 处单击鼠标左键,选择"编辑"→"混音",在"混音"对话框中适当调整声音的音量,单击"确定"按钮,"桂林山水. mp3"就被合成到背景音乐中,波形如图 5-29 所示。

3. 选择"文件"→"另存为",将新文件"音频合成. mp3"保存在硬盘上,按"空格键"测试。

注:背景音乐的音量变化,编辑区域应根据相应解说文件的时间长度而设。如果解说文件是 40 s,则背景音乐的编辑区域应比 40 s 略长。

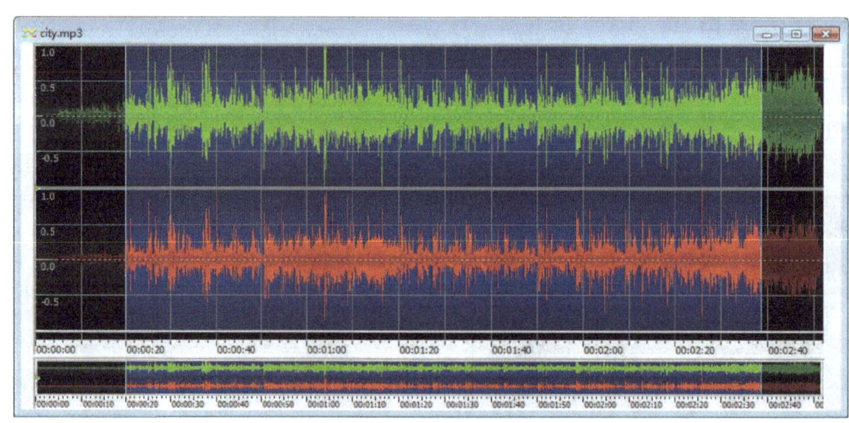

图 5-29 音频合成波形图

◎ 知识点拓展

01. 回声效果

选择“效果”→“回声”可对制作的回音进行精细的调整。在回声窗口中,“回声”调节循环的次数,并且回声会慢慢淡出;“延迟”调整回音延迟时间,“音量”调整回音音量,相当于原声音音量的百分比,“反馈”决定产生的回音是否再次产生回音效果。

制作较小空间产生的回音,如在空旷的房屋内,延迟时间就应小些(如0.5 s),回音音量可稍大些(如50%),不使用反馈。制作很大的空旷空间回音,如在山谷中大声呐喊,延迟时间就应大些(如1.0 s),回音音量可稍小些(如30%),使用反馈产生声音回荡的效果。回音的增加要适度,过多地增加回音会影响声音的清晰度,还会造成音量的增大。

02. 多普勒效果

当录制完一段说话声音后,就可以对所录制的声音设置效果了,如将说话声变成男人、妇女、小孩或说话颤颤巍巍的老人。首先设置编辑区域。注意,特效功能对选中区域以外的部分将不起作用。执行“效果”→“多普勒”,将打开一个新窗口,窗口如图5-30所示。

在窗口坐标中,纵坐标中间标记为1.00部分为音调不进行变化,横坐标表示当前声音时间长度,不同的声音文件横坐标数字是不同的。当黄线在1.00上部时,这个时间的声音音调将升高,变成类似妇女或小孩的声音;黄线下降至1.00以下时,音调降低,类似男人或沙哑的声音。通过多普勒效应改变声调后,声音速度将有变化,声音升调后,速度加快,播放时间将缩短,降调后,播放时间将加长。经过一次多普勒效应处理过的声音,如果音调还没有达到要求,可进行第二次多普勒效应处理,两次处理累计后,基本能达到要求。

03. 机械化

使用“机械化”窗口可以制作科幻视频中机器人说话的效果。

在一些科幻视频中,机器人发音往往富有金属质感,这种声音人是很难学出来的,使用“机械化”效果可以方便地制作出这种效果。选择“效果”→“机械化”,打开“机械化”对话框,如图5-31所示,适当调整“频率”的数值,频率的数值越大,制作的声音效果越尖锐,数值越大,则声音越沉闷。

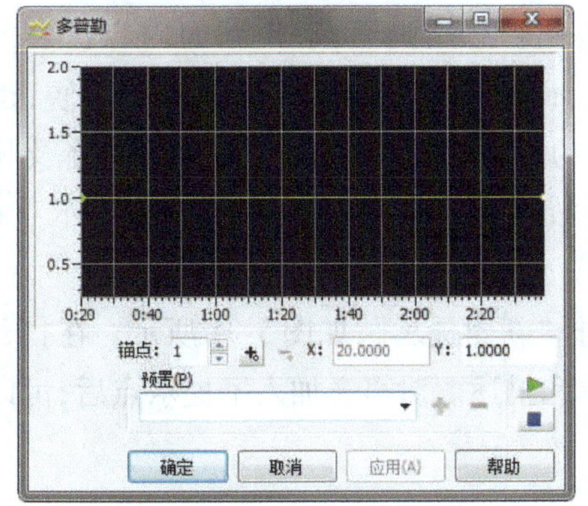

图5-30 “多普勒”效应窗口

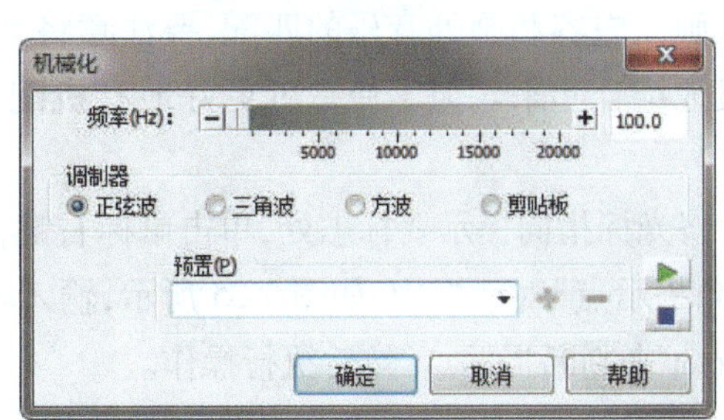

图5-31 “机械化”窗口

04. 消除人声

在卡拉 OK 机中常常看到有“消除原唱”的功能，即是将歌曲中人唱歌的声音去掉，只留下伴奏音乐，GoldWave 也提供了这个功能，使用“效果”→“立体声”→“消减人声”功能可以轻易地将人的声音去掉。

注：对于歌曲，执行移除声音后，只去掉人唱歌的声音，保留伴奏音乐：而一段单纯人说话的声音执行了移除声音后，可能就变成寂静无声了。

05. 更改音量

录制的声音或歌曲的音量有时太高或太低，这时就需要调整声音音量。选择“效果”→“音量”→“更改音量”可调整声音音量的大小，“更改音量”窗口如图 5-32 所示，图中的数字代表新声音的音量为原来声音音量的百分比，当原始声音音量过大或过小，需要进行调整时，“音量”是最好的调整方式。

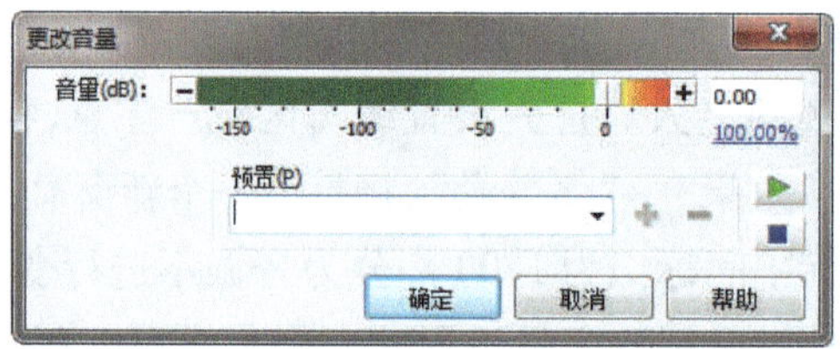

图 5-32 “更改音量”对话框

06. 改变音乐速率

在制作视频或多媒体作品中常常要用到自己录制或选取的音乐，但有时裁取的音乐节奏太快或太慢，这时就需要适当调整音乐的播放速率。选择“效果”→“时间弯曲”，打开“时间弯曲”对话框，如图 5-33 所示。在对话框中可以直接调节速率，也可以调节长度来控制速率。

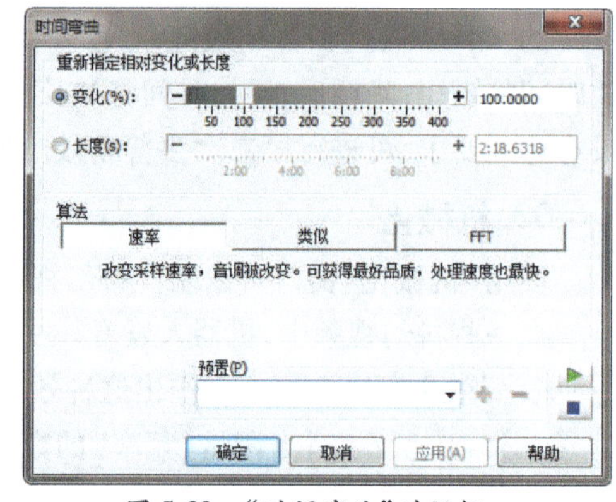

图 5-33 “时间弯曲”对话框

07. 音乐提示点

在制作“桂林山水”视频时，需要给“桂林山水”视频配解说词，解说词的任务是分析、提示、强化和总结画面，解说词的内容也要依靠画面来形象地加以表现，从而达到声画结合的艺术效果。在设置背景音乐的时候，也要注意画面内容和画外音乐的匹配，要注意将音乐的节奏、乐句、乐段与画面的情绪及长度有机地结合起来。为了使二者更好地有机配合，故在编辑音乐时要注意设置提示点（线索点）。

将光标指向提示要标志处，单击鼠标右键，选择“新建提示”，如图 5-34 所示。在打开的“编辑提示点”对话框中，如图 5-35 所示，输入名称和描述。对声音加入了提示点后，可以用 Director 来判断提示点，然后执行操作。

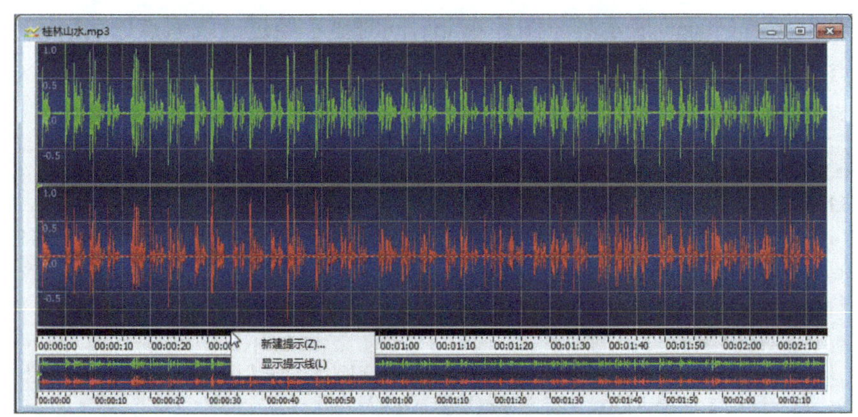

图 5-34　设置提示点

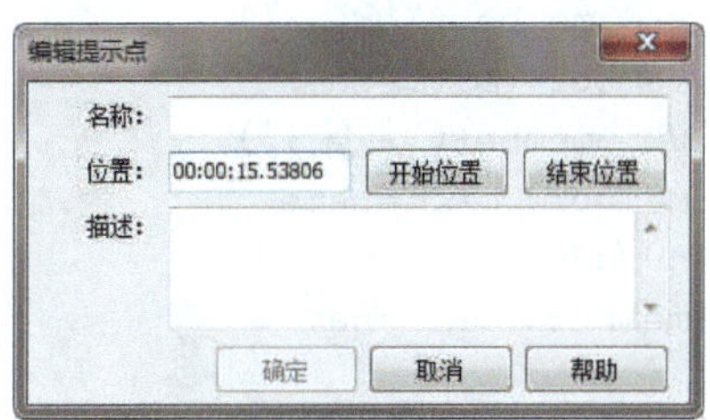

图 5-35　“编辑提示点”对话框

选择“编辑”→“提示点”→“编辑提示点”，打开“提示点”对话框，如图 5-36 所示。在“提示列表”中列出了所有的提示点，可以对提示点进行编辑。

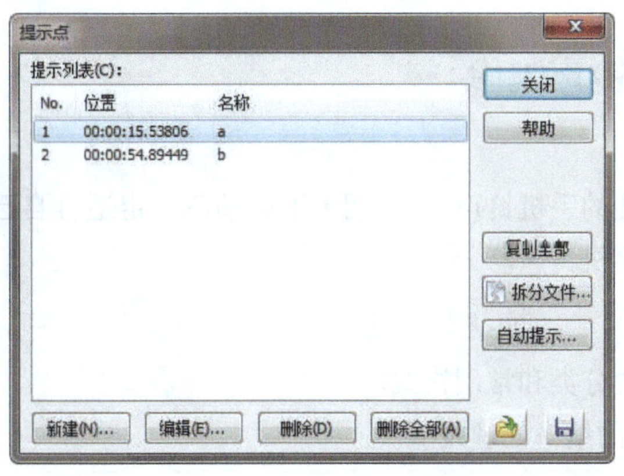

图 5-36　“提示点”对话框

由于使用 cue point（线索点）技术可以很精确地定位时间点，因此不仅可以使用此技术同步声音与动画，还可以扩展到其他的一些应用，例如，对一段演讲之处同步配上喝彩声及人群欢呼的动画，可以用 GoldWave 设置线索点，然后用 Lingo 编程方式来实现这个效果。

【音乐提示点在声音同步控制中的应用示例】

导入声音角色（wav. wav），在这段声音里预置了 4 个线索点（cue point），在播放这段声音时首先显示“1. jpg”，在播放声音经过 4 个线索点时分别实现如下动作：

线索点 1：舞台（stage）展示场景图片 2. jpg，同时显示经过的线索点的名字；

线索点 2：舞台（stage）展示场景图片 3. jpg，同时显示经过的线索点的名字；

线索点3：舞台(stage)展示场景图片4.jpg，同时显示经过的线索点的名字；

线索点4：让声音淡出。

Lingo控制程序为：

```
on exitFrame me
  go the frame
end
on cuePassed me,channel,number,name
  if (channel=#Sound1)then
    case number of
      1:—put "CuePoint" & & QUOTE & name & QUOTE & & "has been passed!"
        sprite(1). member=member("场景1")
            sprite(4). member. text=name
      2:sprite(1). member=member("场景2")
            sprite(4). member. text=name
      3:sprite(1). member=member("场景3")
            sprite(4). member. text=name
      4:sound(1). fadeOut(5000)
            sprite(4). member. text=name
    end case
  end if
end
```

◎ 独立实践任务

任务4　手机铃声制作

【任务背景】

大家都希望有个性的手机铃声，但从网上下载的不一定适合自己，通过上面的学习，自己设计有特色的个人手机铃声。

【任务要求】

1. 掌握手机铃声的分类和常用格式。
2. 掌握音量、音色的编辑处理技能。

【技术要领】声音的裁剪、音量的调整、淡入淡出的制作。

【解决问题】使用GoldWave软件，制作铃声。

【素材来源】\模块05\情境03\任务4\素材\quitter.mp3、You Belong With Me.mp3等，也可自备素材。

任务5　剪辑与混音

【任务背景】

通常获得的音频素材不一定完美，需要进行一些处理，现有两段不完整的音频素材

（“背景音乐.wav”和“荷塘月色.wav”），将其进行处理，并将两段音频合成为配乐诗。

【任务要求】

1. 找到背景音乐中的一处声音不连续的部分并将该处删除掉。
2. 把两段音频素材进行混音合成，制作成一个“配乐诗朗诵”，文件长度为 36 s。
3. 开始 3 s 使用声音淡入效果，最后 3 s 使用声音淡出效果。
4. 保存文件，并将文件命名为“混音效果”（mp3 格式，22 050 Hz，160 kbps，单声道）。

【技术要领】声音的裁剪、音量的调整、淡入淡出的制作。

【解决问题】混音的合成。

【素材来源】\模块05\情境03\任务5\素材\背景音乐.wav、荷塘月色.wav。

【完成效果】\模块05\情境03\任务5\完成效果\混音效果.mp3。

职业技能知识点考核

1. 单选题

（1）在敲大钟时，停止敲钟后，大钟会余音未止，其主要原因是____。

A. 听到的是钟声的回声　　B. 大钟还在振动

C. 大钟停止振动　　D. 人的听觉发生延长

（2）在数字音频信息获取过程中，哪种顺序是正确的____。

A. 采样，量化，压缩，存储　　B. 采样，压缩，量化，存储

C. 采样，量化，存储，压缩　　D. 量化，采样，压缩，存储

（3）下列采集的波形声音质量最好的是____。

A. 单声道、8 位量化、22.05 kHz 采样频率

B. 双声道、8 位量化、44.1 kHz 采样频率

C. 单声道、16 位量化、22.05 kHz 采样频率

D. 双声道、16 位量化、44.1 kHz 采样频率

（4）声音信号的数字化主要包括____。

A. 采样与量化　　B. 数据编码

C. 语音合成、音乐合成　　D. 量化与编码

（5）录制一段时长为 10 s、采样频率为 24 kHz、量化位数为 16 位、双声道立体声的 wav 格式音频，需要的磁盘存储空间大约是____。

A. 47 KB　　B. 94 KB　　C. 470 KB　　D. 938 KB

（6）2 min 双声道，16 位采样位数，22.05 kHz 采样频率声音的不压缩的数据量是____。

A. 5.05 MB　　B. 10.58 MB　　C. 10.35 MB　　D. 10.09 MB

(7)下列声音文件格式中,____是波形文件格式。

(1)wav (2)cmf (3)voc (4)mid

A.(1)(2) B.(1)(3) C.(1)(4) D.(2)(3)

(8)使用 GoldWave 软件录音,首先需要安装好____。

A.扫描仪 B.麦克风或其他设备

C.打印机 D.刻录机

(9)使用 GoldWave 软件转换声音格式的方法是,将要转换的声音文件调入编辑区,使用“文件”菜单中的“另存为”命令,在“另存为”对话框中选择要保存的____,保存即可。

A.MP4 格式 B.文件格式 C.视频格式 D.avi 格式

(10)Fade in的含义是____。

A.淡入 B.淡出 C.切入 D.切出

(11)GoldWave软件可以给声音文件添加丰富的____。

A.动画效果 B.视频效果 C.声音效果 D.波形效果

(12)在 GoldWave 软件中,添加声音效果的步骤为:选中要添加效果的波形片段,单击所需的____,在弹出的对话框中设置参数,单击确定按钮。

A.复制工具 B.效果工具 C.编辑工具 D.格式工具

2.多选题

(1)影响数字声音波形质量的主要因素有____。

A.采样频率 B.采样精度 C.通道数 D.采样周期

(2)在多媒体计算机音频处理系统中,一般有____位。

A.8 B.16 C.24 D.256

(3)以下说法正确的是____。

A.模拟声音在时间上是连续的,以数字表示的声音是一个数据序列,在时间上是连续的

B.模拟声音在时间上是连续的,以数字表示的声音是一个数据序列,在时间上是离散的

C.用声波来表示声音时,波峰越高,声音越高

D.用声波来表示声音时,波峰间的距离越大,则音调就越低

(4)录音时噪声的来源可能是____。

A.声卡的杂音 B.硬盘的转动声

C.周围环境的声音 D.计算机风扇声

3.判断题

(1)在音频数字处理技术中,要考虑采样、量化的编码问题。 ( )

(2)对音频数字化来说,在相同条件下,立体声比单声道占的空间大,分辨率越高则占用的空间越小,采样频率越高则占用的空间越大。 ( )

(3)声音质量与它的频率范围无关。 ( )

4. 简答题

(1)音频录制中产生声音失真的原因及解决方法?

(2)对于2 min双声道、16位采样位数、声音的不压缩数据量为10.09 MB,相应的采样频率是多少?(需要写出计算公式、步骤)

(3)声音文件的大小由哪些因素决定?

(4)录制好的一段声音,播放时发现录制的音量很低,应该如何调整?

(5)如何实现模拟声音的数字化?

模块 06

数字视频与编辑

视频信号可分为模拟视频信号和数字视频信号两大类。

模拟视频是指每一帧图像是实时获取的自然景物的真实图像信号。日常生活中的电视、电影都属于模拟视频的范畴。模拟视频信号具有成本低和还原性好等优点,视频画面往往会给人一种身临其境的感觉。但它的最大缺点是不论被记录的图像信号有多好,经过长时间的存放之后,信号和画面的质量将大大降低;或者经过多次复制之后,画面的失真就会很明显。

数字视频信号是基于数字技术以及其他更为拓展的图像显示标准的视频信息,数字视频与模拟视频相比有以下特点:

数字视频可以不失真地进行无数次复制,数字视频便于长时间的存放,可以对数字视频进行非线性编辑,并可增加特技效果等,数字视频数据量大,在存储与传输的过程中必须进行压缩编码。

本模块以 Adobe Premiere Pro CS 为操作平台软件,Premiere Pro 是 Adobe 公司推出的一款非常优秀的视频编辑软件,它以其编辑方式简便实用、对素材格式支持广泛等优势,得到众多视频编辑工作者和爱好者的青睐。

模块教学安排上让读者循序渐进地学习影视剪辑入门、视频特效处理、静态字幕与动态字幕的制作、音频特效的编辑处理、影视特技效果的制作,另外辅以知识拓展、独立实践任务扩展和加强学生实际动手能力。

广告制作、影视动画、媒体传播、会展设计、数字出版、计算机编辑、印刷图文等相关专业可以根据专业的特点,对本模块的内容进行选择性的教学。

情境01　素材文件的加工

本情境主要利用 Adobe Premiere Pro CS 提供的项目、节目、时间线等基本界面完成基本的任务创建、素材导入及影片剪切合并。影片剪辑功能是影片所有操作的基础。

在视频素材处理的前期，首要的任务就是将收集起来的素材引入达到项目窗以便统一管理。时间线窗口，则可将项目窗口中的相应素材拖到相应的轨道上。将引入的素材相互衔接地放在同一轨道上，将达到素材拼接在一起的播放效果。或者可使用剃刀图标工具对某一素材进行剪切。在时间线窗口中可以实现剪切、复制、删除、合并等剪辑基本功能。

剪辑工作的内容包括3个方面：镜头的连接，把大多数能用的素材保留，供导演选择，只要能完成剧本即可粗剪；结构的安排和长度的调整，压缩长度；声音关系的处理。

剪辑工作的基本要求：逻辑性（内在）的清晰、运动性的流畅，让剪接点消失。

【能力目标】

1. 能够创建及设置项目。
2. 掌握时间线窗口使用。
3. 掌握基本剪辑工具使用。
4. 能够完成视频导出。

【知识目标】

1. 掌握视频编辑基本思路。
2. 掌握时间线概念。
3. 掌握剪辑概念。

【学时分配】

2 课时（授课 1 课时，实践 1 课时）。

◎ 模拟制作任务

任务1　剪辑合成视频短片

【任务背景】

视频编辑基础是影片的导入、剪辑、合成及输出，本任务通过具体工作让学习者掌握这一基本流程。现有一段视频素材——“科技生活”，时长1分41秒。现需要合成一段20 s广告片头，以展示科技改变生活，如图6-1所示。

图6-1　完成效果

【任务要求】

视频剪辑是视频编辑中基础且重要的一部分，本任务就是需要在较长的视频素材中节选两段，合成符合时间要求的视频。

【任务分析】

Adobe Premiere Pro CS是目前流行的视频编辑软件，本任务可用其“时间线窗口”及“工具”完成视频合并，完成视频可从素材视频前后各取10 s合成并以avi格式输出。

【重点、难点】

1. 时间线窗口的使用。

2. 剪辑工具的使用。

技术要领	导入素材，在时间线窗口剪切。
解决问题	创建视频编辑项目，将视频素材导入项目窗口，将视频素材从项目窗口拖入时间线窗口，使用剃刀工具进行剪切，删除波纹合并视频并导出。
素材来源	\模块06\情境01\任务1\素材\科技生活.mpg。
完成效果	\模块06\情境01\任务1\完成效果\科技生活宣传片.avi。

操作步骤

步骤一：创建文档

1. 启动Adobe Premiere Pro CS，单击“新建项目”选项卡创建工程文档，并在“常规”选项中为“proj01”。

2. 在“新建序列”选项卡中选择“有效预置”选项，选择制作视频标准为“DVCPRO50/576i/DVCPRO50 PAL标准”，得到如图6-2所示的效果。

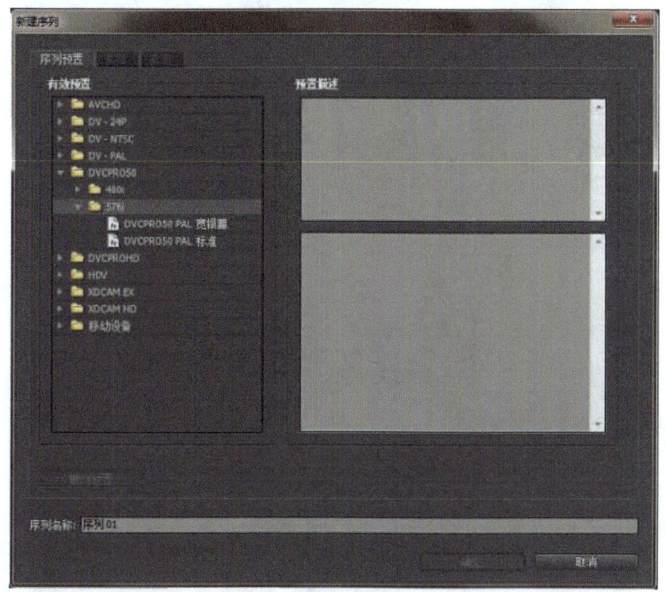

图6-2　项目有效预设

步骤二：素材导入

1. 在“文件”控制模板单击“导入”按钮，选择路径将素材“科技生活.mpg”导入。在控制界面“项目”栏中可见导入的视频素材，效果如图6-3所示。

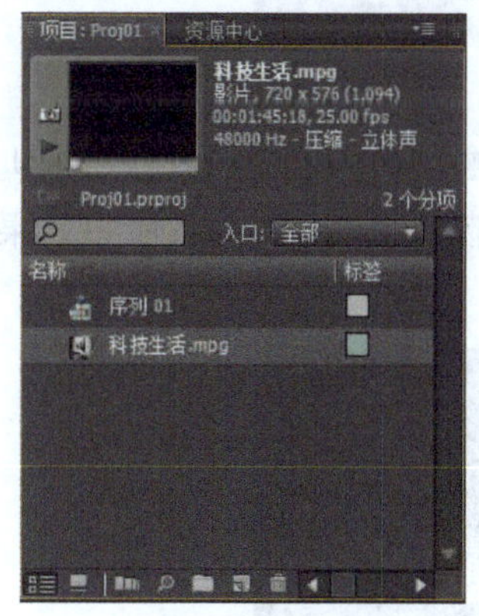

图6-3　素材导入

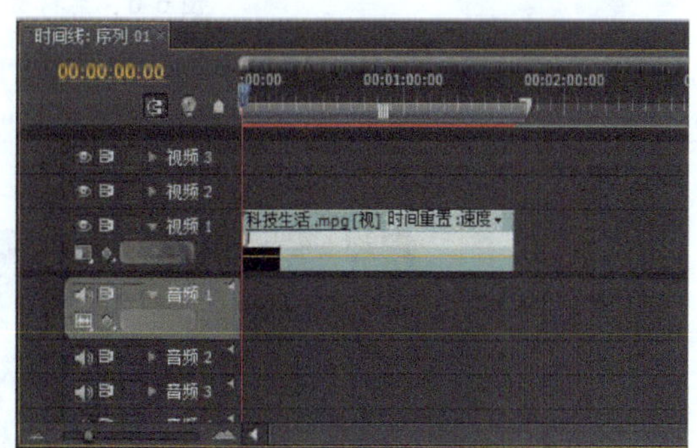

图6-4　“时间线”窗口

2. 用鼠标选中“项目”窗口中的素材“科技生活.mpg”，将其拖入“时间线”窗口中的“视频1”，得到效果如图6-4所示。

步骤三：素材的剪切合成

1. 单击“节目”的时间选项，将输入时间00:00:10:00，时间轴将自动移到第10 s，如图6-5所示。然后使用“工具”栏中“剃刀工具”，将此时间点视频剪切开。用同样的方法将文件最后 10 s 视频与整个视频剪切开,得到效果如图 6-6 所示。

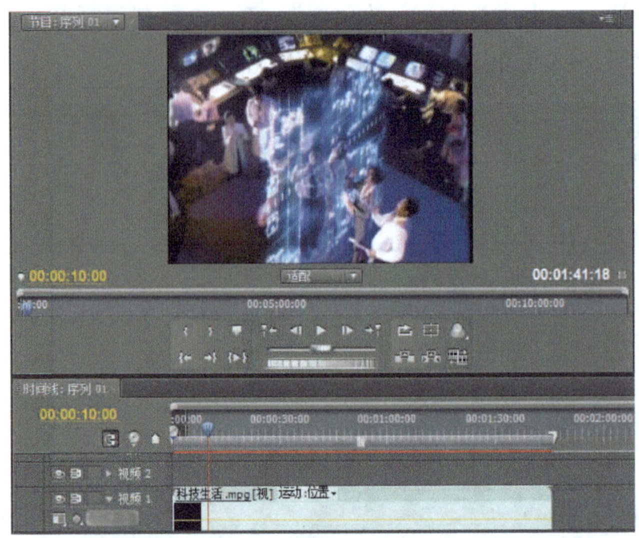

图 6-5　素材时间定位

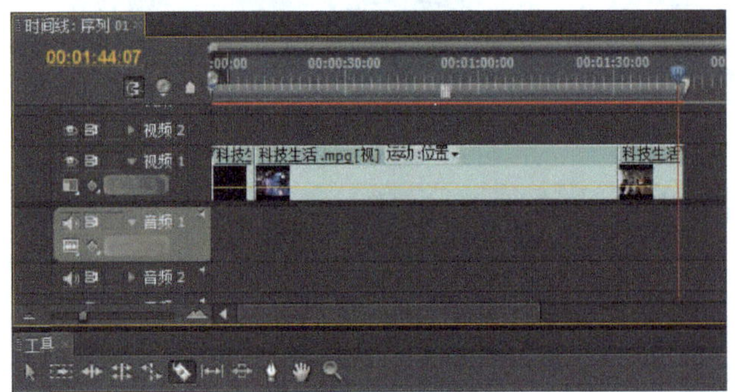

图 6-6　素材剪切

2. 在"时间线"控制模板中选择中间视频,单击鼠标右键选择"清除"。清除视频 1 轨道中剃刀工具裁剪后的波纹,再次单击鼠标右键选择"波纹清除",将视频合成,所得效果如图 6-7 所示。

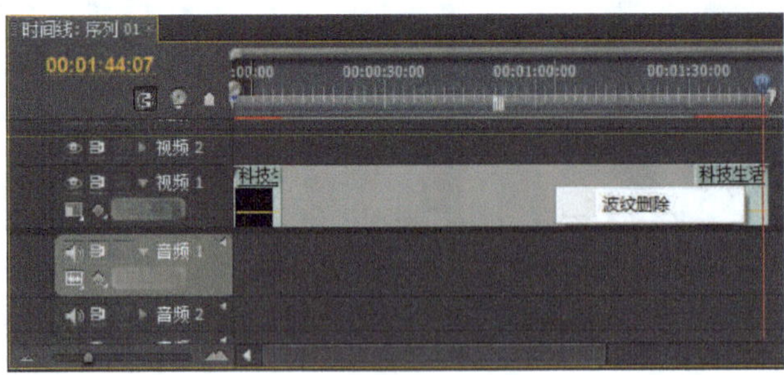

图 6-7　波纹删除视频合并

3. 在"文件"选项中选择"导出"→"媒体",随后弹出"导出设置"框,选择导出文件路径,将文件输出名改为"科技生活宣传片. avi",如图 6-8 所示。

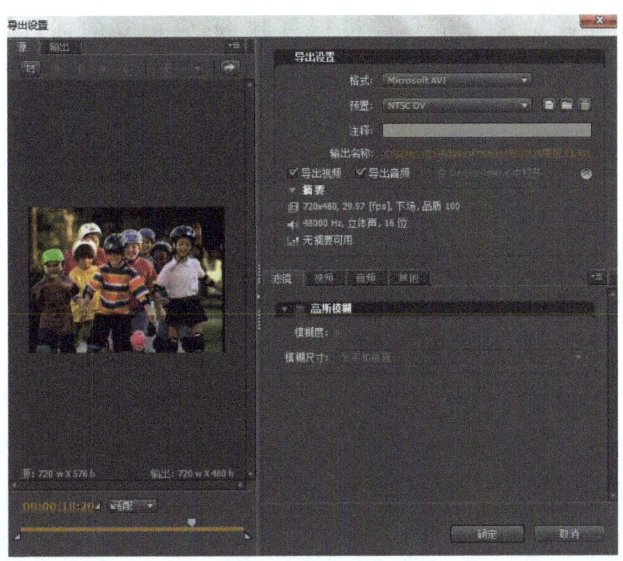

图 6-8 视频导出

◎ 知识点拓展

01. 电视制式概念

电视的制式也称为电视信号的标准。目前各国的电视制式不尽相同，制式的区分主要在于其帧频（场频）的不同、分解率的不同、信号带宽以及载频的不同、色彩空间的转换关系不同等。世界上主要使用的电视广播制式有 PAL、NTSC、SECAM 3 种，中国大部分地区使用 PAL 制式，日本、韩国及东南亚地区与美国等欧美国家使用 NTSC 制式，俄罗斯则使用 SECAM 制式。在中国国内市场上买到的正版的 DV 产品都为 PAL 制式。

02. 非线性编辑概念

传统线性视频编辑是按照信息记录顺序，从磁带中重放视频数据来进行编辑，需要较多的外部设备，如放像机、录像机、特技发生器、字幕机，工作流程十分复杂。随着 DV 的流行、普及，非线性编辑一词越来越被大家熟悉，那么什么是非线性编辑呢？有人说这一概念是从电影剪辑中借用而来，事实确实如此，但今天的非线性编辑被赋予了很多新的含义。从狭义上讲，非线性编辑是指剪切、复制和粘贴素材无须在存储介质上重新安排它们。而传统的录像带编辑、素材存放都是有次序的。你必须反复搜索，并在另一个录像带中重新安排它们，因此称为线性编辑。从广义上讲，非线性编辑是指在用计算机编辑视频的同时，还能实现诸多的处理效果，例如特技等。

03. 时间线剪辑概念

时间线是 Adobe Premiere Pro CS 编辑视频的操作台，它以时间顺序及轨道的模式完成视频素材的导入、剪辑及合并，它将项目窗口中的相应素材拖到相应的轨道上。将引入的素材相互衔接地放在同一轨道上，达到了素材拼接在一起的播放效果。若需对素材进行剪切，可使用剃刀图标工具在需要割断的位置单击鼠标，则素材被割断。然后选取不同的部分予以删除即可。同样对素材也允许进行复制，形成重复的播放效果。另外，Adobe Premiere Pro CS 提供了多达 75 种之多的特殊过渡效果，通过过渡窗口可看见这些丰富多彩的过渡样式。

◎ 独立实践任务

任务 2　使用时间线窗口完成视频剪辑

【任务背景】

为商业广告做“科技改变生活”的宣传片。此任务依据视频编辑软件的基本操作制订，综合了视频项目的建立、导入、剪辑及输出等基本步骤，让使用者能够熟悉视频编辑的过程，了解编辑软件基本界面。

【任务要求】

剪辑 10 s 商业广告，要求流畅自然，体现科技感。

【技术要领】完成项目创建，导入素材，在时间线窗口剪切。

【解决问题】创建视频编辑项目，将视频素材导入项目窗口，将视频素材从项目窗口拖入时间线窗口，使用剃刀工具进行剪切，删除波纹合并视频并导出。

【素材来源】\模块 06\情境 01\任务 2\素材\科技时代. mpg。

情境 02　字幕与转场的设置

本情境主要是利用 Adobe Premiere Pro CS 提供的字幕制作、视频效果工具完成影片的字幕制作及视频转场效果。字幕和转场加工都是影片的必要条件，是一般视频作品不可缺少的部分。

字幕是影视剧本制作中一种重要的视觉元素。从大的方面来讲，字幕包括了文字、图形两个部分。漂亮的字幕设计制作，将会给影视作品增色不少。鉴于字幕使用的广泛性，Adobe Premiere Pro CS 中专门提供了一个字幕窗口。字幕窗口可以用来制作文字和图形。

另外，在素材编辑中，转场主要起着美化作用，它使得素材连接更加和谐，过渡更加自然，画面更加优美。如果说编辑是主体的话，那么转场就是一个很好的装饰，缺少的话会显得缺少生机与活力。几乎所有的影视节目都使用了转场。

【能力目标】

1. 能够创建和制作字幕。
2. 能够设计字幕特效。

3. 能够设计转场特效。

4. 能够熟练地使用关键帧。

【知识目标】

1. 掌握字幕设计思路。

2. 掌握转场设计流程。

3. 掌握关键帧概念。

【学时分配】

4 课时(授课 2 课时,实践 2 课时)。

◎ 模拟制作任务

任务1　设计制作视频字幕

【任务背景】

字幕是视频的必要补充,一个优秀的视频必然要配以字幕辅助。现有一些极地动物视频材料,需要做一段公益广告片头,展现极地高寒地区及极地海洋中充满活力的动物世界,如图 6-9 所示。

图 6-9　完成效果

【任务要求】

字幕是影片的重要组成部分,设计的字幕必须与视频有机地结合在一起。视频总长度不超过 10 s。

【任务分析】

字幕选择大小适中,色调要符合极地特点,整个字幕的出现和消失与视频浑然一体,利用关键帧设计好字幕的淡入淡出特效。

【重点、难点】

1. 字幕设计。

2. 关键帧的设置。

【技术要领】创建字幕,设计字幕。

【解决问题】在字幕栏中创建字幕,在字幕编辑器中设计字体、字号、颜色以及位置等,通过设置关键帧设置字幕淡入淡出特效。

【素材来源】\模块06\情境02\任务1\素材\海豹. avi、虎鲸. avi、鲸鱼. avi。

【完成效果】\模块06\情境02\任务1\完成效果\极地生物字幕. avi。

操作步骤

步骤一:创建文档

1. 启动 Adobe Premiere Pro CS,单击"新建项目"选项卡创建工程文档,并在"常规"选项中为新建项目命名为"proj 02"。在"新建序列"选项卡中选择"有效预置"选项,选择预设置标准为"DVCPRO50/576i/DVCPRO50 PAL 标准"。

2. 在"文件"控制模板单击"导入"按钮,选择路径将素材"海豹. avi""虎鲸. avi""鲸鱼. avi"一齐导入。在控制界面"项目"栏中可见导入的视频素材,如图 6-10 所示。

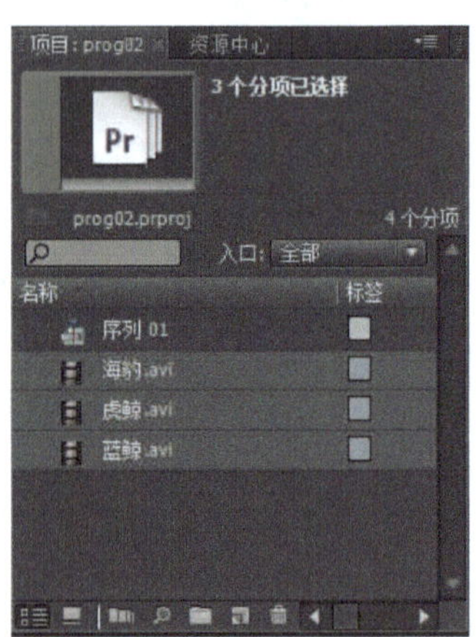

图 6-10 素材导入

步骤二:素材剪接

1. 用鼠标选中"项目"窗口中的素材"海豹. avi""虎鲸. avi""鲸鱼. avi",分别将其拖入"时间线"窗口中的"视频 1""视频 2""视频 3",得到效果如图 6-11 所示。

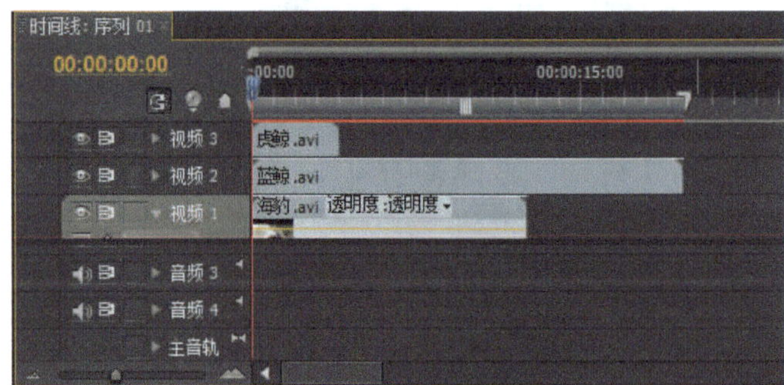

图 6-11 素材导入时间线

2. 单击"节目"的时间选项,将输入时间 00:00:03:20,然后使用"工具"栏中"剃刀工具",分别在此时间点,将 3 段视频剪切开,并将每段视频素材后面多余的部分删除,得到效果如图 6-12 所示。

图 6-12 视频剪切

3. 将"时间线"中"视频 2"中素材和"视频 3"中素材分别拖到"视频 1"轨道内,并顺序放置,连接合并成一个完整的 10 s 视频,得到效果如图 6-13 所示。

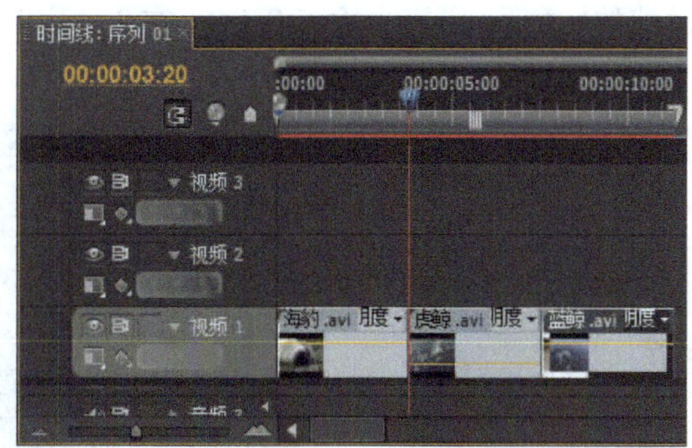

图 6-13　视频连接合并

步骤三：制作淡入淡出字幕

1. 单击软件上方“字幕”栏，选择“新建字幕”→“默认静态字幕”，创建“字幕 01”设置如图 6-14 所示。

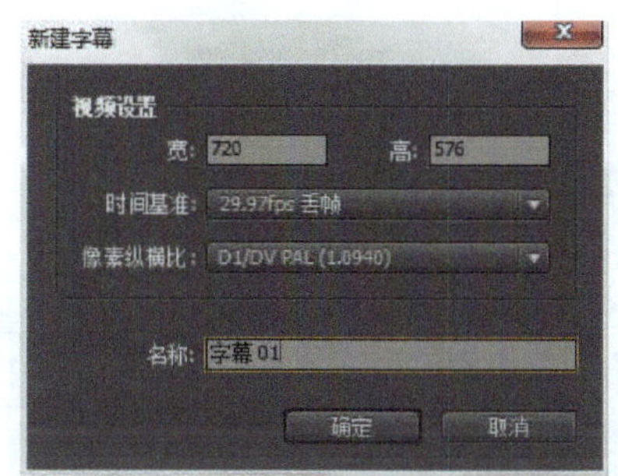

图 6-14　创建字幕

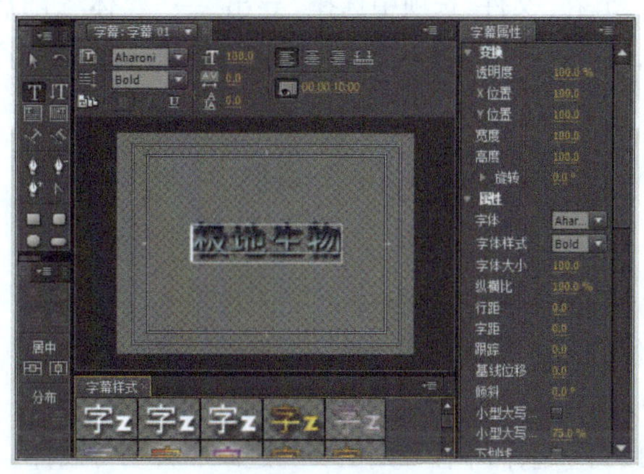

图 6-15　编辑字幕

2. 在字幕编辑器中编写字幕文字“极地生物”，选择字体、字体大小及文字位置，如图 6-15 所示。此时在“项目”窗口中会多出一个字幕文件“字幕 01”，将字幕文件拖入时间线中“视频 2”轨道，在时间线的时间栏起始位置输入 0 s，设置时间长度为 10 s，如图 6-16 所示。

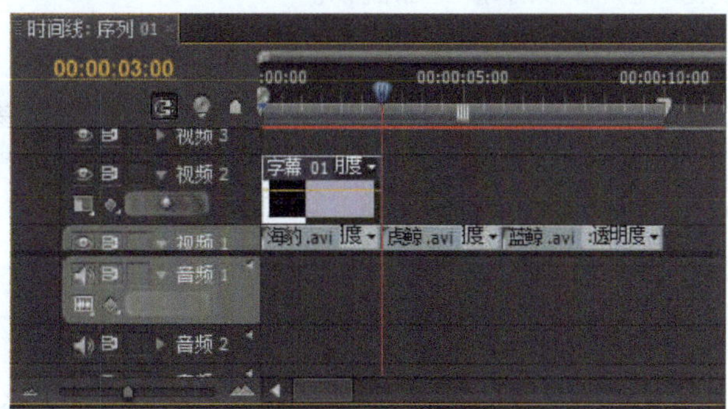

图 6-16　设置字幕

3. 选中时间线中字幕素材，单击“特效控制台”中的“透明度”，如图 6-17 所示。将时间轴输入 0 s，单击“透明度”中“添加关键帧”按钮添加关键帧；用同样方法在 2 s、8 s、10 s 处建立关键帧，所得结果如图 6-18 所示。

4. 在 0 s 及 10 s 关键帧的“透明度”值中输入 0.0%，在 2 s 及 8 s 关键帧的“透明度”值中输入 100.0%，表示字幕前 2 s 淡入，后 2 s 中淡出。

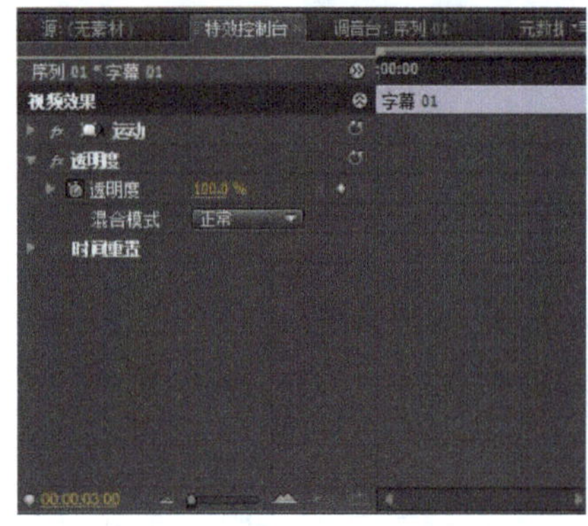

图 6-17　特效控制台

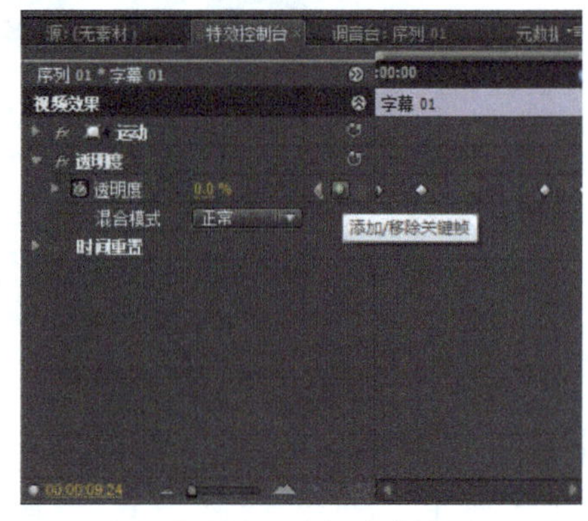

图 6-18　添加关键帧

5. 在“文件”选项中选择“导出”→“媒体”，随后弹出“导出设置”框，选择导出文件路径，将文件输出名称改为“极地生物字幕. avi”，得到视频如图 6-9 所示。

任务 2　转场特效制作

【任务背景】

转场是视频编辑中必不可少的环节，一个视频的优劣往往取决于此，学习制作转场特效是视频学习中重要部分。上一个任务仅是把 3 段视频生硬地连接到一起，而本任务则主要通过添加转场特效，使整段视频更加流畅，具体效果如图 6-19 所示。

图 6-19　完成效果

【任务要求】

转场是将不同内容视频有机地融合在一起的重要环节，可让“极地生物”短片镜头承接更加流畅。

【任务分析】

选择有效转场特技，分别放置在 3 段视频的两个连接点处，两个转场特效不能一样。

【重点、难点】

1. 转场设置。

2. 转场关键帧的设置。

【技术要领】创建转场，设计转场，设置关键帧。

【解决问题】在视频效果栏中创建转场，在特效控制台中转场所需各种参数等，通过设置关键帧设置转场特效流程。

【素材来源】\模块 06\情境 02\任务 1\素材\海豹. avi、虎鲸. avi、鲸鱼. avi。

【完成效果】\模块 06\情境 02\任务 2\完成效果\极地生物转场. avi。

操作步骤

步骤一:调出任务1存档

启动 Adobe Premiere Pro CS,单击最近使用项目“proj02”,为影片增加转场效果。

步骤二:添加转场

1. 单击操作界面左下角“效果”栏,在其中选择“视频切换”。在“3D运动”效果中选择“向上折叠”效果,如图6-20所示。

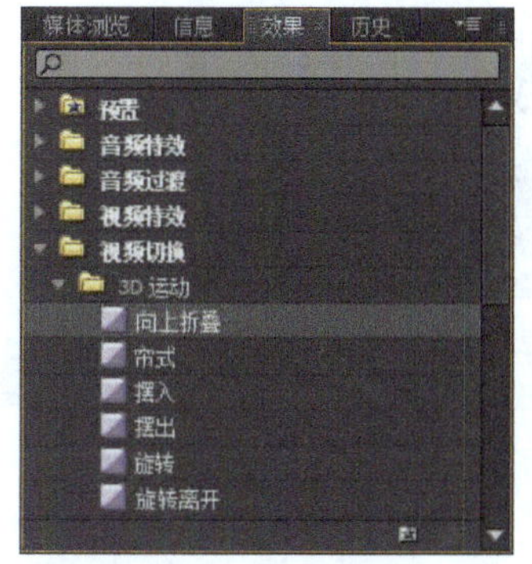

图6-20 视频转场效果

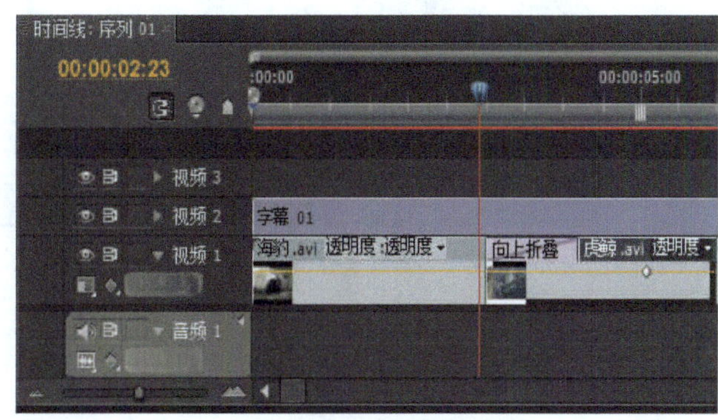

图6-21 添加转场效果

2. 将“向上折叠”效果直接用鼠标拖入“时间线”中“虎鲸.avi”素材前段,完成视频转场效果添加,得到效果如图6-21所示。首先单击视频素材上的“向上折叠”转场效果,然后选中操作界面右上方“特效控制台”设置转场效果细节,包括转场时间、折叠方式、对齐点等,最后设置如图6-22所示。

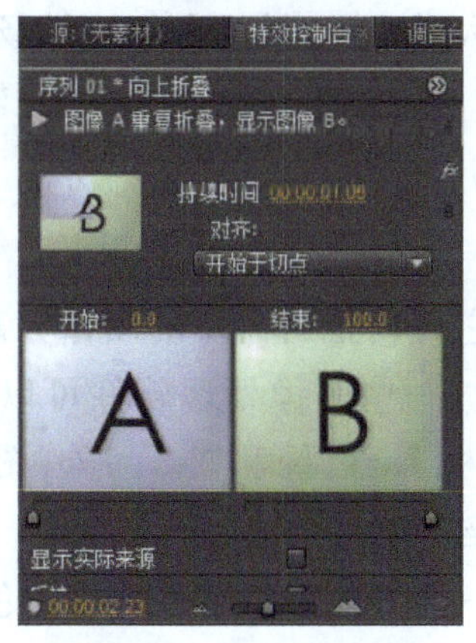

图6-22 转场参数设置

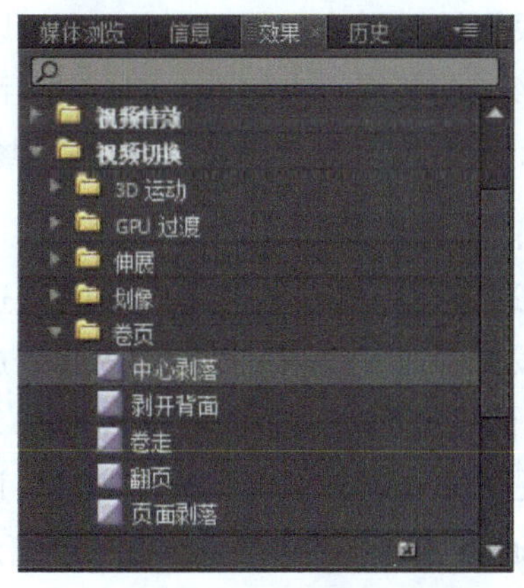

图6-23 视频转场效果

3. 单击操作界面左下角“效果”栏,在其中选择“视频切换”。在“卷页”效果中选择“中心剥落”效果,如图6-23所示。

4. 将“中心剥落”效果直接用鼠标拖入“时间线”中“蓝鲸.avi”素材前段,完成视频转场效果添加,得到效果如图6-24所示。首先单击视频素材上的“中心剥落”转场效果,然后选中操作界面右上方“特效控制台”设置转场效果细节,包括转场时间、剥落方式等,最后设置如图6-25所示。

5. 在“文件”选项中选择“导出”→“媒体”，随后弹出“导出设置”框，选择导出文件路径，将文件输出名称改为“极地生物转场. avi”，得到视频如图 6-19 所示。

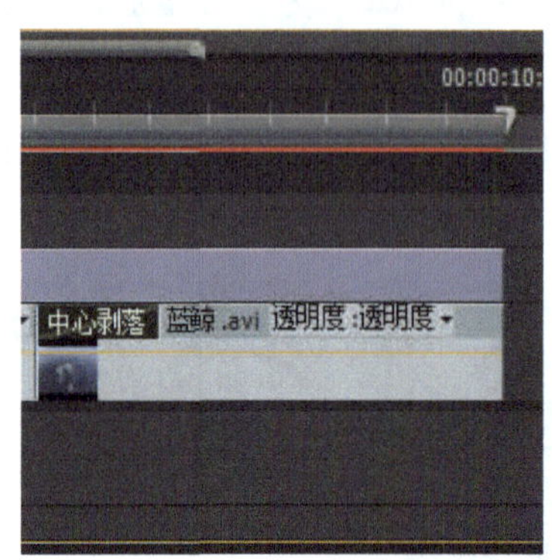

图 6-24 添加转场效果

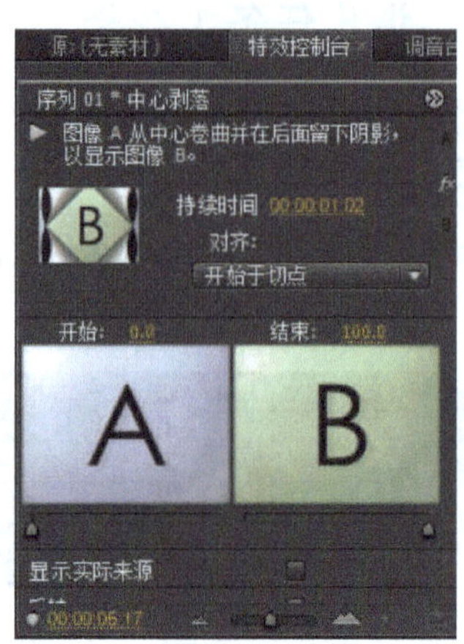

图 6-25 转场参数设置

◎ 知识点拓展

01. 转场的概念

转场其实是在一段视频结束后以某种效果转换为另一段的电影镜头。为了使电影镜头的切换衔接更加自然、有趣，用户可以使用各种转场效果制作令人赏心悦目的画面变化。在 Adobe Premiere Pro CS 中，根据功能可分为 10 大类多达 75 种的转场特效，每一种转场特效都有其独特的效果，但其使用方法基本相同。

如果根据转场影响边数，转场方式可以分为两大类：单边转场和双边转场。单边转场方式只影响相邻编辑点的前一个或者后一个片断，其空白区域会透出底层轨道画面，但底层画面只是被动透出而已，而双边转场则需要两个片断的参与。

02. Alpha通道取像

Alpha 通道是图像中不可见的灰度通道。使用它可以把所需要的图像分离出来，该特效可以按照画面的灰度等级来决定叠加的效果。一些图像处理软件可以生产带有 Alpha 通道信息的图像。颜色信息包含在 3 个通道内，即红、绿和蓝。另外，图像可包含一个不可见的第四通道，称为 Alpha 通道，该通道包含透明度信息。

Alpha通道可用来将图像及其透明度信息存储在一个文件中，而不会干扰颜色通道。

当在“After Effects 合成图像”面板或 Premiere Pro CS 监视器面板中查看 Alpha 通道时，白色表示完全不透明，黑色表示完全透明，灰色阴影表示部分透明。

Alpha 通道通常用作遮罩，但是，如果用户的通道或图层定义的所需透明区域比 Alpha 通道所定义的更好，或者如果源图像不包含 Alpha 通道，用户可以使用遮罩，而不是 Alpha 通道。遮罩是一个图层（或其任何通道），用于定义该图层或另一个图层的透明区域，白色定义不透明区域，黑色定义透明区域。

03. 字幕的概念

字幕是影视剧本制作中一种重要的视觉元素。从大的方面来讲,字幕包含了文字、图形这两个部分。漂亮的字幕设计制作,将会给影视作品增色不少。鉴于字幕使用的广泛性,Adobe Premiere Pro CS 中专门提供有一个字幕窗口。

◎ 独立实践任务

任务3　视频字幕及转场特效

【任务背景】

通过前两个任务的学习,本任务需要学习者独立完成字幕添加及转场特效制作,具体任务如下:制作一段南极海鸟公益广告宣传片。突出主题,画面流畅,反映出南极地区风光以及大自然的和谐气息。

【任务要求】

主题字幕突出醒目,有滚动效果,符合主题。选择适合的转场特效,转场效果清晰自然,能够完成过渡。

【技术要领】设计设置字幕,设计设置转场。

【解决问题】通过字幕编辑器及关键帧设计字幕特效,通过视频效果选择转场效果,通过特效控制台及关键帧设计转场流程。

【素材来源】\模块06\情境02\任务3\素材\海鸟.avi。

情境03　视频、音频特效使用

视频、音频特效在影视制作中十分重要,本情境主要通过 Adobe Premiere Pro CS 提供的视频特效及音频特效控制工具,完成影视效果设计、配乐设计及音画匹配等特效。

Adobe Premiere Pro CS 的视频特效功能并没有一些专业的视频特效软件强大,但在视频剪辑过程中,通常要考虑镜头之间的效果连贯性,会使用其自带的常用的、简单的对镜头进行处理的功能。

音频合成主要包括影音合成、音画匹配、背景配乐及声音特效。音频的合成虽然不能说是影片的主要内容,但它对整体影片内容的表达、气氛的烘托都有着不可替代的意义。

【能力目标】

1. 能够创建和制作视频特效。
2. 能够设置视频特效运动轨迹。

3. 能够创建和制作音频特效。

4. 能够设置音频特效运动轨迹。

5. 能够合成音视频特效。

【知识目标】

1. 掌握视频处理的概念。

2. 掌握音频处理的概念。

3. 掌握音画合成的概念。

【学时分配】

4 课时(授课 2 课时,实践 2 课时)。

◎ 模拟制作任务

任务 1　视频特效设计制作

【任务背景】

视频的特效是影视制作中重要的表现手段,精美的特效能有效地吸引观众,并有助于导演意图的表达。现有一些风景视频资料,利用视频特效制作一段风景片,展现磅礴大气的大峡谷、大瀑布,突出大自然给人类带来的自然奇观,如图 6-26 所示。

图 6-26　完成效果

【任务要求】

通过视频特效,表现出大自然的奇观,视频变化奇特磅礴,与画面内容融为一体。片长不超过 20 s。

【任务分析】

任务内容主要围绕大自然气势磅礴的奇观展开,通过选择不同视频特效,突出内容,让视频所要表达的内容和意境有机地融合。

【重点、难点】

1. 视频特效设置。

2. 特效运动轨迹的设置。

【技术要领】创建视频，设计视频特效，特效运动轨迹设计。
【解决问题】在视频特效栏里创建特效，在特效控制窗口设置特效运动轨迹及特效的各种效果，选择不同的特效并将其融合一体。
【素材来源】\模块06\情境03\任务1\素材\海峡.avi、瀑布.avi。
【完成效果】\模块06\情境03\任务1\完成效果\风景视觉特效.avi。

操作步骤

步骤一：创建文档

1.启动 Adobe Premiere Pro CS，单击“新建项目”选项卡创建工程文档，并在“常规”选项中为新建项目命名为“proj03”。在“新建序列”选项卡中选择“有效预置”选项，选择预设置标准为“DVCPRO50/576i/DVCPRO50 PAL 标准”。

2.在“文件”控制模板单击“导入”按钮，选择路径将素材“峡谷.avi”“瀑布.avi”一齐导入。在控制界面“项目”栏中可见导入的视频素材，效果如图6-27所示。

图6-27　素材导入

图6-28　素材剪接后

步骤二：素材剪接

1.用鼠标选中“项目”窗口中的素材“峡谷.avi”“瀑布.avi”，分别将其拖入“时间线”窗口中的“视频1”“视频2”。

2.单击“节目”的时间选项，将输入时间00:00:10:00，然后使用“工具”栏中“剃刀工具”，按“Shift+‘剃刀工具’”在此时间点将两段视频一齐剪切开，并将每段视频素材后面多余的部分删除。

3.将“时间线”中“视频2”中素材拖到“视频1”轨道内，并按顺序放置，连接合并成一个完整的20 s视频，得到效果如图6-28所示。

步骤三：视频特效制作

1.单击操作界面左下角“效果”栏，在其中选择“视频特效”。在“模糊与锐化”效果中选择“摄像机模糊”效果，如图6-29所示，并将其直接拖入“时间线”窗口中的“峡谷.avi”文件上。

2.当添加视频特效后，操作界面右上方“特效控制台”中便会出现“摄像机模糊”特效，单击进行特效设置，如图 6-30 所示。

3. 利用关键帧设置视频效果，首先在“时间线”输入 00:00:06:00，时间线走到素材第 6 s。单击“特效控制台”中“模糊百分比”中“添加关键帧”，并把值设为 0，所得结果如图 6-31 所示。

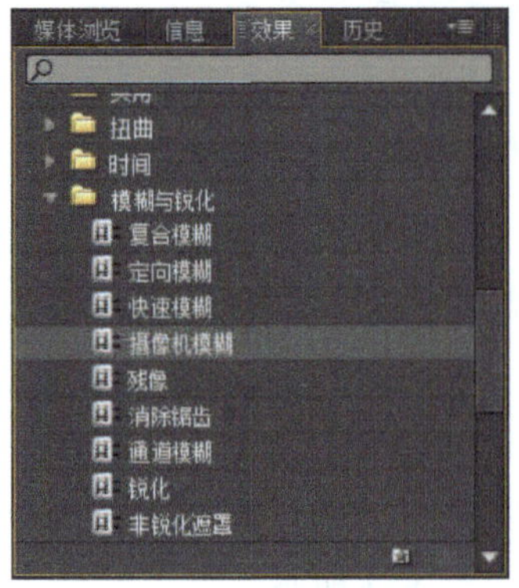

图 6-29 视频特效选择

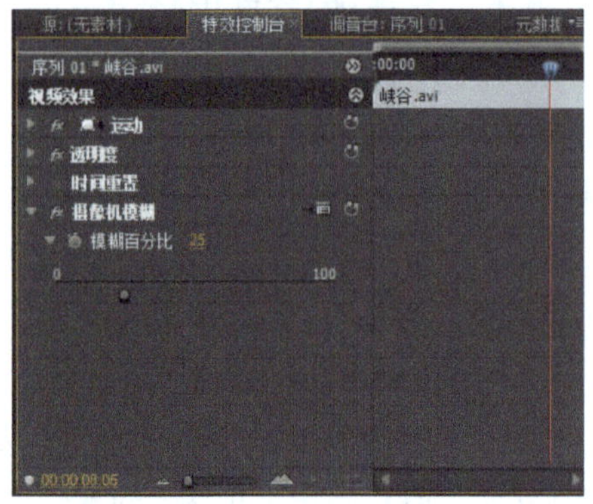

图 6-30 特效设置

4. 然后在时间线输入 00:00:10:00，时间线走到素材第 10 s。单击“特效控制台”中“模糊百分比”中“添加关键帧”，并把值设为 100，这个模糊运动过程便设置完成，如图 6-32 所示。

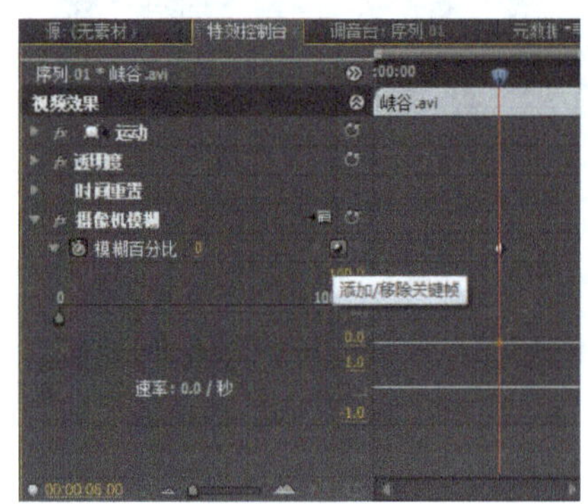

图 6-31 起始帧设置

图 6-32 结束帧设置

5. 输出视频效果如图 6-33 所示。

(a)加特效前　　(b)加特效后

图 6-33 输出视频效果

6. 单击操作界面左下角“效果”栏，在其中选择“视频特效”。在“扭曲”效果中选择“紊乱设置”效果，如图 6-34 所示，并将其直接拖入“时间线”窗口中的“瀑布. avi”文件上。

7. 当添加视频特效后，操作界面右上方“特效控制台”中便会出现“紊乱设置”特效，单击选中此特效，如图 6-35 所示。

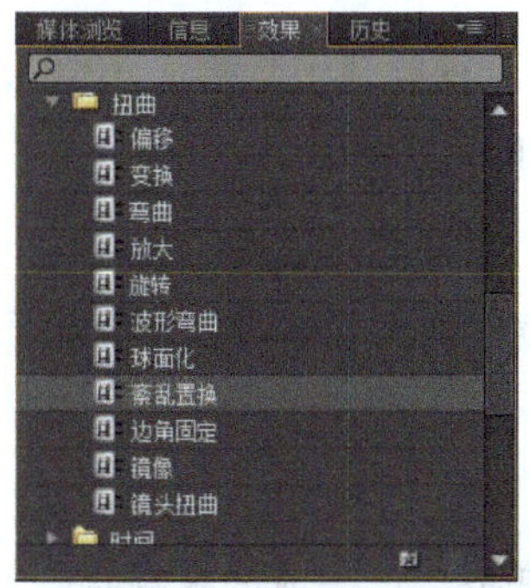

图 6-34　视频特效选择

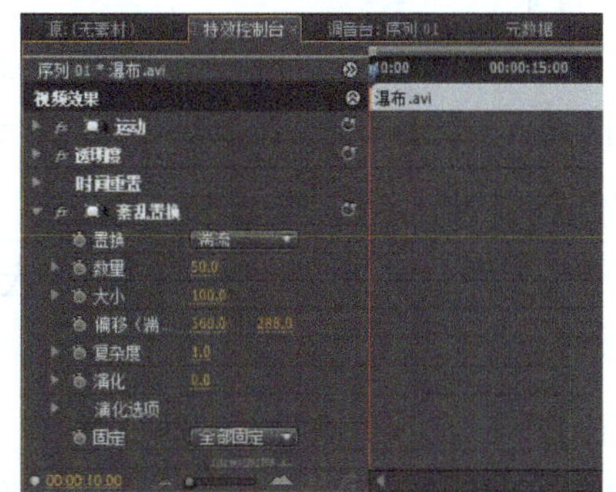

图 6-35　特效设置

8. 利用关键帧来设置视频效果，首先在“时间线”输入 00:00:10:00，时间线走到素材第 10 s。单击“特效控制台”中“紊乱设置”→“置换”，在下拉框中选择“扭转”，复杂度设为“3”，单击“数量”，设置为 100，并为其建立关键帧，所得结果如图 6-36 所示。

9. 利用关键帧来设置视频效果，首先在“时间线”输入 00:00:20:00，时间线走到素材第 20 s。单击“特效控制台”中“紊乱设置”→“数量”，设为 0，并为其建立关键帧，所得结果如图 6-37 所示。

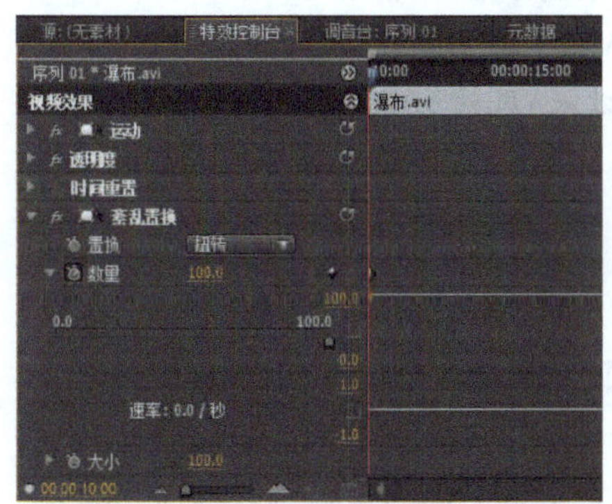

图 6-36　起始帧设置

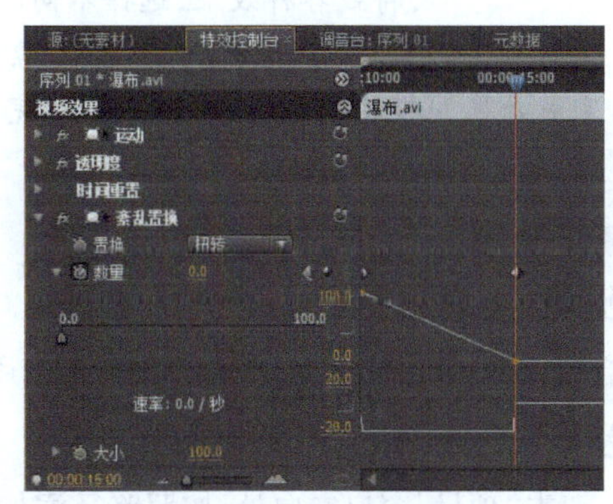

图 6-37　结束帧设置

10. 输出视频效果如图 6-38 所示。

(a)特效处理前

(b)特效处理后

图 6-38　特效视频效果

任务2　音频设计制作

【任务背景】

声音是影视作品中不可分割的一部分，因此音频制作和视频制作是融为一体的，本任务就是为视频提供音频配音，衬托主题，突出大自然给人类带来的自然奇观。

【任务要求】

为任务1风景片配乐，通过配乐表现出大自然的奇观，使得音画匹配，气势磅礴。需使用音频特效。

【任务分析】

任务内容主要围绕大自然气势磅礴的奇观展开，在任务1已完成的视频基础上通过“效果”等工具栏添加和设置音频，并通过音频特效体现效果，完成音画匹配、突出主题的要求。

【重点、难点】

1. 音频特效设置。

2. 特效运动轨迹的设置。

【技术要领】创建音频，设计音频特效，特效运动轨迹设计。

【解决问题】在音频特效栏、音频过渡栏创建特效，在特效控制窗口设置特效运动轨迹及特效各种效果，选择不同的特效需融合一体。

【素材来源】\模块06\情境03\任务2\素材\故乡的原风景. wma。

【完成效果】\模块06\情境03\任务2\完成效果\风景影音混合. avi。

操作步骤

步骤一：调出存档

启动 Adobe Premiere Pro CS，单击最近使用项目“prog03”，为风景片制作配乐。

步骤二：素材的添加和剪接

1. 双击“项目”窗口空白处，按照路径添加音乐素材“故乡的原风景. wma”，如图6-39所示。将音乐素材拖入音轨中，完成音频素材添加，得到效果如图6-40所示。

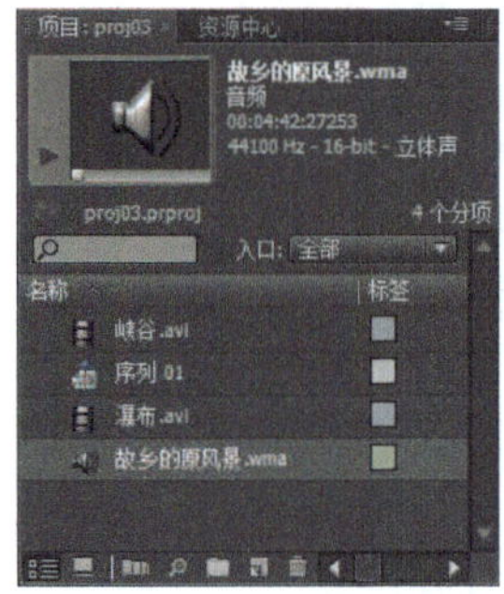

图6-39　音频素材导入

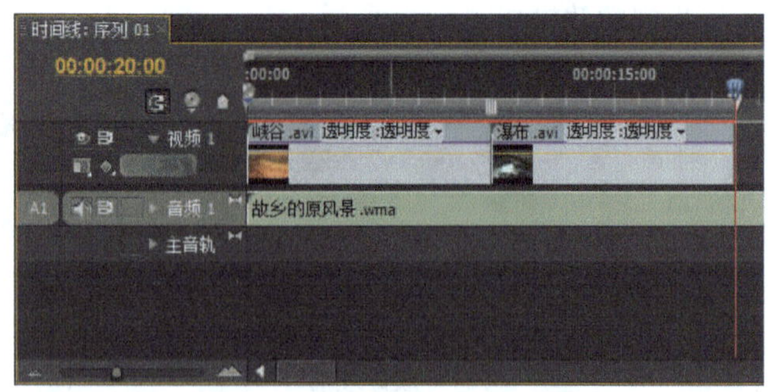

图6-40　声音素材导入音轨

2. 为了保证剪切和制作音频时不对已完成的视频造成影响，在“时间线”窗口中的视频轨道单击切换同步锁定，如图 6-41 所示。

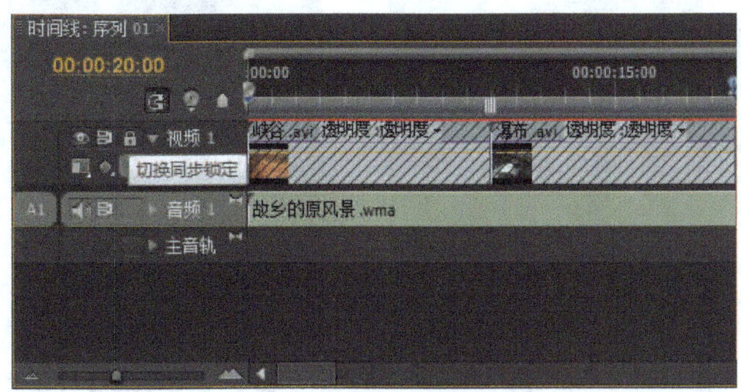

图 6-41　锁定已完成视频

3. 由于音频素材远长于已完成视频，所以必须对音频进行截取，以达到相应长度。通过聆听，音频素材中有一段笛声非常适合视频，截取作为整个视频主要配乐。首先，将时间线定位在笛声起始处，在音频的第 42 s 处，使用“剃刀工具”将其切断；因为视频长度为 20 s，因此音频部分也需要 20 s，也就是在第 62 s 处也使用“剃刀工具”将其切断，得到结果如图 6-42 所示。将其前后多余部分删除，并将剩余声音文件拖至起始点，使得音频与视频进度匹配，得到结果如图 6-43 所示。

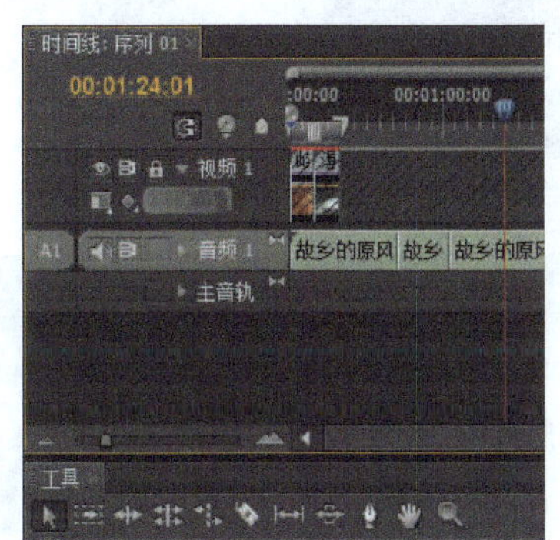

图 6-42　音频素材的选取切割

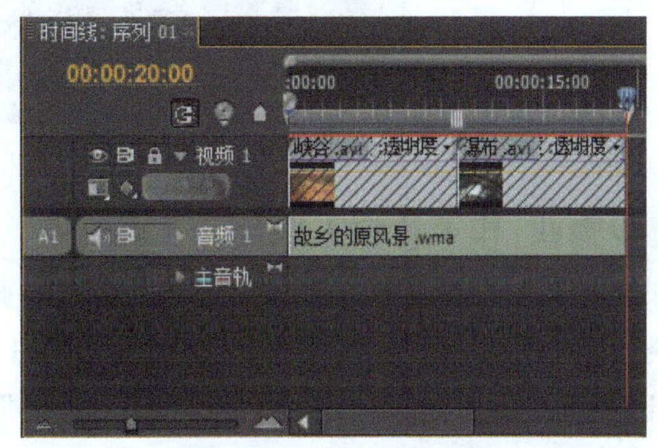

图 6-43　音频视频匹配

步骤三：回音效果制作

1. 为了让声音显得空旷，可以制作回音效果。单击操作界面左下角“效果”栏，在其中选择“音频特效”。在“立体声”效果中选择“多功能延迟”效果，如图 6-44 所示，并将其直接拖入“时间线”窗口中的“故乡的原风景. avi”文件上。

2. 选择“特效控制台”窗口，单击“延迟 1”，对音效回音的起点和终点进行设置，如图 6-45 所示。

3. 在音频第 3 s、第 10 s 及第 17 s 处各建立 3 个关键帧，如图 6-46 所示。值分别设为 0. 5、1. 0、0. 5，回声效果由弱到强再到弱。

图 6-44　音效选择

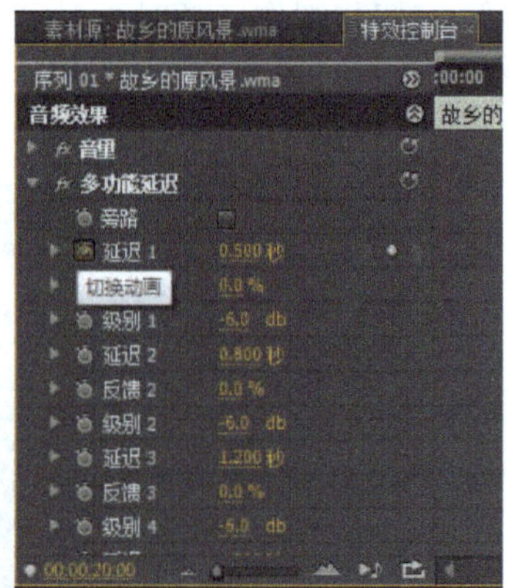

图 6-45　特效控制台设置

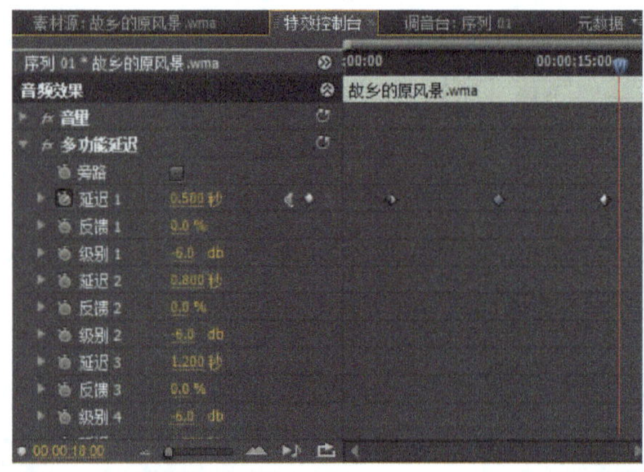

图 6-46　回音设置

步骤四：作声音淡入淡出

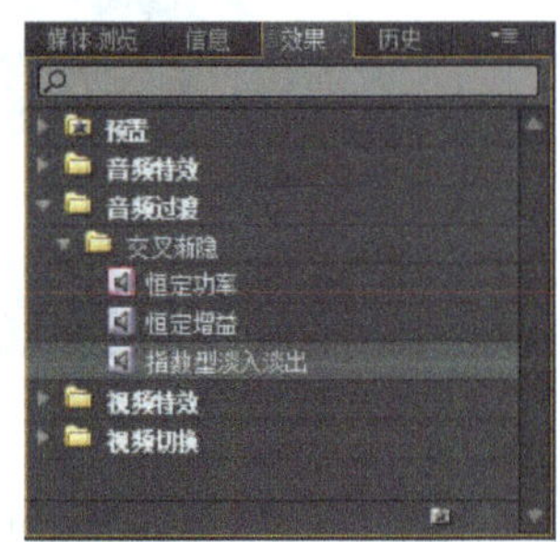

图 6-47　音效选择

1. 由于声音是截取而来，前后生硬，为解决此问题，可以用淡入淡出效果完成。首先，单击“效果”窗口中的音频过渡，选择“交叉渐隐”中的“指数型淡入淡出”，如图 6-47 所示。

2. 将音频效果分别拖入“时间线”音频素材首和尾部，得到效果如图 6-48 所示。

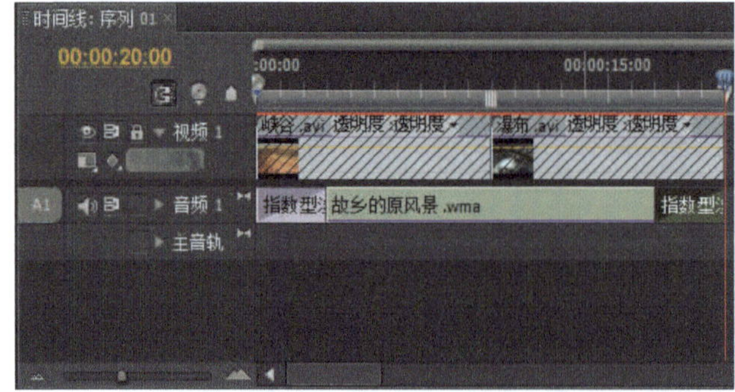

图 6-48　增加淡入淡出效果

3. 单击“特效控制台”分别将“指数型淡入淡出”持续时间设置为 3 s，完成淡入淡出设置，如图 6-49 所示。

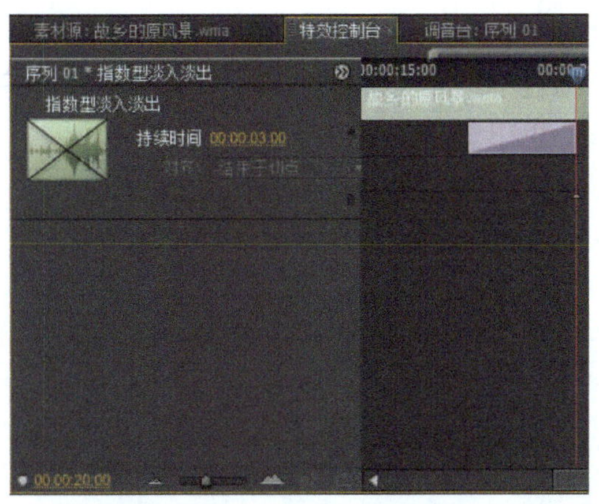

图 6-49　淡入淡出的时间设置

4. 导出效果：影片声音淡入，渐强并伴有回音，随之逐渐淡出，视频效果制作完成。

◎ 知识点拓展

01. 影音合成概念

在影音合成从技术上，针对不同的视频、音频和图形等不同元素之间进行加工和整合。从艺术上，达到完美的视觉和听觉效果，要使整个影片形成各自独特的风格。

02. 视频特效

视频特效又称为滤镜，是非线性编辑的重点内容之一。它的工作原理是使视频素材通过一系列有形（图片）或无形（算法）的系统改造，使其某些属性在时间和空间上产生变化，创造虚拟现实，达到改善视觉效果、提高艺术感染力的目的。

Adobe Premiere Pro CS 提供（内置）了 18 大类 181 个视频特效，这些特效放置在“效果”面板中的“视频特效”文件夹中。用户可以单击菜单栏“窗口”→“效果”命令，或者在“信息”窗口直接单击“效果”选项卡，打开“效果”面板。另外 Adobe Premiere Pro CS 还可以接受 After Effects 特效作为插件，扩充特效命令的数量。

03. 音效

音效就是指由声音所制造的效果，是为增进场面的真实感、气氛或戏剧讯息，而加于声带上的声音。声音包括了乐音和效果音，包括数字音效、环境音效、MP3 音效。原始音声音确定后，需要进行音频编辑，比如降噪、均衡、剪接等。

◎ 独立实践任务

任务 3　影音特效合成

【任务背景】

影音特效合成在视频编辑中属于较高阶段，其工作主要用画面特效、声音特效来衬托视频,使画面表现更丰富。本任务就是培养影音合成综合能力,具体任务要求是:制作一段大海风景片,突出大海的广阔、浩瀚。

【任务要求】

抓住视频中心思想,通过不同的视频特效、音频特效完成。注意声音及画面需要匹配,将影音融为一体,体现核心思想。

【技术要领】视频特效设计,音频特效设计,音画合成。
【解决问题】通过效果设置栏添加视频、音频特效。通过特效控制台设置视频、音频特效以及音画合成。
【素材来源】\模块06\情境03\任务3\素材\海岛.avi、海滩.avi。

情境04 动态效果的实现

在视频编辑工作中,Adobe Premiere Pro CS不仅可以方便快捷地剪辑节目,更重要的是,可以利用它给各种不同素材赋予不同的效果。运动效果、合成技术在后期编辑中经常会使用到。运动效果和画面合成技术的运用,可以提升作品的艺术性和观赏性。

给素材制作运动效果可以让画面富有动感而更具观赏性,在很多影视节目中,经常会看到一些炫目的运动效果,包括字幕和画面的飞入飞出、缩放变形以及旋转等。

这些素材运动,实际上是通过给素材指定一个回放的位置和路径产生的;而很多图形和视频素材的抠像、合成都是通过Alpha通道完成。

【能力目标】

1. 能够为素材添加运动效果。
2. 能够设置运动属性。
3. 能够使用Alpha通道。
4. 能够完成图像动态合成。
5. 能够综合使用各种动态效果。

【知识目标】

1. 掌握动态运动规律的概念。
2. 掌握图像通道的概念。
3. 掌握视频合成的概念。

【学时分配】

4课时(授课2课时,实践2课时)。

◎ 模拟制作任务

任务1 运动特效

【任务背景】

运动特效在影视片头及过程中经常使用,通过视频的运动增强视觉冲击力,提升观众对视频内容的兴趣。本任务为常见影视、新闻报道场景,常见旋转的报纸运动效果,以达到新闻表达或者特别报道的效果,如图 6-50 所示。

图 6-50 报纸旋转完成效果

【任务要求】

通过运动特效设置,表现出报纸旋转特效,视频变化自然,与画面内容融为一体,着重表示新闻的冲击性,片长 4 s。

【任务分析】

任务内容主要围绕新闻报纸特点及表达意境,通过运动特效的配合,突出内容,让视频表达出新闻的冲击力。

【重点、难点】

1. 运动特效的设置

2. 关键帧轨迹的设置。

【技术要领】创建视频,设计运动特效,特效关键帧设计。

【解决问题】在特效控制台里创建特效,在特效控制窗口设置特效运动轨迹及关键帧,选择不同的特效需融合一体。

【素材来源】\模块 06\情境 04\任务 1\素材\报纸. jpg。

【完成效果】\模块 06\情境 04\任务 1\完成效果\报纸. avi。

操作步骤

步骤一:创建文档

1. 启动 Adobe Premiere Pro CS,单击“新建项目”选项卡创建工程文档,并在“常规”选项中为新建项目命名为“proj04”。在“新建序列”选项卡中选择“有效预置”选项,选择预设置标准为“DVCPRO50/576i/DVCPRO50 PAL 标准”。

2. 在“文件”控制模板单击“导入”按钮，选择路径，将素材“报纸. jpg”导入。在控制界面“项目”栏中可见导入的视频素材，效果如图6-51所示。

图 6-51　项目创建及素材导入

步骤二：素材剪接

1. 用鼠标选中“项目”窗口中的素材“报纸. jpg”，分别将其拖入“时间线”窗口中的“视频 1”。

2. 单击“节目”的时间选项，将输入时间 00:00:04:00，然后使用“工具”栏中“剃刀工具”，按“Shift+‘剃刀工具’”在此时间点 00:00:04:00 将两段视频一齐剪切开，并将视频素材 00:00:04:00 后面多余的部分删除，如图 6-52 所示。

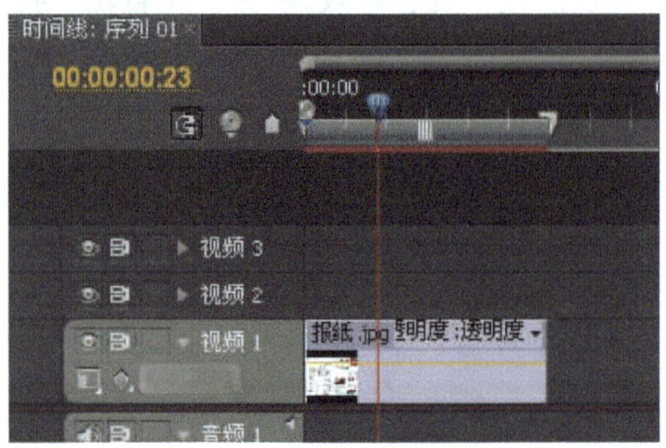

图 6-52　素材剪切

步骤三：缩放关键帧制作

1. 选中待编辑视频起始时间点 00:00:00:00，单击操作界面中上部的“特效控制台”栏，在其中选择“视频效果”。在“视频效果”中单击“运动”按钮，将菜单打开。

2. 单击“运动”菜单中的“缩放比例”，将值设置为“30”，并“添加关键帧”，如图 6-53 所示。

3. 通过“时间线”，将时间轴定位在 2 s 位置，单击“运动”菜单中的“缩放比例”，将值设置为 75，并“添加关键帧”，如图 6-54 所示，再将时间轴定位 4 秒位置，【缩放比例】设置为 10。

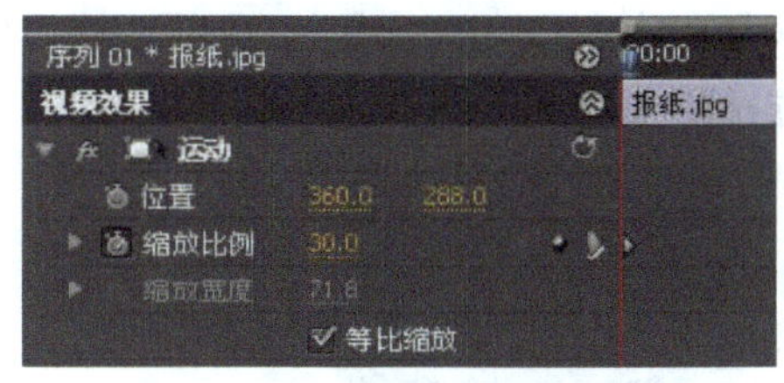

图 6-53　缩放起点关键帧

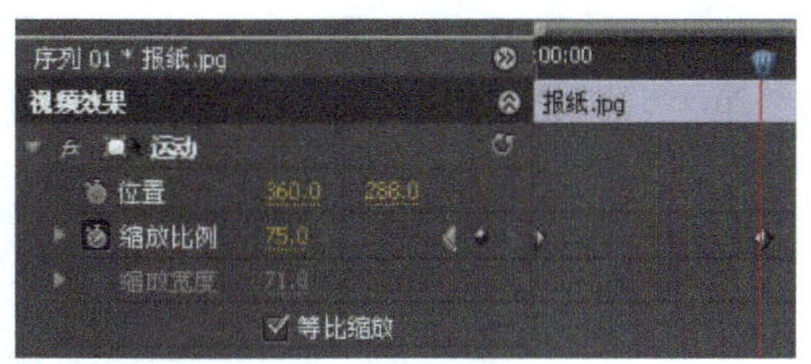

图 6-54　缩放终点关键帧

步骤四：旋转关键帧的制作

1. 选中待编辑视频起始时间点 00:00:00:00，单击操作界面中上部的“特效控制台”栏，在其中选择“视频效果”。在“视频效果”中单击“运动”按钮，将菜单打开。

2. 单击“运动”菜单中的“旋转”，将值设置为 0.0，并“添加关键帧”，如图 6-55 所示。

3. 通过“时间线”，将时间轴定位在 2 s 位置，单击“运动”菜单中的“旋转”，将值设置为 720 度即“2×0.0”（旋转两周），并“添加关键帧”，如图 6-56 所示。

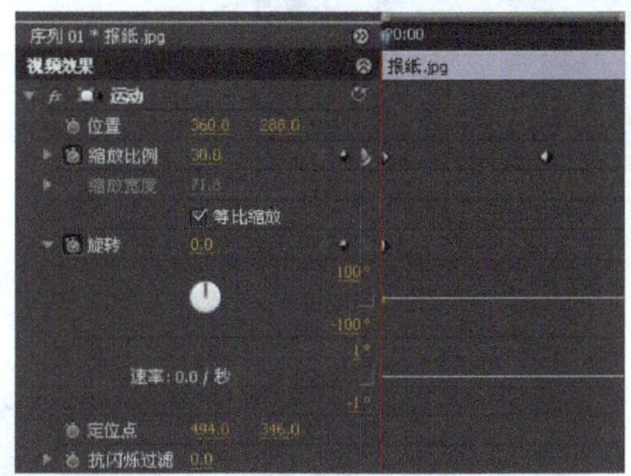

图 6-55　旋转起点关键帧

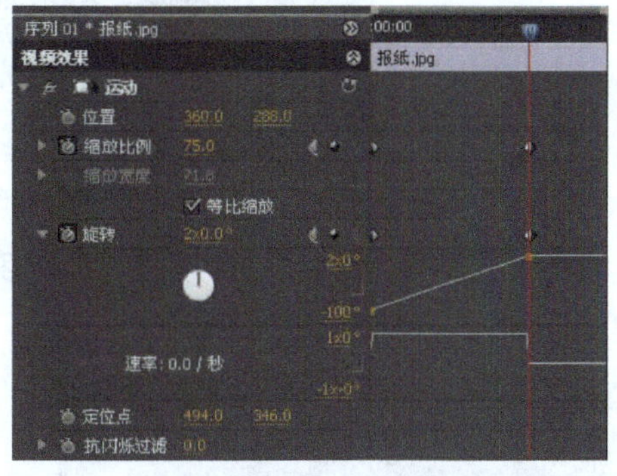

图 6-56　旋转终点关键帧

步骤五：3D 转出效果制作

1. 选中待编辑视频起始时间点为 00:00:04:00，单击操作界面左下角“效果”栏，在其中单击“预置”菜单，在“预置”菜单中找到“运动”，在“运动”菜单中选中“3D 旋转”，并将其直接拖入“时间线”窗口中的“报纸. jpg”文件上，如图 6-57 所示。

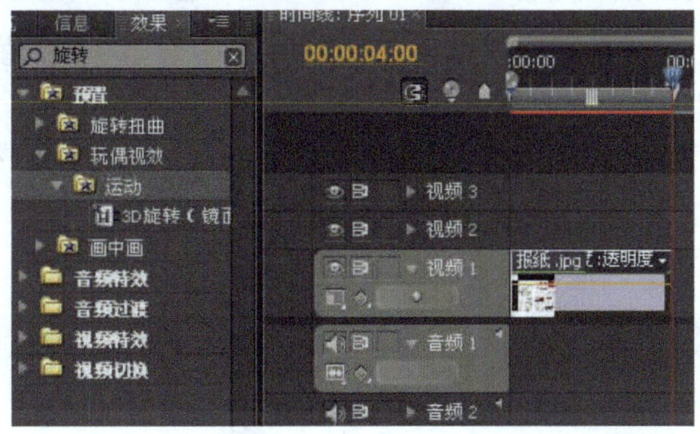

图 6-57　添加 3D 旋转

2. 选中待编辑视频，单击操作界面中上部的“特效控制台”栏，在其中选择“视频效果”。在“视频效果”中单击“基本 3D”按钮，将菜单打开。

3. 将时间轴移至 3 s 位置，单击“基本 3D”菜单中的“旋转”，将值设置为“0.0”，并“添加关键帧”，单击“倾斜”，将值设置为“0.0”，并“添加关键帧”，如图 6-58 所示。

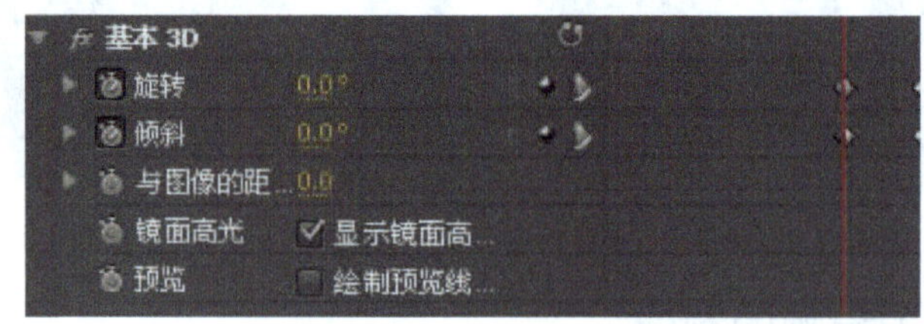

图 6-58　基本 3D 旋转起始帧设置

4. 将时间轴移至 4 s 位置，单击“基本 3D”菜单中的“旋转”，将值设置为“-90.0”，并“添加关键帧”，单击“倾斜”，将值设置为“1×0.0”（旋转一周），并“添加关键帧”，如图 6-59 所示。

图 6-59　基本 3D 旋转结束帧设置

5. 将时间轴移至 3 s 位置，单击“运动”菜单中的“缩放比例”，将值设置为 75，并“添加关键帧”，如图 6-60 所示。

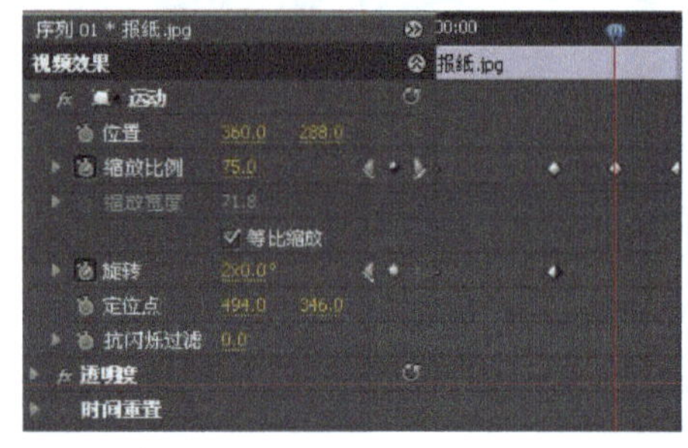

图 6-60　基本 3D 起点关键帧

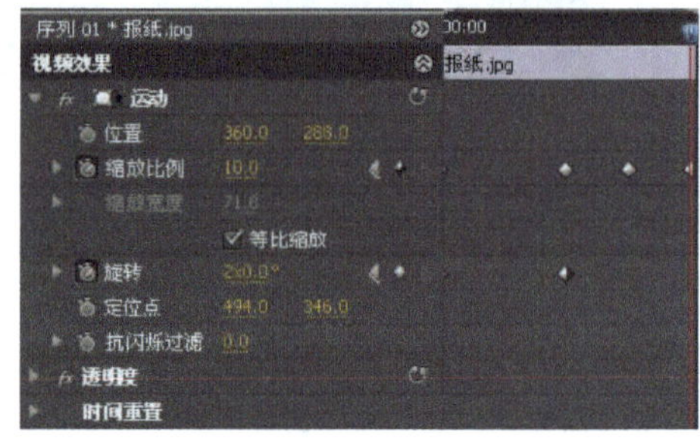

图 6-61　基本 3D 终点关键帧

6. 将时间轴移至 4 s 位置，单击“运动”菜单中的“缩放比例”，将值设置为“10”，并“添加关键帧”，如图 6-61 所示。

7. 在“文件”选项中选择“导出”→“媒体”，随后弹出“导出设置”框，选择导出文件路径，将文件输出名称改为“报纸. avi”，得到视频如图 6-50 所示。

任务 2　抠像合成

【任务背景】

抠像合成是影视作品中不可分割的部分，也是视频制作中比较复杂的部分，本任务以简单图像为切入点，利用颜色空间完成抠像合成任务，具体描述如下：以海边建筑为底板，通过抠出海水，合成沙漠、草地，展示沧桑变迁，突出大自然变换，特别注意融合度，如图

6-62 所示。

图 6-62　完成效果

【任务要求】

通过海边建筑背景变换，展示大自然变迁，需特别注意变换的融合度。

【任务分析】

任务内容主要围绕大自然变迁展开，通过背景抠像合成，展示海水、沙漠、草原之间的变迁，由于背景颜色相对单一，可采用颜色抠像的方法。

【重点、难点】

1. 颜色控键的设置。

2. 转场特效的设置。

【技术要领】添加颜色键，抠出颜色区域，设计转场效果。

【解决问题】在视频特效栏添加颜色键，并抠出所选区域并完成图像合成，选择不同的转场特效，使视频融为一体。

【素材来源】\模块 06\情境 04\任务 2\素材\海边建筑. jpg、沙漠. jpg、草地. jpg。

【完成效果】\模块 06\情境 04\任务 2\完成效果\沧海变迁. avi。

操作步骤

步骤一：创建文档

1. 启动 Adobe Premiere Pro CS，单击“新建项目”选项卡创建工程文档，并在“常规”选项中为新建项目命名为“proj05”。在“新建序列”选项卡中选择“有效预置”选项，选择预设置标准为“DV-PAL/标准 32 kHz”。

2. 在“文件”控制模板单击“导入”按钮，选择路径，将素材“海边建筑. jpg”“沙漠. jpg”“草地. jpg”等素材一并导入。在控制界面“项目”栏中可见导入的视频素材，效果如图 6-63 所示。

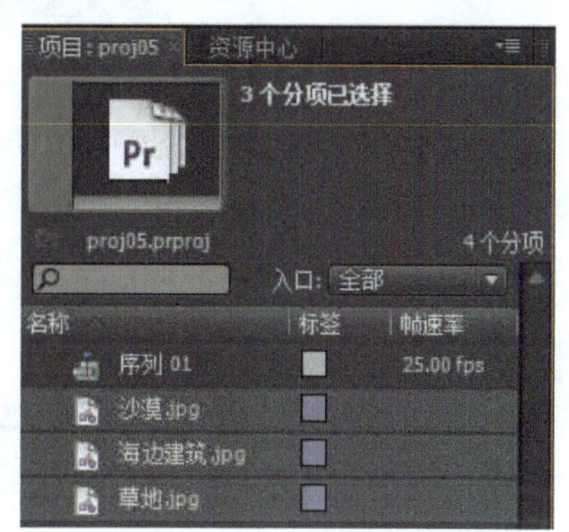

图 6-63　项目创建及素材导入

步骤二：素材剪接

1. 用鼠标选中“项目”窗口中的素材“沙漠. jpg”“草地. jpg”，将其拖入“时间线”窗口中的“视频 1”;选中素材“海边建筑. jpg”将其拖入“时间线”窗口中的“视频 2”。

2. 选择“视频 2”,拉长“海边建筑. jpg”稍大于 10 s 处,单击“节目”的时间选项,输入时间 00:00:10:00,然后使用“工具”栏中“剃刀工具”,按“Shift+‘剃刀工具’”在此时间点将两段视频一齐剪切开,并将每段视频素材后面多余的部分删除,如图 6-62 所示。

3. 选择“视频 1”,分别将“沙漠. jpg”和“草地. jpg”设置为 5 s 时长,顺序放置,如图 6-64 所示。

图 6-64 素材剪切

步骤三:通过色彩抠像合成

1. 单击操作界面左下角“效果”栏,在其中选择“视频特效”。在“键控”效果中选择“颜色键”效果,如图 6-65 所示。并将其直接拖入“时间线”窗口中“视频 2”文件上。

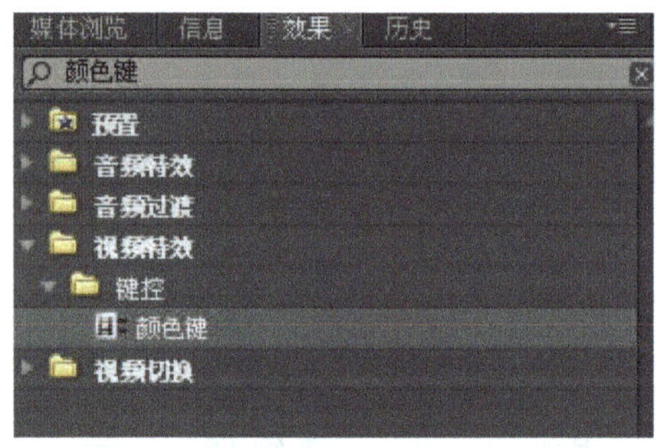

图 6-65 素材剪切

2. 选中“视频 2”视频,单击操作界面中上部的“特效控制台”栏,在其中选择“视频效果”。在“视频效果”中单击“颜色键”按钮,将菜单打开。

3. 将时间线放置到 1 s 位置,单击“颜色键”菜单中“主要颜色”,用“吸管工具”选择视频中蓝色海面背景。

4. 单击“颜色键”菜单中的“颜色宽容度”,将值设置为“0”,并“添加关键帧”;单击“薄化边缘”,将值设置为“0”,并“添加关键帧”;单击“羽化边缘”,将值设置为“0. 0”,并“添加关键帧”,如图 6-66 所示。

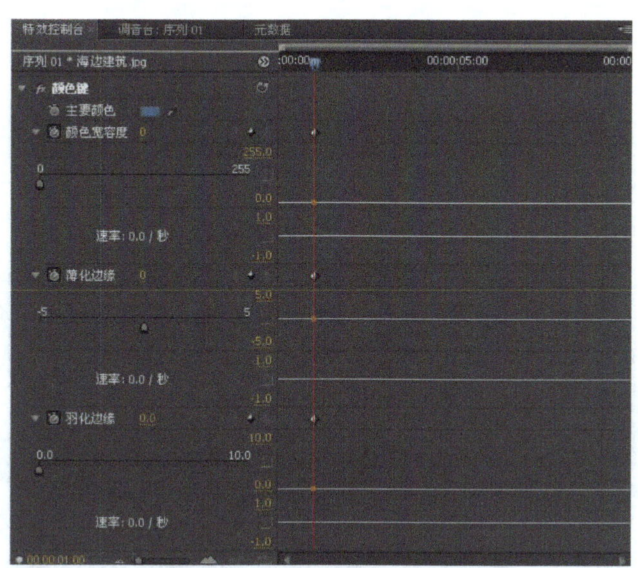

图 6-66 沙漠抠像初始关键帧

5. 将时间线放置到 4 s 位置，单击“颜色键”菜单中的“颜色宽容度”，将值设置为“31”，并“添加关键帧”；单击“薄化边缘”，将值设置为“3”，并“添加关键帧”；单击“羽化边缘”，将值设置为“1.0”，并“添加关键帧”，如图 6-67 所示。

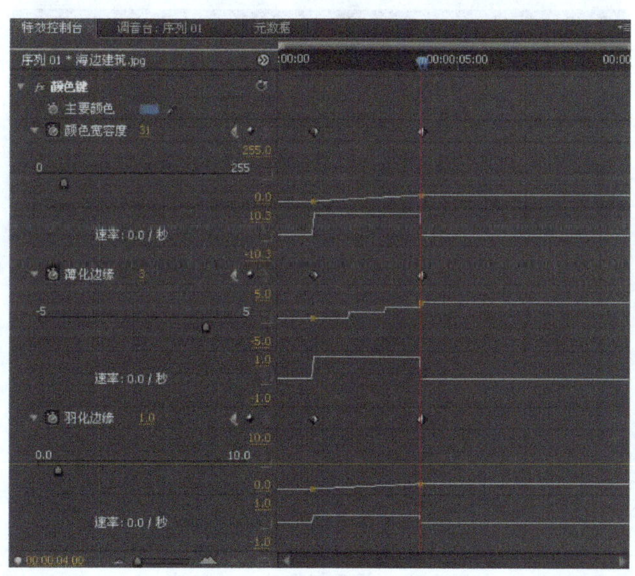

图 6-67 沙漠抠像结束关键帧

6. 将时间线放置到 6 s 位置，单击“颜色键”菜单中的“颜色宽容度”，将值设置为“31”，并“添加关键帧”；单击“薄化边缘”，将值设置为“3”，并“添加关键帧”；单击“羽化边缘”，将值设置为“1.0”，并“添加关键帧”，如图 6-68 所示。

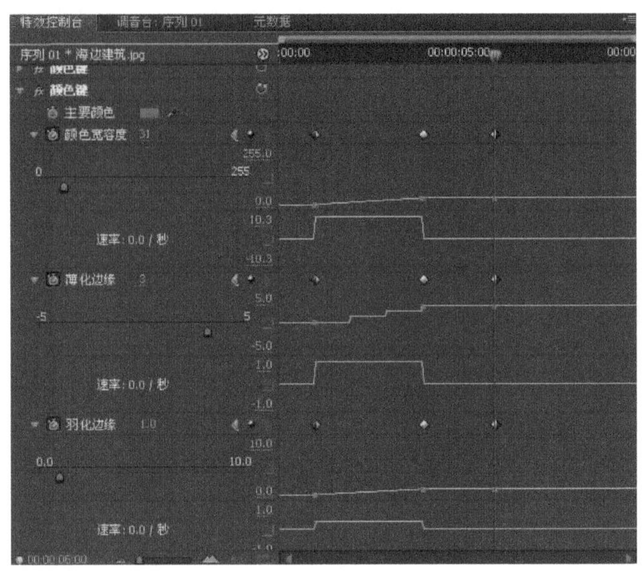

图 6-68 草原抠像起始关键帧

7. 将时间线放置到 9 s 位置，单击“颜色键”菜单中的“颜色宽容度”，将值设置为“0”，并“添加关键帧”；单击“薄化边缘”，将值设置为“0”，并“添加关键帧”；单击“羽化边缘”，将值设置为“0. 0”，并“添加关键帧”，如图 6-69 所示。

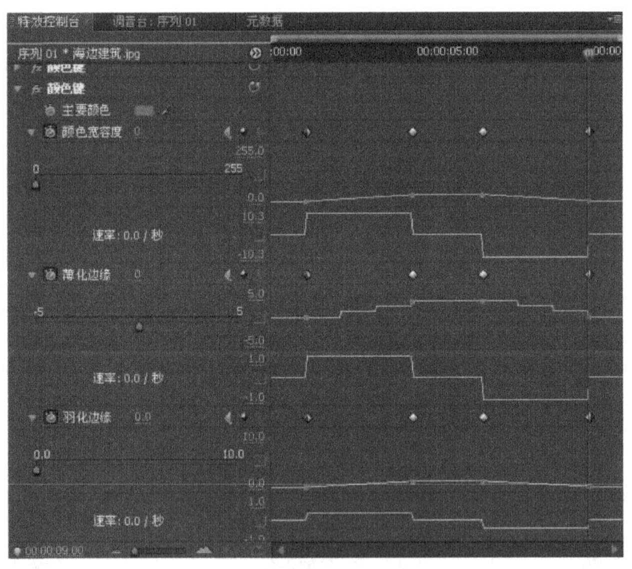

图 6-69 草原抠像结束关键帧

步骤四：转场效果制作

1. 单击操作界面左下角“效果”栏，在其中单击“视频切换”菜单，在“视频切换”菜单中找到“叠化”，在“叠化”菜单中选中“交叉叠化（标准）”，并将其直接拖入“时间线”窗口中的“视频 1”文件上，放置在“沙漠. jpg”和“草原. jpg”交汇处，如图 6-70 所示。

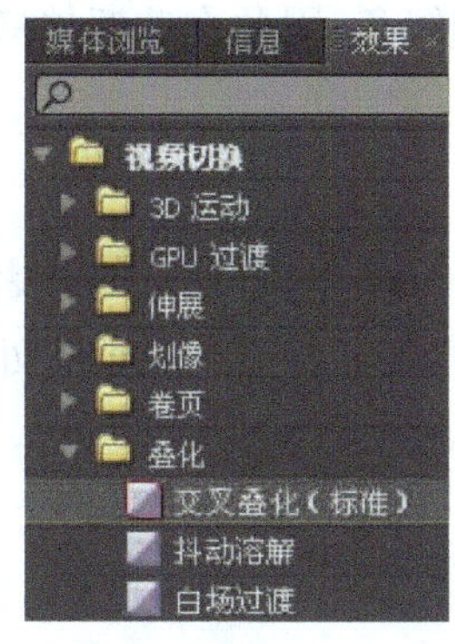

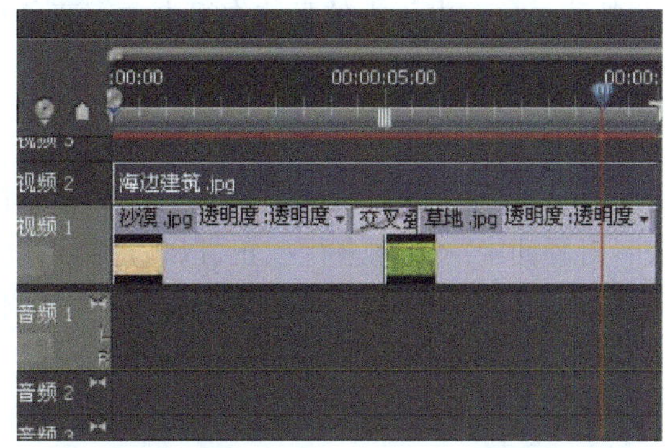

图 6-70　选择转场效果

2. 单击“视频 1”中的“交叉叠化”特效，在上方“特效控制台”菜单中找到“持续时间”，并设置为“00:00:02:00”，如图 6-71 所示。

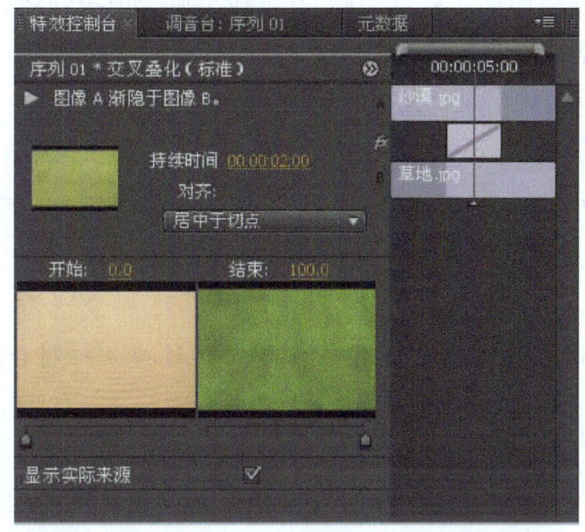

图 6-71　转场特效设置

3. 在“文件”选项中选择“导出”→“媒体”，随后弹出“导出设置”框，选择导出文件路径，将文件输出名称改为“沧海变迁. avi”，得到的视频如图 6-61 所示。

◎ 知识点拓展

01. 运动关键帧

使用关键帧可以创建运动效果并控制画面、效果、音频属性，以及其他一些随时间变化而变化的属性。关键帧标记指示设置属性的位置，例如空间位置、不透明度或音频的音量。关键帧之间的属性数值会被自动计算出来。当关键帧创建随时间而产生的变化时，至少需要两个关键帧，一个处于变化的起始位置和状态，而另一个处于变化结束的位置的新状态。使用多个关键帧，可以为属性创建复杂的变化效果。

02. 抠像

使用抠像可以根据素材片段的色彩或亮度等信息定义透明区域，经常使用基于色彩的抠像移除统一的背景色。由于人的身体中很少含有蓝色和绿色,因此在前期拍摄时经常使用蓝色或者绿色的幕布作为背景,后期制作时将其扣除。

03. 色彩校正

色彩校正又称为调色,是对视频色彩和亮度等相关信息的调整,使其能够表现某种感觉或意境,或者对画面中的偏色进行校正,以满足制作上的需求。调色是视频处理中的一个相当重要的环节,其结果甚至可以决定影片的画面基调。

◎ 独立实践任务

任务3　夏秋变换的音频片

【任务背景】

抠像合成在视频编辑中属于较高阶段,其工作主要为用运动特效、图像色彩变换等功能实现。本任务就是培养视频抠像合成技术,具体任务要求是:制作一段夏秋变换的音频片,并配上夏秋交替字幕,突出夏秋交替的变换过程。

【任务要求】

抓住视频中心思想,通过色彩选区、抠像、字幕运动设置等效果完成。注意声音、画面变换的匹配,特别是视频转场中的流畅度,体现核心思想。

【技术要领】色彩选区,抠像合成,运动效果。
【解决问题】通过效果设置栏色彩选区、抠像。通过特效控制台设置运动效果、合成动作。
【素材来源】\模块06\情境04\任务3\素材\夏.jpg、秋.jpg。

职业技能知识点考核

1. 单选题

(1) Adobe Premiere Pro CS 编辑的最小单位是____。

A. 帧　　B. s　　C. ms　　D. min

(2)我国普遍采用的制式为____。

A. PAL　　B. NTSC　　C. SECAM　　D. 其他制式

(3)PAL 制式帧尺寸为____。

A. 720 像素×576 像素　　B. 640 像素×480 像素
C. 320 像素×288 像素　　D. 576 像素×720 像素

(4)滑行转场类型采用像____转场常用的方式那样进行过渡。

A. 幻灯片　　B. 十字形　　C. 矩形　　D. X 形

(5)下面____不能在字幕中使用图形工具直接画出?

A. 矩形　　B. 圆形　　C. 三角形　　D. 星形

(6)透明度的参数越高,透明度____。

A. 越透明　　B. 越不透明　　C. 与参数无关　　D. 低

(7)为音频轨道中的音频素材添加效果后,素材上会出现一条线,其颜色为____。

A. 黄色　　B. 白色　　C. 绿色　　D. 蓝色

(8)下面哪项内容不属于特效控制台中“运动”的参数设置项____。

A. 位置　　B. 透明度　　C. 定位点　　D. 旋转

(9)选择以下描述错误的选项____。

A. 在 Adobe Premiere Pro CS 中,可以为除字幕以外的所有视频设置运动效果

B. 要让画面产生运动,首先必须给素材创建运动效果

C. 利用“旋转”设置画面旋转时,它的旋转轴心受定位点位置的影响,当定位点改变位置时,旋转是以定位点所在位置为圆心旋转的

D. 设置运动实际上是给对象一个回访的位置和规矩,从而达到产生运动的目的

(10)在进行合成操作时,下面哪种方法是错误的____。

A. 通过颜色抠像实现合成

B. 基于混合模式来组合图层实现合成

C. 通过移动图层实现合成

D. 在素材和特效中使用 Alpha 通道来实现合成

2. 多选题

(1)Adobe Premiere Pro CS 除了使用导入的素材,还可以建立一些新素材元素,其中包括____。

A. 通用倒计时片头　　D. 彩条

C. 字幕　　D. 颜色蒙板

(2)在电视设备中可以使用下面哪些颜色解码方式____。

A. RGB　　B. YUV　　C. CMYK　　D. CCVS

(3)以下哪些转场特效属于“划像”类的转场效果____。

A. 点交叉划像　　B. 十字划像　　C. 滑动带条　　D. 形状划像

(4)为影片添加转场特效后,可以改变转场长度,以下关于改变转场长度描述正确的是____。

A. 在时间上选中转场部分,拖动其边缘即可

B. 在“特效控制窗口”中可以对转场部分进行进一步的调整

C. 当把一个新的转场特效施加到一个现有的转场后,两转场效果将并存,共同影响

D. 当把一个新的转场特效施加到一个现有的转场部分后,新的转场特效将替换原有的转场方式

(5)在 Adobe Premiere Pro CS 中,播放视频、音频素材和监控节目内容的工作是通过监视器窗口来完成的,以下关于监视器窗口描述正确的是____。

A. 可以在其中设置素材的入点、出点

B. 可以改变静止图像的持续时间

C. 可以在其中为素材设置标记

D. 可以用来显示素材的 Alpha 通道

(6)以下哪些转场特效属于“划像”类的转场效果？____

A. 点交叉划像　　B. 十字划像

C. 滑动带条　　D. 形状划像

3. 填空题

(1)用____具,可以将素材切割开来,按住____+____可以将音视频同时切割开。

(2)帧是构成影像的最小单位,通常视频为每秒钟____帧。

4. 简答题

在制作运动视频时怎样改变素材在窗口中的运动速度?

Flash 动画设计与制作

Adobe Flash 是美国的 Adobe 公司推出的优秀网页动画设计软件。它是一种交互式动画设计工具，用它可以将音乐、声效、动画以及富有新意的界面融合在一起，以制作出高品质的网页动态效果。

Adobe Flash这一优秀的矢量动画编辑工具给人们带来了强有力的冲击，使人们能够轻易地将丰富的想象力可视化。

本模块侧重于实用性，以 Flash 动画作品设计为主线，以典型、实用的例子为辅线，使用户在学习制作 Flash 动画的过程中掌握相关的操作和技巧。本模块主要介绍了 Adobe Flash 在数字传媒动画作品设计中的典型案例和典型应用，按钮动画、图片展示的多种表现形式，图文特效动画的制作、菜单技术的设计等内容，在讲解每个知识点时都配有相应的实例，让读者在不断的实际操作中更加牢固地掌握模块中所讲解的内容。

本模块内容丰富，结构清晰，语言简练，图文并茂，具有很强的实用性和可操作性。

广告制作、影视动画、媒体传播、会展设计、数字出版、计算机编辑、印刷图文等相关专业可以根据专业的特点，对本情境的内容进行选择性地教学。

情境 01　按钮制作

当人们在商场购买商品时，借助于商场的指示牌可以更容易地找到所需的商品。网站导航就好比汽车上所装的GPS、商场里面的服务员，人们会很清楚地知道自己将要去哪里，找哪种东西。同样道理，建立一个网站就好比写一篇文章，首先要拟好提纲，文章才能主题明确，层次清晰。如果网站结构不清晰，目录庞杂，结果不但浏览者看得糊涂，网站设计者扩充和维护网站也相当困难。栏目的实质是一个网站的大纲索引，索引应该将网站的主体明确显示出来。明晰的导航栏会辅佐潜在客户更容易地找到所需信息。

导航栏也就是网站上的一排链接按钮，一般位于网页顶端或左侧区域，起着概要引见和链接网站各个页面的作用。导航栏通常的表现方式为：首页→一级栏目→二级栏目→三级栏目→内容页面；另一种常见的做法是，在各栏目的主菜单下设置一个辅助菜单（面包屑结构），来说明当前网页在整个网站中的位置。

对于网站、数字传媒作品而言，动感时尚的Flash导航总能给人留下深刻的印象，本情境主要引导学生利用Flash动画与Action Script相结合的方式创建动感时尚的导航按钮，为以后实际项目中绘制交互按钮掌握制作方法。

【能力目标】

1. 掌握影片剪辑元件的制作。
2. 掌握按钮的3种状态的动画设置。
3. 设置按钮在指针经过和按下时的动画效果制作。

【知识目标】

1. 熟悉按钮元件及其实例。
2. 了解导航栏在数字传媒制作中的作用。

【学时分配】

4课时（授课2课时，实践2课时）。

◎ 模拟制作任务

任务1　动感导航按钮

【任务背景】

在世博宣传多媒体光盘设计中，需要设计一些动感时尚的导航按钮，这些按钮的最大特点就是具有交互性，导航栏实际上就是一组按钮，通过这些按钮定位到不同区域，如图7-1所示。

图7-1　完成效果

【任务要求】

为了使世博宣传多媒体光盘更为生动、美观，绘制一个具有世博场馆元素的导航按钮，按钮要色彩明快，体现动感和优美。

【任务分析】

按钮是元件的一种，它可以根据按钮可能出现的每一种状态显示不同的图像、响应鼠标动作和执行指定的行为。

Adobe Flash 软件其中的一个特点就是具有交互性，交互的形式一般通过按钮来实现，第一个按钮的制作非常重要，通常选择制作文字最长的那一个，这样会给以后的制作带来较大方便。其次，要制作形状大小一样的按钮，通常采取复制第一个按钮的方法，只需要将文字改动一下即可。

【重点、难点】

1. 按钮的制作，并为按钮添加动作脚本。

2. 动态按钮的制作。

【技术要领】矩形工具、圆形工具、文本工具、Action Script 脚本语言。
【解决问题】制作动感导航按钮。
【素材来源】\模块07\情境01\任务1\素材\中国馆.jpg、中国香港馆.jpg、中国澳门馆.jpg。
【完成效果】\模块07\情境01\任务1\完成效果\btncool. fla。

操作步骤

步骤一：创建文档

1. 启动 Adobe Flash，按“Ctrl+N”键打开新建文档对话框，在“常规”选项卡中选择

“Flash 文件(Action Script 2.0)”选项,新建一个空白文档。

2. 在“属性”面板修改文档属性,“大小”为 755 像素×168 像素,“帧频”为 120 fps,“背景颜色”设为“黑色”。

步骤二:制作基本元件

1. 使用“工具”面板的“矩形工具”,在“属性”面板中设置“笔触颜色”为“无”,“填充颜色”为“蓝色渐变色”(005B8F),在舞台上绘制一个矩形作为背景色,得到如图 7-2 所示的效果。

图 7-2　绘制背景色

2. 在“时间轴”控制面板将“图层 1”重命名为 bg,新建图层并重命名为“anniu1”。按“Ctrl+F8”键新建元件,将“名称”设置为“anniu1_m”,“类型”设置为“影片剪辑”。使用“工具”面板的“圆形工具”,在“属性”面板设置“笔触颜色”为“无”,“填充颜色”为“蓝色”,在舞台上绘制一个圆形作为按钮的背景色,得到如图 7-3 所示的效果。选择该矩形,按 F8 键将其转换为元件,将“名称”设置为“bgcolor”,“类型”设置为“圆形”。

3. 在“时间轴”控制面板将“图层 1”重命名为“bgcolor”,新建图层并重命名为“circular_loop”,将图层“circular_loop”移到图层“bgcolor”的下方,如图 7-4 所示。使用“工具”面板的“图形工具”,在“属性”面板设置“笔触颜色”为“无”,“填充颜色”为“白色”,“Alpha”值为 30%,在舞台上为刚才绘制的圆形外部绘制一个环形。选择该圆环,按“F8”键将其转换为元件,将“名称”设置为“circular_loop_m”,“类型”设置为“影片剪辑”。

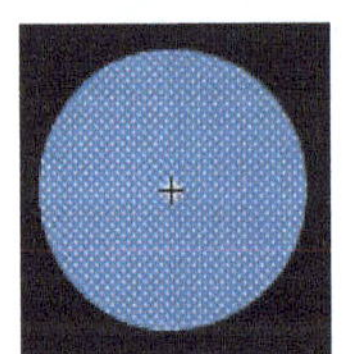

图 7-3　绘制按钮背景

图 7-4　绘制圆环

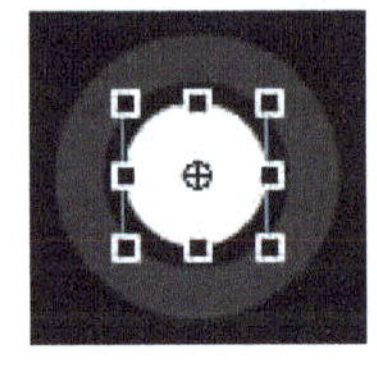

图 7-5　绘制圆形并转换为元件

4. 双击元件“circular_loop_m”,进入“circular_loop_m”编辑模式,在“时间轴”第 80 帧,按“F6”键添加关键帧。在第 80 帧,使用“工具”面板的“任意变形工具”将舞台上的元件“circular_loop”放大到 170% 左右。在“属性”面板将颜色设为“Alpha”值 0%。在“时间轴”控制面板选择第 1 帧,鼠标右键选择“创建补间动画”命令。

5. 为了增加按钮的动感效果,还需要对“anniu1_m”增加修饰效果。在“编辑栏”单击元件“anniu1_m”,进入元件的编辑模式。在“时间轴”控制面板新建图层并重命名为“zoom_circular”。关掉图层“bgcolor”。继续使用“工具”面板的“圆形工具”,在“属性”面板设置“笔触颜色”为“无”,“填充颜色”为“白色”,在圆环的中心绘制一个圆形。选择该圆形,按“F8”键将其转换为元件,将“名称”设置为“circular”,“类型”设置为“图形”,如图 7-5 所示。

6. 在“时间轴”控制面板图层“bgcolor”上新建图层并重命名为“txt”。使用“工具”面板的“文本工具”，如图7-6所示，输入“中国馆”3个黑体字。选择该文本，按“F8”键将其转换为元件，将“名称”设置为“zi_cn”，“类型”设置为“图形”。

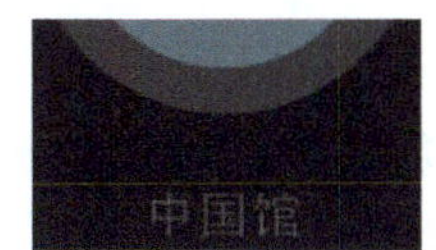

图7-6　按钮的文字提示

图7-7　按钮文字

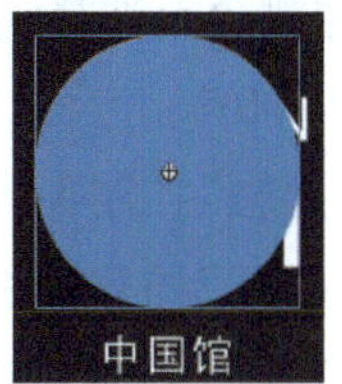

图7-8　制作遮罩

7. 在“时间轴”控制面板新建图层并重命名为“word”，使用“工具”面板的“文本工具”如图7-7所示，输入“SECTION 01”字母。选择该文本，按“F8”键将其转换为元件，将“名称”设置为“zi_01”，“类型”设置为“图形”。

8. 在“时间轴”控制面板新建图层并重命名为“mask”，从“库”中拖曳元件“bgcolor”到舞台，利用它做一个文字的遮罩，如图7-8所示。利用“工具”面板的“任意变形工具”将其放大到合适的比例。

9. 在“时间轴”控制面板暂时关掉图层“word”和“mask”，新建图层并重命名为“photo”，如图7-9所示，按“Ctrl+R”键打开导入对话框，导入素材“中国. png”到舞台上，选择该图形，按“F8”键将其转换为元件，将“名称”设置为“photo_cn”，“类型”设置为“图形”。

图7-9　按钮图标

图7-10　按钮热区

10. 在“时间”控制面板新建图层并重命名为“anniu”，如图7-10所示。使用“工具”面板的“矩形工具”绘制一个填充色为“蓝色”的矩形，选择该矩形，按“F8”键将其转换为元件，将“名称”设置为“anniu”，“类型”设置为“按钮”。双击元件“anniu”，进入元件“anniu”的编辑模式，将“弹起”的关键帧移到“单击”帧上。

步骤三:添加动画

1. 在“编辑栏”单击元件“anniu1_m”，进入元件“anniu1_m”的编辑模式，在“时间轴”控制面板选择所有图层的第30帧，按“F5”键添加帧命令。

2. 在“时间轴”控制面板选择图层“zoom_circular”在第15帧按“F6”键添加关键帧，将时间滑块定位在第1帧，使用“任意变形工具”将元件“circular”缩小到约50%大小。选择第1帧，鼠标右键选择“创建补间动画”命令。将时间滑块定位在第15帧，在舞台上选择元件“circular”，在“属性”面板将颜色设为“Alpha”值为0%。

3. 在“时间轴”控制面板分别选择图层“bgcolor”“word”“mask”的第15、30帧，按“F6”键添加关键帧。将时间滑块定位在第15帧，在舞台上分别选择元件“bgcolor”“zi_01”“cir-

cular”,使用“任意变形工具”将其一起放大一定的比例。分别选择图层“bgcolor”“word”“mask”的第 1、15 帧,鼠标右键选择“创建补间动画”命令。选择图层“word”的第 30 帧,在舞台上选择元件“zi_01”,在“属性”面板将颜色设为“Alpha”值为 0%。选择图层“bgcolor”的第 15 帧,在舞台上选择元件“bgcolor”,在“属性”面板将颜色设为“色调”,“填充颜色”为“橙色”,值为 100%。

4. 在“时间轴”控制面板选择图层“mask”,鼠标右键选择“遮罩层”命令。

5. 在“时间轴”控制面板选择图层“txt”的第 15、30 帧,按“F6”添加关键帧。选择第 1 帧,使用“任意变形工具”将元件“zi_cn”缩小并向上方移动一段距离,在“属性”面板将颜色设为“Alpha”值为 0%。同样,选择第 30 帧,使用“任意变形工具”将元件“zi_cn”缩小并向上方移动一段距离,在“属性”面板将颜色设为“Alpha”值为 0%。分别选择第 1、15 帧,鼠标右键选择“创建补间动画”命令。

6. 在“时间轴”控制面板选择图层“photo”的第 14 帧,按“F6”键添加关键帧。将时间滑块定位到第 14 帧,在舞台上选择元件“photo_cn”,使用“任意变形工具”将元件“photo_cn”缩小到约 35% 大小,在“属性”面板将颜色设为“Alpha”值为 0%。在“时间轴”控制面板选择第 1 帧,鼠标右键选择“创建补间动画”命令。

步骤四:添加脚本语言

1. 在“时间轴”控制面板新建图层并重命名为“action”,选择第 1 帧,鼠标右键选择“动作”命令,在打开的窗口输入以下代码:

```
stop();
```

2. 选择第 15 帧,按“F6”键添加关键帧,鼠标右键选择“动作”命令,在打开的窗口输入以下代码:

```
stop();
```

3. 选择图层“anniu”,在舞台上选择元件“anniu”,鼠标右键选择“动作”命令,在打开的窗口输入以下代码:

```
on(rollOver) {
  gotoAndPlay(2);
}
on(rollOut) {
  gotoAndPlay(16);
}
on(release) {
  getURL("http://www.olympic.cn/","_blank");
}
```

步骤五:添加按钮动画

通过以上步骤创建了一个动态按钮元件即“anniu_m”。现在给按钮元件添加一个动画并且制作更多的按钮。

1. 在“编辑栏”单击“场景”,进入编辑模式。在“时间轴”控制面板选择层“anniu1”,选择第 3 帧，按“F6”键添加关键帧，从“库”拖曳元件“anniu1_m”到舞台右侧，然后在“时间轴”控制面板选择第 13 帧，在舞台上将元件“anniu1_m”移到舞台的左侧。将时间滑块定位到第 3 帧，在舞台上选择元件“anniu1_m”，使用“任意变形工具”将其缩小一定的比例，然后在“属性”面板将颜色设为“Alpha”值为 0%。选择第 3 帧，鼠标右键选择“创建补间动画”命令，得到如图 7-11 所示的效果。

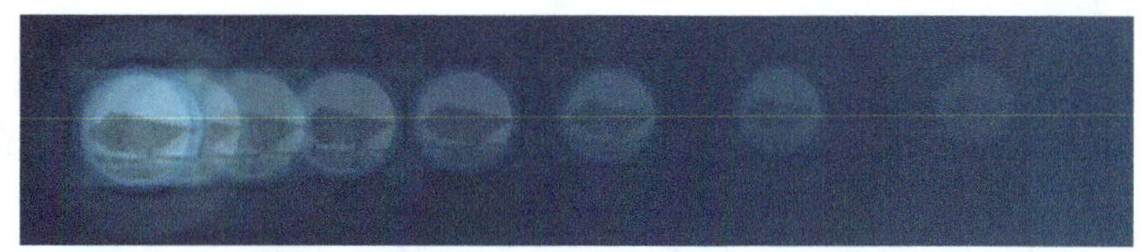

图 7-11　制作按钮动画

2. 用同样的办法，在“时间轴”控制面板新建图层并重命名为“anniu2”，从“库”中拖曳元件“anniu1_m”到舞台上，制作一段位移动画。用同样的方法新建图层并重命名为“anniu3”，制作第 3 段按钮动画，如图 7-12 所示。分别调整动画出现的时间，让它们彼此间隔 6 帧。选择所有图层的第 48 帧，按“F5”键添加帧。

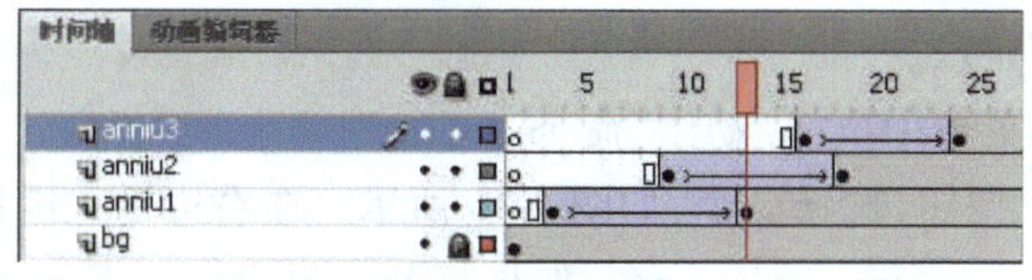

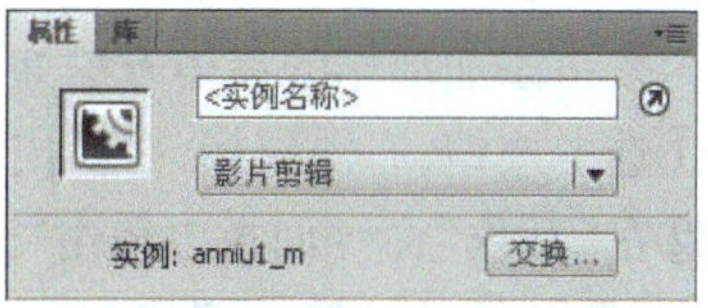

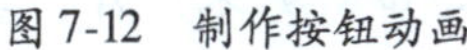

图 7-12　制作按钮动画　　　　图 7-13　交换

3. 按钮动态出现的动画都是元件“anniu1_m”，使用“属性”面板的“交换”命令来快速制作另外 2 个按钮。分别选择图层“anniu2”的第 9 帧，在舞台上选择元件“anniu1_m”，在“属性”面板单击“交换”按钮，如图 7-13 所示。在打开的“交换元件”对话框中单击“直接复制元件”命令，将元件复制成为“anniu2_m”。用同样的方法，将时间滑块定位在第 18 帧，在舞台上选择元件“anniu1_m”，在“属性”面板单击“交换”按钮，在打开的“交换元件”对话框中单击“直接复制元件”命令，将元件复制成为“anniu2_m”。用同样的方法将图层“anniu3”的元件也交换成为元件“anniu3_m”。

4. 选择图层“anniu2”上的元件“anniu2_m”，双击进入元件“anniu2_m”的编辑模式。它目前与元件“anniu1_m”是完全一样的。使用“属性”面板的“交换”命令，分别将元件“zi_cn”交换为元件“zi_hk”，将文字“中国馆”替换为“中国香港”；元件“zi_01”交换为“zi_02”，将文字“01”替换为“02”；元件“photo_cn”交换为元件“photo_hk”，然后重新导入这个按钮的图标。同时选择图层“bgcolor”的第 15 帧，在舞台上选择元件“bgcolor”，将其“色调”设为“玫瑰红色”。这样就得到了如图 7-14 所示的元件“anniu2_m”效果。

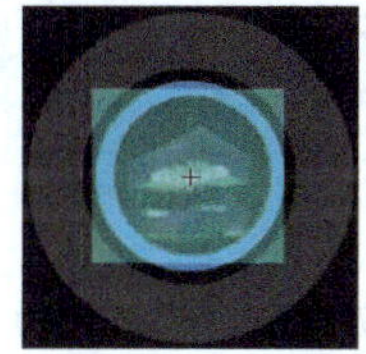

图 7-14　制作按钮 2

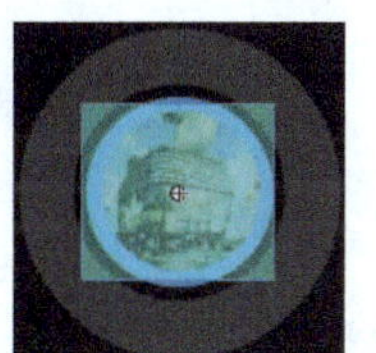

图 7-15　制作按钮 3

5. 选择图层"anniu3"上的元件"anniu3_m"，双击进入元件"anniu3_m"的编辑模式。使用"属性"面板的"交换"命令，分别将元件"zi_cn"交换为元件"zi_mc"，将文字"中国馆"替换为"中国澳门"；元件"zi_01"交换为"zi_03"，将文字"01"替换为"03"；元件"photo_cn"交换为元件"photo_mc"，然后重新导入这个按钮的图标。同时选择图层"bgcolor"的第 15 帧，在舞台上选择元件"bgcolor"，将其"色调"设为"绿色"。这样就得到了如图 7-15 所示的元件"anniu3_m"效果。

6. 在"编辑栏"单击"场景"，进入"场景"编辑模式，在"时间轴"控制面板新建图层并重命名为"action"，选择第 48 帧，按"F6"键添加关键帧，鼠标右键选择"动作"命令，在打开的窗口输入以下代码：

```
stop();
```

7. 按"Ctrl+S"键保存文件，按"Ctrl+Enter"组合键测试效果。

◎ 知识点拓展

01. 为按钮添加简单的动作

为按钮添加动作的具体方法如下所示。

①选中按钮，右击鼠标，在弹出的菜单中执行"动作"命令。

②在"动作"命令面板中单击"✚"按钮，选择命令，如图 7-16 所示。在右边输入链接的网址，或是 E-mail 信箱。例如 http://www. sppc. edu. cn/。如果打开一封空白的 E-mail，开始处要加入 mailto:，例如 mailto:service@ mail. sppc. edu. cn。至于其他选项，可以不加以设定，单击"确定"按钮即可。

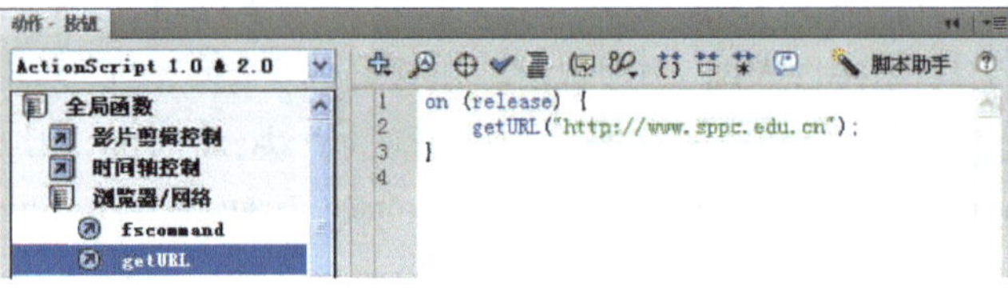

图 7-16 "动作"命令

02. 加入音效

①打开"\模块 07\情境 01\知识点拓展\按钮\搜索按钮. fla"，执行"文件"→"导入"→"导入到库"命令，将"按钮音效. wav"导入到"库"中，如图 7-17 所示。

②选择"图层 2"的"按下"帧，在"属性"面板中的"声音"下拉菜单中选择"按钮音效. wav"。

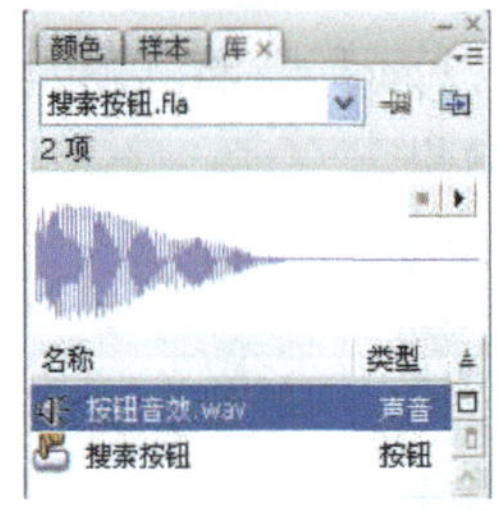

图 7-17 将"按钮音效. wav"导入到"库"

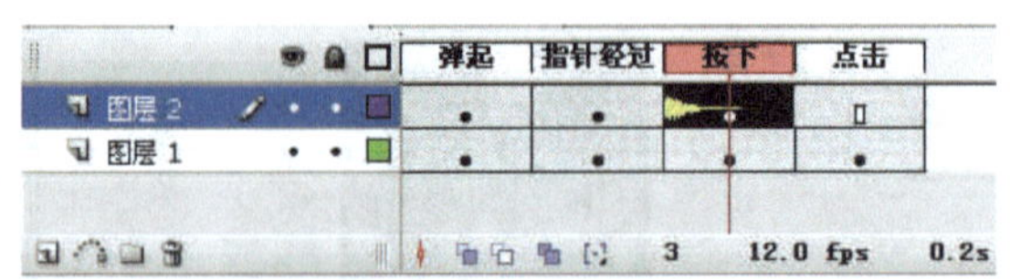

图 7-18 时间轴中的声音

③Adobe Flash中有两种类型声音:事件声音和流式声音,事件声音必须在完全下载完毕后才能播放,而且它会连续播放直至被明确地中止。而流式声音在开始几帧的数据已下载就播放,在网站里,流式声音是与时间轴同步播放的。因为音效文件是隐形、无形体的,但是在时间轴中可以看到一段声波的出现,如图 7-18 所示。

◎ 独立实践任务

任务 2　制作"回忆世博"跳转播放按钮

【任务背景】

2010 上海世博会不仅给我们带来了场馆和乐趣,还给我们带来了美好的环境。中国馆"春天的回忆",德国馆的"动力之源",丹麦馆的"小美人鱼",众多国家馆的纺织作品展、画展等,广场的花车巡游、露天音乐会,处处离不开艺术的烘托。

Flash 动画图片展示,回忆 2010 上海世博会部分国家场馆的优美建筑图片完成效果,如图 7-19 所示。

图 7-19　完成效果

【任务要求】

以世博场馆图片为主题,浏览者可根据不同的需求选择不同国家的场馆,画面要求变化自然、优美、有引人入胜的效果。

【技术要领】矩形工具、文本工具、Action 语言。
【解决问题】制作跳转按钮播放动画。
【素材来源】\模块 07\情境 01\任务 2\素材\中国馆.jpg ~ 波兰馆.jpg。

情境 02　Flash 图片展示

网上图片动画的展示有多种技术手段,既有技术难度比较低,效果比较好的时间轴特效、幻灯片模板,又有技术含量比较高、图片更换比较方便的脚本语言制作方法。

运用 Flash 动作脚本语言，能实现时间轴难以达到的一些特殊效果，运用基本技法与动作脚本语言相结合制作出来的动画效果，往往更加精彩纷呈，运用动作脚本语言，还可以让一些复杂烦琐的制作过程得到有效的简化。

要学好 Flash 动画，学习和掌握动作脚本语句是非常重要的。然而，一提起编程语言，难免让人联想到一行行枯燥乏味的代码，一段段高深莫测的理论，往往使初学者在“AS”那神秘殿堂的大门前望而却步。

本情境将针对没有接触过任何程序语言的初学者，不安排专门的章节集中罗列枯燥的理论和代码规范，采取具有实用性和趣味性的实例来解读语句，教师在案例讲解中教会学生融会理论和代码规范，带领初学者“轻松入门、拾级进阶、攀缘而上”。

【能力目标】

1. 能够使用 Adobe Flash 的幻灯片模板。
2. 能够修改图片展示脚本语言代码。

【知识目标】

1. 理解幻灯片模板的概念。
2. 了解脚本语言基本规范。

【学时分配】

6 课时（授课 3 课时，实践 3 课时）。

◎ 模拟制作任务

任务 1　利用幻灯片模板——制作旅游照片欣赏

【任务背景】

拍了照片以后大家都喜欢把它们放到网络相册上让更多的人分享，以前单一的网页相册已经不能满足各位的要求。一些网站允许网友们把自己喜欢的照片制作成各种形态的 Flash 动画，例如水晶之心、旋转的魔方、Flash 放大镜等，而且还能将 Flash 相册自由发布到其他网页上。

配合风景摄影展制作一个具有民族特色、地方风景的动画片，效果如图 7-20 所示。

图 7-20　完成效果

【任务要求】

制作一组风景摄影照片的旅游相册欣赏,突出自然景观与人文景观,以古老为主。要求让操作者演示起来非常方便。

【任务分析】

Adobe Flash 是一款十分人性化的动画编辑软件,从新建影片时准备好的模板,编辑影片时提供大量的组件,使用户可以轻松、快速地完成各种影片的制作。

本任务可以通过幻灯片模板来实现,所谓"模板",就是已经编辑完成,且有完整影片架构的 Flash 文档。在使用模板进行制作时,只需根据提示,将模板影片中的编辑元件进行修改或更换,使技术不熟练者也能快速、轻松地创作出一个全新的动画影片。

【重点、难点】

1. 照片幻灯片放映模板各层中的对象。

2. 场景中图片、文字标题、播放控制器的行为添加。

【技术要领】对模板中相应的位图文件进行替换,并修改文字说明。
【解决问题】位图文件导入、修改文字说明,为影片添加音乐背景。
【素材来源】\模块 07\情境 02\任务 1\素材\photo 01. jpg ~ photo 14. jpg、幻灯片模板. fla、sound01. mp3。
【完成效果】\模块 07\情境 02\任务 1\完成效果\旅游照片欣赏. fla。

操作步骤

步骤一:导入位图并编辑

1. 启动 Adobe Flash,按"Ctrl+O"键打开对话框,打开文件"幻灯片模板. fla",如图 7-21 所示。

图 7-21　幻灯片模板

这个幻灯片模板是由 7 个图层构成,每个图层的作用和显示内容如下:

```
_actions:           该图层添加了使影片剪辑停止的动作脚本。
Title, Date:        该图层用于显示影片的标题和日期等信息。
Captions:           该图层放置了每张图片的说明内容。
_controller:        该图层的作用是放置图片播放器和图片浏览计数器。
_overlay:           该图层安放了幻灯片标题和说明文字的背景。
```

transparent frame:该图层安放了图片四周的挡板。
picture layer:该图层用于放置需播放的图片。

2. 在所有图层的第 14 帧,按“F5”键插入帧。

3. 删除“picture layer”图层中的所有图片,选中“picture layer”图层的第 1 帧,执行“文件”→“导入”→“导入到舞台”命令,将“模块 07\情境 02\任务 1\素材\photo01. jpg ~ photo 14. jpg 位图文件导入影片中。

4. 在弹出的询问对话框中,按下“是”按钮,程序自动将“photo1 ~ photo 14”序列中的 14 张位图依次导入到舞台。

5. 依次选中“picture layer”层中每帧中的位图,在信息面板中将其“大小”改为 640 像素×480 像素。

6. 依次调整“picture layer”层中每帧中的位图位置为“水平居中”和“垂直居中”。

步骤二:编辑文字并添加声音

1. 单击“Title, Date”图层的第 1 帧,单击工具面板中的“文本工具”,将文字 My Photo Album 改为“青山绿水”。

2. 参照上述方法依次修改每帧中的说明文字。

3. 执行“Ctrl+R”键,导入“模块 07\情境 02\任务 1\素材\sund01. mp3”,然后将其添加到“actions”图层的第 1 帧上,再在属性面板中设置同步事件、循环,如图 7-22 所示。

4. 按 Ctrl+S 键保存文件,将文件保存为“旅游照片欣赏. fla”,按“Ctrl+Enter”组合键测试影片效果。

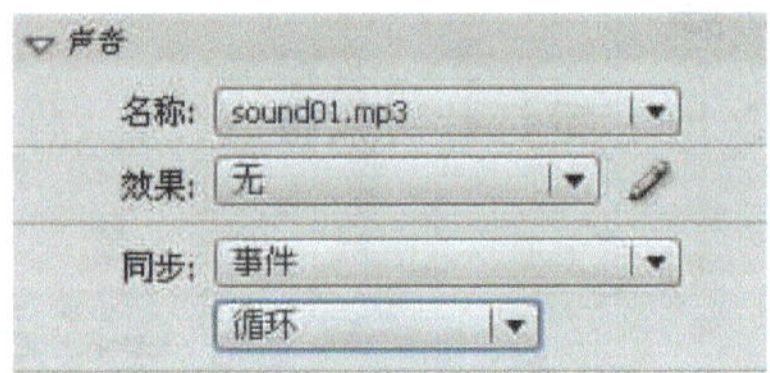

图 7-22　添加声音

任务 2　利用脚本语言——制作外部图片展示

【任务背景】

随着消费水平的不断提高,人们的消费观念也随着发生了巨大变化,人们不再以吃穿住为需求中心,并且越是经济发达的地区,消费者对花卉种植的需求也越大。昆明阳光花卉公司的“茉莉花园艺”网站要制作室内观赏植物展示,为网上购花展示花卉的千姿百态,效果如图 7-23 所示。

图 7-23　完成效果

【任务要求】

图片展示便于更新,程序修改技术要求低,适应编程水平不高的用户。

【任务分析】

脚本语言设计的图片展示要求有一定的语言基础，对于图片频繁更换宜采用此方法进行设计，本案例可以利用 XML 的方式调入外部图片，也可以采用更简单的通过 txt 文本调用外部图片，其优势在于能非常方便地进行外部图片更新。即使你是一个不错的动画制作者，也可以利用已有的代码或元件来提高自己的创作效率。

【重点、难点】

1. 公用库按钮的调用。

2. 添加脚本语言。

【技术要领】使用公用库按钮、建立文本文件、添加脚本语言。
【解决问题】图片的可更新展示。
【素材来源】\模块 07\情境 02\任务 2\素材\君子兰. jpg 等 16 张图片。
【完成效果】\模块 07\情境 02\任务 2\完成效果\pictshow. fla。

操作步骤

步骤一：创建文档

1. 启动 Adobe Flash，按“Ctrl + N”键打开新建文档对话框，在“常规”选项卡中选择“Flash 文件(Action Script 2. 0)”选项，新建一个空白文档。

2. 在“属性”面板修改文档属性，“大小”为 640 像素×480 像素，“背景颜色”设为“浅灰色”。

3. 按“Ctrl+S”键将文件保存为“pictshow. fla”。

步骤二：创建展示图片及 txt 文本

1. 在文件“pictshow. fla”的相同目录下，新建“文件夹”并命名为 IMG。在 IMG 文件夹中存入 16 张大小约 520 像素×390 像素的图片，图片依次从 1. jpg ~ 16. jpg 命名。

2. 在文件 pichshow. fla 的相同目录下，新建“文本文档”，并命名为“变量. txt”，在该文档中输入以下文本“num = 16”。

步骤三：制作播放按钮

1. 切换到 Adobe Flash，选择“窗口”→“公用库”→“按钮”命令，如图 7-24 所示。在打开的“库”中选择元件“gel Lef”和“gel Right”，将其拖曳到舞台上合适的位置。

2. 在舞台上分别选择元件“gel Lef”和“gel Right”，如图 7-25 和图 7-26 所示，将元件的“实例名称”命名为“backBtn”和“forwardBin”。

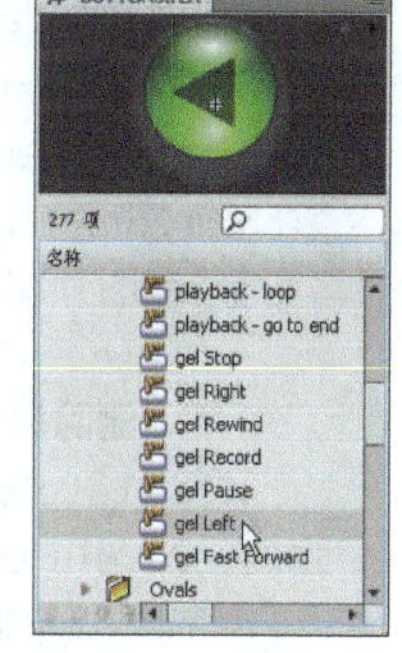

图 7-24　选择按钮

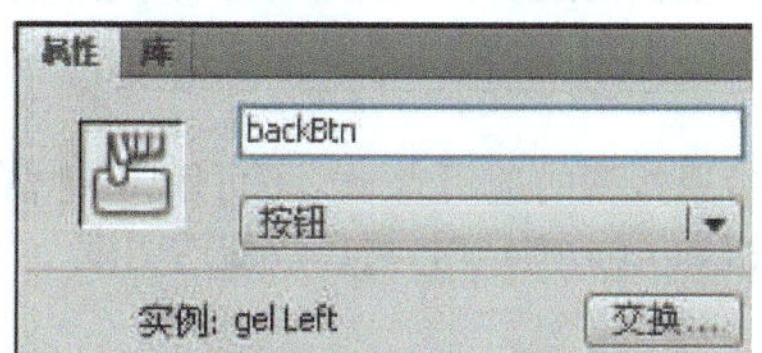

图 7-25　定义实例名称 backBtn

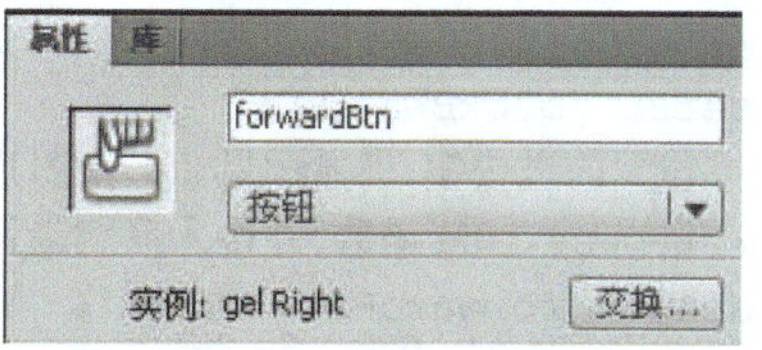

图 7-26　定义实例名称 forwardBin

步骤四:添加脚本语言

1. 在“时间轴”控制面板将“图层 1”重命名为“anniu”,新建图层并重命名为“action”,鼠标右键选择“动作”命令,在打开的窗口输入以下代码:

```
//建主函数
function init() {
  //调用 loadVar 函数
  loadVar();
  //建名为 emptyMc 的空影片剪辑,把加载的图片都放到这个空影片剪辑中
  this.createEmptyMovieClip("emptyMc", 1);
  //让 i 为一个随机值,随机加载 1 ~16 图片,动态性更强
  i = random(16)+1;
  //调用加载图片函数,程序第一次运行时载入第一张图片
  loadJpg(emptyMc, i);
}

//新建 loadVar 函数,供使用
function loadVar() {
  //把记事本中的值加载到 Flash 中,从文本文件中载入变量 Num
  loadVariablesNum("变量.txt", 0);
  //让这个函数以帧频触发
  this.onEnterFrame = function() {
    if (num) {
      //变量如果载入,删除 onEnterFrame 函数
      delete this.onEnterFrame; }
  };
}

//新建加载图片的函数,mc 参数最后代表 empty 影片剪辑,把图片加载到影片剪辑 mc 中,i 表示图片序号
function loadJpg(mc, i) {
  //把图片加载到影片剪辑 mc 中
  mc.loadMovie("img/"+i+".jpg");
  //让此函数帧以帧频进行触发
  this.onEnterFrame = function() {
    //有图片在 empty 影片剪辑中
    if (mc._width>0) {
      //删除以帧频触发
      delete this.onEnterFrame;
      //调用 imgMove 函数
      mc.imgMove();
      //设置后退按钮,当显示第一张图片时,后退按钮的透明为 50,不可用,其他情况按钮正常
      //调用 setBtn 函数,并传入参数,后退按钮到 1 时,改变透明度
      setBtn(backBtn, 1);
      //设置前进按钮,当显示最后一张图片时,后退按钮的透明为 50,不可用,其他情况按钮正常
      //调用 setBtn 函数,并传入参数,后退按扭到 num 变量时,可以改变透明度
      setBtn(forwardBtn, num);
  };
}
```

```
//建立 setBtn 图片过渡效果控制函数,并设置好参数,obj 为按钮实例名,n 代表图片的序号
function setBtn(obj, n) {
  //图片序号与第一个图片和最后一个图片相等
  if (i == n) {
    //把按钮透明度设为 50
    obj._alpha = 50;
    //如果图片的当前序号为 n,设置按钮的透明度为 50,按钮不可用
    obj.enabled = false; }
  else {
    //按钮透明度为 100
    obj._alpha = 100;
    //让按钮起作用
    obj.enabled = true;
  }
}

//让每张图片都有如下属性
MovieClip.prototype.imgMove = function() {
  //让 this 关键字代表 mc
  mc var mc = this;
  //设置 empty 影片剪辑的 x 坐标
  mc._x = (640-mc._width)/2;
  //设置 empty 影片剪辑的 y 坐标
  mc._y = (480-mc._height)/2;
  //设置 empty 影片剪辑的透明度为 0
  mc._alpha = 0;
  //以帧频触发此函数
  mc.onEnterFrame = function() {
    //让透明度递增
    mc._alpha += (100-mc._alpha)/10;
    //当透明度大于或等于 95 时
    if (mc._alpha>=95) {
      //删除以帧频触发
      delete mc.onEnterFrame; }
  };
};
//调用主函数
init();
//实现当鼠标经过 backBtn 按钮的动画效果
backBtn.onRelease = function() {
  i -= 1;
  loadJpg(emptyMc, i);
};
//实现当鼠标经过 forwardBtn 按钮的动画效果
forwardBtn.onRelease = function() {
  i += 1;
  loadJpg(emptyMc, i);
};
```

2. 按"Ctrl+S"键保存文件,按"Ctrl+Enter"组合键测试影片效果。对于需要更新的图片只需要替换 IMG 文件夹中的图片即可。

任务3　Flash 广告条

【任务背景】

在全球禁烟呼声日益高涨的同时,世界烟民人数却与日俱增,统计数字表明,烟民正以每年 2% 的速度上升,成功戒烟网需要对吸烟害处进行图片展示,其效果如图 7-27 所示。

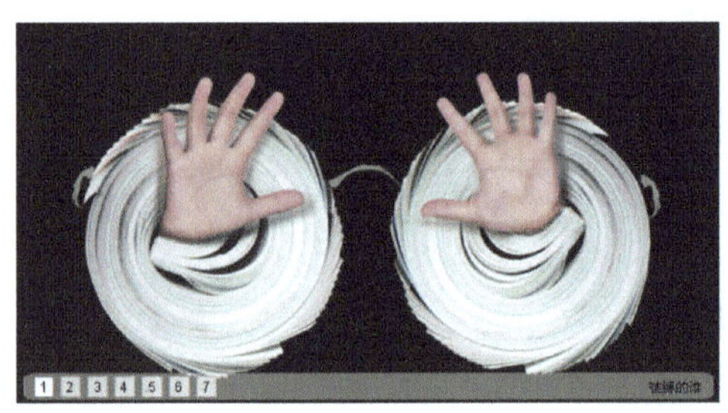

图 7-27　完成效果

【任务要求】

图片展示便于更新,图片要能体现广告语宣传及相应链接,Flash+XML 仿 IPOD 图片展示广告很漂亮,自己编辑 XML 文件替换图片路径就可以使用了。

【任务分析】

在许多网页中,当鼠标移到一张图片序号上时,又弹出另一张图片,这种即指即现的广告条给主页增光添彩。图片序号平时"龟缩"在屏幕一个很小的地方,当鼠标移动到图片序号,便会弹出另一张图片。

【重点、难点】

1. 使用"动态文本框"、XML 标记语言。

2. 添加脚本语言。

【技术要领】建立影片剪辑、建立动态文本、建立 XML 文档、添加脚本语言。
【解决问题】图片的外部展示、图片的广告语及链接。
【素材来源】\模块 07\情境 02\任务 3\素材\被缚的谁.jpg ~ 最后的归宿.jpg。
【完成效果】\模块 07\情境 02\任务 3\完成效果\flashbar.fla。

操作步骤

步骤一:创建文档

1. 启动 Adobe Flash,按"Ctrl+N"键打开新建文档对话框,在"常规"选项卡中选择"Flash 文件(Action Script 2.0)"选项,新建一个空白文档。

2. 修改"属性"面板文档属性,"大小"为 640 像素×340 像素,"帧频"为 25 fps。

3. 按“Ctrl+S”键将文件保存为“Flashbar. fla”。

步骤二:制作基本元件

1. 在文件“Flashbar. fla”的同一目录下,放入7张图片,分别命名为“被缚的谁. jpg”“空中幽灵. jpg”“冷水煮青蛙. jpg”“燃烧的青春岁月. jpg”“失去的生命. jpg”“踏上不归路. jpg”“最后的归宿. jpg”。

2. 切换到Adobe Flash,按“Ctrl+F8”键新建一个空白的影片剪辑元件,将“名称”设置为“blankbg”,“类型”设置为“影片剪辑”。这时系统进入元件“blankbg”的编辑模式,在“编辑栏”单击“场景1”回到场景编辑模式。从“库”中拖曳元件“blankbg”到舞台上,在“属性”面板设置“X,Y”为0,0。将元件“bg”的“实例名称”设为“item1”。

3. 在“时间轴”控制面板将“图层1”重命名为“blankbg”,选择第1帧,鼠标右键选择“复制帧”命令,新建图层,选择新建图层的第1帧,鼠标右键选择“粘贴帧”命令。这样在舞台上同一个位置上有2个相同的元件“blankbg”。选择刚刚复制得到到元件“blankbg”,将元件“blankbg”的“实例名称”设为“item2”。

4. 按“Ctrl+F8”键新建一个空白的影片剪辑元件,将“名称”设置为“titlebg”,“类型”设置为“影片剪辑”。这时系统进入元件“titlebg”的编辑模式,在“工具”面板旋转“矩形工具”,在“属性”面板设置“笔触颜色”为“无”,“填充颜色”为“半透明的白色”,“矩形边角半径”为5,如图7-28所示。绘制一个长条的矩形作为按钮和文字说明的背景色。将“图层1”重命名为图片文字背景。

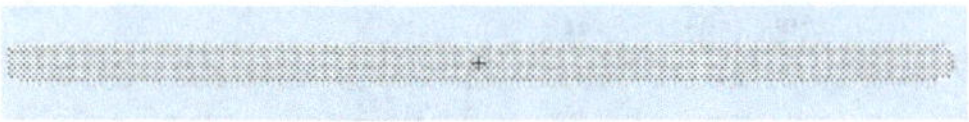

图7-28 绘制背景

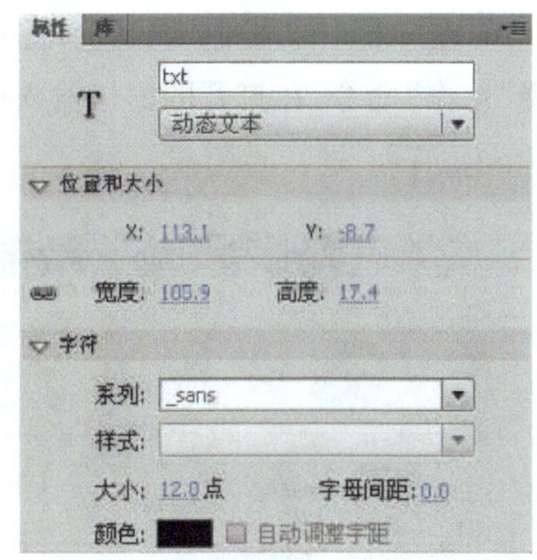

图7-29 设置广告图片文字的动态文本框

5. 在“时间轴”控制面板新建“图层2”,并将“图层2”重命名为“图片文字标题”。选择“工具”面板的“文本工具”,如图7-29所示。在“属性”面板设置“文本类型”为“动态文本”,在刚才绘制的矩形右侧单击,舞台上会出现一个虚线显示的文本框,选择该文本框,在“属性”面板设置该动态文本框的“实例名称”为“txt”,“字体”为“_sans”,“字号”为12,“填充颜色”为“黑色”。

6. 在“编辑栏”单击“场景1”回到场景编辑模式,在“时间轴”控制面板新建图层并重命名为“title”,将“库”中的“影片剪辑 titlebg”拖曳到舞台底部,如图7-30所示。在舞台上选择元件“titlebg”,在“属性”面板将该元件的“实例名称”设为title。

7. 按“Ctrl+F8”键新建元件，将“名称”设置为“anniu”，“类型”设置为“影片剪辑”。这时系统默认进入元件“anniu”的编辑模式，如图 7-31 左图所示。在“工具”面板选择“矩形工具”，在“属性”面板设置“笔触颜色”为“灰色”，“填充颜色”为“浅灰色”，在舞台上绘制一个正方形。在“时间轴”控制面板将“图层 1”重命名为“waikuang”，选择第 2 帧，按“F6”键添加关键帧。如图 7-31 右图所示，在“属性”面板将矩形的“笔触颜色”设为“深灰色”，“填充颜色”为“白色”。

图 7-30　设置广告图片文字的动态文本框

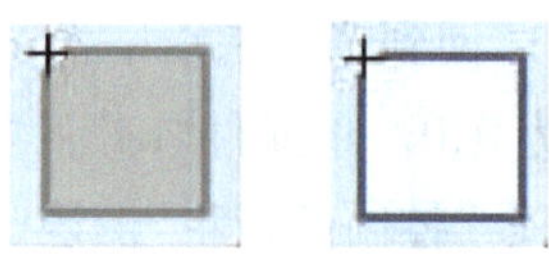

图 7-31　绘制按钮

8. 在“时间轴”控制面板新建图层并将其重命名为“txt”，选择“工具”面板的“文本工具”，在“属性”面板设置“文本类型”为“动态文本”，在刚才绘制的矩形上单击，舞台上会出现一个虚线显示的文本框，选择该文本框，在“属性”面板设置该动态文本框的“实例名称”并命名为“txt”，“字体”为“_sans”，“字号”为“12”，“填充颜色”为“黑色”。

9. 在“时间轴”控制面板新建图层并将其重命名为“action”，选择第 1 帧，鼠标右键选择“动作”命令，在打开的窗口输入以下代码：

```
stop();
```

10. 在“时间轴”控制面板选择图层“action”的第 2 帧，按“F6”键添加关键帧，鼠标右键选择“动作”命令，在打开的窗口输入以下代码：

```
stop();
```

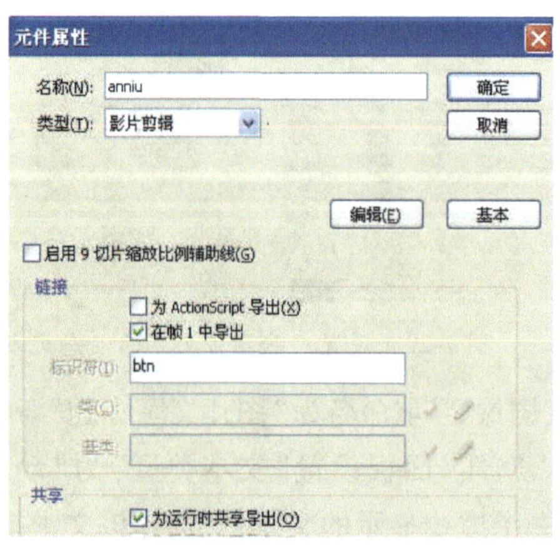

图 7-32　添加链接属性

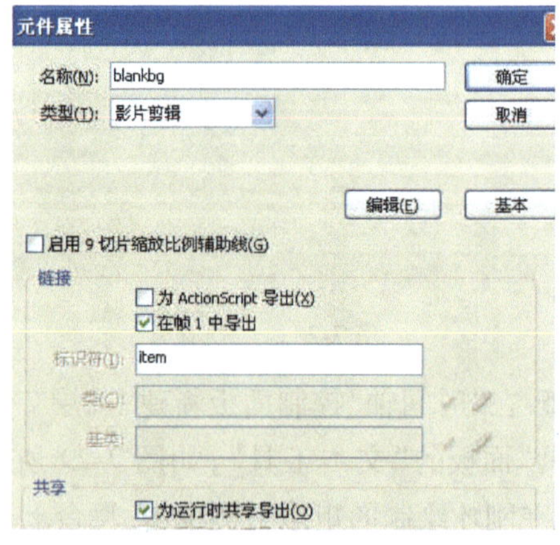

图 7-33　添加链接属性

11. 在“库”中选择元件“anniu”，鼠标右键选择“属性”命令，如图 7-32 所示，在弹出的“元件属性”对话框中，设置“标识符”为“btn”，勾选“为运行时共享导出”和“在第一帧导出”选项。

12. 用同样的方法，在“库”中选择元件“blankbg”，鼠标右键选择“属性”命令，如图 7-33

所示,在弹出的"元件属性"对话框中,设置"标识符"为"item",勾选"为运行时共享导出"和"在第一帧导出"选项。

步骤三:创建 xml 文档

1. 在文件"Flashbar. fla"的同一目录下,新建"文本文档"文件,并将其命名为"list. xml"。选择该文件,在"记事本"窗口中输入代码:

```
//推荐 UTF-8 编码,国际通用。国内一般是 GB 2312
<? xml version="1.0" encoding="utf-8"? >
<items>
<item txt="被缚的谁" picUrl="被缚的谁.jpg" link="http://www.jieyanri.com/" time
="5"/>
<item txt="空中幽灵" picUrl="空中幽灵.jpg" link="http://www.jieyanri.com/" time
="5"/>
<item txt="冷水煮青蛙" picUrl="冷水煮青蛙.jpg" link="http://www.jieyanri.
com/" time="5"/>
<item txt="燃烧的青春岁月" picUrl="燃烧的青春岁月.jpg" link="http://www.jiey-
anri.com/" time="5"/>
<item txt="失去的生命" picUrl="失去的生命.jpg" link="http://www.jieyanri.
com/" time="5"/>
<item txt="踏上不归路" picUrl="踏上不归路.jpg" link="http://www.jieyanri.
com/" time="5"/>
<item txt="最后的归宿" picUrl="最后的归宿.jpg" link="http://www.jieyanri.
com/" time="5"/>
</items>
```

2. 按"Ctrl+S"键保存文件。

步骤四:添加脚本语言

1. 切换到 Adobe Flash,在"编辑栏"单击"场景 1"回到场景编辑模式,在控制面板新建图层并重命名为"action"。在"时间轴"控制面板选择第 1 帧,鼠标右键选择"动作"命令,在打开的窗口输入下列代码。

```
//使外部文本文件中的中文字符能正常显示
System.useCodepage = true;
//新建 loadXml 函数,供使用
function loadXml(url) {
  //声明一个变量_loc2,并且定义为 XML 类型
  var _loc2:XML = new XML();
  //忽略 xml 文档中仅包含空白的文本节点
  _loc2.ignoreWhite = true;
  //加载外部 XML 文件 url,到_loc2 变量中
  _loc2.load(url);
  //当 url 完全装入_loc2 中时应进行的处理,此处是必需的,只有当加载成功后,才能控制 XML。
  否则不能
  _loc2.onLoad = function(success) {
    if (success) {
```

```
    //获取_loc2 对象中全部子节点对象的对象数组,对象数组中的每个数据元素都是_loc2 操
    作对象中的一个子节点对象
      itemArray = this.firstChild.childNodes;
      //使用 trace(itemArray),可看到<item txt="被缚的谁" … time="5" />中所有的
      数据
      //调用 showItem 函数
      showItem();
    }
  };
}
```

2. 继续在打开的窗口输入下列代码。

```
//新建 showBtn 函数供使用,并设置好参数
function showBtn(id) {
  //用一个 for 得出 itemArray 的总数,这里 itemArray.length =7
  for (var _loc2 = 0; _loc2<itemArray.length; ++_loc2) {
    //btn01,btn02……btn06
    _root["btn"+_loc2].gotoAndStop(1);
  }
  _root["btn"+id].gotoAndStop(2);
}

//新建 showItem 函数供使用
function showItem() {
  for (var _loc2 = 0; _loc2<itemArray.length; ++_loc2) {
    index = 0;
    //把库中链接属性标识符为 btn 的元件创建到主场景一个名为 btn+_loc2 的元件,深度是
    1000+_loc2
    _root.attachMovie("btn", "btn"+_loc2, 1000+_loc2, {_x:15+25* _loc2, _y:
315});
    //显示按钮的序号,1,2,3,4,5,6,7
    _root["btn"+_loc2].txt.text = _loc2+1;
    //显示序号 0, 1,2,3,4,5,6
    _root["btn"+_loc2].index = _loc2;
    _root["btn"+_loc2].onPress = btnPress;
  }
  //调用 showBtn 函数
  showBtn(index);
  //调用 changeTitle 函数
  changeTitle(index);
  //在影片剪辑 item1 中,建影片剪辑 empty,层级 1
  item1.createEmptyMovieClip("empty", 1);
  //itemArray[index].attributes.picUrl 是图片文字提示:被缚的谁.jpg
  item1.empty.loadMovie(itemArray[index].attributes.picUrl);
  item2.createEmptyMovieClip("empty", 1);
  //设置循环执行函数
```

```
    _root.onEnterFrame = function() {
    //已下载的字节数大于或等于预载入影片的字节数
    if (item1.empty.getBytesLoaded()>=item1.empty.getBytesTotal() & item1.
empty.getBytesTotal()>0) {
        ++index;
        //用 loadMovie 加载的外部文件是加载到一个 empty 影片剪辑中
        //itemArray[index].attributes.picUrl 是图片文字提示,空中幽灵.jpg;
        item2.empty.loadMovie(itemArray[index].attributes.picUrl);
        //调用函数 picChange,调用的时间间隔
        waitID = setInterval (picChange, itemArray[index].attributes.time *
1000);
        //退出 onEnterFrame 循环
        delete _root.onEnterFrame;
      }
    };
  }

  //新建 changeTitle 函数供使用
  function changeTitle(i) {
    title.txt.htmlText = "<a href=\""+itemArray[i].attributes.link+"\"
target=\"_blank\">"+itemArray[i].attributes.txt+"</a>";
    //实现当鼠标经过 item2 按钮的动画效果
    item2.onRelease = function() {
      //当鼠标单击显示图片时候,打开 url 地址:http://www.jieyanri.com/
      getURL(itemArray[i].attributes.link, "_blank");
    };
    //实现当鼠标经过 item1 按钮的动画效果
    item1.onRelease = function() {
       getURL(itemArray[i].attributes.link, "_blank");
    };
  }
```

3. 继续在打开的窗口输入下列代码。

```
  //新建 picChange 函数供使用
  function picChange() {
    changeID = setInterval(changing, changeSpeed, is12);
    //显示的值 false 或 true
    is12 = ! is12;
    showBtn(index);
    changeTitle(index);
    //调用 clearInterval 函数
    clearInterval(waitID);
  }

  //新建 changing 函数供使用
  function changing(b) {
```

```
    if (b) {
      if (item2._alpha>=100) {
        item1._alpha = 0;
        //调用 loadNextPic 函数
        loadNextPic();
        //交换两影片剪辑深度
        item1.swapDepths(item2);
        waitID = setInterval (picChange, itemArray[index].attributes.time *
1000);
        clearInterval(changeID);
      }
      item1._alpha = item1._alpha-num;
      item2._alpha = item2._alpha+num;
    }
    else {
      item2._alpha = item2._alpha-num;
      item1._alpha = item1._alpha+num;
      if (item1._alpha>=100) {
        item2._alpha = 0;
        //调用 loadNextPic 函数
        loadNextPic();
        item1.swapDepths(item2);
         waitID = setInterval (picChange, itemArray[index].attributes.time *
1000);
        clearInterval(changeID);
      }
    }
  }

  //新建 loadNextPic 函数供使用
  function loadNextPic() {
    // index 是的按钮的序号 1-7,但图片存放在数组 itemArray 中,是从 0 开始存放
    if (index>=itemArray.length-1) {
      index = 0; }
    else {
      ++index; }
    if (! is12) {
      item1.empty.loadMovie(itemArray[index].attributes.picUrl); }
    else {
      item2.empty.loadMovie(itemArray[index].attributes.picUrl);
    }
  }
```

4. 继续在打开的窗口输入下列代码。

```
  //新建 btnPress 函数供使用
  function btnPress() {
    _root.index = this.index;
    //调用 btnPic 函数
    btnPic();
```

```
  clearInterval(waitID);
  clearInterval(changeID);
  //调用 picChange 函数
  _root.picChange();
}

//新建 btnPic 函数供使用
function btnPic() {
  //is12 是逻辑变量,所以下面的图片显示会有秩序改变
  if (! is12) {
    //当值 ! is12 为 true 时候,单击 2,4,6 按钮时候,以秩序:空中幽灵.jpg,燃烧的青春岁
    月.jpg,踏上不归路.jpg 显示
    item1.empty.loadMovie(itemArray[index].attributes.picUrl); }
  else {
    //当值 ! is12 为 false 时候,单击 1,3,5,7 按钮时候,以秩序分别显示图片,被缚的谁.
    jpg,冷水煮青蛙.jpg,失去的生命.jpg,踏上不归路.jpg
    item2.empty.loadMovie(itemArray[index].attributes.picUrl); }
}

var index = 0;
//在动态文本框 txt 中加载 HTML 格式的文本
title.txt.html = true;
item2._alpha = 0;
var waitID;
//定义 itemArray 为数组
var itemArray = new Array();
var changeID;
var is12 = true;
var num = 10;
var changeSpeed = 40;
//加载 XML 文件 list.xml
loadXml("list.xml");
```

5.按“Ctrl+S”键保存文件,按“Ctrl+Enter”组合键测试影片效果。对于需要更新的图片及广告语和链接只需要替换 XML 文档中即可。

任务 4　图片滚动动画

【任务背景】

Flash 图片滚动展示是目前在各大网站首页以及各栏目首页非常的流行一种方式。其制作比较简单,为配合某网站评比观众最愿意参观的世博场馆,制作一个滚动图片来展示动画片,效果如图 7-34 所示。

图 7-34　完成效果

【任务要求】

制作一个滚动条上下移动，照片图像逐渐滚动显示的效果。

【任务分析】

图片间断滚动或不间断滚动是 Flash 动画常用的效果，比如运动的背景等，滚动效果是一种常见的效果，应用十分广泛。图片滚动展示是 Flash 常遇到的技术问题，可以利用脚本语言实现如同 IE 浏览器的展示效果，其技术难点要求控制图片滚动展示的边界位置。

【重点、难点】

1. 制作影片剪辑。

【技术要领】影片剪辑、动作脚本语言的使用。
【解决问题】图片滚动显示。
【素材来源】\模块 07\情境 02\任务 4\素材\中国馆. jpg ~ 世博会夜景. jpg。
【完成效果】\模块 07\情境 02\任务 4\完成效果\scrollshow. fla。

2. 制作滚动条和按钮。

操作步骤

步骤一：创建文档

1. 启动 Adobe Flash，按“Ctrl+N”键打开新建文档对话框，在“常规”选项卡中选择“Flash 文件(Action Script 2.0)”选项，新建一个空白文档。

2. 在“属性”面板修改文档属性，“大小”为 480 像素×320 像素，“背景颜色”设为“浅灰色”，“帧频”为 120 fps。

3. 按“Ctrl+S”键将文件保存为“scrollshow. fla”。

步骤二：制作基本元件

1. 使用“文件”→“导入到舞台”命令，从外部导入“中国馆. jpg”“沙特阿拉伯. jpg”“德国馆. jpg”“英国馆. jpg”“法国馆. jpg”“澳大利亚馆. jpg”“日本馆. jpg”“世博夜景. jpg”图片。将其按竖向顺序排列，确保“中国馆. jpg”的“X，Y”为 0，0，得到如图 7-35 所示的效果。全选所有图片，按“F8”键将其转换为元件，将“名称”设置为“imgshow”，类型设置为“影片剪辑”。

2. 在“时间轴”控制窗口将“图层 1”重命名为“imgshow”，新建图层并重命名为“scrollbg”。使用“工具”面板“矩形工具”，如图 7-36 所示。绘制一个半透明的黑色矩形作为滚动条的背景。选择该矩形，按 F8 键将其转换为元件，将“名称”设置为“scrollbg”，类型设置为“影片剪辑”。

3. 在“时间轴”控制窗口新建图层并重命名为“scrollbar”，使用“工具”面板“矩形工具”，如图 7-37 所示，绘制一个浅灰色的矩形，作为滚动条的滑块。选择该矩形，按“F8”键将其转换为元件，将“名称”设置为“scrollbar”，“类型”设置为“影片剪辑”。

图 7-35 排列需要展示的图片

图 7-36 制作滚动条背景

图 7-37 制作滚动条滑块

步骤三:添加脚本语言

1. 在舞台上选择元件"imgshow",并将该元件"实例名称"命名为"img_show"。

2. 在舞台上选择元件"scrollbg",并将该元件"实例名称"命名为"scroll_bg"。

3. 在舞台上选择元件"scrollbar",并将该元件"实例名称"命名为"scroll_bar"。

4. 在"时间轴"控制面板新建图层并重命名为"action",选择第 1 帧,鼠标右键选择"动作"命令,在打开的窗口输入下列代码。

```
//滚动条被按下,锁被打开
scroll_bar.onPress=function(){ scroll_lock="no" }
//滚动条被放松,锁被关闭
scroll_bar.onRelease=function(){ scroll_lock="yes" }
//滚动条空白域被点击,锁被打开
scroll_bg.onPress=function(){ scroll_lock="no" }
//鼠标提升,锁被关闭
scroll_bg.onMouseUp=function(){ scroll_lock="yes" }
```

5. 继续在"时间轴"控制面板新建图层并重命名为"action2",选择第 2 帧,按"F6"键添加关键帧,鼠标右键选择"动作"命令,在打开的窗口输入下列代码。

```
//舞台高度 320,滚动条高度 30,滚动条 scroll_bar 在上端 15 和下端 305 之间移动
if (scroll_lock=="no" && _ymouse<=305 && _ymouse>=15 )
//其中的"15"代表滚动条长度的一半,"2"代表滚动条缓冲常数;注意:这个常数不要设置太大,以免鼠标下来了,滚动条还在上面。
{  scroll_bar._y+=(_ymouse-scroll_bar._y-15)/2 }
//滚动显示区域的高度是 320,滚动显示区域的高度-滚动条高度是 320-30=290,被滚动影片缓冲常数是 20,这里不要设置太大以免鼠标下来了,滚动条还在上面
img_show._y+=(-(img_show._height-320)* (scroll_bar._y/290)-img_show._y)/20


/* img_show._height-320 意思就是_ymouse-scroll_bar._y -[滚动条长度的一半],img_show 被移动的最大范围。然后下面就是要让 img_show 滚动到的位置所占总滚动位置的比例,和滚动条移动到的 y 占总移动范围的比例一样。所以有了 img_show._y+=([极限位置]- img_show._y)/20 这个是缓冲的算法,向极限每次循环以当前距离的 1/20 靠近。
[极限位置]=-(img_show._height-320)* (scroll_bar._y/290)
```

```
(scroll_bar._y/290)是滚动条的 _y 占滚动范围的比例
然后用 img_show._height-320 乘(scroll_bar._y/290) 就得到 img_show,占总滚动比例与滚动条占滚动总范围的比例一样。_y 的值前面加"-"号是要达到滚动条向下,被滚动 img_show 向上的效果。然后当你单击滚动条,可移动范围空白区域的时候,锁打开,得到鼠标当前位置,滚动条马上缓冲移动到这个位置,然后,相当于拖动滚动条移动一样,向下执行步骤。* /
```

6. 选择图层“action2”,选择第 3 帧,按“F6”键添加关键帧,鼠标右键选择“动作”命令,在打开的窗口输入下列代码。

```
gotoAndPlay(2);
```

7. 按“Ctrl+S”键保存文件,按“Ctrl+Enter”组合键测试影片效果。

◎ 知识点拓展

01. Flash 调用外部图片文件到影片剪辑中

①外部图片必须和正在编辑的 Flash 文件放在同一目录下。

②存入 6 张尺寸相同的图片,并重命名为:01. jpg、02. jpg、…、06. jpg。

③新建 Flash 文档,场景大小为 400 像素,高为 300 像素,制作一个空的影片剪辑 mymc。

④单击场景 1,从库里将刚才新建的影片剪辑拖到场景中来,选中影片剪辑,设置 *xy* 轴为“0”,并在“实例名称”中输入“mc”。

⑤分别在第 10、50、60、70、110、120、130、170、180、190、230、240、250、290、300、310、350、360 帧处插入关键帧。

⑥分别单击第 1、60、120、180、240、300、360 帧,再用鼠标选择编辑区中的“mc”,在属性下面颜色选择“Alpha”,数量设置 25% 。

⑦分别单击第 10、50、70、110、130、170、190、230、250、390、310、350 帧,再用鼠标选择编辑区的中的“mc”,在属性下面颜色选择“Alpha”,数量设置为“100% ”。

⑧分别单击第 1、50、60、110、120、170、180、230、240、290、300、350 帧单击右键,选择“创建传统补间”。

⑨单击第 1 关键帧,再单击“动作”在编辑区输入:

```
loadMovie("01.jpg", "mc"); //加载图片到影片剪辑 mymc 中
```

⑩单击第 60 关键帧,再单击“动作”,在编辑区中输入

```
loadMovie("02.jpg", "mc");
```

⑪单击第 120 关键帧,再单击“动作”,在编辑区中输入

```
loadMovie("03.jpg", "mc");
```

⑫单击第 180 关键帧,再单击“动作”,在编辑区中输入

```
loadMovie("04.jpg", "mc");
```

⑬单击第 240 关键帧,再单击“动作”,在编辑区中输入

```
loadMovie("05.jpg", "mc");
```

⑭单击第 300 关键帧,再单击“动作”,在编辑区中输入

```
loadMovie("06.jpg", "mc");
```

02. Flash调用外部文本文件到场景中

①外部文本文件必须和正在编辑的 Flash 文件放在同一目录下。

②用工具箱中的文本工具,选择动态文本,给动态文本一个变量名,如 msg,在编辑区拖出一个动态文本框。

③新建一层,制作两个按钮(一个调用,一个清除)拖放到此层中。

④新建一层,在动态文本框的底部,制作 4 个按钮,分别为:调用文本、清除文本、向上一行、向下一行。

⑤调用文本按钮上的 AS:

```
//松开鼠标后执行下面的代码;
on(release){
  //调用 index.txt 文本文件到动态文本框 msg 中;
  loadVariables("index.txt",msg);
  //使外部文件的中文字符能够正确显示;
  System.useCodepage=true;
}
```

清除文本按钮上的 AS:

```
on(release){
  //清除动态文本框中的内容;
  _root.msg="";
}
```

向上文本按钮上的 AS:

```
//按钮的感应区上每按一次鼠标执行下面的代码;
on(press){
  //文本向下滚动一行;
  _root.msg.scroll=_root.msg.scroll-1;
}
```

向下文本按钮上的 AS:

```
//按钮的感应区上每按一次鼠标执行下面的代码;
on(press){
  //文本向上滚动一行;
  _root.msg.scroll=_root.msg.scroll+1;
}
```

03. Flash调用外部 swf 文件到影片剪辑中

①外部 swf 文件必须和正在编辑的 Flash 文件放在同一目录下。

②新建立一个空的影片剪辑 mymc,把它放在场景中,实例名是:mc。

③新建一层,制作两个按钮(一个调用,一个清除)拖放到此层中。

④调用按钮上的 AS：

```
//鼠标离开按钮后执行下面的代码；
on (release) {
  //加载外部 swf 文件到“mymc”空影片剪辑中；
  loadMovie("shangrila.swf","mc");
  //定义 mc 的 x 轴方向的位置(向右偏移距离)
  mc._x = -120;
  //定义 mc 的 y 轴方向的位置(向下偏移距离)
  mc._y = -310;
  //定义 mc 的宽度(80 表示是原尺寸的 80% )
  mc._xscale=80;
  //定义 mc 的高度(80 表示是原尺寸的 80% )
  mc._yscale=80;
    //以下代码同样可以实现一样功能
    //setProperty ("mc", _x,-120);
    //setProperty ("mc", _y,-310);
    //setProperty ("mc", _xscale,80);
    //setProperty ("mc", _yscale,80);
}
```

清除按钮上的 AS：

```
//鼠标离开按钮后执行下面的代码；
on(release){
  //删除用 loadMovie 加载的*.swf 文件；
  unloadMovie(mc);
}
```

04. Flash 调用外部 swf 文件到时间轴上

①外部 swf 文件必须和正在编辑的 Flash 文件放在同一目录下。

②制作两个按钮(一个调用,一个清除)拖放到场景中。

③调用按钮上的 AS：

```
//鼠标离开按钮后执行下面的代码；
on(release){
  //加载外部的“shangrila.swf”文件到场景中,层深为 1;
  loadMovie("shangrila.swf",1);
}
```

④清除按钮上的 AS：

```
//鼠标离开按钮后执行下面的代码；
on(release){
  //删除层深为 1 的用 loadMovie 所加载的文件；
  unloadMovie(1);
}
```

05. Flash 调用外部声音文件到场景中

①外部声音文件必须和正在编辑的 Flash 文件放在同一目录下。

②制作两个按钮(一个调用,一个清除)拖放到场景中。

③调用按钮上的 AS:

```
on(release){
  //建立一个新的声音对象 mySound;
  var mySound:Sound=new Sound();
  //加载外部的 mp3 声音文件到 mySound 对象中,并且按流的方式播放(参数为 false 时,装载
  完后播放)
  mySound.loadSound("刀郎-情人.mp3",true);
}
```

④清除按钮上的 AS:

```
on(release){
  //当按下清除按钮后,停止声音的播放;或 stopAllSounds();
  mySound.stop();
}
```

◎ 独立实践任务

任务5 影视在线

【任务背景】

在人类生命中也许有那么一段时光,在心中留下的是永恒的美好,一切都是瞬息,一切都将过去,而那过去了的,就会成为亲切的怀念。为大学生活设计一个以滚动胶片形式呈现校园生活的动画。

【任务要求】

胶片保持不变,胶片上的图片在胶片上循环滚动,以影视胶片动画展示,单击某张图片即进入相应网页。图片大,数量就要少,图片适中,数量可适当增多。一般15~20张为佳。

【技术要领】按钮制作、影片剪辑,Flash 中模拟影片循环特效,以及如何衔接 MC 起、始处的连接以达到循环播放的视觉效果。

【解决问题】ActionScript 脚本语言控制匀速滚动。

【素材来源】\模块07\情境02\任务5\素材\中国馆.jpg~波兰馆.jpg。

情境03 图文特效制作

本情境主要利用 Adobe Flash 提供的滤镜效果与混合模式来制作图文特效。这种动画有着强烈的表现力,有着生动刺激的视觉效果。

滤镜和混合模式这两项重要的功能,在不少图形图像软件中都具备。以 Photoshop 作

为参照，比如投影、发光常归类于图层效果，而调整颜色又是典型的图像调整命令。Flash 这两项源于和其他图形软件的相似功能，几乎颠覆了长期以来对 Flash 设计能力欠缺的固有偏见。

Adobe Flash 的滤镜效果有 7 种滤镜，即投影、模糊、发光、斜角、渐变发光、渐变斜角、调整颜色。使用滤镜仅限于电影剪辑、按钮和文字 3 种类型。

Adobe Flash 的混合模式可以创建复合图像。当两个图像的颜色通道以某种数学计算方法混合叠加到一起的时候，两个图像会产生某种特殊的变化效果。

在混合模式中提供了图层、变暗、色彩增值、变亮、荧幕、叠加、强光、增加、减去、差异、反转、Alpha、擦除等混合模式。需要注意的是，混合模式只能应用在影片剪辑和按钮元件中。

【能力目标】

1. 能够使用混合模式特效和设置。
2. 能够使用滤镜特效和设置。

【知识目标】

1. 理解混合模式的概念。
2. 理解滤镜特效的概念。

【学时分配】

4 课时（授课 2 课时，实践 2 课时）。

◎ 模拟制作任务

任务 1　利用滤镜特效——制作汽车广告宣传动画

【任务背景】

在一则汽车产品的商业广告中，汽车销售商需 Flash 动画师制作具有视觉冲击力的广告宣传动画，效果如图 7-38 所示。

图 7-38　完成效果

【任务要求】

商业广告要求具有强烈的视觉冲击力，极富艺术美感。

【任务分析】

在网站上经常可以看到商业广告，其制作方法多样，Flash 具有 7 种滤镜效果，是非常丰富的，具有极大的视觉冲击力，可以达到商业广告的要求。滤镜只能被加到影片剪辑元件上，这使 Flash 动画制作师需要事先计划好，如果所设计的动画只是依赖于几个嵌套的动画，那么需要它们相互同步。使用一个运动补间和一些基本的 ActionScript，即可以控制影片剪辑做它们应该做的事情。

【重点、难点】

1. 图片转换为影片剪辑。

2. 添加滤镜效果。

【技术要领】导入位图,补间动画、滤镜特效。
【解决问题】将图片导入库面板中,Flash 中的滤镜只适用于文本、影片剪辑和按钮,也就是说首先要将不是影片剪辑或按钮的对象转换为影片剪辑或按钮,才可以使用滤镜。通过图层的布局制作补间动画,在不同的补间动画中,添加不同的滤镜效果。
【素材来源】\模块 07\情境 03\任务 1\素材\car1. jpg、car2. jpg、fj. jpg、road. jpg。
【完成效果】\模块 07\情境 03\任务 1\完成效果\汽车广告. fla。

操作步骤

步骤一:创建文档

1. 启动 Adobe Flash,按"Ctrl+N"键打开新建文档对话框,在"常规"选项卡中选择"Flash 文件(Action Script 2.0)"选项,新建一个空白文档。

2. 在"属性"面板修改文档属性,"大小"为 480 像素×300 像素,"背景颜色"为"#057A04","帧频"为"12",其他参数保持默认值。

步骤二:添加图片

1. 执行"文件"→"导入"→"导入库"命令,导入"\模块 07\情境 03\任务 1\素材\car1. jpg、car2. jpg、fj. jpg、road. jpg"到"库"。

2. 将"图层 1"重新命名为"风景",将图片"fj. jpg"从"库"中拖放到舞台的第 1 帧,选择帧中的图片,在"属性"面板中设置图片的尺寸为 480 像素×300 像素,执行"窗口"→"库"命令,或按"Ctrl+L"键打开"库"面板,使图片位于舞台的中心位置,如图 7-39 所示。

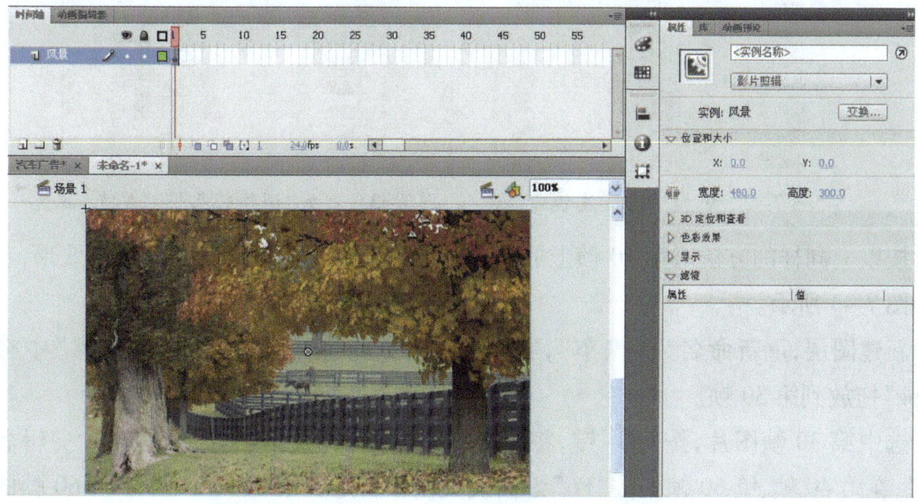

图 7-39　将风景图片从"库"中拖入舞台

3. 选中第 1 帧图片，按“F8”键，将第 1 帧的图片转换为影片剪辑，影片剪辑名称为“风景”，在第 10 帧、第 20 帧，第 30 帧处按“F6”键插入关键帧。

步骤三：添加补间动画并添加滤镜效果

1. 分别在第 10～20 帧、20～30 帧处定义补间动画，如图 7-40 所示。

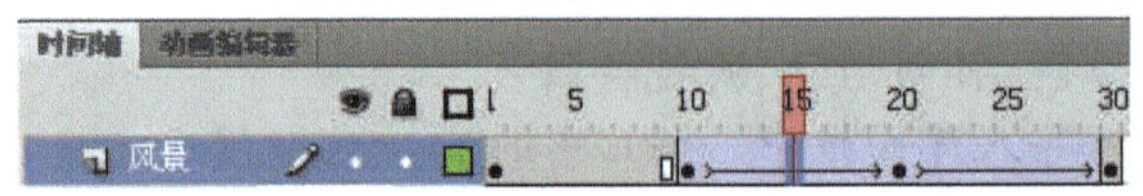

图 7-40　添加补间动画

2. 选中第 20 帧上的实例，在“滤镜”面板为实例添加“调整颜色”滤镜，如图 7-41(a)所示，具体参数的设置如图 7-41(b)所示。

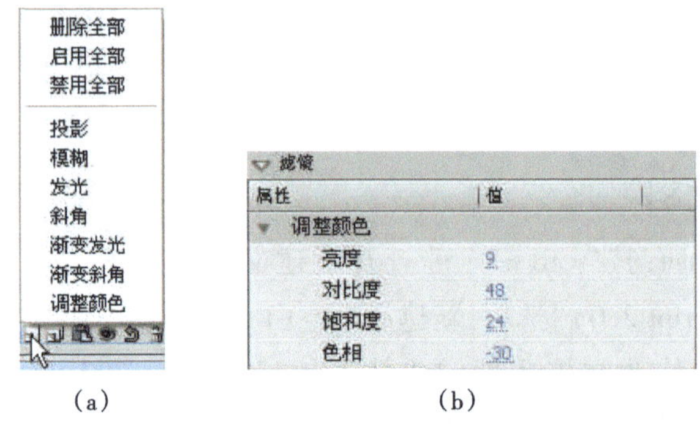

(a)　　(b)

图 7-41　添加“调整颜色”滤镜

使用同样的方法为实例添加“发光”滤镜效果，具体参数的设置如图 7-42 所示。

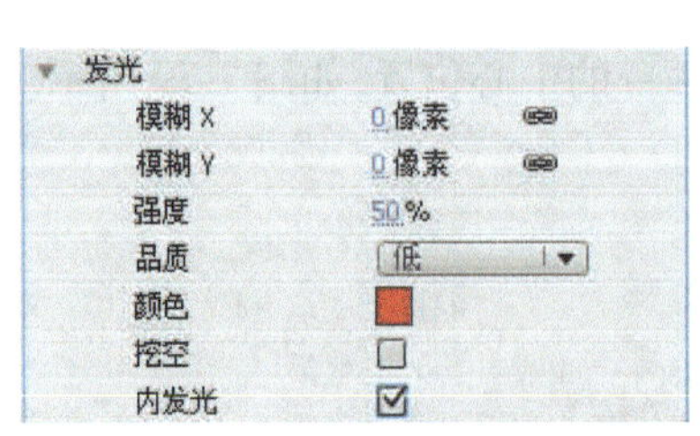

图 7-42　添加“发光”滤镜

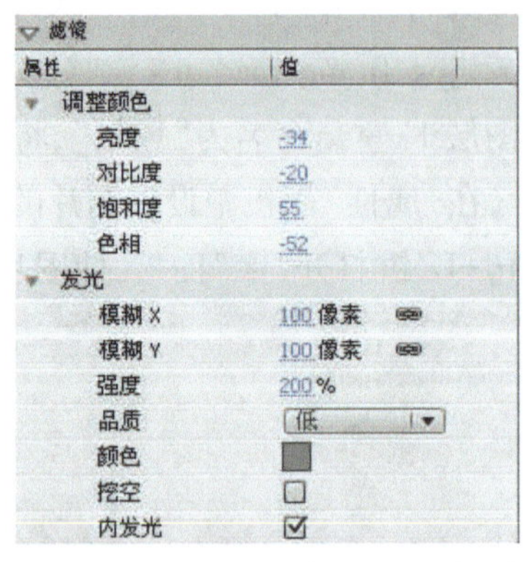

图 7-43　添加“调整颜色”和“发光”滤镜

3. 按以上同样的方法对第 30 帧上的实例，添加“调整颜色”和“发光”滤镜效果，参数的设置如图 7-43 所示。

4. 新建图层，重新命名为“汽车”，在第 30 帧按 F6 键插入关键帧，从“库”中将图片“car. jpg”拖放到第 30 帧。

5. 选中第 30 帧图片，按“F8”键，将第 30 帧的图片转换为影片剪辑，影片剪辑名称为“汽车”，在第 40 帧、第 60 帧处按“F6”键插入关键帧。定义第 30～40 帧、40～60 帧的补间动画，如图 7-44 所示。

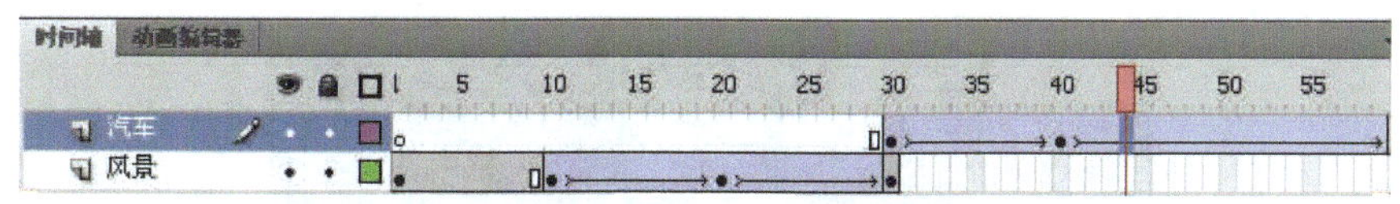

图 7-44　添加补间动画

6. 为第 40 帧上的实例添加“调整颜色”和“发光”滤镜，并分别调整它们的参数，如图 7-45 所示。

7. 为第 60 帧上的实例添加“调整颜色”和“发光”滤镜，并分别调整它们的参数，如图 7-46 所示。

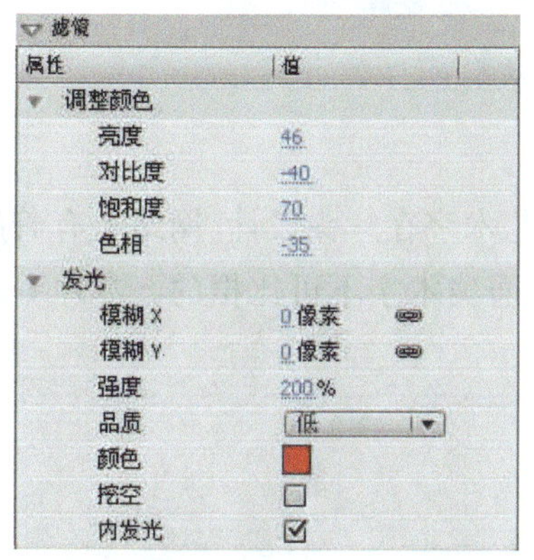

图 7-45　添加“调整颜色”“发光”滤镜

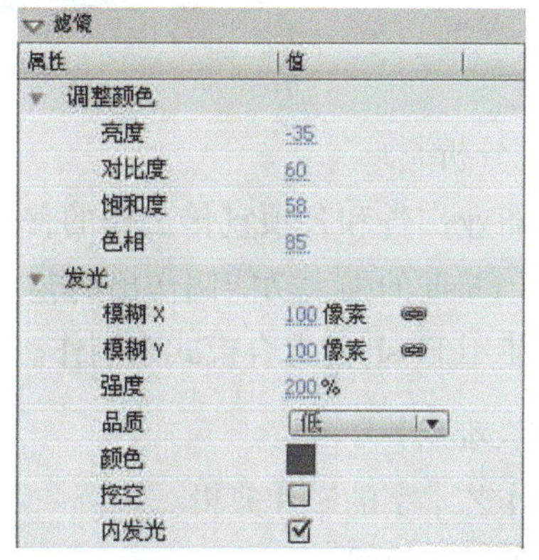

图 7-46　添加“调整颜色”“发光”滤镜

8. 新建图层，重新命名为“动画”，在第 60 帧按“F6”键插入关键帧，从“库”中将图片“road. jpg”拖放到第 60 帧。

9. 选中第 60 帧图片，按“F8”键，将第 60 帧的图片转换为影片剪辑，影片剪辑名称为“公路”，然后在第 90 帧按“F6”键插入关键帧。将第 60 帧上实例的“Alpha”值修改为“0”，将汽车图层的帧延伸到 90 帧。最终的时间轴效果如图 7-47 所示。

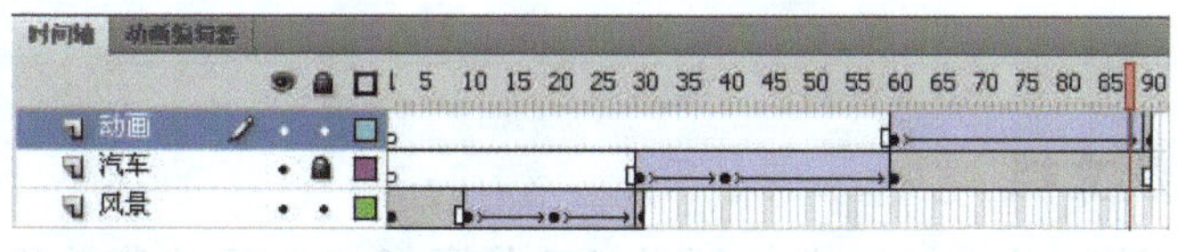

图 7-47　最终时间轴效果

10. 按“Ctrl+S”键保存文件。按“Ctrl+Enter”组合键测试影片效果。

任务 2　利用混合模式——制作动画的“片头艺术字”

【任务背景】

数字传媒设计与制作网站需要设计一个精美动效艺术字片头，效果如图 7-48 所示。

【任务要求】

片头艺术字表现形式要求新颖和富于艺术情趣，片头艺术字要体现动态效果。

图 7-48　完成效果

【任务分析】

随着商业广告和各项宣传工作的普及，动态艺术字在片头设计、网站上有着广泛的应用，而应用 Flash 的强大功能制作出的艺术字是普通美术字不可比拟的。本片头的动态艺术字可以使用 Flash 的混合模式来制作。

【重点、难点】

1. 制作艺术字的影片剪辑。

2. 添加混合模式。

【技术要领】颜料桶工具、墨水瓶工具、补间动画。

【解决问题】导入位图，制作艺术字，然后将艺术字打散，添加混合模式，制作补间动画。

【素材来源】\模块 07\情境 03\任务 2\素材\数字艺术. jpg。

【完成效果】\模块 07\情境 03\任务 2\完成效果\艺术字. fla。

操作步骤

步骤一：创建文档

在"属性"面板修改文档属性，"大小"为 450 像素×282 像素，"背景颜色"为：#FFFFFF，"帧频"为 12，其他参数保持默认值。

步骤二：添加图片

1. 执行"文件"→"导入"→"导入库"命令，导入"\模块 07\情境 03\任务 2\素材\数字艺术. jpg"到"库"。

2. 将"图层 1"重新命名为"背景"，将图片"数字艺术. jpg"从"库"中拖放到舞台的第 1 帧，执行"窗口"→"库"命令，或按"Ctrl+L"键打开"库"面板，使图片位于舞台的中心位置，如图 7-49 所示。

步骤三：制作艺术字

1. 在"背景"图层上新建图层，并命名为"艺术字"，在"艺术字"图层的第 1 帧运用文本

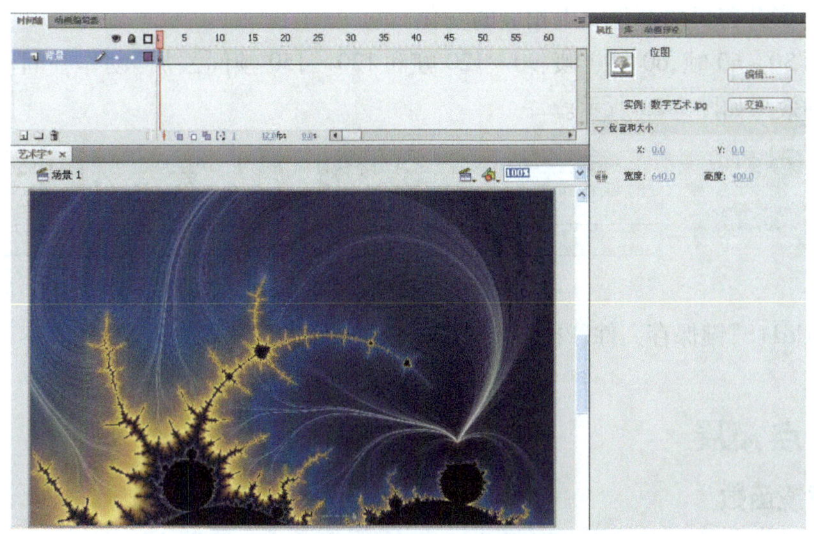

图 7-49　将图片从“库”中拖入舞台

工具输入“数字媒体”4 个字，设置“字体”为“汉仪菱心体”，字号为 80，如图 7-50 所示。

图 7-50　输入文字

2. 按“Ctrl+B”打散文字，选择“颜料桶工具”，设置填充颜色为样本色中的七彩色，填充文字。选择“墨水瓶工具”，单击文字形状为它添加笔触颜色，如图 7-51 所示。

图 7-51　填充文字

3. 运用“选择工具”框选取文字对象，按“F8”键将图形转换为影片剪辑，名称为“数字媒体”。

步骤四：添加混合模式效果

1. 在“背景”图层的第 150 帧按“F5”键插入帧。

2. 在“艺术字”图层的第 30、60、90、120、150 帧按“F6”键插入关键帧。任意更改各帧上“艺术字”影片剪辑的位置和大小。

3. 选中第 30 帧上的“艺术字”影片剪辑实例，单击“属性”面板的“混合”列表项，执行“变亮”命令，如图 7-52 所示。

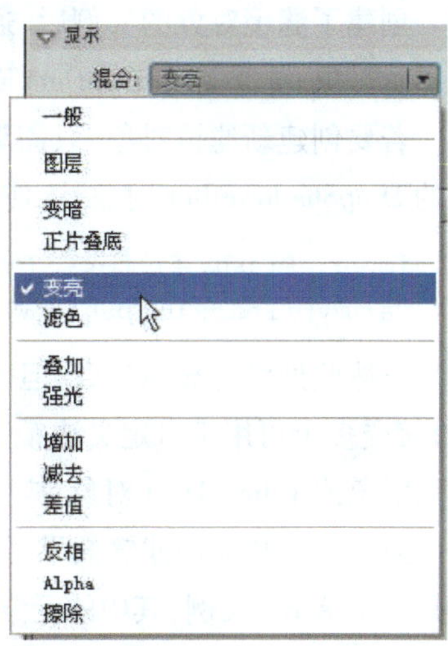

图 7-52　打开“混合模式”

4. 使用同样的方法，在第 60、90、120 帧分别添加混合模式中的“叠加”“差值”“反相”类型，此时舞台中的

“数字媒体”影片剪辑的颜色发生相应的变化。

5. 在第 30 ~60 帧、60 ~90 帧、90 ~120 帧和 120 ~150 帧间添加“动作补间动画”，完成后的时间轴效果如图 7-53 所示。

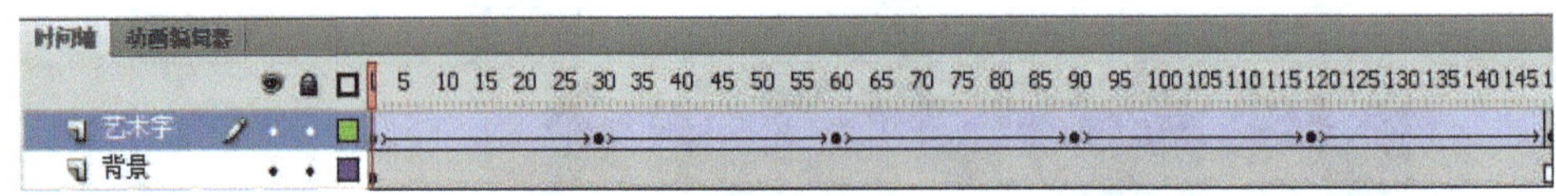

图 7-53　最终时间轴效果

6. 按“Ctrl+S”键保存文件。按“Ctrl+Enter”组合键测试影片效果。

◎ 知识点拓展

01. 滤镜函数

Flash 8 以上版本的显著变化是吸收了 Director 中的位图操作功能，让 Flash 动画也能支持位图的实时运算，其本身的 ActionScript 也内置了几款常用的 Filter Class 滤镜类，包括有 Blur（模糊）、Bevel（浮雕）、DropShadow（阴影）、GlowFilter（发光）等，通过简单的 AS 语法也能快速操作位图以达到人们想要的实时特效。

ActionScript 3. 0 包括 Flash. filters 包，它包含一系列位图效果滤镜类，允许开发人员以编程方式对位图应用滤镜并显示对象，以达到图形处理应用程序中所具有的许多相同效果。

为应用程序添加优美效果的一种方式是添加简单的图形效果，如在图片后面添加投影可产生三维视觉效果，在按钮周围添加发光可表示该按钮当前处于活动状态。ActionScript 3. 0 包括 9 种可应用于任何显示对象或 BitmapData 实例的滤镜。滤镜的范围从基本滤镜（如投影和发光滤镜）到用于创建各种效果的复杂滤镜（如置换图滤镜和卷积滤镜）。

使用滤镜可以对位图和显示对象应用投影、斜角和模糊等各种效果。由于将每个滤镜定义为一个类，因此应用滤镜涉及创建滤镜对象的实例，这与构造任何其他对象并没有区别。创建了滤镜对象的实例后，通过使用该对象的 filters 属性可以很容易地将此实例应用于显示对象；如果是 BitmapData 对象，可以使用 applyFilter( ) 方法。

若要创建新滤镜对象，只需调用所选的滤镜类的构造函数方法即可。例如，若要创建新的 DropShadowFilter 对象，请使用以下代码：

```
import Flash. filters. DropShadowFilter;
var myFilter: DropShadowFilter=new DropShadowFilter();
```

虽然此处没有显示参数，但 DropShadowFilter( ) 构造函数（与所有滤镜类的构造函数一样）接受多个可用于自定义滤镜效果外观的可选参数。构造滤镜对象后，可以将其应用于显示对象或 BitmapData 对象，应用滤镜的方式取决于为之应用该滤镜的对象。

对显示对象应用滤镜效果时，可以通过 filters 属性应用这些效果。显示对象的 filters 属性是一个 Array 实例，其中的元素是应用于该显示对象的滤镜对象。若要对显示对象应用单个滤镜，请创建该滤镜实例，将其添加到 Array 实例，再将该 Array 对象分配给显示对象的

filters 属性：

```
DisplayObject. filter=myFilter
```

还有更简单的方法：

```
myDisplayObject. filters=[new BlurFilter()];
```

上面的代码使用 Array 文本语法(方括号)创建一个 Array 实例,并创建一个新的 BlurFilter 实例作为 Array 中的一个元素,然后将该 Array 分配给名为 myDisplayObject 的显示对象的 filters 属性。

删除显示对象中的所有滤镜非常简单,只需为 filters 属性分配一个 null 值即可：

```
myDisplayObject. filters=null;
```

简单滤镜见表 7-1。

表 7-1　简单滤镜

滤镜类型	滤镜名	使用效果
BevelFilter	斜角滤镜	使用 BevelFilter 类可以为应用了滤镜的对象添加 3D 斜角边缘。此滤镜可使对象的硬角或边缘具有硬角或边缘被凿削或呈斜面效果。
BlurFilter	模糊滤镜	BlurFilter 类可使显示对象及其内容具有涂抹或模糊的效果。模糊效果可以用于产生对象不在焦点之内的视觉效果,也可以用于模拟快速运动,比如运动模糊。通过将模糊滤镜的 quality 属性设置为低,可以模拟轻轻离开焦点的镜头效果。将 quality 属性设置为高,会产生类似高斯模糊的平滑模糊效果。
DropShadowFilter	投影滤镜	投影给人一种目标对象上方有独立光源的印象。可以修改此光源的位置和强度,以产生各种不同的投影效果。DropShadowFilter 类所使用的算法与模糊滤镜的算法类似。主要区别是投影滤镜有更多的属性,用户可以修改这些属性来模拟不同的光源属性(如 Alpha、颜色、偏移和亮度)。
GlowFilter	发光滤镜	GlowFilter 类对显示对象应用加亮效果,使显示对象看起来像是被下方的灯光所照亮,可创造出一种柔和发光效果。与投影滤镜类似,发光滤镜包括的属性可修改光源的距离、角度和颜色,以产生各种不同效果。GlowFilter 还有多个选项用于修改发光样式,包括内侧或外侧发光和挖空模式。
GradientBevelFilter	渐变斜角滤镜	GradientBevelFilter 类可对显示对象或 BitmapData 对象应用增强的斜角效果。在斜角上使用渐变颜色可以大大改善斜角的空间深度,使边缘产生一种更为逼真的三维外观效果。
GradientGlowFilter	渐变发光滤镜	GradientGlowFilter 类可对显示对象或 BitmapData 对象应用增强的发光效果。该效果可使用户更好地控制发光颜色,因而可产生一种更逼真的发光效果。另外,渐变发光滤镜还允许用户对对象的内侧、外侧或上侧边缘应用渐变发光。

02. 使用滤镜

以前用户做 Flash 图片模糊效果,常用的方法是处理两张图片,一张清晰、一张模糊的图片，以 Blur Filter 模糊滤镜为例，糊滤镜是创建一个线性渐变模糊运动的一个非常方便的工具，使用 Flash 模糊滤镜模糊元件的方法如下。

启动 Adobe Flash，按"Ctrl+N"键打开新建文档对话框，在"常规"选项卡中选择"Flash 文件(Action Script 2.0)"选项，新建一个空白文档。

在舞台中导入要操作的图片，并将图片转换为影片剪辑，实例名称 my_mc；

在第一帧上使用以下代码：

```
//在更改播放器窗口大小时,Flash 尺寸仍然保持不变
Stage.scaleMode = 'noScale';
//导入 BlurFilter 类
import flash.filters.BlurFilter;
//定义一个 BlurFilter,里面的数字依次代表_x,_y 的模糊数量,以及模糊次数
var myBlurfilter:BlurFilter = new BlurFilter(8, 8, 3);
//利用数组添加滤镜
var filterArray:Array = new Array();
//添加模糊效果
filterArray.push(myBlurfilter);
//定义 my_mc 的模糊效果
my_mc.filters = filterArray;
//当鼠标移上的时候,清除滤镜
my_mc.onRollOver = function() {
    //清除滤镜
    my_mc.filters = null;
};
//当鼠标移开的时候,继续模糊
my_mc.onRollOut = function(){
    my_mc.filters = filterArray;
};
```

建立 Flash.filters.BlurFilter 的实例，使用方法为：

```
var myInstanceName: BlurFilter= new BlurFilter(blurX: Number, blurY: Number,
quality: Number);
```

在 BlurFilter 的构造函数中使用了 3 个参数：

blurX 和 blurY 模糊值分别指的是画面横向和纵向的模糊强度，范围为 1～255，默认值是 4。以 2 的乘方值(如 2、4、8、16 和 32)进行了优化，呈现速度比其他值更快。

quality 指的是应用滤镜的次数，即表示品质，默认值为 1 质量较低，2 质量居中，当为 3 时质量接近 Photoshop 中的高斯模糊(Gaussian blur)，已属较高质量，在大多数应用当中使用 1～3 的值即可，太高将影响运算效率。

用户甚至可以在运行时改变模糊滤镜的参数，使模糊效果可变，比如根据鼠标的位置产生不同的模糊效果。将代码改成下面的：

```
var filter: BlurFilter=new BlurFilter(8,8,3);
my_mc. filters=[filter];
onMouseMove =function()  {
```

```
  bx=Math.abs(_xmouse - my_mc._x);
  by=Math.abs(_ymouse - my_mc._y);
  filter.blurX=bx/10;
  filter.blurY=by/10;
  my_mc.filters=[filter];
}
```

以此类推，对于其他滤镜，也能方便地通过此方法用 AS 简单实现。

◎ 独立实践任务

任务 3　利用滤镜特效——制作动态图像

【任务背景】

为天体网站设计 Flash 天体动画，要求体现天体图像运动的模糊效果。

【任务要求】

图像显示从清晰到模糊，然后从模糊到清晰，使图片的飞入飞出存在运动模糊效果。

【技术要领】通过滤镜控制各个关键帧中对象的模糊状态。
【解决问题】导入多个图片，将图片对象转换为影片剪辑对象，通过滤镜控制关键帧对象的模糊状态。
【素材来源】\模块 07\情境 03\任务 3\素材\数字艺术.jpg。

任务 4　利用混合模式——制作幻彩效果图像

【任务背景】

“茉莉花园艺”网站首页要制作 Logo 动画，动画作品的设计体现幻彩动画效果。

【任务要求】

Logo 动画的片头设计要求具有颜色变化的闪烁效果，片头的边框具有艺术效果。

【技术要领】混合模式运用。
【解决问题】导入位图，制作矩形框、线和线组，通过混合模式控制色彩的变化。
【素材来源】\模块 07\情境 03\任务 4\素材\郁金香.jpg。

情境 04　菜单制作

菜单是应用程序中基本且重要的部件之一，除了某些特殊要求需要鼠标操作外，绝大部分的功能都可以在菜单中实现。因此，学会了菜单的制作，即大部分学会了 Flash。

使用 XML 菜单的好处就是当用户需要变动菜单项目时，不需要重新发布 Flash 动画，只要更改 XML 文件的内容即可。XML 菜单，简单地说就是菜单会读取外部的 XML 文件资料，动态产生菜单项目，为希望使用 Adobe Flash 来制作网站菜单，而菜单内容又需要常常变动的用户提供了极大的方便！至于什么是 XML，简单来讲，XML 是一个纯文字形态的文本文件，在里面自行定义了很多的数据域位和变量、参数等，所以用户可以使用 XML 文件来储存菜单的资料，哪些是要显示的文字、图片，哪些是需要链接的网址。

优美的菜单制作往往需要通过动作脚本语句来实现，本情境通过实用性的案例讲解 XML 动态菜单的制作，来展现动作脚本 ActionScript 和 XML 文件结合的 Flash 设计魅力。

【能力目标】

1. 能够利用 ActionScript 知识，更改源程序的代码。

2. 能够理解 ActionScript 与 XML 结合实现外部动态菜单导入技术。

【知识目标】

1. 掌握 XML 文件的编辑。

2. 了解 ActionScript 与 XML 相互结合技术的应用。

【课时分配】

2 课时（授课 1 课时，实践 1 课时）。

◎ 模拟制作任务

任务 1　XML 垂直动态菜单

【任务背景】

"指尖上的版专"网站需要制作一个影视艺术系介绍，通过菜单方式来打开相应的栏目链接网页，如图 7-54 所示。

图 7-54　完成效果

【任务要求】

垂直排列的动态 XML 的菜单，并且当鼠标滑动到菜单并单击按钮时，能打开相应栏目的网页。

【任务分析】

在 Flash 中建立需要的一些元素,如影片剪辑,并把它们摆到理想的位置,然后利用 ActionScript 与 XML 文件结合实现外部动态菜单导入 Flash 影片的技术。

【重点、难点】

1. 建立 XML 文件与相应的 ActionScript 语言。

2. 在 Flash 中建立所需元素。

【技术要领】建立 XML 外部文件,建立影片剪辑。

【解决问题】利用 XML 外部文件,可以很方便地修改菜单按钮的名称和链接。

【素材来源】\模块 07\情境 04\任务 1\素材\1. jpg、2. jpg、…(共 16 张)。

【完成效果】\模块 07\情境 04\任务 1\完成效果\xmlmenu. fla。

操作步骤

步骤一:创建文档

1. 启动 Adobe Flash,按"Ctrl+N"快捷键打开新建文档对话框,在"常规"选项卡中选择"Flash 文件(Action Script 2.0)"选项,新建一个空白文档。

2. 修改"属性"面板文档属性,"大小"为 1 000 像素×520 像素(网页上用 Flash 导航一般满屏时宽度不应超过 1 000 像素,否则可能会影响下载速度),将"帧频"设为 31 fps。

步骤二:创建基本元件

1. 一个放所有缩略图的母影片剪辑,我们称为 container 50 px 宽,高尽量大些。

2. 一个遮罩影片剪辑,称为 mask 50 px × 50 px。

3. 一个外框影片剪辑,只是为了美观,称为 br,尺寸比 mask 大一圈即可。

4. 将 3 个影片剪辑在放置到理想的位置,能否确定它们的 x 坐标,y 坐标并不重要,因为下面我们要用 AS 来控制它们的 y 坐标。

步骤三:创建 XML

1. 使用记事本,在打开的记事本窗口中输入以下代码。

```
<? xml version="1.0" encoding="UTF-8"? >
<slideshow>
  <pic nav="影视艺术系介绍" url="http://www.sppc.edu.cn/" thumb="../素材/1.jpg" />
  <pic nav="多媒体设计与制作" url="http://www.sppc.edu.cn/" thumb="../素材/2.jpg" />
  <pic nav="影视广告" url="http://www.sppc.edu.cn" thumb="../素材/3.jpg" />
  <pic nav="影视制作" url="http://www.sppc.edu.cn" thumb="../素材/4.jpg" />
  <pic nav="影视编导" url="http://www.sppc.edu.cn" thumb="../素材/5.jpg" />
  <pic nav="影视多媒体" url="http://www.sppc.edu.cn" thumb="../素材/6.jpg" />
  <pic nav="影视表演" url="http://www.sppc.edu.cn" thumb="../素材/7.jpg" />
```

```
    <pic nav="中英合作" url="http://www.sppc.edu.cn/" thumb="../素材/8.jpg"
/>
    <pic nav="中美合作" url="http://www.sppc.edu.cn" thumb="../素材/9.jpg" />
    <pic nav="影像档案" url="http://www.sppc.edu.cn/" thumb="../素材/10.jpg"
/>
    <pic nav="微电影社团" url="http://www.sppc.edu.cn" thumb="../素材/11.jpg"
/>
    <pic nav="动作捕捉实验室" url="http://www.sppc.edu.cn/" thumb="../素材/12.
jpg" />
    <pic nav="三维数据采集实验室" url="http://www.sppc.edu.cn" thumb="../素材/
13.jpg" />
    <pic nav="影视动画集群渲染实验室" url="http://www.sppc.edu.cn/" thumb="../
素材/14.jpg" />
    <pic nav="影视特效实验室" url="http://www.sppc.edu.cn" thumb="../素材/15.
jpg" />
    <pic nav="交互体验实验室" url="http://www.sppc.edu.cn/" thumb="../素材/16.
jpg" />
  </slideshow>
```

2. 将文件保存为“MenuList. xml”。

步骤四:添加脚本语言

1. 切换到 Adobe Flash,进入场景编辑模式,新建图层并重命名为 actions,选择第 1 帧,鼠标右键选择“动作”命令,在打开的窗口输入以下代码。

```
logo.onRelease = function():Void
{
  getURL("http://www.sppc.edu.cn","_blank");
}

fscommand ("allowscale", false);      //表示是否允许缩放,true(允许缩放)或者 false
                                      (禁止缩放)
//声明变量
var menut:Number = 30;        //菜单顶部 Y 坐标
var menul:Number = 300;       //菜单左侧 X 坐标
var home:MovieClip = this;  //定义变量 home,类型为影片剪辑,值是当前影片剪辑
var mlh:Number = 20;          //菜单文字行距
var tlh:Number = 60;          //缩略图行距
var speed:Number = 3;         //缓动速度

//建立 XML 对象
var myx:XML = new XML();
//忽略空白的文本节点
myx.ignoreWhite = true;       //忽略空白的文本节点
myx.onLoad = function()
{
  //提取 XML 数据
  var nodes = this.firstChild.childNodes;
```

```
//使用XML的关键,这个变量自动储存XML数据的节数,这样日后我们就可以只更新(添加/减少)XML文件Flash就会自动更新
numMenu = nodes.length; //nodes.length =nodes 就是 xml 文本的<slideshow>...</slideshow>的内容 numMenu = nodes.length;
for(var i=0; i<numMenu; i++)
{
  //在母影片剪辑里建立相等数量的子影片剪辑以载入缩略图
  var holder:MovieClip = container.createEmptyMovieClip("holder" + i, i);
  container["holder" + i]._x = 0;//定位
  container["holder" + i]._y = tlh * i;
  //载入缩略图
  container["holder" + i].loadMovie(nodes[i].attributes.thumb);
  //建立遮罩
  container.setMask(mask);
  //建立菜单
  var menu = home.createEmptyMovieClip("menu" + i, i+40);
  menu._x = menul;
  menu._y = menut + (mlh * i);
  menu.moveTo(menul, menut);
  //建立动态文本存放文字
  menu.createTextField("btxt", 0, 0, 0, 150, 20);
  menu.btxt.html = true;
  menu.btxt.wordWrap = true;
  //载入文字
  menu.btxt.text = (nodes[i].attributes.nav);
  //菜单文字样式
  btntf = new TextFormat();
  btntf.color = 0x666666;
  btntf.font = "微软雅黑";
  btntf.leading = 13;
  btntf.size = 13;
  menu.btxt.setTextFormat(btntf);
  //储存i的值,这一步非常重要
  menu.i = i;
  //菜单鼠标滑入,滑出代码
  menu.onRollOver = function()
  {
    //提取当前i
    var who:Number = this.i;
    //遮罩位置根据当前i,即当前菜单按钮来计算
    maskdy = menut + (mlh * who) - 15;
    //遮罩中缩略图的位置根据在遮罩位置的基础上再根据当前i计算出来
    containdy = maskdy - (tlh * who);
    //当鼠标滑入菜单是把速度提高(speed值越小,速度越高,因为缓动函数中y的位移根speed是相除关系,这里设置将使鼠标滑入菜单按钮时提高遮罩和缩略图的缓动速度
    speed = 3;
    menutf = new TextFormat();
    //鼠标滑入时菜单上文字加下画线
    menutf.underline = true;
    this.btxt.setTextFormat(menutf);
```

```
    }
    menu.onRollOut = function()
    {
      //提取当前 i
      var who:Number = this.i;
      var offy = Stage.height + 100;
      //当鼠标滑出菜单时把遮罩和缩略图移出舞台,我们选择移到舞台下方,当然也可以把它们
      移到上方看不到的地方,或者自己编写透明度的缓动函数让它们的透明度缓动淡出
      maskdy = offy;
      //同样,缩略图的缓动位置也相对其当前位置相应地移出舞台
      containdy = offy - (tlh * who);
      //设置缓动速度,使移出时速度变慢
      speed = 10;
      menutf = new TextFormat();
      menutf.underline = false;
      this.btxt.setTextFormat(menutf);
    }
    menu.onRelease = function()
    {
      //提取当前 i
      var who:Number = this.i;
      //把 XML 中 url 储存到变量 link 中
      var link:String = nodes[who].attributes.url
      getURL(link, "_blank");
    }
  }
}

myx.load("xmlMenu.xml")

//遮罩影片剪辑的缓动函数
mask.onEnterFrame = function()
{
  maskoldy = this._y;
  this._y += (maskdy - maskoldy) / speed;
}

//缩略图母影片剪辑的缓动函数
container.onEnterFrame = function()
{
  containoldy = this._y;
  this._y += (containdy - containoldy) / speed;
}

//缩略图外框的缓动函数
br.onEnterFrame = function()
{
  brdy = maskdy;
  broldy = this._y;
  this._y += (brdy - broldy) / speed;
```

```
}
//初始化遮罩缩略图位置
maskdy = menut + (mlh * 0) - 15;
containdy = maskdy - (tlh * 0);
```

2. 按"Ctrl+Shift+S"键将文件保存为 xmlmenu. fla,按"Ctrl+Enter"组合键测试效果。

◎ 知识点拓展

01. XML 文档格式的书写规范

①一个标准的 XML 文档必须要在第一行以"<? xml>"开头,以及一个"<? />"结尾,其中开头部分需声明 XML 的版本,如:version = "1. 0",也应包含一个关于字符编码的声明,如 encoding = " utf-8"。

②XML 要求所有的标签必须在文档结束之前被闭合,同样,单行的 XML 节点也需要闭合,其中"/"符号即表示单行的节点闭合。如果标签中包含内容,则必须写成"<标签名>内容</标签名>"的格式,如果内容为空,则应写成</标签名>的格式。

③每个 XML 都有一个根元素,也称根节点。

④节点有节点值和属性,"name""code""pnum"是节点的属性,写法为属性名 = " 属性值"。

⑤XML 的节点值如果出现与 XML 标签关键字一样的字符,XML 将会无法解析文档,比如,某个节点值如果是一个大于或者小于号,就会让解释器产生一个错误。

02. 在 Flash 中调用 XML 的实例

下面来看一个简单的 XML 文档(city. xml),这个文档描述的是城市地区的信息。

```
<? xml version="1.0" encoding="gb2312"? >
<information>
  <city name="浙江"code="057"pnum="6000 万"/>
  <city name="上海"code="021"pnum="1900 万"/>
  <city name="北京"code="010 "pnum="1700 万"/>
</information>
```

在这个 XML 文档中有 3 个子节点,数据就存储在这 3 个子节点的属性中,分别有:城市名称(name),城市代码(code),城市人口(pnum)。

```
读取 information:  this. firstChild. nodeName;
读取 city:         this. firstChild. childNodes[0].nodeName;
读取城市名称:      this. firstChild. childNodes[0].attributes. name;
读取城市代码:      this. firstChild. childNodes[0].attributes. code;
读取城市人口:      this. firstChild. childNodes[0].attributes. pnum;
```

Flash 调用 XML 的实例,获取这些节点的属性值,如下所示。

```
//使外部文本文件中的中文字符能正常显示
System.useCodepage = true;
//声明一个变量 doc,并且定义为 XML 类型
var doc:XML = new XML();
//加载 city.xml 文件到变量 doc 中,这里用的是相对路径
```

```
doc.load("city.xml");
//忽略空白的文本节点
doc.ignoreWhite = true;
//用来判断 XML 是否被成功加载
doc.onLoad = function(success){
  if(success){
    trace(doc.childNodes[0].childNodes[0].attributes.name);
    trace(doc.childNodes[0].childNodes[1].attributes.name);
    trace(doc.childNodes[0].childNodes[2].attributes.name);
  //输出 doc 这个 XML 对象的第一个节点下的第一个子节点的"name"属性值,由于 Flash 中数
  组的长度计算是由"0"开始,所以 XML 文档中的第一个节点就存储在数组的"0"位置,而不是
  "1",同样,我们取出 XML 对象根节点下的第一个子节点,就表示成 doc.childNodes[0].
  childNodes[0],取出第二个子节点:
  doc.childNodes[0].childNodes[1],第三个子节点:doc.childNodes[0].childNodes
  [2]
  }
}
```

运行后,显示结果为:

浙江

上海

北京

为能在 Flash 与 XML 的数据交互中,直观地表现数据,用户可以充分利用数组的便利性,假如已经获得一个 XML 对象 doc,用户可将这个 XML 中使用到的数据转换为一个数组对象来表示,其完整代码如下所示。

```
//使外部文本文件中的中文字符能正常显示
System.useCodepage = true;
//声明一个变量 doc,并且定义为 XML 类型
var doc:XML = new XML();
//预先建立一个数组对象用来放置 XML 节点数据
var myList:Array = new Array();
//变量 doc 加载数据源文件 city.xml,这里用的是相对路径
doc.load("city.xml");
//忽略空白的文本节点
doc.ignoreWhite = true;
//用来判断 XML 是否被成功加载
doc.onLoad = function(success){
  if(success){
    //将 XML 文档根节点下的所有子节点放到一个数组中
    myList = doc.childNodes[0].childNodes;
    trace(myList[0].attributes.name+","+myList[0].attributes.code+","+
myList[0].attributes.pnum);
    trace(myList[1].attributes.name+","+myList[1].attributes.code+","+
myList[1].attributes.pnum);
    trace(myList[2].attributes.name+","+myList[2].attributes.code+","+
myList[2].attributes.pnum); }
```

```
}
运行后,显示结果为:
浙江,057,6000万
上海,021,1900万
北京,010,1700万
```

为了在Flash中的其他位置都能够访问到XML数据内容,可以将myList数组对象放置到上下文的任意位置。使用一个按钮动作来获取数组对象中的一个City节点信息,按下按钮时,向函数递交一个城市代码,返回城市名和人口信息,其完整的代码为。

```
//使外部文本文件中的中文字符能正常显示
System.useCodepage = true;
//声明一个变量doc,并且定义为XML类型
var doc:XML = new XML();
//预先建立一个数组对象用来放置XML节点数据
var myList:Array = new Array();
//变量doc加载数据源文件city.xml,这里用的是相对路径
doc.load("city.xml");
//忽略空白的文本节点
doc.ignoreWhite = true;
//用来判断XML是否被成功加载
doc.onLoad = function(success){
  if(success){
    myList = doc.childNodes[0].childNodes; }//对myList数组对象进行赋值
    //myList数组存放 <city name="浙江" code="057" pnum="6000万" />,<city
    name="上海" code="021" pnum="1900万" />,<city name="北京" code="010"
    pnum="1700万" />
}
//构建一个函数
function getCityInfo(code){
  //建立一个字符串变量来存储城市名
  var cityName:String;
  //建立一个字符串变量来存储居民数量
  var pepCount:String;
  for(var i=0;i<myList.length;i++){
    if(code eq myList[0].attributes.code){
      cityName = myList[0].attributes.name;
      cityCode = myList[0].attributes.code;
      pepCount = myList[0].attributes.pnum;
      // myList[0]存放是 <city name="浙江" code="057" pnum="6000万" />
      // myList[0].attributes.name 存放是浙江
      // myList[0].attributes.code 存放是057
      // myList[0].attributes.pnum 存放是6000万
    }
    if(code eq myList[1].attributes.code){
```

```
      cityName = myList[1].attributes.name;
      cityCode = myList[1].attributes.code;
      pepCount = myList[1].attributes.pnum;
    }
    if(code eq myList[2].attributes.code){
      cityName = myList[2].attributes.name;
      cityCode = myList[2].attributes.code;
      pepCount = myList[2].attributes.pnum;
    }
  }
  return "城市:"+cityName+",人口:"+pepCount+",城市编码:"+cityCode
}
//使用按钮动作,按钮实例名称为 btName
btName.onPress = function(){
  //输出函数的返回结果
  trace(getCityInfo("057"));
  trace(getCityInfo("021"));
  trace(getCityInfo("010"));
}
```

运行后,显示结果为:

城市:浙江,人口:6000 万,城市编码:057
城市:上海,人口:1900 万,城市编码:021
城市:北京,人口:1700 万,城市编码:010

◎ 独立实践任务

任务 2　制作菜单式图片播放效果

【任务背景】

天极图片网站需要制作一个 Flash 摄影作品展示说明,通过菜单方式来展示相应的作品,如图 7-55 所示。

图 7-55　完成效果

【任务要求】

纵向排列的动态 XML 菜单，并且当鼠标滑动到菜单并单击按钮时，能显示相应的图。图片展示便于更新，编辑 XML 文件，能方便地替换图片路径。

【技术要领】建立 XML 外部文件，建立影片剪辑。
【解决问题】利用 XML 外部文件，可以很方便地修改菜单按钮的名称和链接。
【素材来源】\模块 07\情境 04\任务 2\素材\photo01. jpg ~ photo06. jpg。

任务 3 XML 水平动态菜单

【任务背景】

指尖上的版专网站需要制作一个网页制作作品展示，通过菜单方式来介绍相应的作品，如图 7-56 所示。

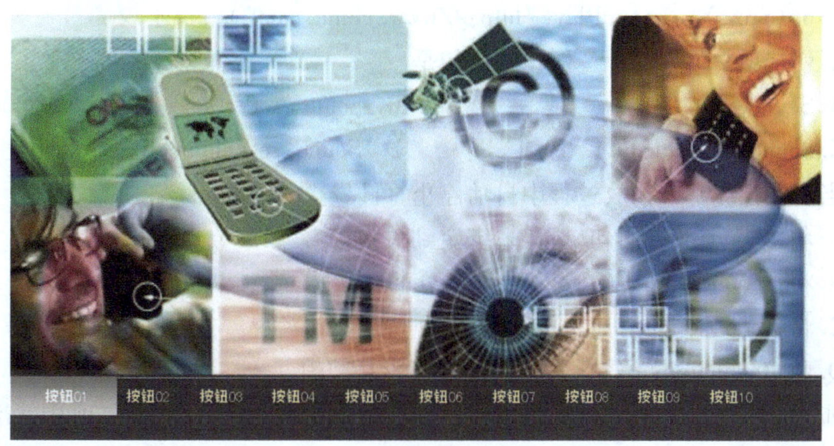

图 7-56 完成效果

【任务要求】

横向排列的动态 XML 的菜单，并且当鼠标滑动到菜单并单击按钮时，能打开相应的网页。

【技术要领】建立 XML 外部文件，建立影片剪辑。
【解决问题】利用 XML 外部文件，可以很方便地修改菜单按钮的名称和链接。
【素材来源】\模块 07\情境 04\任务 3\素材\bgpic. jpg。

职业技能知识点考核

1. 单选题

(1)按钮可以响应多种事件,让按钮响应“鼠标滑出”事件,那么使用的语句是____。

A. on(release) B. on(rollOver) C. on(dragOut) D. on(rollOut)

(2)如果希望单击舞台上的一个按钮后产生的结果是在浏览器中打开 http://www.china.com 的网页,那么需要编写的 ActionScript 语句是____。

A. on(press){ getURL("http://www.china.com");}

B. on(press){ gotoURL("http://www.china.com");}

C. on(press){ goto("http://www.china.com");}

D. on(press){ getAndPlay("http://www.china.com");}

(3)下列选项中可以使声音停止的语句是____。

A. Sound.mute() B. Sound.setVolume(100)

C. Sound.getVolume() D. Sound.setVolume(0)

(4)当需要让影片在播放过程中自动停止,可以____。

A. 将 ActionScript 语句 stop();绑定到关键帧

B. 将 ActionScript 语句 gotoAndStop();绑定到图形

C. 将 ActionScript 语句 gotoAndPlay();绑定到按钮

D. 将 ActionScript 语句 play();绑定到影片剪辑

(5)如果要通过 ActionScript 制作一个对象消失的动画,下列选项中无法实现的是____。

A. _visable 属性 B. _alpha 属性 C. _width 属性 D. _rotaion 属性

(6)若要加载外部 SWF 或 JPEG 文件,使用的函数是____。

A. loadJpeg() B. loadSwf() C. loadSound() D. loadMovie()

(7)在 Flash 中,如果要设置影片剪辑的属性,可以执行函数____。

A. getProperty() B. setProperty()

C. duplicateMovieClip() D. createEmptyMovieClip()

(8)使用 Flash 的 ActionScript 中的“FSCommand”函数无法实现的是____。

A. 使动画全屏模式播放

B. 与网页中的 Javascript 脚本交互

C. 禁止在播放时通过拉伸窗口缩放影片

D. 使正在播放的动画暂停

2. 多选题

(1)在下列 4 个选项中,是影片剪辑属性的是____。

A. _id　　B. _alpha　　C. _yscale　　D. _xmouse

(2)按钮元件的时间轴上的每一帧都有一个特定的功能,下列描述正确的有____。

A. 第一帧是按下状态,代表单击按钮时,该按钮的外观

B. 第二帧是指针经过状态,代表当指针滑过按钮时,该按钮的外观

C. 第三帧是弹起状态,代表指针没有经过按钮时该按钮的状态

D. 第四帧是单击状态,定义响应鼠标单击的区域,此区域在 SWF 文件中是不可见的

(3)在以下各个对象中,可以响应鼠标事件的有____。

A. 文本域　　B. 按钮　　C. 图形　　D. 影片剪辑

(4)在 Adobe Flash 中,可以添加动作脚本的对象包括____。

A. 关键帧　　B. 影片剪辑元件的实例

C. 按钮元件的实例　　D. 图形元件的实例

(5)下列有关元件和实例对应关系的描述正确的有____。

A. 一个实例可以对应多个元件　　B. 一个元件可以对应多个实例

C. 元件、实例之间只能一一对应　　D. 一个实例可以对应一个元件

(6)在 Flash 中可以导入的外部文件格式包括____。

A. PSD　　B. GIF　　C. MP3　　D. MPG

(7)Adobe Flash 中可以使用的滤镜包括____。

A. "模糊"滤镜　　B. "发光"滤镜　　C. "斜角"滤镜　　D. "投影"滤镜

(8)要优化颜色,提高动画的播放效果和性能,以下方法中正确的有____。

A. 尽量把重复的内容制作为元件,并通过属性自定义各个实例效果

B. 颜色的种类、数量不会影响动画播放的流畅程度

C. 尽量少使用纯色,因为纯色比渐变色要占用更多计算机资源

D. 尽量少用 Alpha 透明度,因为它会减慢播放速度

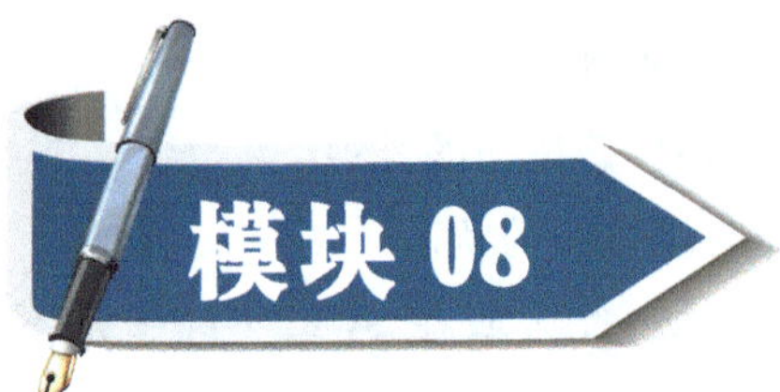

模块 08

三维图文动画设计与制作

三维动画属于动画制作的范畴，拥有一个庞大的体系，运用于数字媒体的多个方面。三维图形动画和三维文字动画是三维动画与数字传媒结合的最基本形式，本模块以实例形式分解三维图形动画和三维文字动画的制作步骤，通过基本动画制作、动画设计、实践拓展等形式，培养学生三维动画制作的基本技能，并引导学生把该能力拓展到更为复杂的三维复合动画中。

三维图形动画和三维文字动画制作任务分别由模拟制作任务和独立实践任务组成，每个任务列出了任务背景、任务要求、任务分析、重点难点等课程学习指引，每个情境都对本单元应掌握的能力目标、知识目标提出了明确的要求，并通过操作步骤详解、知识点拓展和职业技能知识点考核等环节来提高学生对任务所包含的职业技能的掌握能力。

广告制作、影视动画、媒体传播、会展设计、数字出版、计算机编辑、印刷图文等相关专业可以根据专业的特点，对本情境的内容进行选择性的教学。

情境01 三维文字动画

本情境主要利用3ds Max软件的立体文字生成工具与虚拟摄像机工具，配合时间轴的记录动画关键帧功能来制作三维文字动画。三维文字动画有着强烈的视觉表现力，有着生动的三维空间视觉效果。

三维文字生成工具经常用于制作三维场景中的立体文字，主要应用在影视和多媒体项目片头和片尾的文字动画以及虚拟场景中的三维文字模型制作等方面。利用三维文字生成工具可以制作多种字体的文字模型，并可生成扭曲、放缩、变形、空间位移等一系列三维空间的文字效果。

虚拟摄像机工具的运用原理与真实摄像机相似，通过镜头的取景、角度的变化、焦距与景深的控制使三维文字呈现出最佳的视觉效果。

时间轴记录动画关键帧功能用于设定动画的时间长度和运动节奏。在三维文字动画制作过程中，通过设定时间轴上的动画持续时间，记录制作动画的关键帧，导出三维文字动画视频。

【能力目标】

1. 能够使用文字生成工具制作三维文字模型并对模型进行参数设置。
2. 能够使用多种造型工具对三维文字模型进行扭曲、放缩、变形、空间位移等调整。
3. 能够掌握虚拟摄像机的使用与参数设置。
4. 能够使用时间轴来记录关键帧并生成动画，并对动画导出进行设置。

【知识目标】

1. 理解三维文字模型制作的原理。
2. 理解三维文字在虚拟摄像机中的呈现方式。
3. 理解使用时间轴来记录关键帧并生成动画的原理。

【学时分配】

2课时（授课1课时，实践1课时）。

◎ 模拟制作任务

任务1　制作三维文字空间位移动画

【任务背景】

为增强文字的可视化效果，需要对文字进行多种艺术化的处理，文字艺术化的处理主要包括给文字加上影影、颜色、文字变形以及加入许多其他的渲染效果，以增强文字的视觉吸引力，使得文字给人以赏心悦目的感觉和艺术感染力。三维文字制作正是对文字艺术处理的综合，可将平面静态文字变为具有动感、立体感和视觉冲击力的3D文字动画。

制作"文字艺术"三维文字空间位移动画，如图8-1所示。

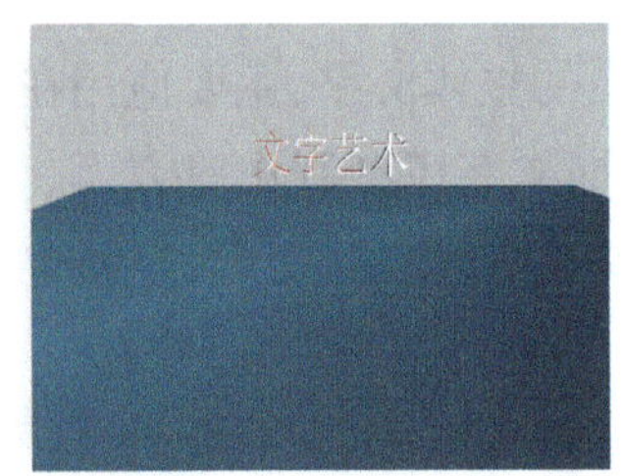

图8-1　完成效果

【任务要求】

三维文字空间位移动画的制作是要求在三维空间中，建立一个透视角度关系的场景，并完成文字由远到近的空间位移的动画制作。

【任务分析】

空间位移是最基本的动画形式，"文字艺术"三维文字动画制作任务由4部分组成。

1. 通过建立透视角度关系的场景来突出立体纵深空间。
2. 通过建立三维文字，了解三维造型的建模方法。
3. 掌握标准灯光系统的建立与设定，通过文字投影，增强三维空间中的感观定位。
4. 通过时间轴关键帧记录并生成动画，掌握动画关键帧的设置。

【重点、难点】

1. 创建立体文字模型。
2. 时间轴参数选择。

【技术要领】创建文字图形、生成三维文字效果、创建标准灯光、时间轴关键帧设置。
【解决问题】解决三维文字在三维空间中的定位观察、灯光系统的设置与空间位置的调节、时间轴关键帧具体应用等问题。
【素材来源】使用3ds Max软件自带材质和色彩数据。
【完成效果】\模块08\情境01\任务1\完成效果\三维文字空间位移动画.avi。

操作步骤

步骤一：场景基本单位设置

本步骤的目的是把三维场景的基本单位设置为"毫米"，并设置视图窗口中的栅格尺寸。

1. 启动3ds Max，在"菜单栏"中选择"工具(T)"，在下拉菜单中选择"单位设置(U)"。在弹出的"单位设置"窗口中的"显示单位比例"选项中点选"公制"并从其下拉栏中选择"毫米"，单击"确定"按钮，如图8-2所示。

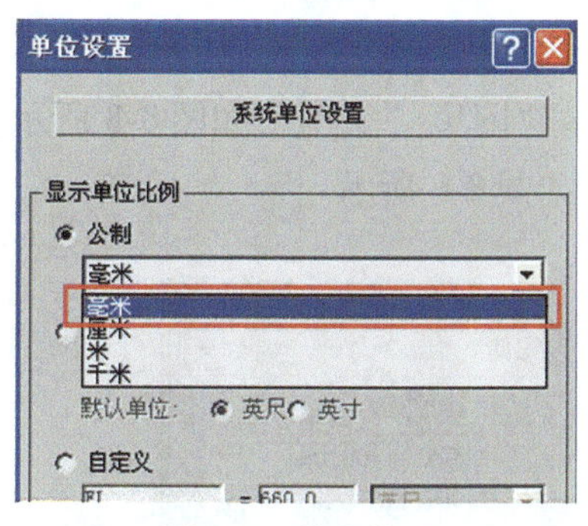

图8-2　单位设置

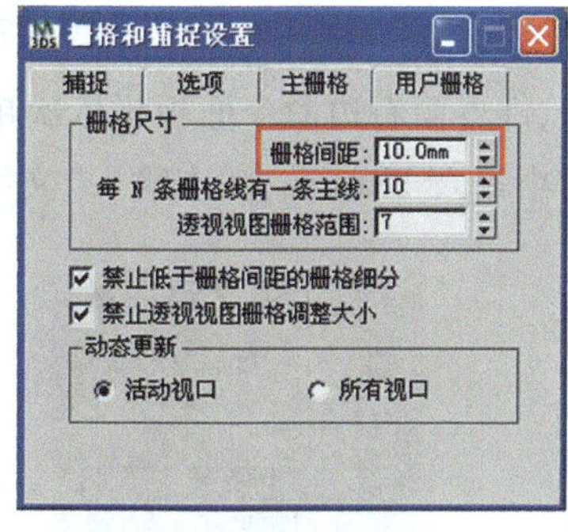

图8-3　栅格设置

2. 在"菜单栏"中选择"栅格和捕捉"，在扩展栏中选择"栅格和捕捉设置(G)"。在弹出的"栅格和捕捉设置"窗口中选择"主栅格"，在"栅格尺寸"中"栅格间距"数据输入框中输入"10 mm"，并按回车键确认后，单击"关闭"按钮，如图8-3所示。

注：在实际运用中的栅格大小一般精确到mm，因此数据输入框中输入10 mm。

步骤二：制作三维场景和三维文字

1. 在3ds Max的4个视图中，单击激活"顶视图"，激活后的视图会以高亮的黄色边框显示。在软件界面右边命令面板栏依次单击"创建""几何体""长方体"，如图8-4所示。在顶视图中按下鼠标左键，并在视图中从左上角向右下角拖动一定的距离，松开鼠标左键并向上移动鼠标一定距离，单击鼠标左键创建一个长方体。单击按钮，修改立方体尺寸：长度6 000 mm；宽度4 000 mm；高度1 mm，如图8-5所示。

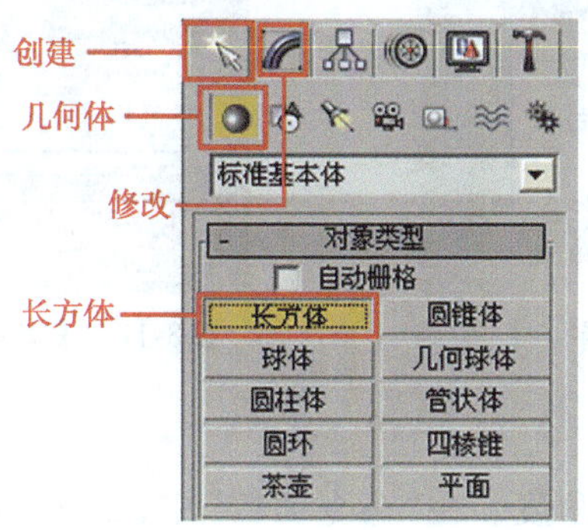

图8-4　创建长方体

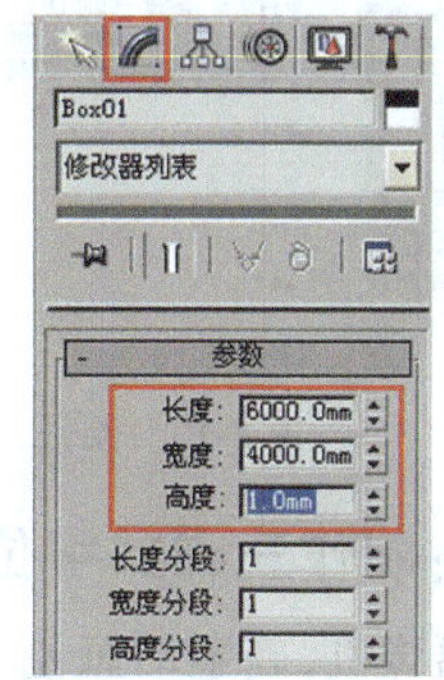

图8-5　修改参数

2. 在"工具栏"中选择"选择并移动"工具，如图8-6所示。只有选择了"选择并移动"工具才能激活“状态和提示栏”中的“坐标”工具。

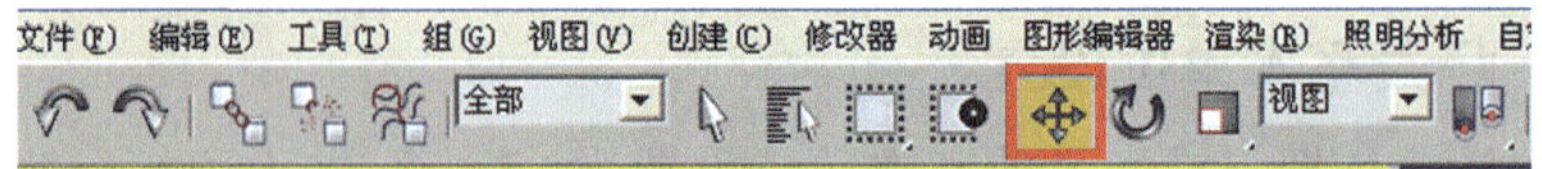

图 8-6　选择并移动工具

在“状态和提示栏”中选择“坐标”工具，输入数据 X=0;Y=3 000;Z=0，如图 8-7 所示。在顶视图中，长方体以 Y 轴为中心，最下方以 X 轴为起点。

图 8-7　坐标数据设置

3. 在软件界面右边命令面板栏依次单击“创建”“图形”“文本”，如图 8-8 所示。在参数栏部分，大小输入 400 mm，文本输入“文字艺术”，如图 8-9 所示。

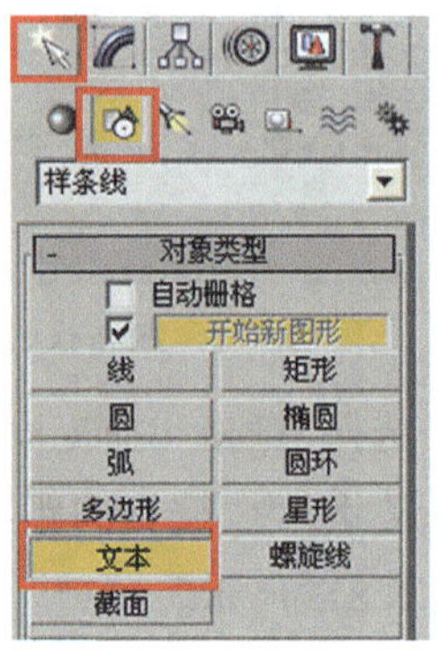

图 8-8　选择创建文字工具

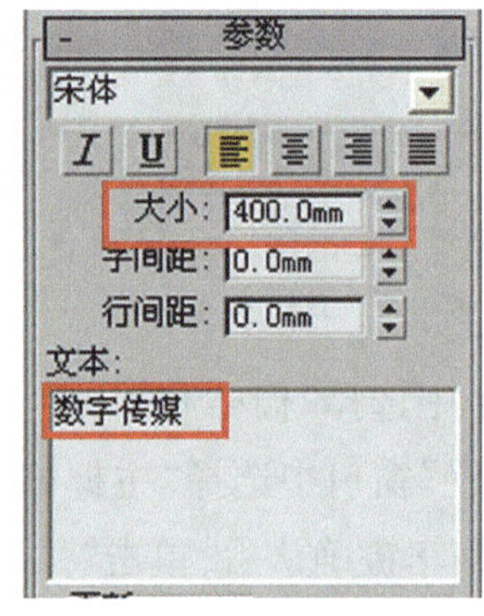

图 8-9　输入文字

在视图窗口中左键单击“前视图”，“文字艺术”文字以线条形式出现在“前视图”中。

4. 在菜单栏中依次选择“修改器”“网格编辑(M)”“挤出”，使线形文字生成三维立体文字，如图 8-10 所示。在命令面板的参数栏的“数量”框中输入 100 mm，调整三维文字的立体厚度，如图 8-11 所示。

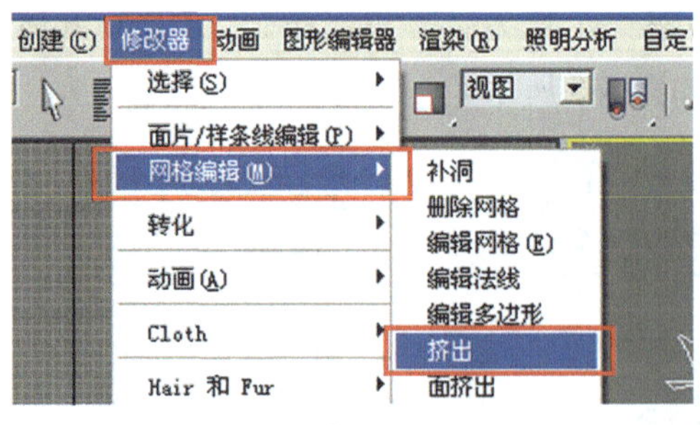

图 8-10　生成三维立体文字

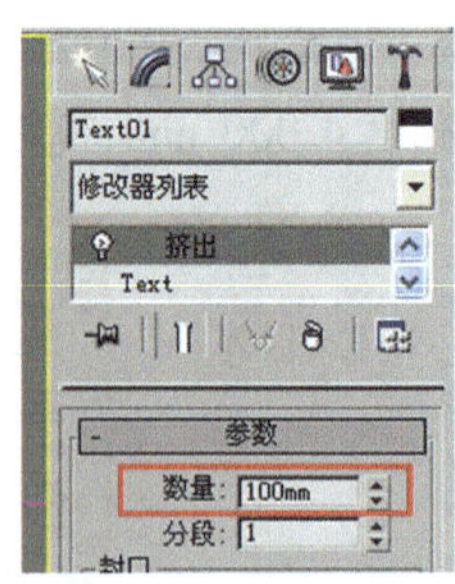

图 8-11　参数调整

步骤三：制作三维文字位移动画

1. 创建摄像机，确定动画制作的镜头角度。在“命令面板”中，选择“创建”“摄像机”“目标”，如图 8-12 所示。在“顶视图”中单击鼠标左键拖动后，松开鼠标左键，建立摄像机。选择“选择并移动”按钮，选择摄像机，在“坐标栏”中分别输入 X=0，Y=-900，Z=500（注意:Y 为负值,即-900),选择摄像机的“目标点”,在“坐标栏”中分别输入 X=0,Y=1 800,Z=0,如图 8-13 所示。

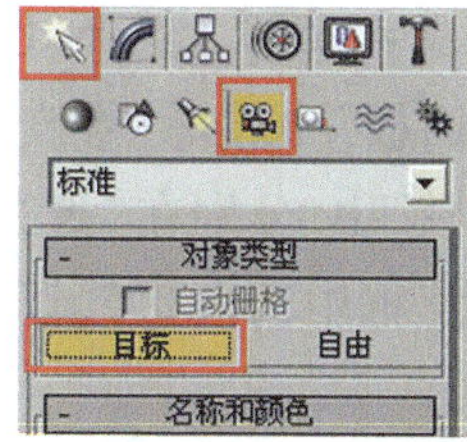

图 8-12　创建目标摄像机

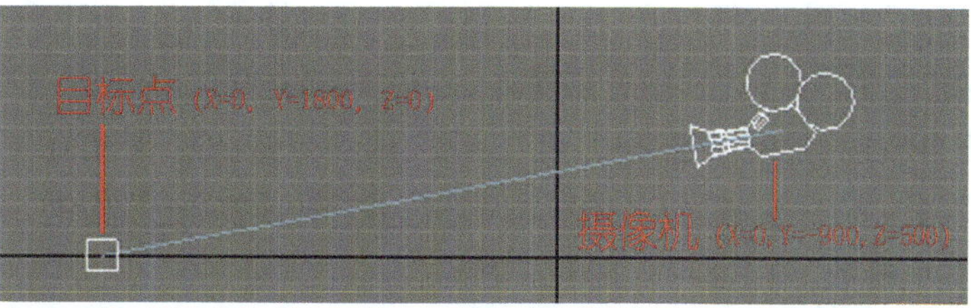

图 8-13　摄像机坐标

2. 在 4 个视图窗口中,选择右下角的透视视窗,在其左上角的“透视”二字的位置,单击鼠标右键,在出现的扩展栏中选择“视图”“Camera01”,将透视视图窗口转变为摄像机视图,如图 8-14 所示。

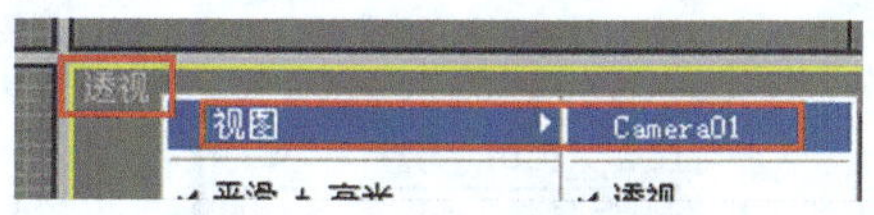

图 8-14　切换摄像机视图

3. 在动画控制区,选择“自动关键点”按钮,开始动画关键点的记录,此时,时间轴变为红色显示,表示可以记录动画,如图 8-15 所示。

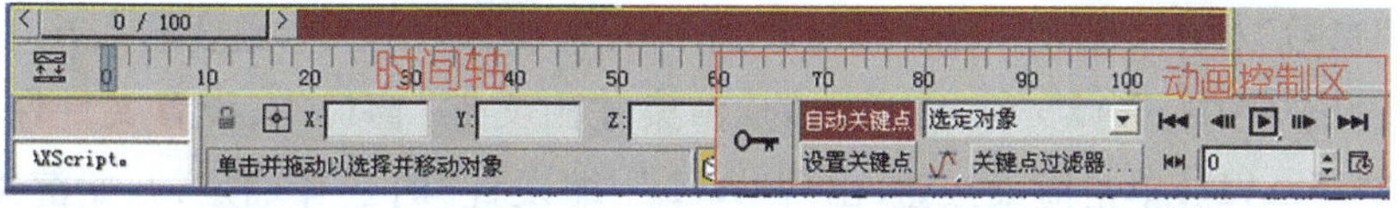

图 8-15　打开动画记录开关

4. 选择“选择并移动”工具,选择“文字艺术”文字,确认“时间轴滑块”在 0/100 的位置,在“坐标栏”中分别输入 X=0,Y=5 500,Z=50,如图 8-16 所示。把“时间轴滑块”拖动到 100/100 的位置,在“坐标栏”中分别输入 X=0,Y=-1 500,Z=50,如图 8-17 所示。

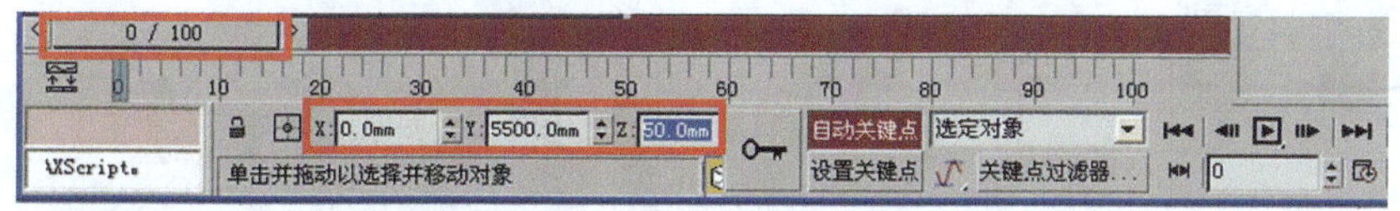

图 8-16　设置动画关键帧起点

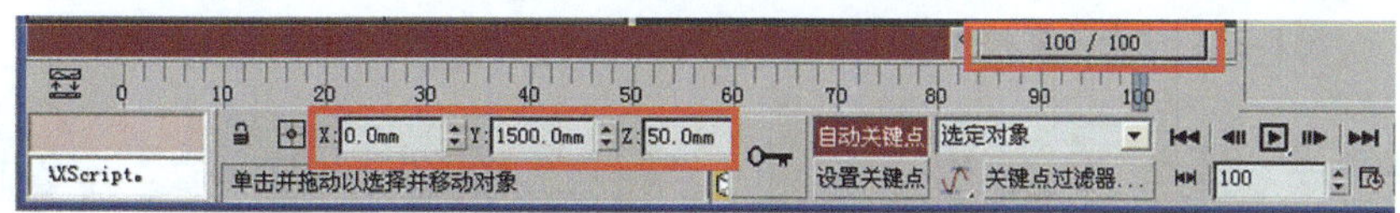

图 8-17　设置动画关键帧终点

单击激活摄像机视图,单击“自动关键点”按钮,关闭动画记录,单击播放按钮,如图 8-18 所示。开始播放动画,“文字艺术”文字位置由远到近,生成位移动画。

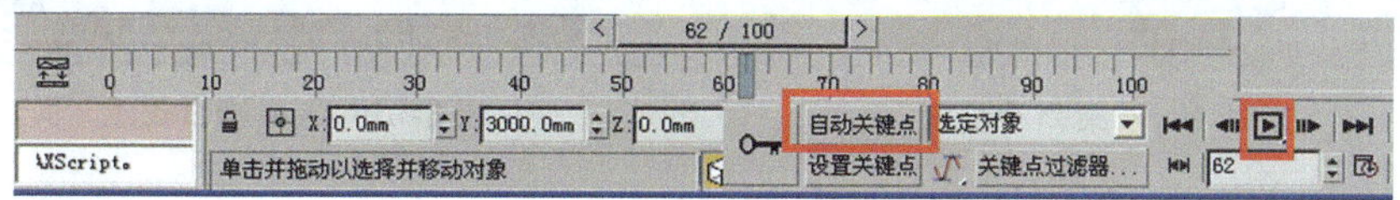

图 8-18　播放文字动画

5. 添加灯光效果。在“命令面板”中,选择“创建”“灯光”、选择“标准”“目标聚光灯”,如图 8-19 所示。在“顶视图”中单击鼠标左键拖动后,松开鼠标左键,建立灯光。选择“选择并移动”按钮,选择灯光,在“坐标栏”中分别输入 X=2 000,Y=0,Z=1 500。选择灯光的“目标点”,在“坐标栏”中分别输入 X=0,Y=2 000,Z=0。在“命令面板”中选择“修改”,在“常规参数栏”的阴影选项中,在“启用”选项打钩,在“聚光灯参数栏”中,分别在“聚光区/光束”输入 80,“衰减区/区域”输入 100,在“阴影参数栏”中的“密度”框中输入 0.5,调整灯光的各项参数,如图 8-20、图 8-21 所示。

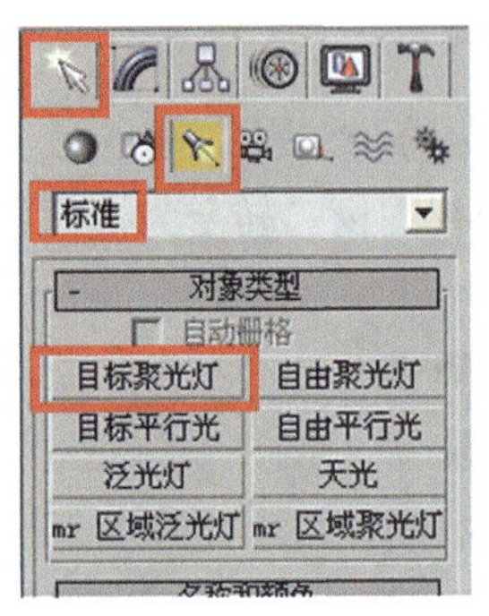

图 8-19 添加灯光

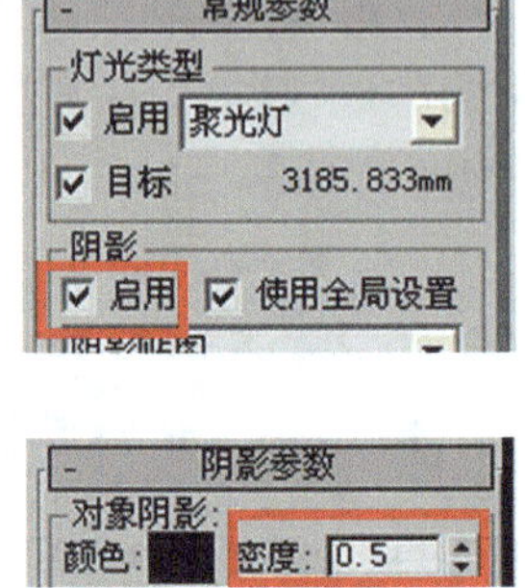

图 8-20 开启阴影与参数调整

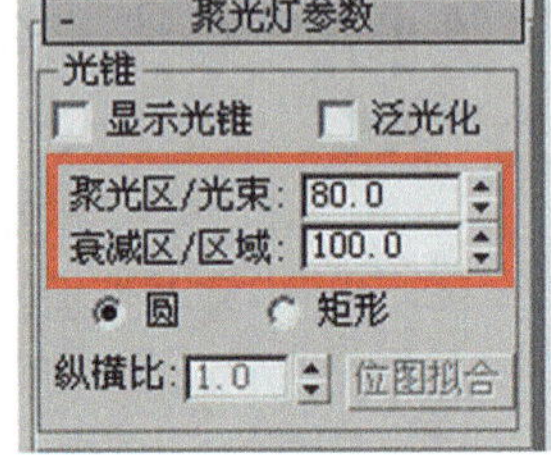

图 8-21 聚光参数调整

6. 输出动画格式。在“工具栏”中,单击“渲染设置按钮”,在“渲染设置对话框”中分别设置:“公用参数”栏中,选择活动时间段 0 到 100;输出大小栏中,宽度输入 640,高度输入 480;“渲染输出”栏中,选择文件,在出现的“渲染输出文件”窗口中,设置文件保存路径、文件名、格式选择 AVI。单击渲染按钮,出现“AVI 压缩设置”时选择确定,开始渲染动画。渲染完成后请直接单击关闭(注意:请勿再单击保存),如图 8-22 至图 8-27 所示。

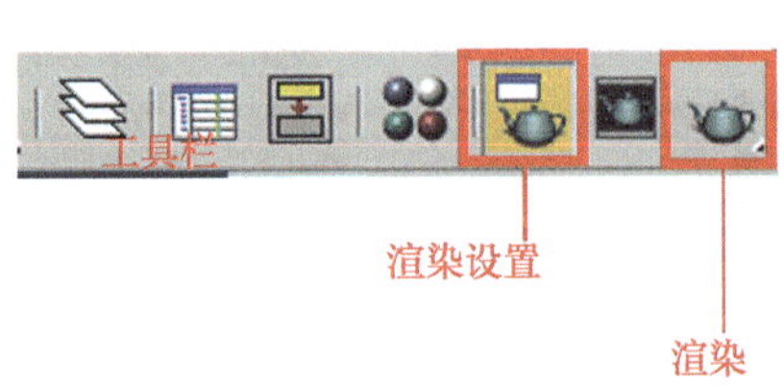

图 8-22 渲染设置按钮

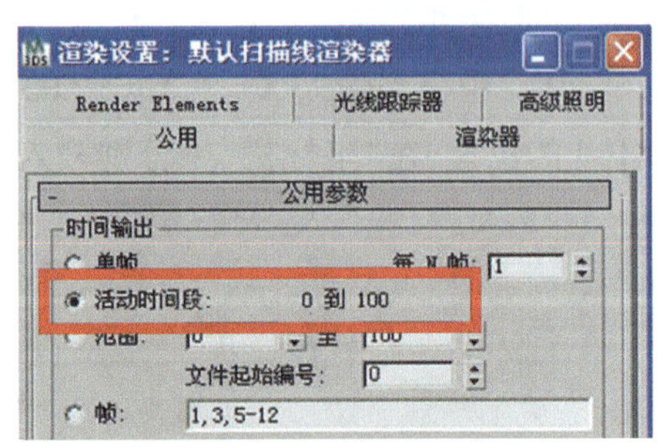

图 8-23 渲染时间段设置

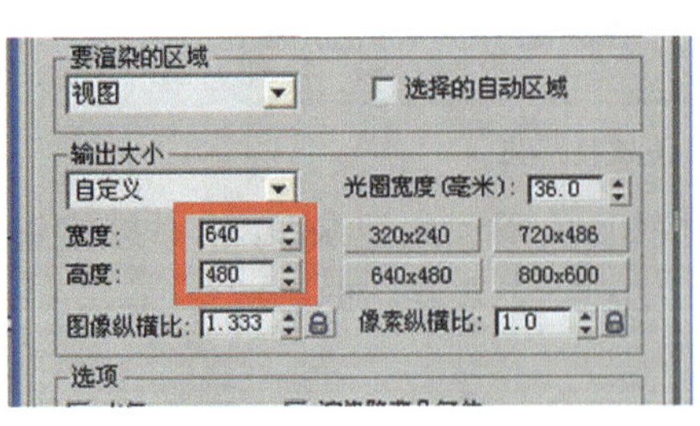

图 8-24 渲染画面设置

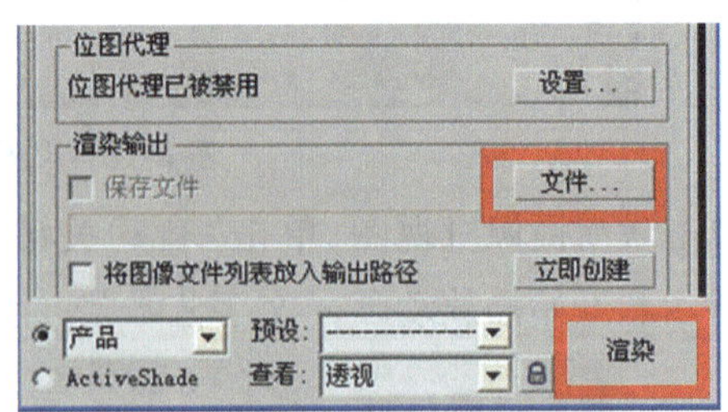

图 8-25 渲染输出设置

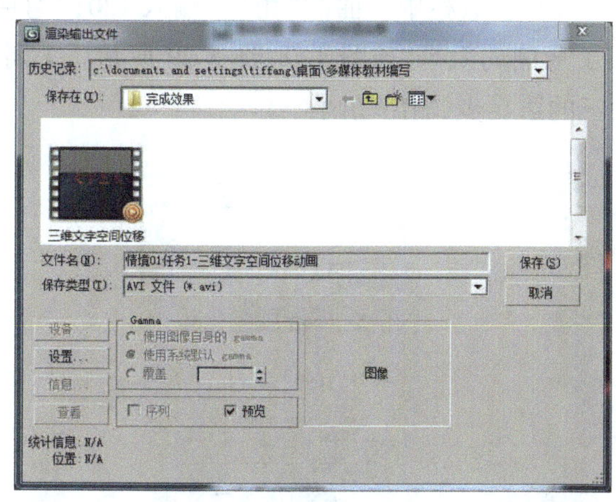

图 8-26　动画文件保存设置

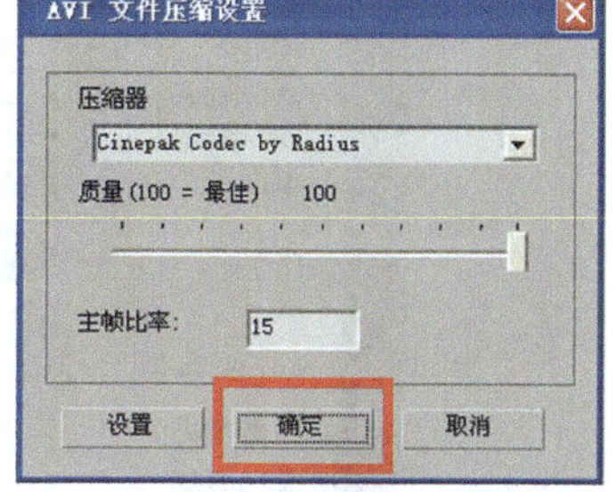

图 8-27　视频压缩设置

在文件保存路径下，单击“文字艺术. avi”文件，即可播放查看该文字动画。

◎ 知识点拓展

01. 认识三维模型的建立

在 3ds Max 中，常用到一个专业术语“建模”，即使用 3ds Max 软件内的工具建立三维数字模型。3ds Max 软件有多种三维模型的建立方式，根据不同的行业特点，选用的建模方式也不尽相同，例如在电影特技，工业设计等领域，一般使用 NURBS 建模方式，NURBS 是英文 Non-Uniform Rational B-Splines 的缩写，即“非均匀有理 B 样条曲线”。常用来建立圆滑且造型复杂的模型，例如人物、动物、汽车、飞机等数字模型的建立。在建筑设计和展示设计行业，更多的是使用多边形建模方式，这种方式能更好地体现出建筑物的结构与棱角。

在选择 3ds Max 建立数字模型时，需要根据学习者的专业背景，进行专项学习。印刷图文、媒体传播、广告制作、会展设计、数字出版、计算机编辑等专业使用多边形建模方式一般都可满足制作需求。影视动画专业对三维建模的要求较高，需要更多地拓展学习。

02. 认识三维场景

在 3ds Max 建模过程中，通常需要建立一个场景来直观体现数字模型的空间位置，以便在主体运动过程中来表现相对运动关系。建立一个场景的同时需要建立虚拟摄像机，通过摄像机镜头取景来建立大透视角度，从而更好地体现空间纵深感。同时也可通过建立一些其他的虚拟模型作为场景的辅助参照物，体现相对位置移动以及运动感。

03. 从位移动画拓展到多形式动画

在 3ds Max 中，只要开启时间轴关键帧控制，则任何操作都可记录为动画。那么用户可以在位移动画的基础上，组合一些其他动画效果，实现多形式动画。

(1) 增加文字变形动画

开启时间轴“自动关键点”按钮，选中“文字艺术”文字，把“时间轴滑块”拖动到 100/100 的位置，在“菜单栏”选择“修改器”，在下拉菜单中选择“参数化变形器”，在扩展菜单中选择“弯曲”,在“命令面板”中选择“修改”,在参数栏中弯曲的“角度”输入 120,“弯曲轴”选择 X,在文字位移的过程中,同时增加了弯曲的效果,如图 8-28、图 8-29 所示。关闭时间轴“自动关键点”按钮,参照任务 1,步骤三的第 6 步,输出动画格式。

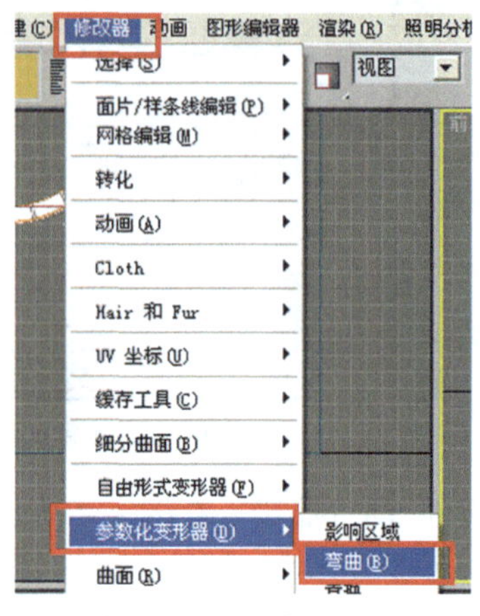

图 8-28　添加变形效果

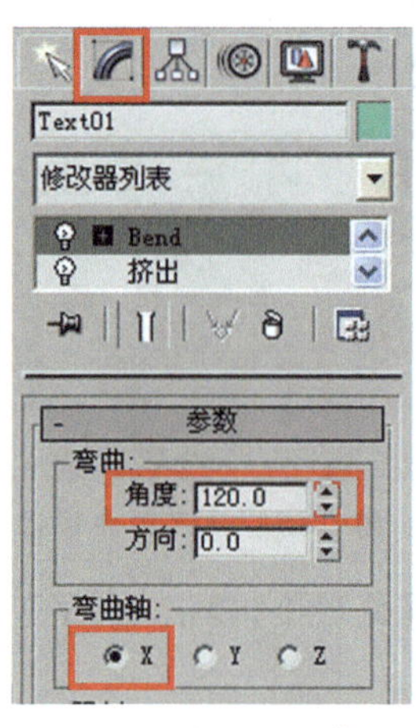

图 8-29　修改变形参数

(2)增加文字旋转动画

开启时间轴“自动关键点”按钮,选中“文字艺术”文字,把“时间轴滑块”拖动到 100/100 的位置,在“工具栏”选择“选择并旋转”按钮,如图 8-30 所示。

图 8-30　给文字添加旋转

在顶视图中,以文字的中心为圆心,出现分别为黄色和灰色 2 个同心圆,把鼠标靠近最外边的灰色的圆,按下鼠标左键向上或向下移动(此时内圈圆显示为蓝色,外圈圆显示为黄色代表被选择),看坐标 Z 轴数值变为 360 时,松开鼠标左键,如图 8-31 所示。文字添加了 360 度旋转动画。

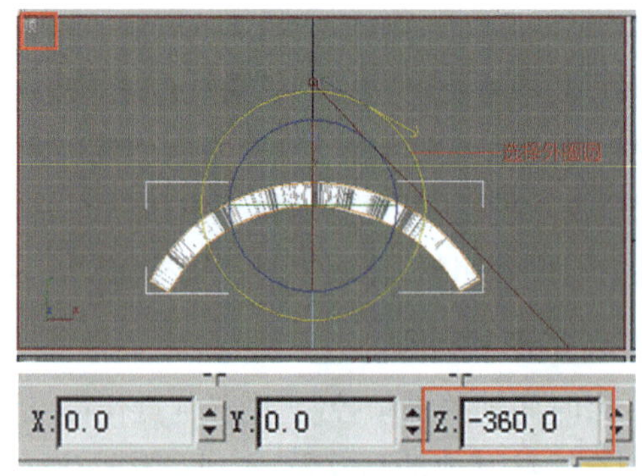

图 8-31　制作文字旋转动画

关闭时间轴“自动关键点”按钮,参照任务 1,步骤三的第 6 步,输出动画格式。

◎ 独立实践任务

任务2　制作三维文字旋转上升动画

【任务背景】

在电视节目、广告、影视、建筑、多媒体制作、游戏等可视化领域中经常会看到三维文字的应用。制作“三维动画设计与制作”三维文字旋转上升的动画效果。

【任务要求】

三维文字动画制作要求在三维空间中，建立一个透视角度关系的场景。输入文字大小为400 mm，字体为宋体。要求文字环绕形成一个圆，逆时针旋转360°，并产生向上移动1 000 mm的位移，如图8-32所示。动画完成后，渲染输出成avi文件格式。

图8-32　制作三维文字旋转上升动画

【技术要领】关键帧设置，文字变形，旋转及位移。
【解决问题】解决学习者对多形式文字动画各工具的组合和拓展应用能力。
【素材来源】使用3ds Max软件自带材质色彩数据。

情境02　修改器动画

本情境主要利用3ds Max软件的三维模型生成工具与修改器下的噪波修改器工具，配合时间轴记录动画关键帧功能来制作三维模型修改器动画。三维模型修改器动画有强烈的画面表现力，有着生动的三维空间视觉效果。

三维模型修改器动画是在三维模型上添加修改器，修改器通过改变其参数和强度以及X、Y、Z轴位置的数值、大小、方向并配合虚拟摄像机、三维造型的位移、旋转、变形等操作生成多种动画形式，产生更为丰富的视觉效果，主要应用在影视、多媒体项目片头和片尾的造型动画以及视觉特效制作等方面。

虚拟摄像机工具的运用原理与真实摄像机相似，通过镜头的取景、角度的变化、焦距与景深的控制，使三维贴图动画呈现出最佳的视觉效果。

时间轴记录动画关键帧功能用于设定动画的时间长度和运动节奏。在三维贴图动画制作过程中，设定动画持续时间，记录制作动画的关键帧，导出三维贴图动画视频。

【能力目标】

1. 能够使用建模生成工具制作三维模型并对模型进行参数设置。
2. 能够使用修改器工具对三维模型添加各种不同类型的修改器。
3. 能够掌握虚拟摄像机的使用与参数设置。
4. 能够使用时间轴来记录关键帧并生成动画，并对动画导出进行设置。

【知识目标】

1. 理解不同修改器工具及其参数的工作原理。
2. 理解修改器动画在虚拟摄像机中的呈现方式。
3. 理解使用时间轴来记录关键帧并生成动画的原理。

【学时分配】

2 课时（授课 1 课时，实践 1 课时）。

◎ 模拟制作任务

任务 1　水面波浪动画

【任务背景】

我很小的时候就喜欢海，很希望自己是一个海员，能漂游四海，不过呢，天不遂人愿，我只能在自己的动画中实现了。此次模拟的是海面波浪的微小起伏，效果如图 8-33 所示。

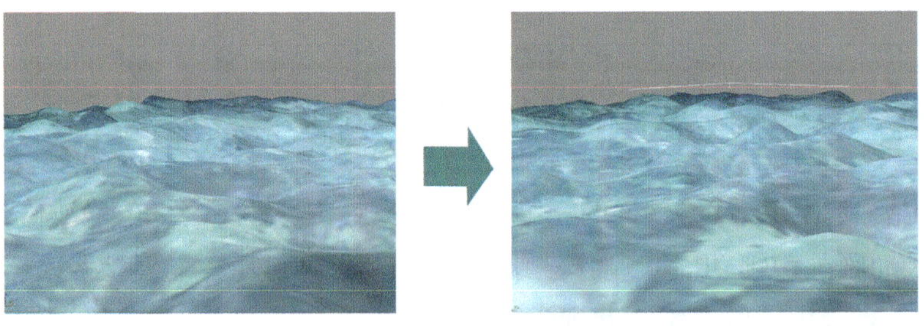

图 8-33　动画效果

【任务要求】

水面波浪动画要求在三维空间中，建立一个透视角度关系的场景，添加平面模型，设置一定长宽段数，并为其赋予水面贴图，最后为平面添加噪波修改器，完成平面模型产生类似水面玻璃效果的动画制作。

【任务分析】

水面波浪动画是最基本的修改器动画形式，任务由 5 部分组成。

1. 通过建立透视角度关系的场景来突出立体纵深空间。
2. 使用材质编辑器添加贴图。
3. 为平面模型添加噪波修改器，设置其动画参数。
4. 掌握标准灯光系统的建立与设定，增强三维空间中的感观定位。
5. 通过时间轴关键帧记录并生成动画，掌握动画关键帧的设置。

【重点、难点】

1. 材质编辑器参数调整。
2. 噪波修改动画参数设置。

【技术要领】创建平面、调整材质编辑器参数、创建标准灯光、时间轴关键帧设置。
【解决问题】解决贴图在立方体中坐标的定位、动画角度与方向设置，灯光系统的设置与空间位置的调节、时间轴关键帧具体应用等问题。
【素材来源】\模块08\情境02\任务1\素材\水表面贴图.gif。
【完成效果】\模块08\情境02\任务1\完成效果\水面波浪.avi

操作步骤

步骤一：场景基本单位设置

本步骤的目的是设置三维场景的基本单位为“厘米”，并设置视图窗口中的栅格尺寸。

1. 启动3ds Max，在“菜单栏”中选择“工具(T)”，在下拉菜单中选择“单位设置(U)”。在弹出的“单位设置”窗口中的“显示单位比例”选项中点选“公制”并从其下拉栏中选择“毫米”，单击“确定”按钮。

2. 在“菜单栏”中选择“栅格和捕捉”，在扩展栏中选择“栅格和捕捉设置(G)”。在弹出的“栅格和捕捉设置”窗口中选择“主栅格”，在“栅格尺寸”中“栅格间距”数据输入框中输入10 cm，并按回车键确认后，单击“关闭”按钮。

步骤二：制作三维场景和平面

1. 在3ds Max的4个视图中，单击激活“顶视图”，激活后的视图会以亮黄色边框显示。在软件界面右边命令面板栏依次单击“创建”“标准基本体”“平面”，在顶视图中按下鼠标左键，并在视图中从左上角向右下角拖动一定的距离，单击鼠标左键创建一个平面。修改平面尺寸：长度150 cm；宽度150 cm；并设置平面长宽段数：长度150 cm；宽度150 cm；平面创建完成，如图8-34所示。选择了“选择并移动”工具，在“状态和提示栏”中选择“坐标”工具，输入数据X=0；Y=0；Z=0，为平面设定坐标，如图8-35所示。

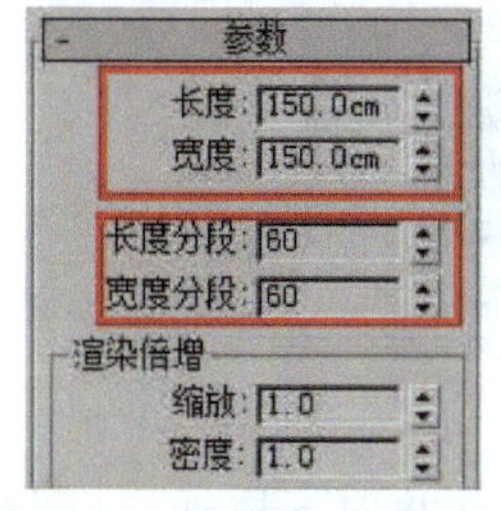

图8-34　立方体参数设置

图8-35　立方体坐标参数

2. 添加灯光效果。在“命令面板”中，选择“创建”“灯光”、选择“标准”“目标聚光灯”，在“顶视图”中单击鼠标左键拖动后，松开鼠标左键，建立灯光。选择“选择并移动”按钮，选择灯光，在“坐标栏”中分别输入 X=2 000，Y=0，Z=3 000，如图 8-36 所示。选择灯光的“目标点”，在“坐标栏”中分别输入 X=0，Y=2 000，Z=0，如图 8-37 所示。

图 8-36 聚光灯坐标参数

图 8-37 聚光灯目标点坐标参数

在“命令面板”中选择“修改”，在“常规参数栏”的阴影选项中，在“启用”选项打钩，在“聚光灯参数栏”中，分别在“聚光区/光束”输入 80，“衰减区/区域”输入 100，在“阴影参数栏”中的“密度”框中输入 0.5，调整灯光的各项参数。

步骤三：为平面添加贴图文件

1. 为平面添加材质贴图。在主工具栏中单击“材质编辑器”按钮，如图 8-38 所示。

在弹出的“材质编辑器”窗口中，选择一个材质球，命名为水面，如图 8-39 所示。在“Blinn 基本参数”栏中，单击“漫反射”颜色框右边的正方形小方框，如图 8-40 所示，准备添加贴图文件。

图 8-38 材质编辑器按钮

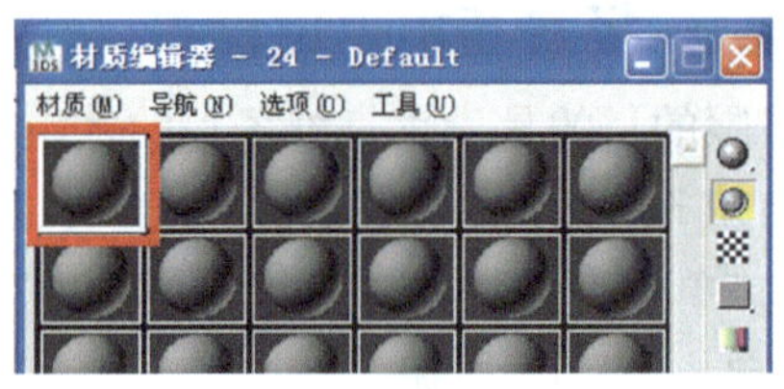

图 8-39 选择材质球

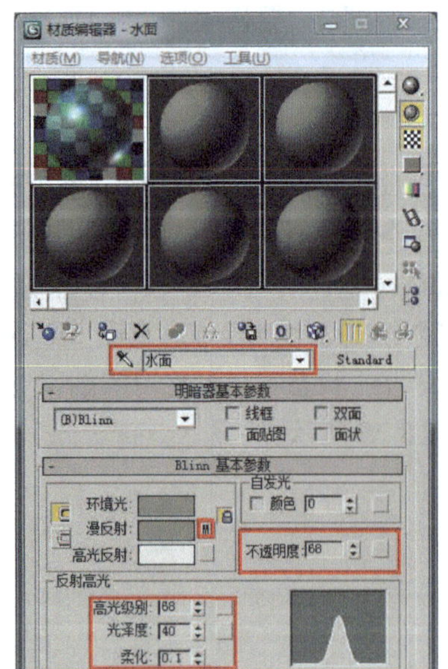

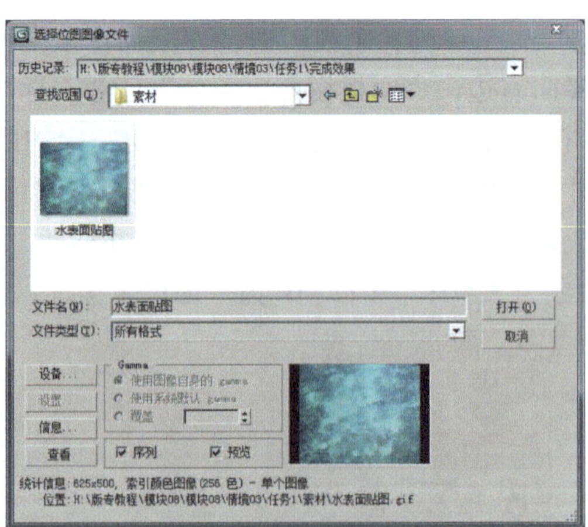

图 8-40 添加贴图文件

在出现的“材质/贴图浏览器”窗口中，选择最右边的下拉条。并向下拖动，直到显示出“位图”项，鼠标左键双击“位图”，在文件路径窗口中选择“水表面贴图. gif”文件，材质球上添加了素材画面，设置水面材质的参数，如图 8-40 所示。

2. 把材质球上的材质附加到平面上。

在工具栏中选择“选择并移动”工具，在视图窗口中选择立方体。在“材质编辑器”窗口中单击选择已添加材质的材质球，单击“将材质指定给选定对象”按钮，并打开“在视口中显示标准贴图”按钮。在“平铺”的数据栏两项都输入数据 1，如图 8-41 所示。此时平面上都添加了材质图片。

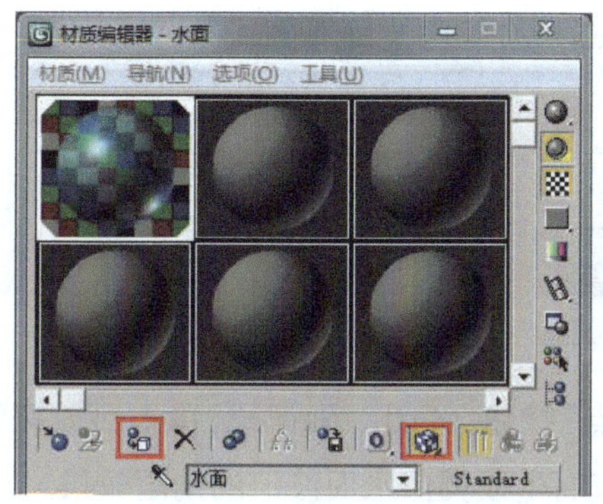

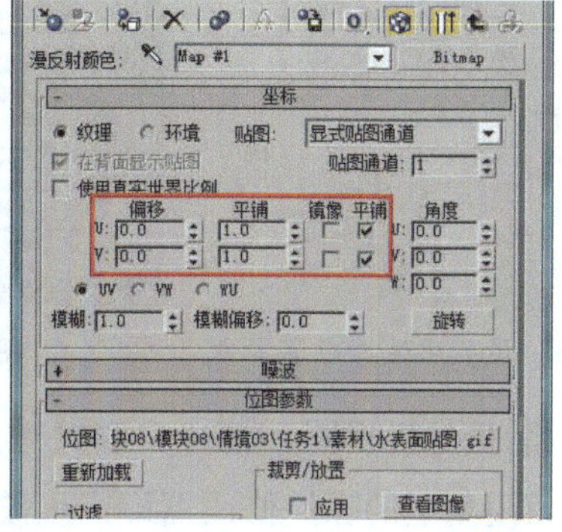

图 8-41　附加材质到平面并调整参数

步骤四：制作噪波修改器动画

1. 选择平面模型，在修改器面板下下拉找到噪波，为平面添加噪波修改器，如图 8-42 所示。

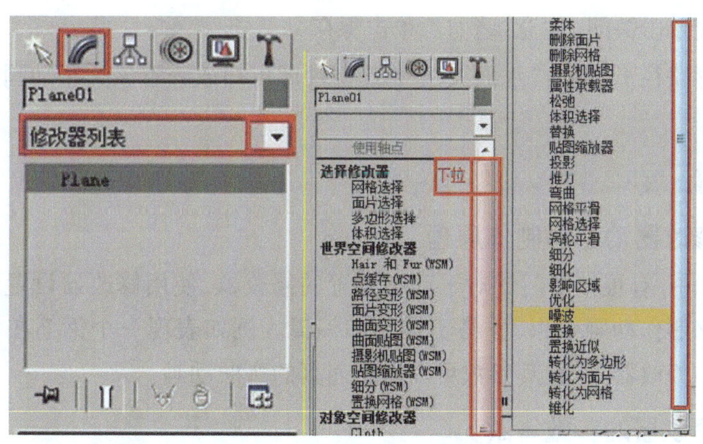

图 8-42　添加噪波修改器设置

2. 设置噪波修改器参数：种子：10，比例：10。强度：X：5.0 cm，Y：5.0 cm，Z：5.0 cm。勾选噪波修改器最下面的动画选项，默认参数即可，如图 8-43 所示。选择平面模型，选择“自动关键点”按钮，开始动画关键点的记录，此时时间轴变为红色显示，表示可以记录动画。把“时间轴滑块”拖动到 100/100 的位置，选择模型，在噪波修改器下，单击噪波修改器附属属性。单击 Gizmo，然后再单击位移工具，在移动变换输入下改变“绝对：世界轴的数值：X：-50.0 cm，Y：-50.0 cm，Z：0.0 cm”，如图 8-44 所示。

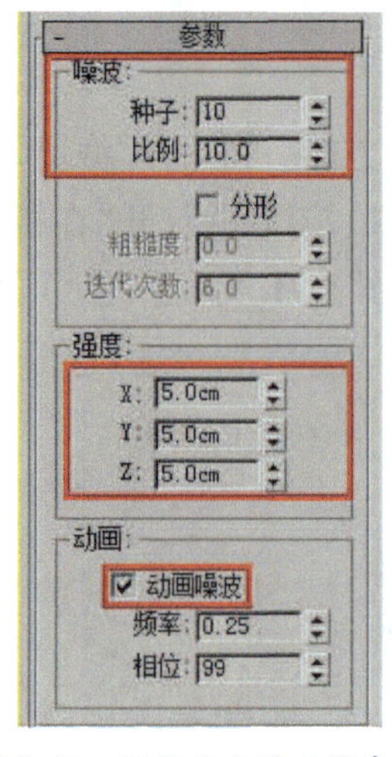

图 8-43　设置噪波修改器参数

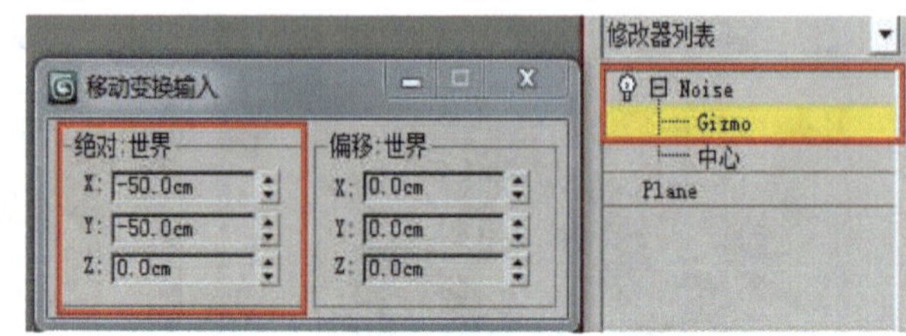

图 8-44　为噪波修改添加位移属性动画

单击激活摄像机视图，单击"自动关键点"按钮，关闭动画记录，单击播放按钮，开始播放动画，平面模型上的噪波修改器即产生波动，生成类似水面波浪的动画效果。

3. 输出动画格式。在"工具栏"中，单击"渲染设置按钮"，在"渲染设置对话框"中分别设置为："公用参数"栏中选择活动时间段 0 到 100；输出大小栏中，宽度输入 640，高度输入 480；"渲染输出"栏中，选择文件，在出现的"渲染输出文件"窗口中，设置文件保存路径、文件名、格式选择 AVI。单击渲染按钮，出现"AVI 压缩设置"时选择确定，开始渲染动画。渲染完成后请直接单击关闭（注意：请勿再单击保存）。

在文件保存路径下，单击"水面波浪. avi"文件即可播放查看该文字动画。

◎ 知识点拓展

01. 认识修改器动画的制作原理

在 3ds Max 中，有很多专门针对于动画设置的修改器，使用修改器设置动画，能够以调整参数的方法来制作动画效果，更易于操作和编辑。例如表现一个钢筋在弯曲时，可以用修改器中的弯曲修改器，设置其参数可以做出逼真的弯曲动画。

02. 噪波修改器的参数讲解

噪波修改器是修改器面板下一个很简单的修改器，其参数比较少，简单。但噪波修改器设置的动画效果却很真实，在三维动画制作中也是常用的一个修改器。它的参数有噪波，强度和动画参数面板。通过改变各个面板下的参数可以达到各种真实的三维动画效果。

噪波修改器需要三维模型有一定的面数（案例中的面数有 7 200 个面）。这样才能达到动画中修改器产生变形动画的需求。

03. 从噪波修改器动画拓展到水面涟漪修改器动画

在 3ds Max 中，修改器面板下许多修改器都可以制作三维动画，不同的修改器有不同的参数和性质。在了解他们各个参数属性后,配合动画面板。用户可以为三维模型添加制作所需要的修改器,制作出用户想要的三维动画,效果会更逼真,生动,有趣。

(1)增加水面涟漪修改器动画

首先,创建一个平面,并确认平面模型具有一定的段数。选择平面,在修改器面板下,下拉找到涟漪修改器,为平面模型添加涟漪修改器,如图 8-45 所示。在涟漪修改器面板下有振幅 1:振幅 2:波长:相位:衰减。

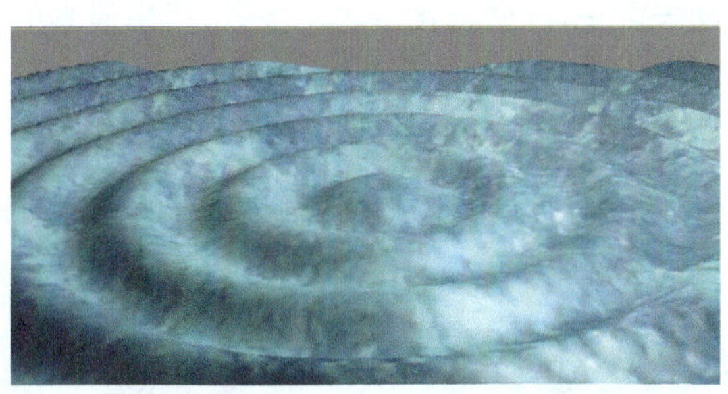

图 8-45 水面涟漪修改器动画效果

在透视角度视图下,修改涟漪属性参数,调节涟漪振幅 1 : 1.5 cm,振幅 2 : 1.5 cm;波长:15 cm。这样平面就会出现类似水面有涟漪波动的效果。调节以上属性的参数,可以得到不同的水面涟漪效果。

开启时间轴"自动关键点"按钮,选中平面涟漪修改器,把"时间轴滑块"拖动到 100/100 的位置,在涟漪修改器属性下修改相位和衰退的参数值,即可产生水面涟漪的三维动画,效果也是很逼真,生动,如图 8-46 所示。

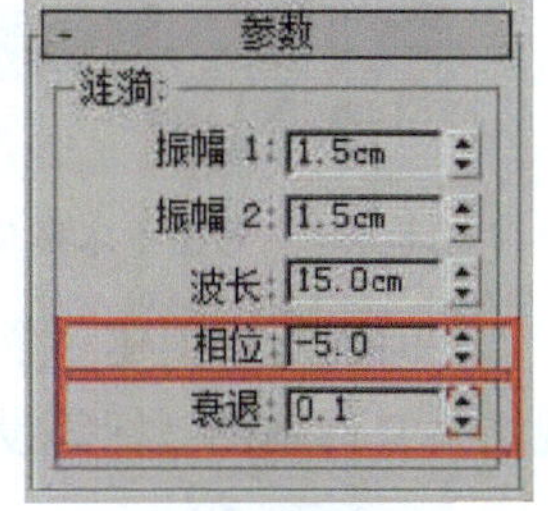

图 8-46 修改相位和衰退的参数值

在涟漪修改器属性面板下,用户可以调节不同的参数来得到所需要的水面涟漪的三维动画效果,可以通过调高属性值来实现,让水面涟漪得更强烈,如石头落下水面的效果。用户也可以降低涟漪修改器的参数,让涟漪的效果平缓,如小颗粒落下水面的效果。

(2)增加水面涟漪修改器动画,如图 8-47 所示。

图 8-47 制作立方体旋转位移动画

关闭时间轴"自动关键点"按钮,参照情景 1,三维文字动画的任务 1,步骤三的第 6 步,输出动画格式。

◎ 独立实践任务

任务2　彩色小球融化

【任务背景】

在场景中，建立一个小球的模型，设置一定的段数，赋予一个彩色贴图材质。为小球添加融化修改器，开启自动关键字，改变融化修改器参数，产生逼真的小球慢慢融化的三维动画。

【任务要求】

一个小球在添加融化修改器后产生小球慢慢融化逼真的三维动画效果，任务效果如图8-48、图8-49所示。

图8-48　“彩色小球融化”三维文字最终效果

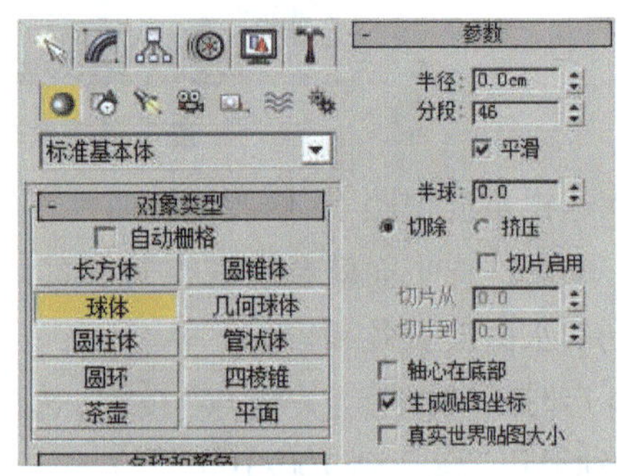

图8-49　融化修改器设置

在前视图中创建一个球体，设置其段数，设置如图8-49所示。灯光，摄像机等位置（左视图角度），贴图坐标等设置如图8-50所示。

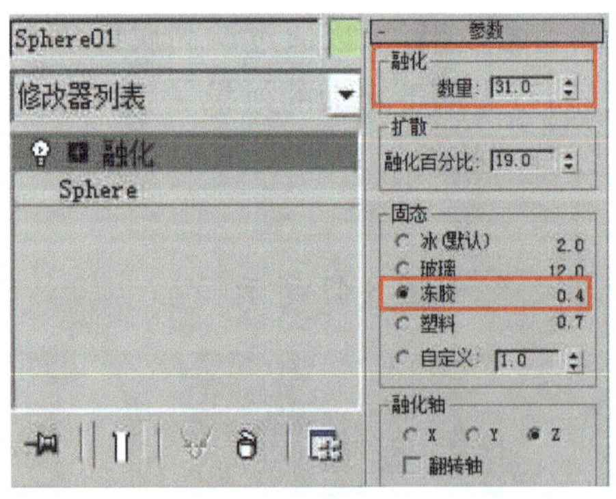

图8-50　融化修改器设置

在时间轴中完成动画设置，动画设置完成后，渲染输出成avi文件格式视频。

【技术要领】关键帧设置，文字、管状体、灯光、摄像机、贴图坐标设置。
【解决问题】解决学习者对多贴图动画各种工具的组合和拓展应用能力。
【素材来源】\模块08\情境02\任务2\素材\彩色小球.jpg

职业技能知识点考核

1. 单选题

(1)在“栅格和捕捉设置”中的“栅格间距”数据输入框中输入 20 mm 作用是____。

A. 以 20 mm 为一个 3ds Max 的标准单位

B. 栅格向上移动 20 mm

C. 视图最小栅格尺寸为 20 mm×20 mm

D. 不同大小栅格间的距离为 20 mm

(2)“挤出”工具的作用是____。

A. 在三维造型中挤出一个突起　　B. 使二维图形变为三维立体造型

C. 去除三维造型中的一部分　　D. 删除被选择的物体

(3)贴图坐标参数中的 V 方向数据栏中输入 1 代表____。

A. 贴图向上翻转一格　　B. 贴图向下翻转一格

C. 贴图向左翻转一格　　D. 贴图向右翻转一格

(4)在使用噪波修改器时,用来调整角度的圆显示为____。

A. 黄色　　B. 灰色　　C. 蓝色　　D. 红色

2. 多选题

(1)目标聚光灯包含哪些元素____。

A. 目标点　　B. 灯罩　　C. 聚光区域　　D. 360°照明

(2)在顶视图中旋转被选择物体时可能出现的效果是____。

A. 顺时针旋转　　B. 逆时针旋转　　C. 向前翻转　　D. 向后翻转

(3)在材质球中添加贴图文件时的正确方式____。

A. 单击“漫反射”颜色框右边的正方形小方框,在路径窗口中选择贴图文件

B. 单击“漫反射”颜色框,在路径窗口中选择贴图文件

C. 在材质编辑器中的贴图栏,单击漫反射颜色右边的长条按钮,选择贴图文件

D. 单击获取材质按钮,在路径窗口中选择贴图文件

(4)在使用噪波修改器时,如要调节噪波效果移动的动画时,应设置____参数。

A. 种子　　B. 比例　　C. 强度　　D. Gizmo

3. 判断题

(1)使用旋转工具时,坐标区的 Y 轴数值会随旋转角度而改变。　　(　)

(2)对多个字组成的立体文字使用弯曲工具时,角度值为 90,则文字形成 90°直角。(　)

(3)使用旋转工具修改三维造型的角度时,可以在坐标栏输入旋转角度的数值。　　(　)

(4)三维造型的贴图坐标中的 U 值和 V 值,分别代表三维造型坐标的 X 值和 Y 值。　　(　)

数字传媒交互设计

Director 是一套非常理想的多媒体产品创作工具。使用 Director 不但可以创作多媒体教学光盘，而且可以创建活灵活现的 Internet 网页、多媒体的互动式简报以及制作出色的动画。Director 可以被广泛应用于制作交互式多媒体教学演示、网络多媒体出版物、网络电影、网络交互式多媒体查询系统、动画片、企业的多媒体形象展示和产品宣传、游戏和屏幕保护程序等。

本模块通过使用 Director 的 LinGo 语言来控制各类多媒体元素的交互演示，如图片播放器、滚动文本显示、视频播放器及数字传媒的交互整合应用。通过典型的数字传媒案例来展现 Director 强大的脚本语言功能，使用户能够创建复杂的交互式应用程序。

广告制作、影视动画、媒体传播、会展设计、数字出版、计算机编辑、印刷图文等相关专业可以根据专业的特点，对本情境的内容进行选择性的教学。

情境01　图片播放器设计

在数字传媒交互系统中，根据不同的功能，所使用的图片播放器的风格也完全不同，由于数字传媒交互系统大多显示在计算机屏幕上，所以图片播放器的长宽比例基本上与3∶4比例一致，一般画面主题置于中央。这种构图在数字传媒交互系统制作中，会显得比较稳定。色彩作为数字传媒系统的主体或背景，是可以表达感情的。在表现某一个主题时，要考虑哪一种色彩更能起到烘托、修饰、支持主题和引起共鸣。图片播放器是一个单独的系统，它主要用来向观众展示一些照片，在这个系统中，一般建议用黑色的背景来衬托场景的主题，黑色代表庄重、严肃、有力、正派、不轻浮。黑色是静寂无声的色彩，犹如夜晚中的寂静。

【能力目标】

1. 掌握Director中控制按钮的LinGo语言设计。
2. 掌握Director中应用音频、Flash及特效的使用方法。

【知识目标】

1. 了解位图精灵属性的控制方法。
2. 了解Director的特效使用方法。

【学时分配】

2课时（授课1课时，实践1课时）。

◎ 模拟制作任务

任务1　电子相册

【任务背景】

最青春的日子相识相知，那些容颜，那些笑靥，那些祝福，那些思念，模糊着褪色，散在风中，渐行渐远，只剩回忆。

那里有我们奔跑在场馆之间的身影，有沙特馆五小时排队的崩溃，有中国馆蛇行通道的无奈，盖满徽章的世博护照，吃遍了各国的美食，体验了各国的文化，留至现在的美好回忆，为永远的世博记忆，设计一个世博电子相册，如图9-1所示。

图 9-1　完成效果

【任务要求】

电子相册的制作要体现图、文、声、像并茂的表现效果，要求采用简洁的画面风格及交互的按钮。

【任务分析】

电子相册具有传统相册无法比拟的优越性，其集合了书刊图文并茂的特点，并辅以精美的音乐、照片，极具知识性和艺术性。从功能上来看，主要包括的功能有：照片翻动、退出、音乐功能、返回首页等。在实际设计当中，还要考虑与 Flash 等特效的结合使用。

【重点、难点】

1. 控制按钮的脚本语言。

2. 精灵图片的变换控制。

【技术要领】相册页面布局、按钮脚本语言设计。
【解决问题】鼠标事件控制电子相册浏览。
【素材来源】\模块 09\情境 01\任务 1\素材\相关文件。
【完成效果】\模块 09\情境 01\任务 1\完成效果\电子相册. dir。

操作步骤

步骤一：电子相册界面布局

1. 新建一个 Director 文档，将"\模块 09\情境 01\任务 1\素材"目录下的所有素材导入 cast 列表中，导入的方式设置为 Link to External File 方式，如图 9-2 所示。

2. 新建一个内部角色表，将其名称设置为 image，然后，将素材中的 image 文件夹下的所有图片导入其中，如图 9-3 所示。

3. 打开 Property Inspector 面板，切换到 Movie 选项卡，将舞台大小设置为 800×600，将舞台的颜色设置为黑色。

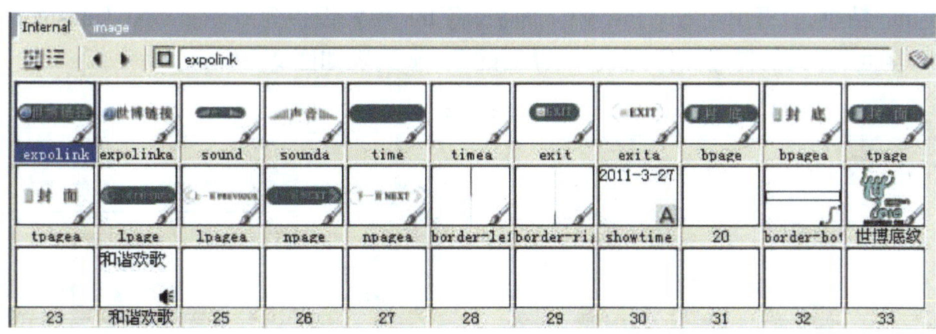

图 9-2　导入素材

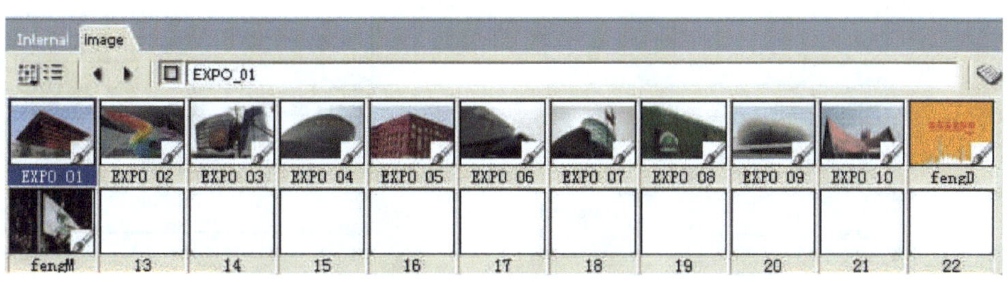

图 9-3　导入图片素材

4. 选择第 1 个 Cast 列表，将其中的 Cast 按照如图 9-4 所示的方式进行排列，并使其对齐。

5. 新建一个空白的文本角色 showtime，将其拖动到舞台上，将文本角色放置到 10 号精灵通道中，打开 Property Inspector 面板，将 Ink 模式设置为 Background Transparent。

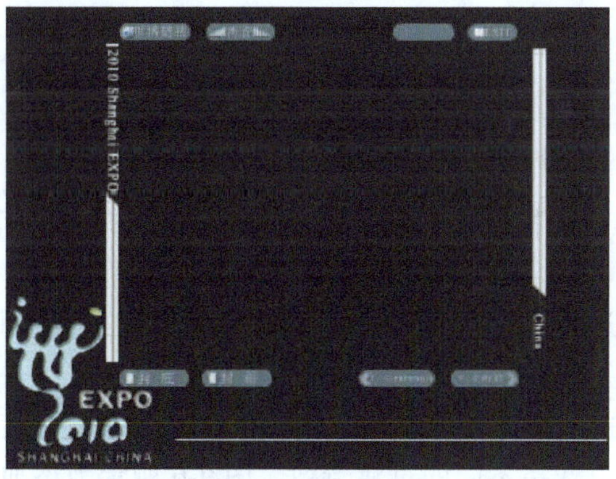

图 9-4　放置 Cast

6. 将 Cast 列表中的 EXPO-01 添加到 15 号精灵通道中，并在 Stage 窗口中调整它的位置，使其置于舞台中间。

7. 使用相同的方法选择 EXPO-02、EXPO-03、EXPO-04、EXPO-05、EXPO-06，分别放置在 16 ~ 20 号精灵通道中，并在 Stage 窗口中调整它们的大小和位置。

8. 在 14 号精灵通道中添加 Motion-circle 精灵，这是一个 Flash 动画，打开 Property Inspector 面板，将 Ink 模式设置为 Background Transparent。

9. 使用相同的方法，在 21 号精灵通道中添加 Motion-fly 精灵，在 22 号精灵通道中添加

Motion-line 精灵，打开 Property Inspector 面板，将 Ink 模式设置为 Background Transparent。

10. 至此，界面的构建操作完成，该界面的 Score 列表如图 9-5 所示。

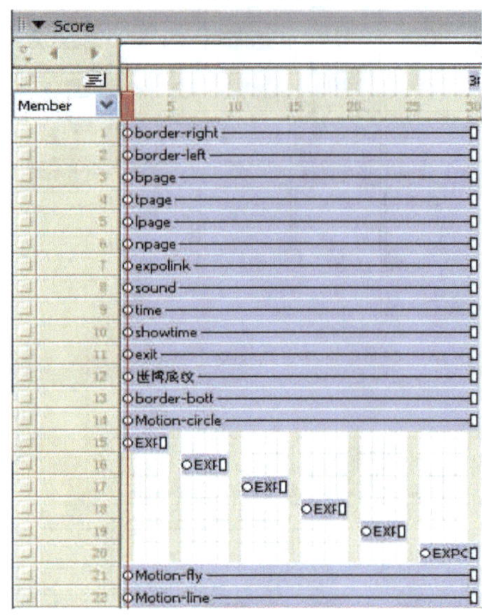

图 9-5　完成特效添加

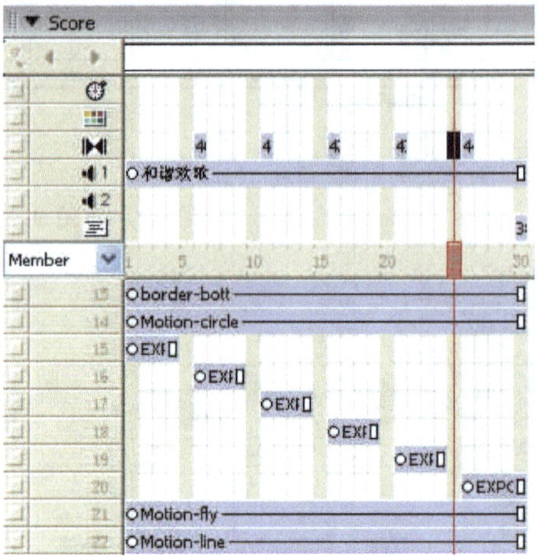

图 9-6　放置 Score 列表

步骤二：实现基本功能

1. 选择 Cast 列表中的"和谐欢歌. mp3"角色，将其放置到声音通道 1 中，使其作为整个相册的背景音乐。

2. 将时间指针移动到 30 帧处，双击帧脚本通道，在打开的脚本编辑器中输入以下语句，使其在该帧进行循环。

```
on exitFrame me
  go to the frame
end
```

3. 在第 6 帧处双击过渡特效通道，在打开的对话框中选择 Wipe 和 Center Out Horizontal 选项。

4. 在 11 帧处双击过渡特效通道，在打开的对话框中选择 Dissolve 和 Dissolve, Bits 选项，从而在第二个画面上添加转场特效。

5. 使用相同的方法，分别在第 16 帧、第 21 帧和第 26 帧创建过渡特效，为了使过渡的效果产生变化，在这里可以选择不同的过渡特效。图 9-6 所示为添加完过渡效果后的特效通道。

步骤三：实现 LinGo 控制交互

1. 世博链接脚本代码

```
on mouseenter me
  cursor 280
  sprite(me. spritenum). member=member("expolinka")
end
on mouseUp me
```

```
  goToNetPage "http://www.expo2010.cn","_new"      --打开 IE 并链接指定网站
end
on mouseleave me
  sprite(me.spritenum).member=member("expolink")
  cursor 0
end
```

2. 声音控制脚本代码

```
global soundflag                                       --定义标注位
on mouseenter me
  cursor 280
  sprite(me.spritenum).member=member("sounda")  --重置按钮及指针
end
on mouseUp me
  if soundflag=1 then
    sound(1).play()                                   --播放声音
    soundflag=0
  else
    if sound(1).isbusy() then
      sound(1).pause()                                --暂停播放
      soundflag=1
    end if
  end if
end
on mouseleave me
  sprite(me.spritenum).member=member("sound")
  cursor 0
end
```

3. 显示时间与日期脚本代码

```
on mouseenter me
  sprite(me.spritenum).member=member("timea")
  member("showtime").text=the time                    --显示时间信息
  member("showtime").alignment=#center                --设置文本居中
  member("showtime").fontstyle=[#bold]                --设置文本加粗
end
on beginsprite me
  member("showtime").text=the date                    --显示日期信息
  member("showtime").alignment=#center                --设置文本居中
  member("showtime").fontstyle=[#bold]                --设置文本加粗
end
on mouseleave me
  sprite(me.spritenum).member=member("time")
  member("showtime").text=the date                    --显示日期信息
  member("showtime").alignment=#center                --设置文本居中
  member("showtime").fontstyle=[#bold]                --设置文本加粗
end
```

4.退出功能脚本代码

```
on mouseenter me
  cursor 280
  sprite(me.spritenum).member=member("exita")  --初始化图标状态
end
on mouseUp me
  quit                                          --退出
end
on mouseleave me
  sprite(me.spritenum).member=member("exit")   --还原图标
  cursor 0
end
```

5.封底脚本代码

```
on mouseenter me
  cursor 280
  sprite(me.spritenum).member=member("bpagea")
end
on mouseUp me
  sprite(20).member=member(11,2)            --指向封底
  sprite(20).rect=rect(148,51,698,461)  --设定位置和大小
  clickflag=1
  sprite(5).visible=1
  sprite(6).visible=0                       --如果已经切换到了封底,则下一页失效
end
on mouseleave me
  sprite(me.spritenum).member=member("bpage")
  cursor 0
end
```

6.封面脚本代码

```
global clickflag                                --设置标志位
on mouseenter me
  cursor 280
  sprite(me.spritenum).member=member("tpagea")
end
on mouseUp me
  sprite(20).member=member(12,2)                --指向封面
  sprite(20).rect=rect(148,51,698,461)          --设定位置和大小
  updatestage
  clickflag=2
  sprite(5).visible=0          --如果已经切换到封面,则上一页按钮不可用
  sprite(6).visible=1
end
on mouseleave me
  sprite(me.spritenum).member=member("tpage")
```

```
  cursor 0
end
```

7. 上一页脚本代码

```
global clickflag, i
on mouseenter me
  cursor 280
  sprite(me. spritenum). member=member("lpagea")
end
on mouseUp me
  if clickflag=1 then
    sprite(20). member=member(10,2)   --如果按下了封底按钮,则指向最后一张图片
    clickflag=0
    i=0
  end if
  sprite(me. spritenum+1). visible=1
  if sprite(20). membernum<=1 then
    sprite(me. spritenum). visible=0 --如果显示到最前一张图片,则上一页按钮不可用
  else
    if i=1 then
      sprite(20). member=member(sprite(20). membernum-1,2)
    else
      i=1
    end if
  end if
end
on mouseleave me
  sprite(me. spritenum). member=member("lpage")
  cursor 0
end
```

8. 下一页脚本代码

```
global clickflag, i
on mouseenter me
  cursor 280
  sprite(me. spritenum). member=member("npagea")
end
on mouseUp me
  if clickflag=2 then
    sprite(20). member=member(1,2)        --如果按下了封面按钮,则指向第一张图片
    clickflag=0
    i=0
  end if
  sprite(me. spritenum-1). visible=1
  if sprite(20). membernum>=10 then
```

```
      sprite(me.spritenum).visible=0 --如果显示到最后一张图片,则下一页按钮不可用
    else
      if i=1 then
        sprite(20).member=member(sprite(20).membernum+1,2)
      else
        i=1
      end if
    end if
  end
  on mouseleave me
    sprite(me.spritenum).member=member("npage")
    cursor 0
  end
```

9. 按“Ctrl+S”键保存文件。

◎ 知识点拓展

每个 sprite 都具有自己的属性,只要控制这些属性用户就可以控制 sprite。sprite 属性使用格式可以写成“sprite(号码).属性”。sprite 号码指的是 sprite 是在什么通道中。

01.控制形状属性

rect 属性主要用于控制图形的形状。它是一个由 4 个数值所组成的数组,分别表示图像和舞台边缘的距离,其中第 1 个值和第 3 个值用于控制位图的左、右两个边,而第 2 个值和第 4 个值用来控制位图的上、下两个边,其语句语法为:

```
rect(left, top, right, bottom)
```

通过设置位图的 rect 属性,还可以达到移动、拉伸和压缩位图的目的,例如:

```
Sprite(1).rect=rect(50,50,100,100)
updateStage
```

02.控制旋转属性

```
sprite(1).rotation=45
```

下面的代码实现了这样一个功能:当鼠标位于位图精灵上时,则图片自动旋转,每次旋转 45°。

```
on mouseWithin
  sprite(me.spritenum).rotation=sprite(me.spritenum).rotation+45
updateStage
end
```

03.控制翻转属性

使用 LinGo 语句的 flipH 和 flipV 属性,可以控制精灵沿着 X 轴或 Y 轴产生翻转。

```
Sprite(1).fliph=True
updateStage
```

下面的程序将根据光标与精灵的相对位置控制精灵的翻转属性。无论什么时候,当鼠标指针跨越位图某个轴时,则产生相应的翻转。

按“Ctrl+R”组合键,导入1张图片,并将其拖动到舞台的适当位置,双击Script通道的第1帧,打开Script窗口,输入以下LinGo语句。

```
on exitFrame me
  go to the frame
end
```

选中舞台上的精灵1,单击右键,在快捷菜单中选择Script命令,打开Script窗口为其添加以下的LinGo语句。

```
on mouseWithin
  set cloc=the mouseLoc                                    --输出鼠标坐标位置
  set sloc=(sprite 1). loc                                 --输出精灵坐标位置
  if cloc. locH>sloc. locH then
    (sprite 1). flipH=True
  else
    (sprite 1). flipH=False
  end if
  if cloc. locV>sloc. locV then
    (sprite 1). flipV=true
  else
    (sprite 1). flipV=False
  end if
end mouseWithin
```

04. 控制扭曲属性

```
sprite(1). skew=10
```

下面的代码实现了这样一个功能:当鼠标单击精灵时,图片则自动倾斜,每次倾斜10°。

```
on mouseUp me
  sprite(me. spritenum). skew=sprite(me. spritenum). skew+10
  updateStage
end
```

05. 鼠标位置属性

鼠标控制的原理是通过检测鼠标的坐标位置,然后将这个坐标值通过变量制定给被控制的精灵,以达到修改精灵位置的目的。最终所达到效果就是在屏幕上单击鼠标,从而受控制的精灵马上移动到鼠标的位置上。

```
The mouseH
mouseH()
The mouseV
mouseV()
```

下面程序实现的功能是:舞台上的图片可以跟随鼠标的方向进行旋转。

```
on exitFrame
  p=the mouseLoc                                    --输出鼠标坐标位置
  x1=p.loch                                         --输出精灵水平坐标位置
  y1=p.locv                                         --输出精灵垂直坐标位置
  x2=sprite(1). loch
  y2=sprite(1). locv
  if x2<>x1 then angle=atan(float(y2-y1)/float(x2-x1))
  if x1<x2 then angle=pi()+angle
    angle=angle* 360/(2.0* pi)
    sprite(1). rotation=angle
    updateStage
end
```

◎ 独立实践任务

任务2 “美丽的家乡”多媒体光盘

【任务背景】

自2010上海世博会开幕至今，各个国家和地区的参观者纷至沓来。世界各地的游客们此次来到上海，仅仅体验这一个城市的人文与风光是远远不够的，更多的人也想借此深入了解博大精深的中国文化，领略中国各地不同的风情，因此也有力地推动了中国各地的旅游业。中国地大物博，山河壮美，因为是个多民族国家，文化更是具有多样性，各具特色，精彩纷呈。

为培养大学生的审美情趣和艺术创造力，《版花》电子期刊面向全校学生举办“盛世中华”多媒体光盘设计，以助各地人士较为细致地了解中国各地的旅游、文化及民俗特色。

【任务要求】

为“盛世中华”设计子模块“美丽的家乡”辽宁，为大家呈现一个多彩的辽宁。“美丽的家乡”辽宁，除了展示家乡四季风景，古老传说、香气扑鼻的小吃外，还可以展示庆祝丰收的传统节日，小城故事。作品的音乐、图片、文字、视频等应布局合理，层次分明，页面美观。

【技术要领】帧脚本技术、精灵脚本技术、按钮交互控制脚本。
【解决问题】LinGo 语言控制多种媒体的交互演示。
【素材来源】\模块09\情境01\任务2\素材\图片及音频文件。

情境02 滚屏文本设计

数字传媒交互系统的一个重点就是向观众传递信息，而信息的常用表现形式包括4种，分别为图像、声音、视频和文本。虽然与图像、声音和数字视频文件比起来，文本好像更为基本，但它仍然是大多数计算机程序与用户交流信息的主要方法。作为一种重要的信息传递工具,文本在整个媒体设计中占有重要的地位,如何能在有限的界面内最大限度地为用户提供信息,这就要求界面必须单纯、简洁。控制滚屏文本是作为多媒体设计师必须掌握的基本功。

在滚屏文本设计中,设计者需要掌握4个原则,即简单明了原则:用户的操作要尽可能以最直接最形象最易于理解的方式呈现在用户面前。对操作接口,直接单击右键操作,文字表示高于图标示意,尽可能地符合用户对类似系统的识别习惯。方便使用原则:符合用户习惯为方便使用的第一原则。其他还包括,实现目标功能的最少操作数原则,鼠标最短距离移动原则等。用户导向原则:为了方便用户尽快熟悉系统,简化操作,应该尽可能地提供向导性质的操作流程。实时帮助原则:用户需要能随时响应问题的用户帮助。

【能力目标】

1. 掌握 Director 中引入文本的 LinGo 语言设计。

2. 掌握控制文本演员的核心方法。

【知识目标】

1. 了解滚动文本演员的创建过程。

2. 了解控制滚动文本的相关元素设计。

【学时分配】

2 课时(授课 1 课时,实践 1 课时)。

◎ 模拟制作任务

任务1　触摸屏界面文本设计

【任务背景】

在世博宣传触摸屏设计中,需要设计一个各国展馆的滚动文本介绍,如图9-7所示。

图 9-7　完成效果

【任务要求】

鼠标拖移滑块,触摸屏上的图文混排能跟随滚动。

【任务分析】

实现的思路为:将文字和图片在其他图形处理软件中根据多媒体画面的布局进行排版,并将各元素输出为位图文件。在 Director 中制作一个图文混排内容可见区域的遮罩层,然后通过拖曳浮标来控制图文混排内容位图成员的垂直注册点,使其上下移动。

【重点、难点】

1. 图文混排及相关元素制作、遮罩原理。

2. 图文混排及鼠标的交互控制。

【技术要领】文本滚动控制的脚本语言。
【解决问题】鼠标事件触发文本滚动。
【素材来源】\模块 09\情境 02\任务 1\素材\相关文件。
【完成效果】\模块 09\情境 02\任务 1\完成效果\触摸屏文本.dir。

操作步骤

步骤一:创建舞台

1. 启动 Director,按“Ctrl+N”键打开新建文档对话框,将\模块 09\情境 02\任务 1\素材\图文模板.png 导入 Cast 列表中,并将其放置到舞台上。

2. 然后,再将素材文件夹中的“杆子.tif”和“浮标.tif”添加到舞台上,并适当调整相互的位置,如图 9-8 所示。

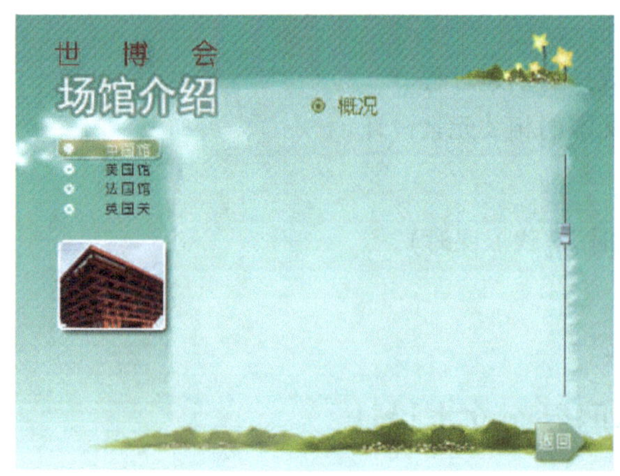

图 9-8 放置控制按钮

3. 导入“中国馆.bmp”,双击中国馆位图演员成员,在位图编辑器窗口将注册点拖曳到位图左上角位置,即使位图演员成员的 regPoint 属性值为 Point(0,0)。在演员表中紧接中国馆位图演员成员后面创建一个名称为“遮罩”的位图演员成员(遮罩演员必须在被遮罩图的后一个位置上,才能达到遮罩的作用),其尺寸大小为中国馆演员成员在舞台窗口中的可视区域,并调整其注册点在偏离左上角水平、垂直方向各 5 像素(具体的像素值可根据图文混排显示的效果来决定)。

4. 拖曳演员表中除了“遮罩”演员成员外的其他演员成员到舞台上各自的位置,选中“中国馆”位图精灵,在 Property Inspector 面板中将其 Ink 属性设置为 mask 着色模式。

步骤二:实现图文滚动

1. 打开脚本编辑器,并在其中输入如下代码。

```
--定义属性变量
property pDownMe
property pMember
property pMemberMask
property Toplocv
```

```
property bottomlocv
--getPropertydescriptionList 函数在一段行为代码中产生一个定义的列表和接收出现在行为参数设置对话框中的参数标签，下面的代码中产生了一个名称为 myList 的属性列表，并创建一个行为参数对话框，用于接收发出的 Lingo 命令 pMember、pMemberMask、Toplocv、bottomlocv
on getPropertydescriptionList me
  myList=[:]
  --#comment:描述性字符串，#default:行为参数的初始化设置，#format:行为参数的格式
myList[#pMember]=[#comment:"滚动的图片演员成员:",#default:"",#format:#bitmap]
  myList[#pMemberMask]=[#comment:"用作遮罩的图片演员成员:",#default:"",#format:#bitmap]
  myList[#Toplocv]=[#comment:"浮标的起始点纵坐标:",#default:0,#format:#integer]
  myList[#bottomlocv]=[#comment:"浮标的最低点纵坐标:",#default:0,#format:#integer]
  return myList
end
on beginsprite me
  --初始化浮标状态
  pDownMe=false
  --初始化浮标位置和被遮罩图与遮罩图的注册点
  sprite(me. spriteNum). locv=toplocv
  member(pMember). regPoint=point(0,0)
  member(pMemberMask). regPoint=Point(5,5)
end
on mousewithin me
  cursor 290
end
on mouseDown me
  pDownMe=true
end
on mouseUp me
  pDownMe=false
end
on mouseLeave me
  cursor 0
end
on mouseUpoutside me
  cursor 0
  pDownMe=false
end
on prepareFrame me
  if pDownMe then
    --限制鼠标拖曳的范围
    if (the mouseV)>=toplocv and (the mousev)<=bottomlocv then
      sprite(me. spriteNum). locv=the mousev
      --设定浮点数后小数位置的位数
      the floatPrecision=2
      --计算出浮标当前位置与整个拖动范围的比例
      spritePer=float(sprite(me. spriteNum). locv-toplocv)/(bottomlocv-toplocv)
      --根据浮标的百分比求出被遮罩图注册点的纵坐标，10 是余量，为了文本内容底部不至于太贴边
```

```
    memberlocv=(member(pMember).height-member(pMemberMask).height+10)
* spritePer
    --定位文本图文演员成员的注册点,达到移动的效果
    member(pMember).regPoint=point(member(pMember).regpoint.loch, mem-
berlocv)
      end if
    end if
  end
```

2. 关闭脚本编辑器窗口,选中脚本演员成员,并在属性检查器的脚本选项卡中将其类型设置为 Behavior,将名称设置为"滚动图文行为"。

3. 拖动"滚动图文行为"到滑竿精灵上,在打开的行为参数设置对话框中设置各个参数。各个行为参数的设置如图 9-9 所示。

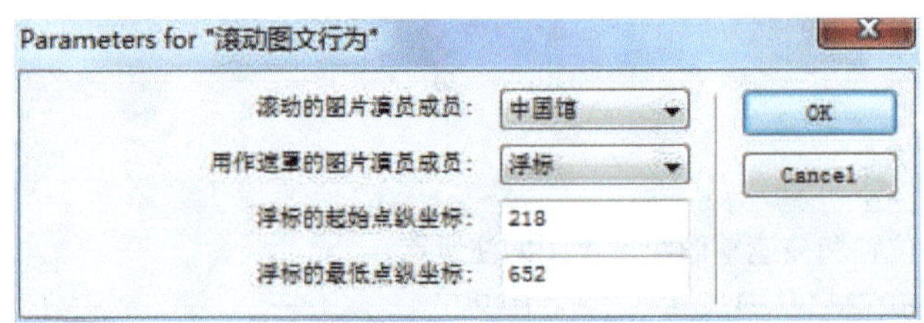

图 9-9　设置"滚动图文行为"行为参数

4. 将时间指针移动到 30 帧处,双击帧脚本通道,在打开的脚本编辑器中输入以下语句,使其在该帧进行循环。

```
on exitFrame me
  go to the frame
end
```

5. 按"Ctrl+S"键保存文件,将文件保存到"任务 1\完成效果\触摸屏文本.dir"。

◎ 知识点拓展

01. 触屏界面的按钮文本设计原则

一幅画可能包含了千言万语,但是一个用户界面却需要用简洁的语句明确地告诉用户该做什么。因此决定哪些文字应该出现,哪些文字应该是界面设计非常重要的一部分。以下是 4 个适用于触摸屏界面的文本添加原则,遵循这些一定有助于提升界面的可用性。

(1) 用动词来描述一个按钮是用来做什么的

如果不是直接用动词描述,用户可能会感到困惑,并且增加学习的成本。所以"OK"和"Cancel"并不是最佳选择,"Yes"和"No"则更差,如图 9-10 所示。

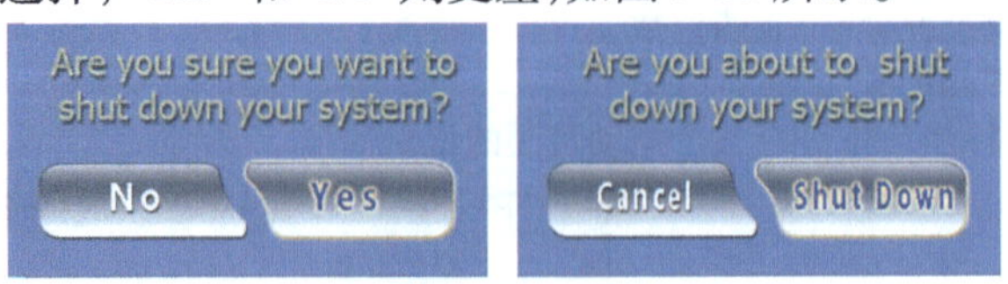

图 9-10　按钮状态

(2)把文本的重点放在最前面的12个字符上

12个字符是英文,对于中文来说可能就是三四个字。在人们阅读的时候总是扫描文字,所以大家可以比较一下这两句话:

“您正要进行关机,确认吗?”

“关机吗?”

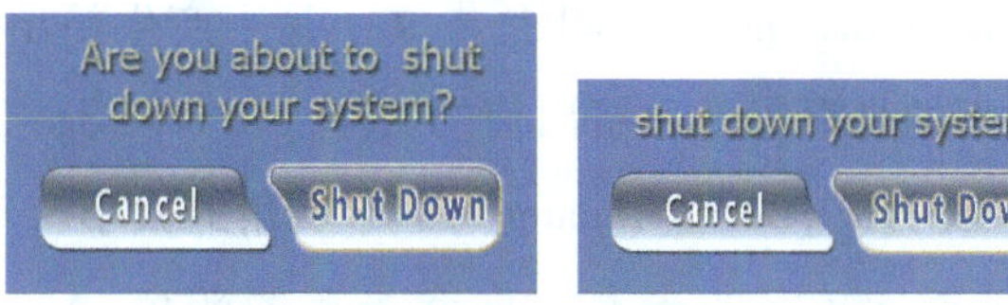

图9-11 按钮状态

同样的意思但是哪一句可阅读得更快呢?如图9-11所示。

(3)按钮的文本应该置于按钮本身而不是列在旁边

研究显示多数触摸屏用户会触碰按钮的下半部,所以建议把文字从垂直居中的位置上提一点,这样用户在按下按钮的同时,文本不容易被手指遮挡,如图9-12所示。

图9-12 按钮文本

(4)减少重复

如果在一组按钮中一样的文字不断重复,那就把这些按钮放到一组,用一个标题来简化文本内容。或者在某些情况下可以直接去掉这些重复的文字。这有助于帮助用户快速定位其需要进行的操作,如图9-13所示。

图9-13 按钮文本

02.旋转的三维文字

在Director中制作和使用三维文字会使用户平时使用最多的文本演员更加精彩,对于简单的文字动画用户再也不用去使用3ds Max一类耗内存的大型软件了。

①打开文本编辑器,输入“数字传媒”4个字,设定好间距、字体和文字颜色,这里的字体使用的是华文彩云,96号字,居中对齐。为避免文字在旋转时不会被遮挡,文字的行距应大一些,如图9-14所示。

图9-14 三维文字

②选中文字角色，在属性面板中将 Text 下的 Display 设置为 3D Mode，这时用户已经可以在舞台上看到文字的三维效果了，但这时文字还显得比较粗糙。下面将继续调节文字的显示效果。

③选中文字角色，在属性面板中将 Text 下的 Display 设置为 3D Mode，将属性面板由 Text 页转到 3D Extrude 页，上面两行可以调节三维文字的轴向角度和旋转角度，Front Face 和 Back Face 是指文字的前面和侧面，Tunnel 是指文字是否产生挤出效果。Smoothness 和 Tunnel Depth 分别调节文字的光滑程度和挤出值的大小。Bevel Edge 下拉框调节文字的倒角样式，有 Miter、Round 两种样式，Bevel Amount 可调节倒角的大小。

Light、Directional 分别调节文字的光源方向和光源的颜色，Ambient 是阴影的颜色，Background 是背景色。Shade Texture 设置文字的材质，可以通过下面的颜色框来设置文字的颜色，甚至可以将导入的位图设成文字的材质。

④要制作简单的三维文字旋转动画，Director 早为用户设计好了。打开库面板，选择“3D”→“Actions”，这里预置了很多实用的动作，将“Automatic Model Rotation”行为拖到舞台的三维文字上，在弹出对话框中选择旋转的速度和旋转轴，这里选择 Y 轴，使用默认的速度。

⑤播放影片，三维的文字旋转起来了。

◎ 独立实践任务

任务 2　滚屏文本设计

【任务背景】

在一个世博宣传触摸屏设计中，需要在上海世博首页设计一个“上海世博简介”。

【任务要求】

自动滚屏是数字传媒系统中的一个亮点，通常用来提示用户一些重要的信息，这些信息通常都采用自动滚屏的形式来实现。

【技术要领】帧脚本技术、循环语句。
【解决问题】自动滚屏显示文本。
【素材来源】\模块 09\情境 02\任务 2\素材\滚屏图文模板.png。

情境 03　视频播放器设计

在数字传媒作品的设计制作中，一般都要涉及对数字视频文件的引用和控制。例如，在教学软件中用视频文件来演示某个操作过程，或者用视频文件来展示某次演讲等。如何充分发挥视频文件在多媒体软件中的作用，一方面取决于多媒体软件本身所涉及的内容；另一方面取决于软件中对视频文件的控制设计。对视频文件的播放控制包括播放、暂停、停止于起点、进并暂停、退并暂停、通过滑块拖动自由进退以及通过滑块拖动自由控制音量等。这些控制其实就是用户常见的媒体播放器中的控制面板提供的功能。

视频播放器的影视界面、菜单、按钮及边缘的制作，需要非常细心，播放器有很多细小的部分需要认真处理，尤其是质感部分，其光线要认真去把握。细节的力量在播放器界面设计中有着无穷的魅力。认真想想那些你个人认为优秀的设计作品，其中是什么东西打动了你？很多时候就是一种描述不出来的颜色，一些 1 像素的高光，或者是一种质感。

【能力目标】

1. 掌握 Director 中引入 AVI 视频的 LinGo 语言设计。
2. 掌握 Director 中引入 Flash 的 LinGo 语言设计。

【知识目标】

1. 了解视频播放器界面的创建过程。
2. 了解控制视频播放的相关 LinGo 语言。

【学时分配】

2 课时（授课 1 课时，实践 1 课时）。

◎ 模拟制作任务

任务 1　视频播放器的制作

【任务背景】

在一个数字传媒作品设计中，需要设计一个视频播放器，如图 9-15 所示。

图 9-15　完成效果

【任务要求】

播放器设计要比较简约大方，并具有播放、暂停、快进和快退功能。

【任务分析】

视频播放器的 LinGo 语言设计要简洁，才能更好地移植，如果视频采用特定压缩格式制作，则必须安装相应的解码器才能正常播放。

【重点、难点】

1. 视频进度条的制作。

2. 音频进度条的制作。

【技术要领】视频播放器的脚本语言。

【解决问题】对视频全方位的控制。

【素材来源】\模块 09\情境 03\任务 1\素材\相关文件。

【完成效果】\模块 09\情境 03\任务 1\完成效果\视频播放器. dir。

操作步骤

步骤一：制作播放器界面

1. 启动 Director，按“Ctrl+N”键打开新建文档对话框，将“\模块 09\情境 03\任务 1\素材\播放器背景. png”导入 Cast 列表中，并将其放置到舞台上。

2. 然后，再将素材文件夹中的“close1. png”“jdt. png”“kj1. png”“kt1. png” “play1. png” “sound1. png”“stop1. png”“y1. png”添加到舞台上，主要是将新导入进来的这些按钮与背景图中的按钮一一对应，可先将按钮放置在舞台的下面，先垂直对齐，再用键盘的上下键慢慢对齐，如图 9-16 所示。

图 9-16　完成效果

3. 新建一个“Filled Rectangle(Filled Rectangle)”，在“Property Inspector”面板中将其 copy 属性设置为 0，将其放置到舞台上，并调整大小(基本与视频进度控制点高度一致，长度与整个播放器相当，位置就放置在视频控制点的下面)，特别注意的是，在精灵通道里，进度控制条的 NUM 号要比进度控制点的 NUM 号小 1；同理新建一个音频控制条。

4. 将“\模块 09\情境 03\任务 1\素材\sound. wav”导入 Cast 列表中，将“\模块 09\情境 03\任务 1\完成效果\video\ afd. avi”导入 Cast 列表中，并将 AVI 精灵放置到第 20 号通道中,将通道中的精灵帧长度全部变成1,将文件保存到"任务1\完成效果\视频播放器.dir"。

5. 在第1帧帧脚本通道双击鼠标左键,打开脚本编辑器,并在其中输入如下代码。

```
on enterFrame
  global movietime
  set movietime to the duration of member 33
  --获得视频文件总的播放时间,member33 演员表中 33 号演员(视频演员)
  Set the movierate of sprite 11 to 0
  Set the loch of sprite 9 to 8 --初始化滑块的位置,8 是限制线的左边距
End
```

在第20帧帧脚本通道双击鼠标左键,打开脚本编辑器,并在其中输入如下代码。在这段简单的代码中,最终将时间帧停留在了第20帧。

```
On enterframe
  Global movietime
  Global nowtime
  Global nowposition
  Set nowtime to float(the movietime of sprite 20)/movietime --获得当前时间与总
                                                              时间比
  Set nowposition to nowtime* 620 --获得滑块的相对位置,注:滑动参照线的长度为 634,
                                   为了不让滑块滑出时间线,所以这里采取乘以 620 而
                                   不是 634。
  Set the loch of sprite 9 to nowposition+the left of sprite 8 --设置滑块的实际
                                                                位置
  Updatestage
End enterframe
On exitframe me
  Go the frame
End
```

添加电影脚本,设定电影的初始状态为停止播放状态。

```
on startmovie
  global stat
  stat=0
end
```

步骤二:实现播放效果

1. 选择舞台上的"stop1"精灵,选择右键菜单中的Script命令,打开脚本编辑器,并在其中输入如下代码。

```
global stat --0 表示影片处于停止播放状态,1 表示影片处于播放状态
on mouseenter me
  sprite(me. spritenum). member=member("stop2")
  puppetsound 1,"sound"
end
on mouseUp me
  sprite(20). movierate=0                 --停止播放电影
  sprite(20). movietime=0                 --将电影停止在最开始处
  stat=0
```

```
end
on mouseleave me
  sprite(me. spritenum). member=member("stop1")
end
```

2. 选择舞台上的“kt1”精灵，选择右键菜单中的Script命令，打开脚本编辑器，并在其中输入如下代码。

```
on mouseenter me
  sprite(me. spritenum). member=member("kt2")
  puppetsound 1,"sound"
end
on mouseUp me
  sprite(20). movierate=-1              --将影片处于快退状态
end
on mouseleave me
  sprite(me. spritenum). member=member("kt1")
end
```

3. 选择舞台上的“play1”精灵，选择右键菜单中的Script命令，打开脚本编辑器，并在其中输入如下代码。

```
global stat         --0 表示影片处于停止播放状态,1 表示影片处于播放状态
on mouseenter me  --如果影片处于非播放状态,则当前按钮显示播放键鼠标经过状态,否则显示
                    暂停按钮鼠标经过状态
  if stat<>1 then
    sprite(me. spritenum). member=member("play2")
      else
    sprite(me. spritenum). member=member("zt2")
  end if
  puppetsound 1,"sound"
end
on mouseUp me
  if stat=0 then        --当影片处于停止播放状态时,播放影片,并且播放按钮变成暂停按钮
                          状态
    sprite(20). movierate=1
    sprite(me. spritenum). member=member("zt2")
    stat=1
  else                  --否则停止播放影片,并且暂停按钮变成播放按钮状态,stat 重新赋
                          值 0
    sprite(20). movierate=0
    sprite(me. spritenum). member=member("play2")
    stat=0
  end if
  updatestage
end
on mouseleave me
  if stat=0 then
    sprite(me. spritenum). member=member("play1")
```

```
    else
      sprite(me. spritenum). member=member("zt1")
    end if
  end
```

4. 选择舞台上的“kj1”精灵，选择右键菜单中的 Script 命令，打开脚本编辑器，并在其中输入如下代码。

```
on mouseenter me
  sprite(me. spritenum). member=member("kj2")
  puppetsound 1,"sound"
end
on mouseUp me
  sprite(20). movierate=2   --将影片处于比正常播放速率快 1 倍的速度快进
end
on mouseleave me
  sprite(me. spritenum). member=member("kj1")
end
```

5. 选择舞台上的“sound1”精灵，选择右键菜单中的 Script 命令，打开脚本编辑器，并在其中输入如下代码。

```
on mouseenter me
  if sprite(me. spritenum). member=member("sound1") then
    sprite(me. spritenum). member=member("sound2")
    puppetsound 1,"sound"
  end if
end
on mouseUp me
  --当单击小喇叭时，能控制小喇叭的状态，如果小喇叭是正常状态，则把它变成关闭状态，反之则
    打开。
  if sprite(me. spritenum). member=member("sound2") then
    sprite(me. spritenum). member=member("sound3")
    the soundenabled=not the soundenabled
  else
    sprite(me. spritenum). member=member("sound1")
    the soundenabled=not the soundenabled
  end if
end
on mouseleave me
  if sprite(me. spritenum). member=member("sound2") then
    sprite(me. spritenum). member=member("sound1")
    end if
end
```

6. 选择舞台上的“close1”精灵，选择右键菜单中的 Script 命令，打开脚本编辑器，并在其中输入如下代码。

```
on mouseenter me
  sprite(me. spritenum). member=member("close2")
```

```
  puppetsound 1,"sound"
end
on mouseUp me
  quit        --退出播放器
end
on mouseleave me
  sprite(me. spritenum). member=member("closel")
end
```

7. 选择舞台上的视频控制进度滑块精灵，选择右键菜单中的 Script 命令，打开脚本编辑器，并在其中输入如下代码。

```
on mousedown
  sprite(20). movierate=0
  repeat while the stilldown
    sprite(9). loch=the mouseh       --sprite 9 是控制滑块,使滑块水平可跟随鼠标移动
    F=sprite(9). loch                --定义 F 用于保存滑块的水平位置
    if F<=8 then                     --滑块参照线 sprite 8 的最小 LOCH 是 8,这里是用
                                       来限制滑块往左不能超出参照线的左边
      sprite(20). movierate=0
      sprite(20). movietime=0
      sprite(9). loch=8
    else if F>=628 then    --滑块参照线 sprite 8 的最大 LOCH 是 628,这里是用来限制滑
                             块往右不能超出参照线的右边
      sprite(20). movierate=0
      sprite(20). movietime=0
      sprite(9). loch=628
    else
      G=sprite(9). loch -sprite(8). left
      H=float(G)/float(620)
      I=H* member(33). duration
      sprite(20). movietime=integer(I)  --设置视频的当前播放时间
      updatestage
    end if
  end repeat
end mousedown
on mouseup
  sprite(20). movierate=1
end mouseup
```

8. 选择舞台上的音频进度滑块精灵，选择右键菜单中的 Script 命令，打开脚本编辑器，并在其中输入如下代码。

```
on mousedown
  repeat while the stilldown
    sprite(11). loch=the mouseh        --sprite 11 是控制滑块,使滑块水平可跟随鼠标
                                         移动
    A=sprite(11). loch                 --定义 A 用于保存滑块的水平位置
```

```
    if A<=463 then   --滑块参照线 sprite 10 的最小 LOCH 是 463,这里是用来限制滑块往
                       左不能超出参照线的左边
      sprite(20).volume=0
      sprite(11).loch=463
    else if A>=510 then   --滑块参照线 sprite 10 的最大 LOCH 是 510,这里是用来限制滑
                            块往右不能超出参照线的右边
      sprite(20).volume=255
      sprite(11).loch=510
    else
      B=sprite(10).width   --sprite 10 是滑块参照线,B 用来保存它的总长度
      C=sprite(11).loch   --C 用来保存滑块的当前位置
      D=float(C)/float(B)   --D 用来保存当前位置占总长度的百分比
      E=D* 255   --E 用来保存当前音量
      sprite(20).volume=integer(E)   --设置视频的音量
      updatestage
    end if
  end repeat
end mousedown
```

9. 按“Ctrl+S”键保存文件。

◎ 知识点拓展

01. AVI 格式数字视频的 LinGo 语言控制

WMV 和 AVI 两种格式的视频使用 Windows Media 的控件就可以支持。

```
on mouseUp
  sprite(1).movieRate=1                    --播放
end mouseUp
on mouseUp
  sprite(1).movieRate=0                    --暂停
end mouseUp
on mouseUp
  sprite(1).movieRate=3                    --快进
end mouseUp
on mouseUp
  sprite(1).movieRate=-3                   --快退
end mouseUp
on mouseUp
  sprite(1).movieRate=0.2                  --慢速
end mouseUp
on mouseUp
  sprite(1).movieTime=0                    --到最前
end mouseUp
```

02. WMF 格式数字视频的 LinGo 语言控制

```
On mouseUp
  sprite(1).play()                         --播放
```

```
end
on mouseUp
  sprite(1).pause()                    --暂停
end
on mouseUp
  sprite(1).stop()                     --停止
end
```

03. SWF 格式数字视频的 LinGo 语言控制

```
on mouseUp
  sprite(1).fixedRate=15
  sprite(1).play()                     --播放
end mouseUp
on mouseUp
  sprite(1).stop()                     --暂停
end mouseUp
on mouseUp
  sprite(1).fixedRate=50               --快进
end mouseUp
on mouseUp
  sprite(1).frame=1                    --到最前
end mouseUp
```

04. Mpeg 格式数字视频的 LinGo 语言控制

Director 自身大致支持 AVI、QuickTime、DVD、Window Media 等媒体,但对 Mpeg 格式不能很好地支持,典型现象是屏幕上显示一个大红叉。播放 Mpeg 需要第三方插件 Direct Media Xtra 的支持。

```
on mouseUp
  sprite(1).setrate(100)
  sprite(1).videoplay()                --播放
end
on mouseUp
  sprite(1).videopause()               --暂停
end
on mouseUp
  sprite(1).videoseek(0)               --停止
end
on mouseUp
  sprite(1).movietime=sprite(1).movietime+30* 60        --前进
  updatestage
end
on mouseUp
  sprite(1).movietime=sprite(1).movietime-30* 60        --后退
  updatestage
end
```

```
on mouseUp
  sprite(1).setrate(200)
  sprite(1).videoplay()  --快放
end
on mouseUp
  sprite(1).setrate(50)
  sprite(1).videoplay()  --慢放
end
```

05. 检查 QuickTime 播放器的 LinGo 语言控制

```
on prepareMovie me
  if the quicktimePresent=1 then
    qtVersion=quickTimeVersion()
    if qtversion<5 then
      alert"安装的 quickTime 播放器版本太低"
      open_movie.path & "QuickTimeInstaller.exe"
      quit()
    else
      nothing
    end if
  else
    alert"没有安装 quickTime 播放器"
    open_movie.path & "QuickTimeInstaller.exe"
    quit()
  end if
end
```

06. 检查 RealPlayer 播放器的 LinGo 语言控制

```
on startMovie me
  ifPlayerInstalled
end
on ifPlayerInstalled me
  rpVer=realPlayerVersion()
  if value(rpVer.char[1])>0 then
    nothing
  else
    open_movie.path & "RealPlayer10-5GOLD_cn.exe"
  end if
end
```

◎ 独立实践任务

任务 2　视频播放特效制作

【任务背景】

设计一个控制 AVI 视频格式的播放器,效果如图 9-17 所示。

播放　暂停　快进　快退　到最前

图 9-17　完成效果

【任务要求】

舞台(stage)设置为 640×480,导入视频角色,放置在舞台中,设置 5 个按钮控制这段视频,在视频的尾部,能够使用渐隐特效和后面的多媒体元素产生完美的衔接。

【技术要领】AVI 视频播放脚本语言。
【解决问题】控制 AVI 播放问题。
【素材来源】\模块 09\情境 03\任务 2\素材\video. avi。

情境 04　数字传媒作品制作

本情境通过讲解《美丽上海,精彩世博》多媒体光盘的制作过程,带领学生真正走进数字传媒项目开发之门。

数字传媒作品是一种集文字、图形图像、声音、视频动画等多种媒体表现手段于一体的数字化媒体推广模式。而数字传媒所具有的交互性特征将更简单方便地实现产品使用者的虚拟体验,无论在降低企业宣传成本、提高企业形象、加强产品宣传力度等方面都具有较强优势。

数字传媒作品的制作通常由脚本编创、界面设计、程序开发和发布等过程组成。脚本编创是数字传媒作品的内容脚本，这是制作一部数字传媒作品的前提条件；其次是界面设计及制作作品中相关的动态元素和作品导航，这是具体作品的各个元素；最后将一部数字传媒作品所需要的各个元素在 Director 中用 LinGo 程序整合起来。

【能力目标】

1. 掌握数字传媒作品策划脚本的撰写。
2. 掌握数字传媒作品开发设计的原则。

【知识目标】

1. 了解数字传媒作品制作的脚本结构。
2. 了解数字传媒作品开发的客户需求。

【学时分配】

4 课时（授课 2 课时，实践 2 课时）。

◎ 模拟制作任务

任务 1　《美丽上海，精彩世博》多媒体光盘设计

【任务背景】

为 2010 上海世博宣传设计《美丽上海，精彩世博》多媒体光盘，如图 9-18 所示。

图 9-18　完成效果

【任务要求】

本作品的设计要求表现形式的多样性、方便操作和检索、方便声音控制、多用性和实用性、开放性和扩展性、文件的规范化。

【任务分析】

作品的设计任务含以下几个方面：脚本编创、多媒体素材的制作、多媒体的交互控制设

计、多媒体作品的发布、素材整理与说明。

【重点、难点】

1. 掌握界面设计、动态元素和作品导航制作。

2. 掌握数字传媒作品整合设计中的 LinGo 程序。

【技术要领】界面布局、动态元素和作品导航制作。

【解决问题】多种媒体的交互应用与整合。

【素材来源】\模块 09\情境 04\任务 1\素材\相关文件。

【完成效果】\模块 09\情境 04\任务 1\完成效果\2010ShExpo. exe。

操作步骤

步骤一:脚本编创

1. 主题说明

《美丽上海,精彩世博》数字传媒光盘设计以纯净的蓝色为主色调,表现出一种美丽、安详与广阔,又不失沉稳和理智,同时配以橙色,醒目又具有活力,将上海世博的专业性及发展力形象化。

2. 作品内容

作品主要介绍上海世博会的概况、规划建设情况、上海简介、志愿者风采等情况,提供文字、图片及视频信息。

3. 模块设计

作品共 7 个功能模块,分别为片头片尾部分、首页部分、规划建设、志愿者风采、视频欣赏、帮助部分、视频部分,作品结构图如图 9-19 所示,模块说明见表 9-1。

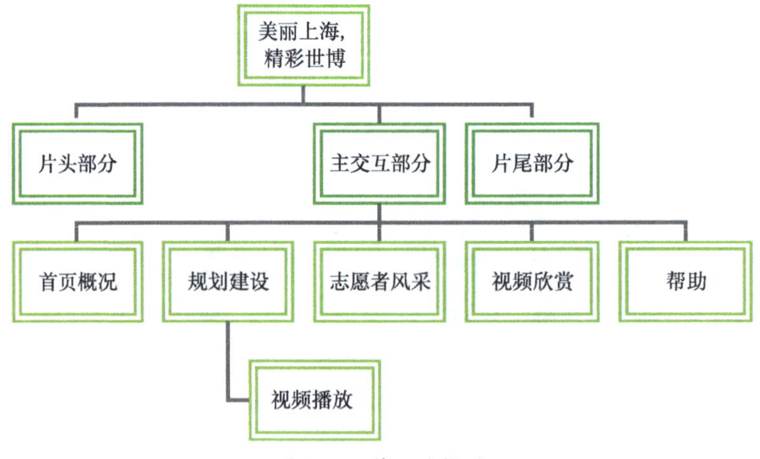

图 9-19 作品结构图

表 9-1　模块说明

<table>
<tr><th>模块名称</th><th>具体设计</th></tr>
<tr><td>片头片尾</td><td>图文、视听结合，可链接到主交互页面</td></tr>
<tr><td>首页</td><td rowspan="6">右下方为目录导航，跳转到主页面、各子页面、帮助页面和退出；
主交互页面及各个子页面都具有限时 5 s 的屏保，如 5 s 内无任何操作即播放屏保；
页面内容为相应的内容介绍；
右侧的音浪 Flash 可控制背景音乐的开或关</td></tr>
<tr><td>规划建设</td></tr>
<tr><td>志愿者风采</td></tr>
<tr><td>视频欣赏</td></tr>
<tr><td>帮助</td></tr>
<tr><td>视频</td><td>中间为视频内容，下面为视频控制按钮，同时可以关闭视频窗口返回原窗口</td></tr>
</table>

4. 界面布局

片头通过 Flash 呈现，视频结束后进入主菜单，可选择跳转某个子页面或直接进入主交互部分；主交互部分通过目录导航交互可以跳转到各个子页面，播放相应内容；片尾部分通过文本呈现，并自动关闭。多媒体作品为交互型，具体界面布局见表 9-2。

表 9-2　界面布局

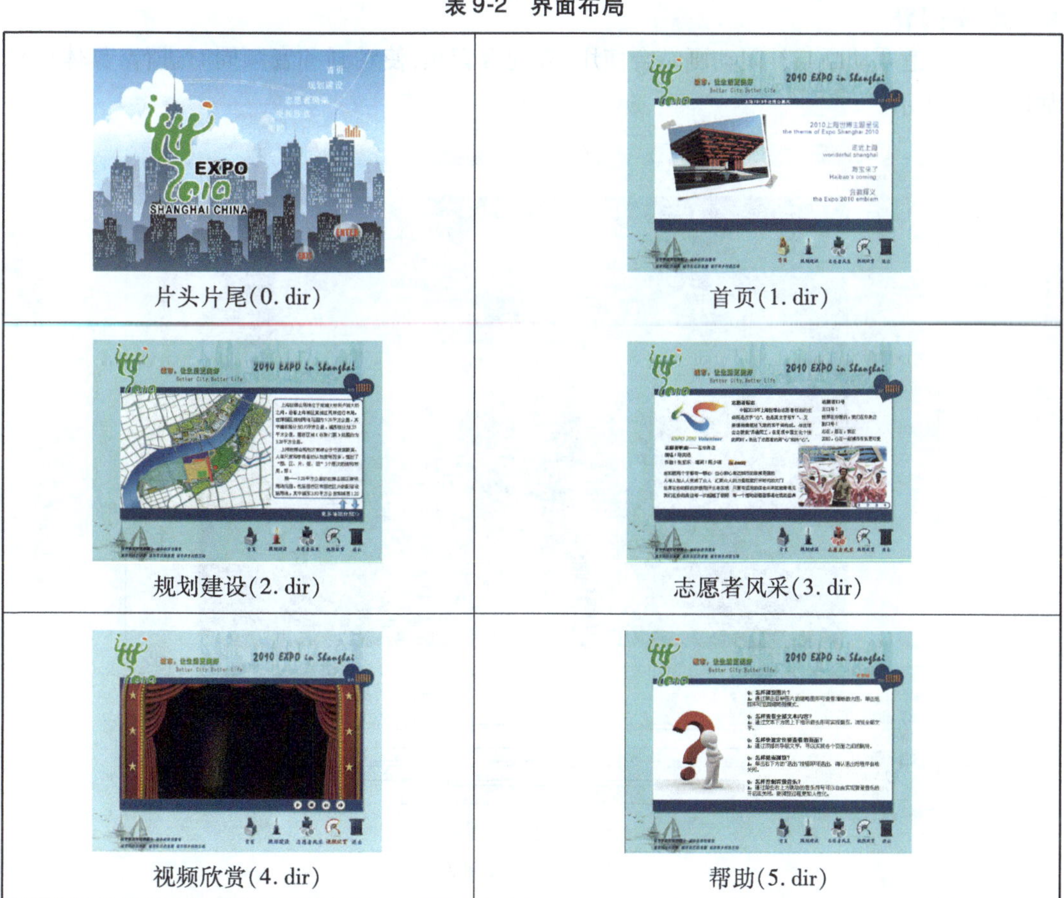

片头片尾(0. dir)　首页(1. dir)

规划建设(2. dir)　志愿者风采(3. dir)

视频欣赏(4. dir)　帮助(5. dir)

续表

 视频(1-2. dir)	

步骤二:多媒体素材的制作

1. 编辑图像素材

图像原素材为网上搜集,使用 Photoshop 进行适当加工,存为“png”文件,存储在“图像”文件夹中。

2. 编辑 2D 动画素材

2D 动画使用 Flash 制作,源文件及输出文件存放在“动画”文件夹中。

片头制作

片头将遮罩动画与补间动画结合使用,并配合音频,使动画和音频同时进行,具体设置如图 9-20 所示。

图 9-20 片头制作

背景音乐制作

背景音乐主要使用两个按钮控制音乐的开与关，放在不同的两帧，按钮上添加动作如图 9-21 所示。

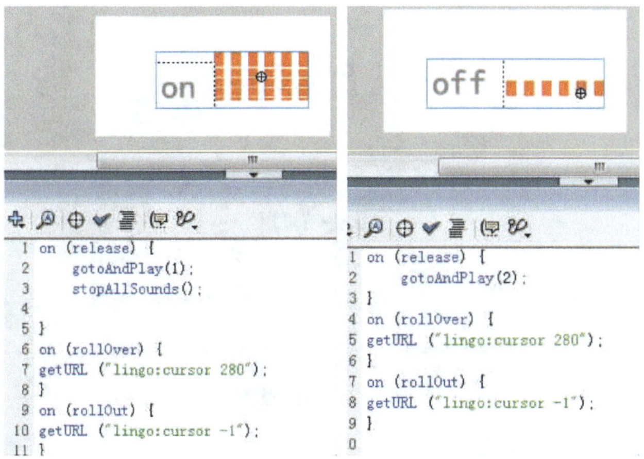

图 9-21　背景音乐制作

展区规划图制作

展区规划图采用交互式设计，使用按钮加"ActionScript"，单击相应区块自动播放相应录音资料，具体设置如图 9-22 所示。

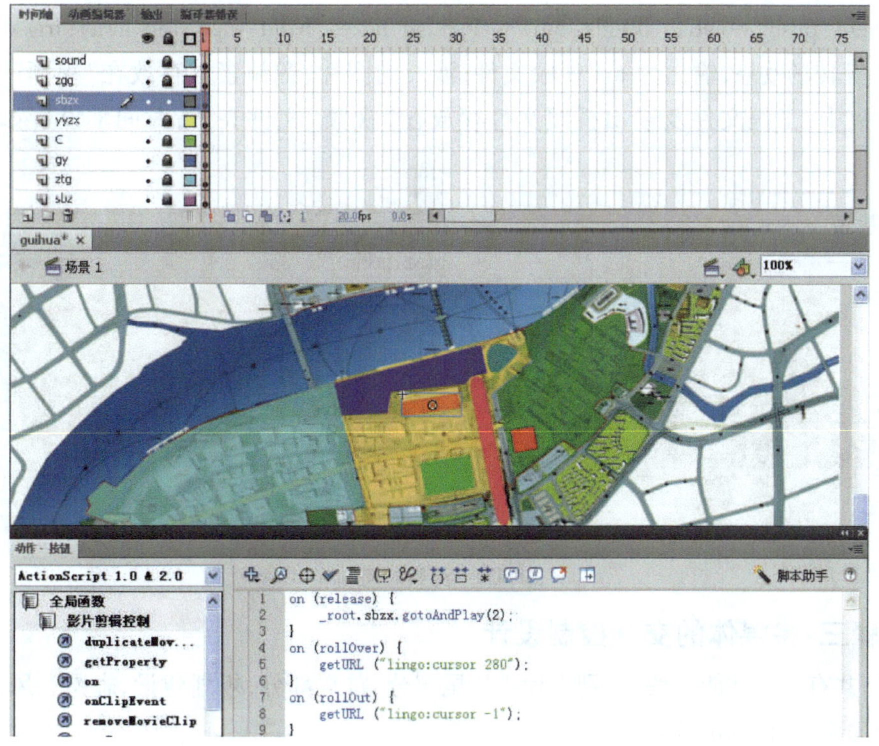

图 9-22　展区规划图制作

3. 编辑 3D 动画素材

3D 动画使用 3ds Max 制作，制作立体文字运动效果，效果如图 9-23 所示。

图 9-23　3D 效果

4. 编辑音频素材

本作品中包括背景音乐、音乐欣赏、按钮音、视频音乐及配音解说。除配音资料外音频皆为网上搜集，并使用 GoldWave 进行后期处理，存储在“音频”文件夹中。

5. 加工视频素材

视频采用图片与字幕结合的方式，采用了 additive dissolve、iris box、iris points、band slide、sphere、push、venetian blinds、pinwheel、zoom boxes、band wipe、roll away、iris diamond、page roll 等转场效果，输出为 avi 视频文件；涉及的图片、音频素材存放在“视频”——“素材”文件夹中，工程文件及输出视频文件存放在“视频”文件夹中，时间轴设置如图 9-24 所示。

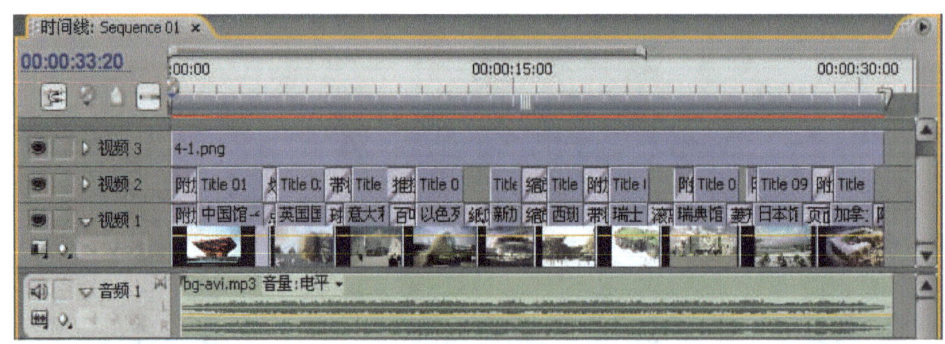

图 9-24　视频时间轴

步骤三：多媒体的交互控制设计

作品共有 7 个功能模块，分别为片头片尾部分、首页部分、规划建设、志愿者风采、视频欣赏、帮助部分、视频部分。

1. 片头片尾(见表 9-3)

表 9-3 片头片尾

舞台大小	800×600	程序名称	0. dir
对象布局			
调用关系	单击"首页"按钮打开"1. dir",单击"规划建设"按钮打开"2. dir",单击"志愿者风采"按钮打开"3. dir",单击"视频欣赏"按钮打开"4. dir",单击"帮助"按钮打开"5. dir",单击"ENTER"按钮或导航目录跳转到相关页面,单击"EXIT"按钮跳转到退出界面		
多媒体体现	图文信息按顺序直接呈现,片头自动播放 Flash 或停止背景音乐,5 s 内未有鼠标或键盘动作自动播放 3D 屏保		

LinGo语言设计

(1)帧脚本:判断片头 Flash 是否播放完毕并执行下一动作

```
on exitFrame me
  if sprite(1).frame=sprite(1).member.frame Count then
    go to the frame+1
  else
    go to the frame
  end if
cnd
```

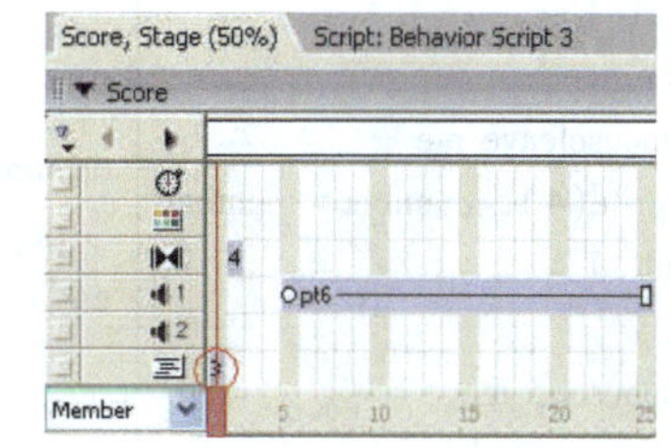

(2)按钮通用脚本:鼠标经过时改变按钮状态、鼠标形态,离开时还原 sprite 18

```
on mouseenter me
  lmembername=sprite(me.spritenum).member.name
  if chars(lmembername,length(lmembername),length(lmembername))<>"x" then
    sprite(me.spritenum).member=member(lmembername & "x")
  end if
  cursor 280
end
on mouseleave me
  lmembername=sprite(me.spritenum).member.name
  if chars(lmembername,length(lmembername),length(lmembername))="x" then
sprite(me.spritenum).member=member(chars(lmembername,1,length(lmembername)-1))
  end if
  cursor 0
end
```

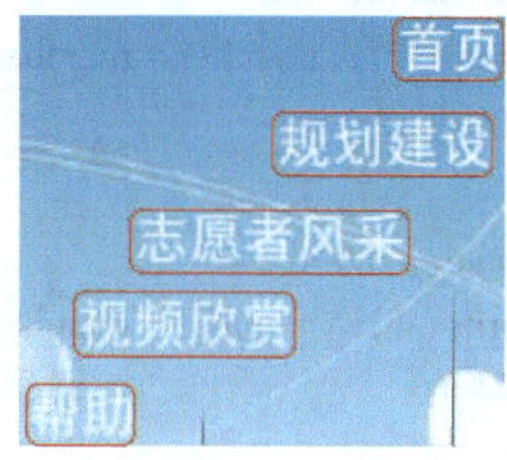

续表

LinGo语言设计		
(3)首页脚本		
Sprite 26	Sprite 40	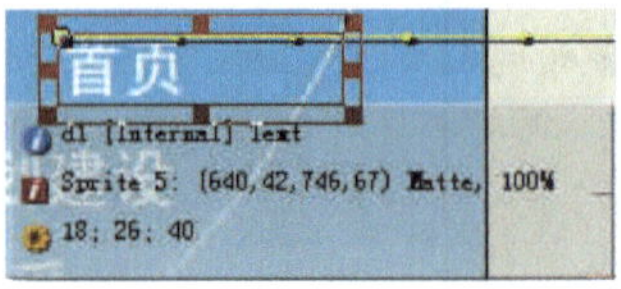
on mouseenter me sprite(4). member = member ("pt5") end on mouseleave me sprite(4). member = member ("hh") end on mouseup me puppetsound 1,false go to movie"1. dir" end	on mouseenter me puppetSound 3,member "aj" end	
(4)规划建设脚本		
Sprite 27	Sprite 40	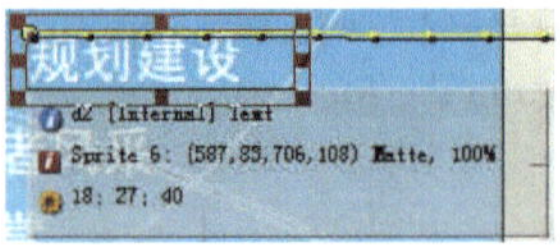
on mouseenter me sprite(4). member = member ("ptl") end on mouseleave me sprite(4). member = member ("hh") end on mouseup me puppetsound 1,false go to movie"2. dir" end	on mouseenter me puppetSound 3,member "aj" end	
(5)志愿者风采		
Sprite 28	Spreit 40	
on mouseenter me sprite(4). member = member ("pt2") end on mouseleave me sprite(4). member = member ("hh") end on mouseup me puppetsound 1,false go to movie"3. dir" end	on mouseenter me puppetSound 3,member "aj" end	

续表

<table>
<tr><td colspan="3">LinGo语言设计</td></tr>
<tr><td colspan="3">(6)视频欣赏脚本</td></tr>
<tr><td>Sprite 30</td><td>Sprite 40</td><td rowspan="2">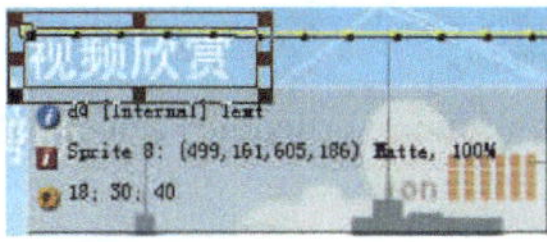
</td></tr>
<tr><td>on mouseenter me
sprite(4). member = member
("pt4")
end
on mouseleave me
sprite(4). member = member
("hh")
end
on mouseup me
puppetsound 1,false
go to movie"4. dir"
end</td><td>on mouseenter me
puppetSound 3,member "aj"
end</td></tr>
<tr><td colspan="3">(7)帮助脚本</td></tr>
<tr><td>Sprite 29</td><td>Sprite 40</td><td rowspan="2"></td></tr>
<tr><td>on mouseenter me
sprite(4). member = member
("pt3")
end
on mouseleave me
sprite(4). member = member
("hh")
end
on mouseup me
puppetsound 1,false
go to movie"5. dir"
end</td><td>on mouseenter me
puppetSound 3,member "aj"
end</td></tr>
<tr><td colspan="3">(8)进入按钮脚本 sprite 33</td></tr>
<tr><td colspan="2">on mouseenter me
cursor 280
sprite(me. spritenum). locv=sprite(me. spritenum). locv-3
end
on mouseleave me
cursor 0
sprite(me. spritenum). locv=sprite(me. spritenum). locv+3
end
on mouseup me
puppetsound 1,false
go to movie"1. dir"
End</td><td>
</td></tr>
</table>

续表

<table>
<tr><td colspan="2">LinGo语言设计</td></tr>
<tr><td colspan="2">(9)退出按钮脚本 sprite 48</td></tr>
<tr><td>on mouseenter me
cursor 280
sprite(me. spritenum). locv=sprite(me. spritenum). locv-3
end
on mouseleave me
cursor 0
sprite(me. spritenum). locv=sprite(me. spritenum). locv+3
end
on mouseup me
go "end"
end</td><td>EXIT</td></tr>
</table>

2. 首页概况(表 9-4)

表 9-4　首页概况

<table>
<tr><td>舞台大小</td><td>800×600</td><td>程序名称</td><td>1. dir</td></tr>
<tr><td>对象布局</td><td colspan="3">2010 EXPO in Shanghai
Better City, Better Life
2010上海世博主题呈现
the theme of Expo Shanghai 2010
走近上海
wonderful shanghai
海宝来了
Haibao is coming
会徽释义
the Expo 2010 emblem</td></tr>
<tr><td>调用关系</td><td colspan="3">单击小标题跳转相应帧数,单击“申博回顾”以新窗口打开子窗口视频部分“1-2. dir”并隐藏本窗口</td></tr>
<tr><td>多媒体体现</td><td colspan="3">图文信息按顺序直接呈现,Flash 播放或停止背景音乐,5 s 内未有鼠标或键盘动作自动播放 3D 屏保</td></tr>
<tr><td colspan="4">LinGo语言设计</td></tr>
<tr><td colspan="4">(1)按钮通用脚本:鼠标经过时改变按钮状态、鼠标形态,离开时还原 sprite 37,语句同上 0. dir</td></tr>
<tr><td colspan="4">(2)2010 上海世博主题呈现脚本</td></tr>
<tr><td>Sprite 66</td><td>Sprite 70</td><td colspan="2" rowspan="2">2010上海世博主题呈现
the theme of Expo Shanghai 2010
走近上海
wonderful shanghai</td></tr>
<tr><td>on mouseup me
go to "zt"
cursor 0
end</td><td>on mouseenter me
sprite(16). member=member
("1-2")
end
on mouseleave me
sprite(16). member=member
("1-1")
end</td></tr>
</table>

续表

<table>
<tr><td colspan="4">LinGo语言设计</td></tr>
<tr><td colspan="4">(3)走进上海脚本</td></tr>
<tr><td colspan="2">Sprite 67</td><td>Sprite 72</td><td rowspan="2"></td></tr>
<tr><td colspan="2">on mouseup me
go to "sh"
cursor 0
end</td><td>on mouseenter me
sprite(16). member=member("1-4")
end
on mouseleave me
sprite(16). member=member("1-1")
end</td></tr>
<tr><td colspan="4">(4)海宝来了脚本</td></tr>
<tr><td colspan="2">Sprite 69</td><td>Sprite 73</td><td rowspan="2"></td></tr>
<tr><td colspan="2">on mouseup me
go to "hb"
cursor 0
end</td><td>on mouseenter me
sprite(16). member=member("1-6")
end
on mouseleave me
sprite(16). member=member("1-1")
end</td></tr>
<tr><td colspan="4">(5)会徽释义脚本</td></tr>
<tr><td colspan="2">Sprite 68</td><td>Sprite 71</td><td rowspan="2"></td></tr>
<tr><td colspan="2">on mouseup me
go to "hh"
cursor 0
end</td><td>on mouseenter me
sprite(16). member=member("1-3")
end
on mouseleave me
sprite(16). member=member("1-1")
cnd</td></tr>
<tr><td colspan="2">(6)帮助脚本 sprite 88</td><td colspan="2">(7)申博回顾脚本 sprite 78</td></tr>
<tr><td>on mouseup me
go to movie "5. dir"
end</td><td>帮助</td><td>on mouseup me
sprite(15). member=member("1-8")
test=window(). new("1-2. dir") test. appearanceOptions. mask=member("mask")
test. rect= rect(238,230,741,540)
test. open()
(the stage). visible=false
end
on mouseenter me
cursor 280
sprite(me. spritenum). member=member("ssx")
end
on mouseleave me
cursor 0
sprite(me. spritenum). member=member("ss")
end</td><td>申博回顾</td></tr>
</table>

续表

LinGo语言设计			
(8)规划建设脚本 sprite 85		(9)志愿者风采脚本 sprite 86	
on mouseup me go to movie"2. dir" end		on mouseup me go to movie"3. dir" end	
(10)视频欣赏脚本 sprite 87		(11)退出脚本	
on mouseup me go to movie"4. dir" end		on mouseup me play frame " end" of movie"0" end	

3. 规划建设(表 9-5)

表 9-5 规划建设

舞台大小	800×600		程序名称		2. dir
对象布局					
调用关系	单击上下箭头浏览文本内容,单击左侧 Flash 区块播放语音介绍,单击“更多场馆”跳转到相应帧数播放图文信息				
多媒体体现	图文信息按顺序直接呈现,Flash 播放或停止背景音乐,5 s 内未有鼠标或键盘动作自动播放 3D 屏保				
LinGo语言设计					
(1)按钮通用脚本:鼠标经过时改变按钮状态、鼠标形态,离开时还原 sprite 38,语句同上 0. dir					
(2)首页脚本 sprite 67			(3)志愿者风采脚本 Sprite 68		
on mouseup me go to movie"1. dir" end			on mouseup me go to movie"3. dir" end		
(4)视频欣赏脚本 sprite 69			(5)退出脚本 sprite 71		
on mouseup me go to movie"4. dir" end			on mouseup me play frame " end" of movie"0" end		

续表

<table>
<tr><td colspan="6">LinGo语言设计</td></tr>
<tr><td colspan="6">(6)更多场馆介绍脚本</td></tr>
<tr><td colspan="2">Sprite 44</td><td colspan="2">Sprite 63</td><td colspan="2" rowspan="2">更多场馆介绍>></td></tr>
<tr><td colspan="2">global eventcall
on exitFrame me
if eventcall=true then
go to 1
else
go to the frame
end if
end</td><td colspan="2">on mouseup me
go to "tu"
end
on mouseenter me
cursor 280
end
on mouseleave me
cursor 0
end</td></tr>
<tr><td colspan="4">(7)翻页脚本</td><td colspan="2">(8)帮助脚本 sprite 70</td></tr>
<tr><td>Sprite 40 前翻</td><td>Sprite 41 后翻</td><td colspan="2">Sprite 42</td><td rowspan="2">on mouseup me
go to movie "5. dir"
end</td><td rowspan="2">帮助</td></tr>
<tr><td>on mouseup me
scrollbyline member(33),5
end</td><td>on mouseup me
scrollbyline member(33),-5
end</td><td>on
mouseenter me
cursor 280
end
on
mouseleave me
cursor 0
end</td><td></td></tr>
<tr><td colspan="6">(9)图片按钮脚本</td></tr>
<tr><td colspan="6"></td></tr>
<tr><td colspan="3">Sprite 58</td><td colspan="3">Sprite 59</td></tr>
<tr><td colspan="3">on mouseup me
puppettransition random(52)
sprite(29). member = sprite(me. spritenum). member
sprite(30). member=member(51)
end
on mouseenter me
cursor 280
end
on mouseleave me
cursor 0
end</td><td colspan="3">on mouseup me
sprite(29). member=sprite(me. spritenum). member
puppettransition random(52)
sprite(30). member=member(54)
end
on mouseenter me
cursor 280
end
on mouseleave me
cursor 0
end</td></tr>
</table>

续表

<table>
<tr><td colspan="4">LinGo语言设计</td></tr>
<tr><td colspan="2">Sprite 60</td><td colspan="2">Sprite 61</td></tr>
<tr><td colspan="2">on mouseup me
sprite(29). member=sprite(me. spritenum). member
puppettransition random(52)
sprite(30). member=member(52)
end
on mouseenter me
cursor 280
end
on mouseleave me
cursor 0
end</td><td colspan="2">on mouseup me
sprite(29). member=sprite(me. spritenum). member
puppettransition random(52)
sprite(30). member=member(53)
end
on mouseenter me
cursor 280
end
on mouseleave me
cursor 0
end</td></tr>
<tr><td colspan="4">Sprite 62</td></tr>
<tr><td colspan="4">on mouseup me
sprite(29). member=sprite(me. spritenum). member
puppettransition random(52)
sprite(30). member=member(55)
end
on mouseenter me
cursor 280
end
on mouseleave me
cursor 0
end</td></tr>
<tr><td colspan="2">(10)退出脚本 sprite 71</td><td colspan="2">(11)返回按钮脚本</td></tr>
<tr><td>on mouseup me
play frame "end" of movie"0"
end</td><td>退出</td><td>on mouseup me
go to 1
end
on mouseenter me
cursor 280
end
on mouseleave me
cursor 0
end</td><td>返回</td></tr>
</table>

4. 志愿者风采(表9-6)

表9-6　志愿者风采

舞台大小	800×600	程序名称	3. dir
对象布局			

续表

<table>
<tr><td>调用关系</td><td colspan="3">单击“试听”按钮播放歌曲并跳至下一标记点，单击“停止”按钮停止歌曲并跳至第一帧</td></tr>
<tr><td>多媒体体现</td><td colspan="3">图文信息按顺序直接呈现，Flash 播放或停止背景音乐，5 s 内未有鼠标或键盘动作自动播放 3D 屏保</td></tr>
<tr><td colspan="4">LinGo语言设计</td></tr>
<tr><td colspan="4">(1)按钮通用脚本：鼠标经过时改变按钮状态、鼠标形态，离开时还原 sprite 30，语句同上 0. dir</td></tr>
<tr><td colspan="2">(2)试听按钮脚本 sprite 42</td><td colspan="2">(3)停止按钮脚本 sprite 43</td></tr>
<tr><td>on mouseup me
  puppetsound 3，"ge-qu"
  go to "sound"
end
on mouseenter me
  cursor 280
end
on mouseleave me
  cursor 0
end</td><td></td><td>on mouseup me
  puppetsound 3，false
  go to 1
end
on mouseenter me
  cursor 280
end
on mouseleave me
  cursor 0
end</td><td>停止</td></tr>
<tr><td colspan="4">(4)图片按钮通用脚本：鼠标经过时改变按钮状态、鼠标形态，离开时还原 sprite 61，语句同上 0. dir</td></tr>
<tr><td colspan="4">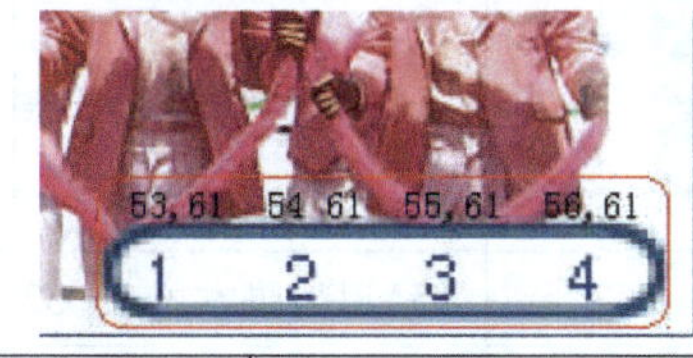</td></tr>
<tr><td colspan="2">Sprite 53</td><td colspan="2">Sprite 54</td></tr>
<tr><td colspan="2">on mouseup me
  sprite(12). member=member("321")
end
on mouseenter me
  cursor 280
end
on mouseleave me
  cursor 0
end</td><td colspan="2">on mouseup me
  sprite(12). member=member("322")
end
on mouseenter me
  cursor 280
end
on mouseleave me
  cursor 0
end</td></tr>
<tr><td colspan="2">Sprite 55</td><td colspan="2">Sprite 56</td></tr>
<tr><td colspan="2">on mouseup me
  sprite(12). member=member("323")
end
on mouseenter me
  cursor 280
end
on mouseleave me
  cursor 0
end</td><td colspan="2">on mouseup me
  sprite(12). member=member("324")
end
on mouseenter me
  cursor 280
end
on mouseleave me
  cursor 0
end</td></tr>
</table>

5. 视频欣赏(表 9-7)

表 9-7　视频欣赏

舞台大小	800×600	程序名称	4. dir
对象布局	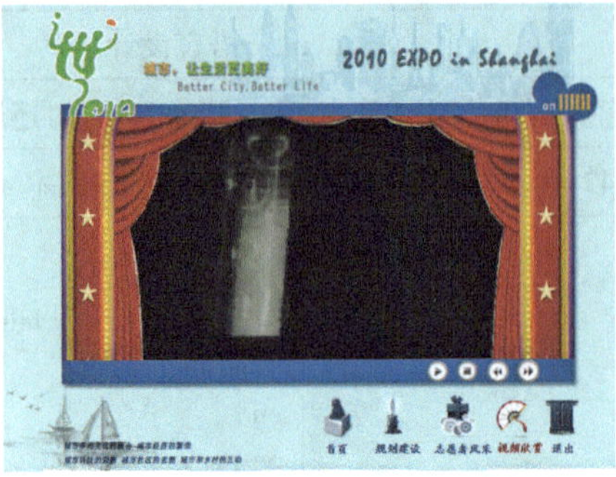		
调用关系	播放、停止、快退、快进按钮控制视频播放		
LinGo语言设计			
(1)按钮通用脚本:鼠标经过时改变按钮状态、鼠标形态,离开时还原 sprite 17,语句同上 0. dir			
(2)首页脚本 sprite 48		(3)规划建设脚本 sprite 49	
on mouseup me go to movie"1. dir" end		on mouseup me go to movie"2. dir" end	
(4)志愿者风采脚本 Sprite 50		(5)退出脚本 sprite 52	
on mouseup me go to movie"3. dir" end		on mouseup me play frame " end" of movie"0" end	
(6)帮助脚本 sprite 51		(7)播放按钮脚本	
on mouseup me go to movie"5. dir" end		on mouseup me sprite(16). movie- rate=1 end	
(8)停止按钮脚本	(9)快退按钮脚本	(10)快进按钮脚本	
on mouseup me sprite(16). movierate=0 sprite(16). movietime=0 end	on mouseup me sprite(16). movierate=-4 end	on mouseup me sprite(16). movierate=4 end	

6. 帮助(表 9-8)

表 9-8　帮助

舞台大小	800×600	程序名称	5. dir
对象布局			
调用关系	单击“首页”按钮打开“1. dir”，单击“规划建设”按钮打开“2. dir”，单击“志愿者风采”按钮打开“3. dir”，单击“视频欣赏”按钮打开“4. dir”，单击“帮助”按钮打开“5. dir”，单击“退出”按钮跳转到退出界面		
多媒体体现	图文信息按顺序直接呈现，Flash 播放或停止背景音乐，5 s 内未有鼠标或键盘动作自动播放 3D 屏保		
LinGo 语言设计			
(1)按钮通用脚本：鼠标经过时改变按钮状态、鼠标形态，离开时还原 sprite 30，语句同上 0. dir			
(2)屏保脚本：5 s 内未有鼠标或键盘动作自动播放 3D 屏保			

```
global eventcall, lastmouseloc
on mouseup
  eventcall=true
  starttimer
end
on mousedown
  eventcall=true
  starttimer
end
on keydown
  eventcall=true
  starttimer
end
on idle
  if lastmouseloc<>the mouseloc then
    eventcall=true
    starttimer
    lastmouseloc=the mouseloc
  end if
  if the timer>5 * 60 then eventcall=false
end
```

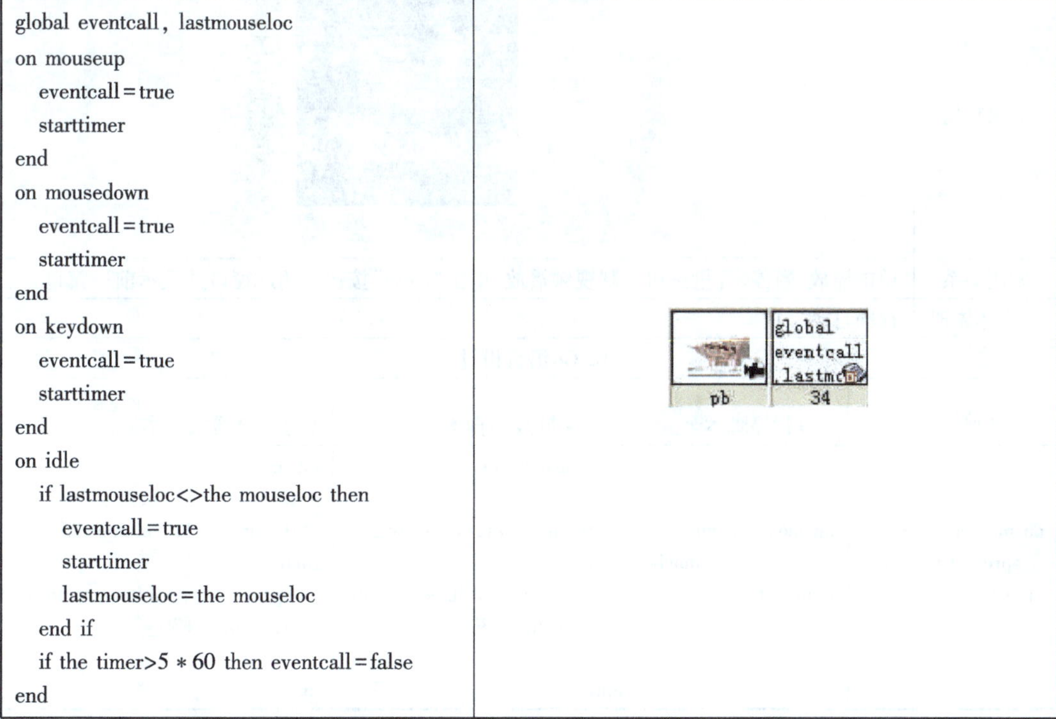

续表

LinGo语言设计	
Frame script 35	Frame script 36

global eventcall
on exitFrame me
  if eventcall = true then
    go to the frame
  else
    go to frame 50
  end if
end 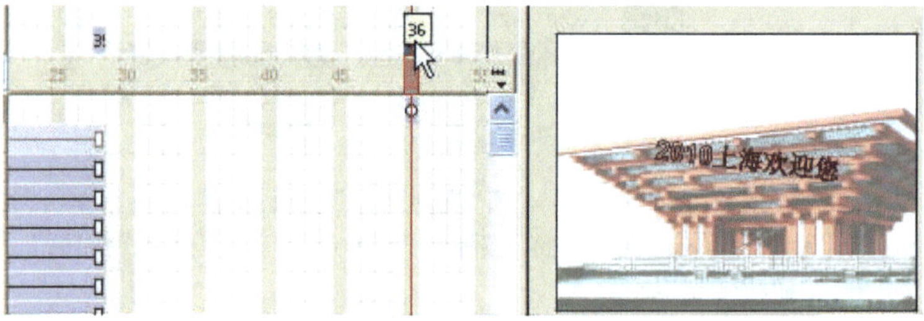
	global eventcall
	on exitFrame me
	  if eventcall = true then
	    go to 1
	  else
	    go to the frame
	  end if
	end

7. 视频部分(表 9-9)

表 9-9 视频

舞台大小	500×330	程序名称	1-2. dir
对象布局	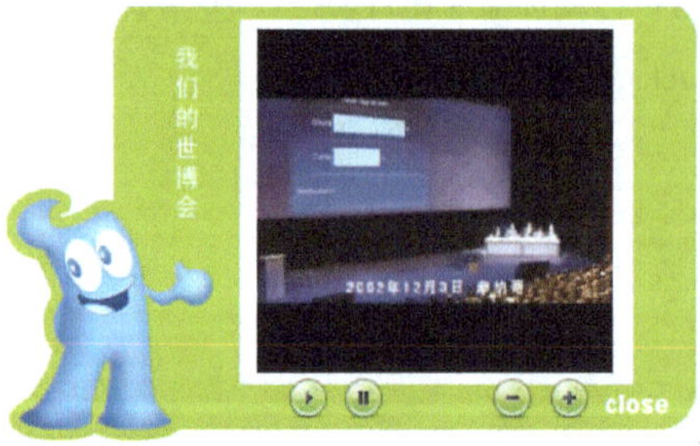		
调用关系	单击播放、暂停、音量按钮控制视频播放,单击“close”按钮关闭此窗口并显示前一窗口		
多媒体体现	视频自动播放		

LinGo语言设计			
(1)播放脚本	(2)暂停脚本	(3)音量减小脚本	(4)音量增大脚本

on mouseup me
  sprite(4). movierate = 1
end
	on mouseup me
	  sprite(4). movierate = 0
	end
		on mouseup me
		  if
		  0<sprite(4). volume<255 then
		  sprite(4). volume = sprite(4). volume-30
		  end if
		end
			on mouseup me
			  if
			  0<sprite(4). volume<255 then
			  sprite(4). volume = sprite(4). volume+30
			  end if
			end

续表

<table>
<tr><th colspan="2">LinGo语言设计</th></tr>
<tr><td colspan="2">(5)关闭窗口按钮脚本</td></tr>
<tr><td>on mouseup me
test=window(). new("1-2. dir")
test. forget()
(the stage). visible=true
end
on mouseenter me
cursor 280
set the member of sprite the currentSpriteNum to member "closex"
end
on mouseleave me
cursor 0
set the member of sprite the currentSpriteNum to member "close"
end</td><td>close</td></tr>
</table>

步骤四:多媒体作品的发布

1. 制作 ICO 图标

在发布作品之前,需要使用一个和本作品相关的图片作为 ICO 图标,如,公司的 Logo、与作品相关的图片等。

打开 Adobe Photoshop CS 软件,按组合键"Ctrl+N"新建一个 PSD 文件,并将图像的大小设置为"32×32",选择"会徽. png"图像,将其拖到该文档中,按组合键"Ctrl+T"启用自由变换功能,然后将"会徽. png"大小设置为 32×32,选择"文件"→"另存为"命令,将制作的图像保存为 PNG 格式,完成 Photoshop 的修改。

打开 IconXP 软件,在打开的对话框中将文档大小设置为 32×32,依次选择"File"→"add Images"命令,将制作的 PNG 格式的图片"会徽 . png"导入进来,如图 9-25 所示。

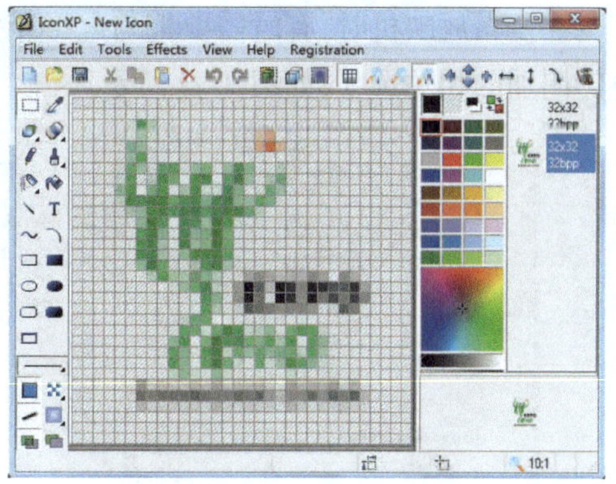

图 9-25　导入 PNG 图片

依次选择"File"→"Save as"命令,在打开的对话框中将图片保存为"logo2010. ico"文件即可。

2. 发布作品

无论在发布设置对话框中如何设置,都无法将播放器窗口中的标题栏去掉,必须在属性检查器的 Display Template 栏进行设置,取消"Visible"选项,发布后的播放器窗口中就不会带标题栏了,如图 9-26 所示。

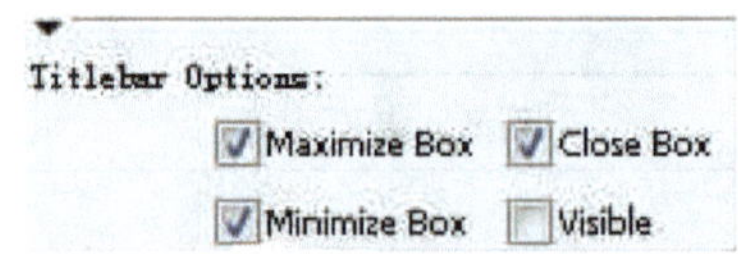

图 9-26　属性检查器 Display Template 选项卡内的标题栏设置

选择"Edit"→"Preferences"命令，打开参数设置对话框。切换到 General 设置面板，并按照如图 9-27 所示的参数进行设置。

设置完成后，选择"File"→"Publish Setting"命令，打开"Publish Setting"对话框，切换到 Formats 选项卡，选中其中的 Windows Projector 复选框，如图 9-28 所示。

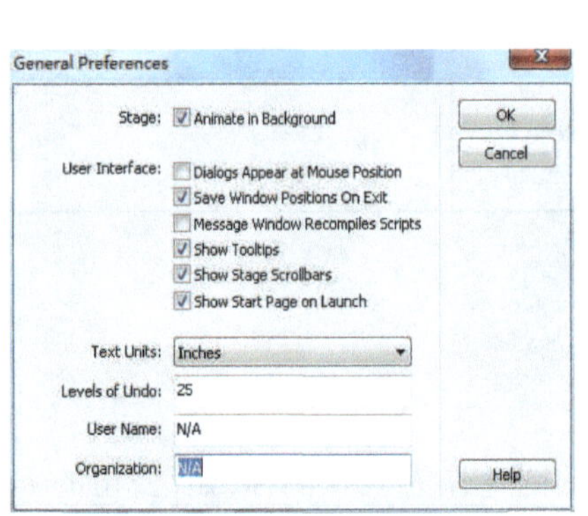

图 9-27　设置基本参数

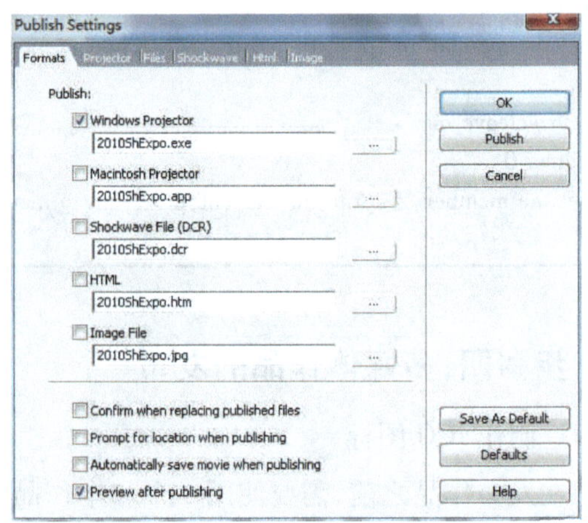

图 9-28　选择发布类型

切换到 Projector 选项卡，选中 Custom Icon for application file 复选框，在打开的对话框中选择前面制作的 ICO 文件，如图 9-29 所示。

在发布放映机时，有时需要把与电影相关的文件一起打包发布。Files 选项卡用于放置电影附加的相关选项，如图 9-30 所示。

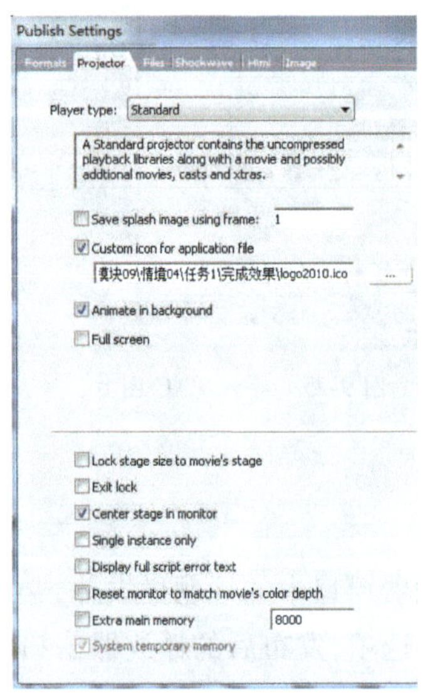

图 9-29　设置 ICO 文件

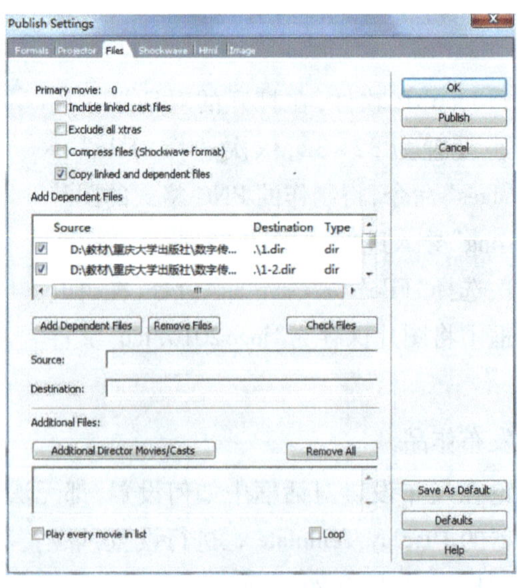

图 9-30　发布设置对话框中的 Files 选项卡

在打包时，如要使用插件需将插件复制到程序所在文件夹同时打包，打包时只需选择"dir"文件即可；另外，所涉及的视频文件要与最后生成的"exe"文件存放在同级目录中，以免丢失影片。设置完成后，单击"Publish"按钮，即可开始发布作品。

3. 添加多媒体光盘自动运行功能

给多媒体光盘添加自动运行的功能步骤非常简单，只需在光盘根目录下创建一个名称为 autorun. inf 的文本文件，然后输入如下代码。

```
[AutoRun]
OPEN=2010ShExpo.exe
ICON=logo2010.ico
```

4. 设计、制作光盘包装

使用 Photoshop 制作，源文件及导出图统一存放在"图像"文件夹中。

(1)光盘封面

封面长宽为 12 cm×12 cm，以上海世博主要标志物为背景，在盘面上突出显示东方明珠、中国馆、2010 世博会徽及吉祥物，表现出 2010 年世博会的中国特色及国际化概念，如图 9-31 所示。

(2)封套

光盘封套长宽为 29 cm×19 cm，以世博主色，即绿色、黄色为主，采用渐变使过渡更加自然，突出显示 2010 世博会的主题、标志、吉祥物，背景衬以上海标志性的建筑投影，突出了本次世博会的独特之处，如图 9-32 所示。

图 9-31 光盘封面

图 9-32 封套

步骤五：素材整理与说明

1. 原始素材

原始素材主要由网上搜集，包括图形图像、音频、文字等，部分音频及图像文件为原创素材。分类存放在原始素材文件夹中，如图 9-33 所示。

图 9-33 原始素材

2. 素材加工

使用 Photoshop 处理原始图片并制作光盘封面，Illustrator 制作图形，GoldWave 处理音频，Flash 制作背景音乐、片头及展区规划图，3dsMax 制作屏保影片，Premiere 制作视频欣赏影片。分类存放在加工后素材文件夹中，文件夹分类与图 9-33 相同。

◎ 知识点拓展

01. 触摸屏关机程序设计

由于触摸屏通常放在大厅或者室外等公共场合，为了避免访问者的误操作，导致系统关机，触摸屏系统特别设计了关机保护功能，只有输入密码后，才能执行关机，关机界面如图 9-34 所示，最大限度地方便了用户。

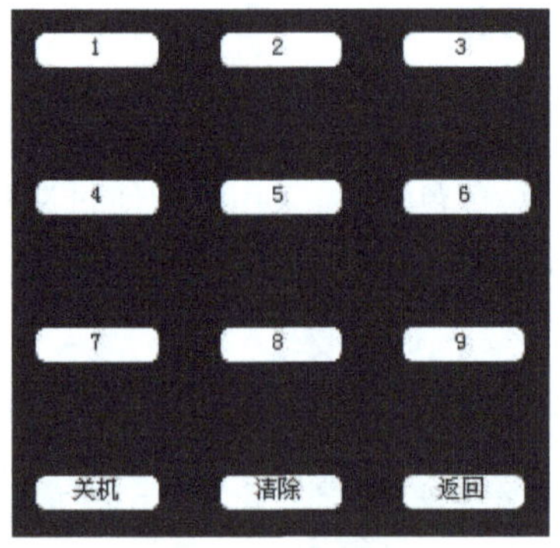

图 9-34 关机界面

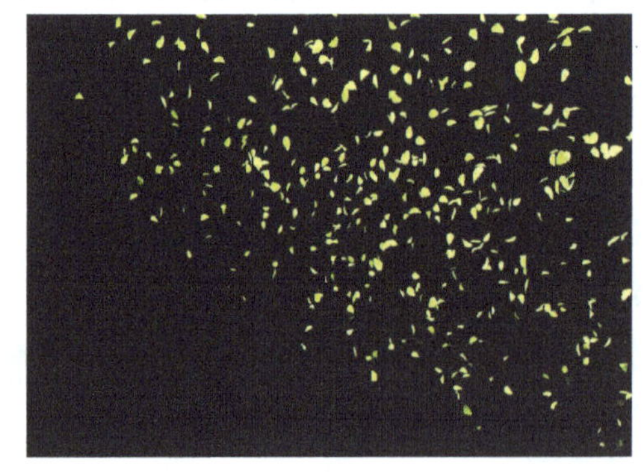

图 9-35 屏保效果

```
global mypass
on mouseUp me
  mypass=mypass & "2"
end
global mypass
on mouseup me
  if mypass="123456" then
    open"C:\Windows\system32\Shutdown.exe -s -t 1"
  end if
end
```

02. 触摸屏屏保程序设计

当触摸屏系统无人使用时，在设定的时间点上，一般应将程序自动返回到触摸屏系统的首页或进行屏保，以便后来的查询人员更方便地使用触摸屏，下面是一段屏保程序代码，运行效果如图 9-35 所示。

```
on startMovie
global mypass
the timeoutLength to 36000
on timeout
    go 1281                          --运行 Flash
end
global EventCall, lastmouseloc
on mouseUp
    EventCall=true
    starttimer
end
on mousedown
    EventCall=true
    starttimer
end
on keydown
    EventCall=true
    starttimer
end
on idle
    if lastmouseloc<>the mouseloc then
        EventCall=true
        starttimer
        lastmouseloc=the mouseloc
    end if
end
```

◎ 独立实践任务

任务 2 “新江湾城楼盘规划”触摸屏展示设计

【任务背景】

新江湾城项目规划设计为一个现代化的绿色城市和生态居住区，使其具有优美的城市轮廓线、现代化的建筑风格、和谐的空间尺度和生态型景观环境。

【任务要求】

作品设计要求展示的新江湾城是上海市区范围内唯一一块生态“绿宝石”，从环境建设、水系循环、景观架构、城区管理等方面勾勒出一幅国际社区的美丽画卷。作品主要分 7 个项目内容来介绍，如图 9-36 所示。作品的音乐、图片、文字、视频等布局合理、层次分明，保证了页面的美观。

【技术要领】帧脚本技术、精灵脚本技术、按钮交互控制脚本。

【解决问题】控制页面的翻页。

【素材来源】\模块 09\情境 04\任务 2\素材\相关文件。

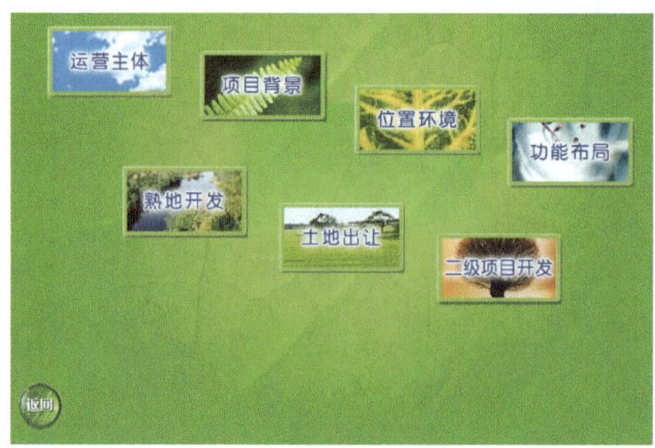

图 9-36　新江湾城楼盘规划

职业技能知识点考核

1. 单选题

(1) Director 中演员被拖到舞台或总谱中时被称为____。

A. 精灵　　B. 玩偶　　C. 临时演员　　D. 替身

(2) LinGo 的编辑调试工具包括____。

①脚本编辑窗口；　②监视窗口；　③消息窗口；　④调试窗口

A. ①②③　　B. ①②④　　C. ②③④　　D. 全部

(3) 利用 LinGo 中的____关键词，可以使舞台上的精灵进行旋转，该属性通常用在文本和位图精灵上。

A. rect　　B. rotation　　C. flip　　D. skew

(4) ____是 Director 默认的混合模式，它可以直接将精灵放在舞台上，并覆盖上面的精灵。

A. Copy　　B. Matte　　C. Transparent　　D. Reverse

(5) ____选项可以使文本精灵位于所有精灵之上，不会考虑文本的通道大小，并加快文本显示速度。

A. Warp　　B. Tap

C. DTS　　D. Use Hypertext Styles

(6) 在 Publish Setting 对话框中，____格式是 Director 在 Internet 上发布的一种电影格式。

A. 放映机程序　　B. Protected 电影

C. ShockWave 放映机　　D. ShockWave 电影

2. 填空题

(1) 位图的 rotation 属性是以________为单位的，其取值范围为 0 ~ 360。

(2)语句 sprite(20). rect=rect(148,51,698,461)的作用是________。

(3)________也是一类重要的程序功能,利用这种功能可以在媒体交互系统中产生一些更为智能的动作,如当用户按下了某个键后执行相应的程序。

(4)如果选中视频属性检查器中的________复选框后,当电影进入包含视频精灵的帧时,舞台上的视频不会自动播放,而是等待 LinGo 命令发出命令。

(5)语句 sprite(1). movieRate=True 的作用是________。

模块 10

动作捕捉技术

动作捕捉技术的产生对于动画、游戏制作等领域的影响是革命性的,目前大多数好莱坞甚至国产电影都会使用到这种技术。

动作捕捉技术涉及尺寸测量、物理空间里物体的定位及方位测定等方面,可以使用计算机直接处理捕捉到的数据。

目前运用较多的是光学式动作捕捉技术,光学式动作捕捉通过对目标上特定光点的监视和跟踪来完成动作捕捉的任务。目前常见的光学式动作捕捉大多基于计算机视觉原理。从理论上讲,对于空间中的一个点,只要它能同时为两部相机所见,则根据同一时刻两部相机所拍摄的图像和相机参数,可以确定这一时刻该点在空间中的位置。当相机以足够高的速率连续拍摄时,从图像序列中就可以得到该点的运动轨迹。

本模块通过 2 个情境项目构建,通过三维人物动画的快速完美制作,拓展学生的视野。

广播影视节目制作、影视广告、数字媒体艺术设计、影视动画、数字出版等相关专业,可以根据专业的特点对本模块的内容进行选择性教学。

情境 01　初识动作捕捉技术

本情境主要引导学生掌握动作捕捉系统中各种相关工具的使用方法和技巧。大家以前可能仅在电视或网络上看过动作捕捉技术的相关信息，但是，从今天开始，你将亲自接触这种技术，有条件的同学还可以按本书介绍的操作步骤制作出精美的人物动画。

通过本情境的学习，要求学生理解校正的概念并掌握动态及静态校正方法，为以后在实际项目中制作复杂的三维动画打好基础。

【能力目标】

1. 能够安装动作捕捉系统和各种组件。
2. 能够使用动作捕捉软件对场地进行校正。
3. 能够正确按照 VST 穿衣并贴点。

【知识目标】

1. 掌握动作捕捉系统中各种组件的使用方法。
2. 理解校正的概念。
3. 理解 VST 的概念。
4. 理解脸部表情动画的实现方式。

【学时分配】

4 课时(授课 2 学时，实践 2 课时)。

◎ 模拟制作任务

任务 1　了解动作捕捉技术

【任务背景】

动作捕捉系统是由各种组件组成的一个复杂系统，在动作捕捉前必须对各种组件进行必要的了解，对动作捕捉技术有个大概的了解。

【任务要求】

了解动作捕捉的各种组件和动作捕捉技术的起源、发展。

【任务分析】

动作捕捉系统是大家从来没有接触过的高精度仪器，对其组件的了解程度直接关系其安全性能。

【重点、难点】

1. Vicon MX 组件的了解。

2. 脸部表情动画的实现方式。

3. 动捕技术的原理。

【技术要领】动作捕捉技术的原理。

【解决问题】表情动画的实现方式。

【素材来源】\模块 10\情境 01\任务 1\素材\了解动作捕捉技术. rmvb,50 Marker Talking Take 1. c3d,动捕中国会网站 http://www. mdatas. net。

【完成效果】\模块 10\情境 01\任务 1\完成效果\face. rmvb。

认识动捕

01. 动作捕捉技术的起源

动作捕捉技术的出现可以追溯到 20 世纪 70 年代,迪斯尼公司曾试图通过捕捉演员的动作以改进动画制作效果。当计算机技术刚开始应用于动画制作时,纽约计算机图形技术实验室的 Rebecca Allen 就设计了一种光学装置,将演员的表演姿势投射在计算机屏幕上,作为动画制作的参考。此后,从 20 世纪 80 年代开始,美国 Biomechanics 实验室、Simon Fraser 大学、麻省理工学院等开展了计算机人体动作捕捉的研究。1988 年,SGI 公司开发了可捕捉人物头部运动和表情的系统。随着计算机软、硬件技术的飞速发展和动画制作要求的提高,目前在发达国家,动作捕捉已经进入了实用化阶段,有许多厂商相继推出了多种商品化的动作捕捉设备,如 Vicon、X-Ist、FilmBox、MotionAnalysis 等,其应用领域也远远超出了动作捕捉,并成功地用于虚拟现实、游戏、人体工程学研究、模拟训练、生物力学研究等许多方面。图 10-1 是利用动作捕捉技术拍摄的《极地特快》电影。

图 10-1　利用动作捕捉技术拍摄的《极地特快》电影

02. 动作捕捉技术的原理

到目前为止,常用的动作捕捉技术从原理上说可分为机械式、声学式、电磁式和光学式。不同原理的设备各有其优缺点,一般可从以下几个方面进行评价:定位精度、实时性、使用的方便程度、可捕捉运动范围大小、成本、抗干扰性、多目标捕捉能力,其中光学式动作捕捉技术目前是更为先进的。下面展开一些具体论述。

光学式动作捕捉设备的组成。

①传感器。被固定在运动物体特定的部位，向系统提供运动的位置信息。通常采用特殊材料的感光球，将其粘在身体特定的部位。

②信号捕捉设备。负责捕捉、识别传感器的信号，如图10-2所示一般由包括捕捉特殊波长区域光波的摄像机、发光器以及镜头、光学过滤器等组成。

图10-2 红外光学镜头

③数据传输设备。负责将运动数据从信号捕捉设备快速准确地传送到计算机系统。

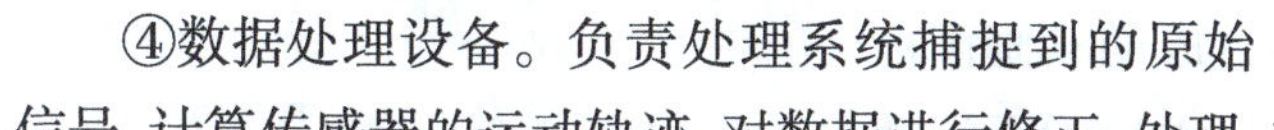

④数据处理设备。负责处理系统捕捉到的原始信号，计算传感器的运动轨迹，对数据进行修正、处理，并与三维角色模型相结合。

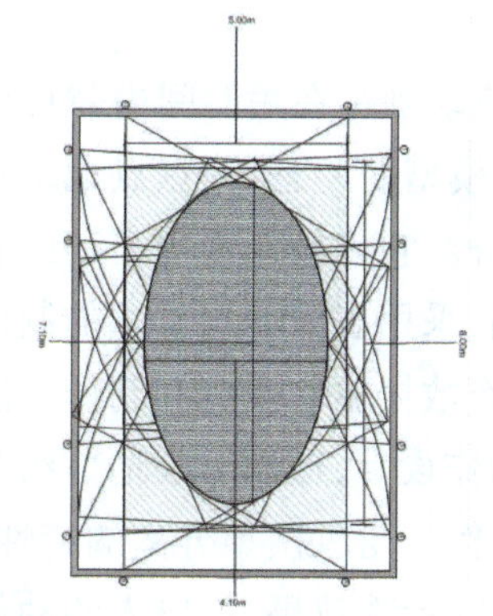

图10-3 动捕场地有效捕捉范围

典型的光学式动作捕捉系统通常使用8～24个相机环绕表演场地排列，这些相机的视野重叠区域就是表演者的动作范围(图10-3)。为了便于处理，通常要求表演者穿上单色的服装，在身体的关键部位，如关节、髋部、肘、腕等位置贴上一些特制的标志或发光点，称为“Marker”，视觉系统将识别和处理这些标志。系统定标后，相机连续拍摄表演者的动作，并将图像序列保存下来，然后再进行分析和处理，识别其中的标志点，并计算其在每一瞬间的空间位置，进而得到其运动轨迹。为了得到准确的运动轨迹，相机应有较高的拍摄速率，一般要达到60帧/s以上。

如果在表演者的脸部表情关键点贴上较小的Marker，则可以实现表情捕捉，但摄像机的位置必须重新进行布置，一般将3～6个摄像机近距离正对脸部即可完成脸部表情的制作。

光学式动作捕捉的优点是表演者活动范围大，无电缆、机械装置的限制，表演者可以自由地表演，使用很方便。其采样速率较高，可以满足多数高速运动测量的需要。Marker的价格便宜，便于扩充。

该方法的缺点是后处理(包括Marker的识别、跟踪、空间坐标的计算)的工作量较大，对于表演场地的光照、反射情况有一定的要求，装置定标也较为烦琐。特别是当运动复杂时，不同部位的Marker可能会发生混淆，产生错误结果，这时需要人工干预后处理。

03. 动作捕捉技术在动画制作上的应用

动作捕捉技术是角色动画制作计测、记录表演者的肢体在三维空间的运动轨迹，捕捉表演者的动作，并将其转化为数字化的“抽象运动”，以便动画软件能用它“驱动”角色模型，使模型做出与表演者一样的动作。

动作捕捉技术可以将真实的生命动作加载到计算机模拟的角色上，使导演对故事细节进行无缝接合，使模拟生命的动作更加协调生动。同时，还可以捕捉到众多表演者的动作，导演使用这些信息可驱动背景画面上的成百上千的角色，塑造出蔚为壮观的画面，如，《绿巨人》《怪物史瑞克》(图 10-4)等影片均使用了该技术。运动捕捉技术的精确是如此令人难以置信,也使得眼前的角色在大屏幕上能够活灵活现。

图 10-4　怪物史瑞克电影海报

在传统动画制作技术中,角色的动作都是由动画师调整的,在很多情况下,如男性和女性行走姿态的细微区别、顶尖舞蹈家的艺术表演、体育运动、表情的变化等,手工调整很难达到非常逼真自然的程度。而动作捕捉系统则直接对演员的动作进行捕捉,以真实的动作和表情去驱动角色模型,使最终生成的动画画面真实自然,其效果是传统的动画制作技术远远无法比拟的。

使用动作捕捉系统采集动作数据驱动模型的制作方法会使动画师在短时间内就可以看到所设计的结果,动画师不需要再在计算机屏幕上反复摆弄模型的姿态,一点点地调整模型的表情,而只需要通过人的直观动作表演就能轻易完成任务。它将极大地提高动画制作的效率,缩短制作时间,降低制作成本。许多成功的应用表明,采用表演动画技术的制作成本甚至不到传统方法的十分之一,使用运动捕捉系统采集动作数据驱动模型的制作方法使动画制作过程更为直观,效果更为生动逼真,特别是复杂的动作设计,从而有效地节约制作成本。动作捕捉系统在提供真实动作的同时,还具备表演动作与角色模型分离的特性,通过改变动作与角色模型的对应关系,可以得到一些匪夷所思的特殊效果,如以人的动作驱动老虎的三维模型。

在动作捕捉系统中,表演者负责根据剧情做出各种动作和表情,动作捕捉系统将这些动作和表情捕捉并记录下来,最初得到的是 X2D 运动轨迹,可用专用软件例如 IQ 将其合成最终得到 C3D 运动轨迹,即一系列运动光点,然后通过动画软件,如 MotionBuilder,用这些运动轨迹驱动角色模型(也可用 MAYA 或 MAX 制作),角色模型就能做出与表演者一样的动作和表情,并生成最终所见的动画序列。动作捕捉的任务是检测、记录表演者的肢体在三维空间的运动轨迹,捕捉表演者的动作,并将其转化为数字化的"抽象运动"。通常并不要求捕捉表演者身上每个点的动作,而只需要捕捉若干个关键点的运动轨迹,再根据造型中各部分的物理、生理约束就可以合成最终的运动画面。

将动作捕捉技术用于动画制作,可极大地提高动画制作的水平。它极大地提高了动画制作的效率,而且使动画制作过程更为直观,效果更为生动。随着技术的进一步成熟,动作捕捉技术将会得到越来越广泛的应用,而动作捕捉技术作为动画制作不可缺少的、关键的部分,必然会表现出其更加重要的地位。

04. 动作捕捉技术在其他领域也有非常广泛的应用前景

(1)机器人遥控

机器人将危险环境的信息传送给控制者,控制者根据信息做出各种动作,动作捕捉系统将动作捕捉下来,实时传送给机器人并控制其完成同样的动作。与传统的遥控方式相比，这种系统可以实现更为直观、细致、复杂、灵活而快速地控制动作，大大提高机器人应付复杂情况的能力。在当前机器人全自主控制尚未成熟的情况下，这一技术有着特别重要的意义。

(2)互动式游戏

可利用动作捕捉技术捕捉游戏者的各种动作，用以驱动游戏环境中角色的动作，给游戏者以一种全新的参与感受，加强游戏的真实感和互动性。

(3)体育训练

动作捕捉技术可以捕捉运动员的动作，便于进行量化分析，结合人体生理学、物理学原理，研究改进的方法，使体育训练摆脱纯粹的依靠经验的状态，进入理论化、数字化的时代。还可以把成绩差的运动员的动作捕捉下来，将其与优秀运动员的动作进行对比分析，以帮助其训练。

(4)医疗康复

高技术含量的动作捕捉系统被广泛应用于运动医学研究，神经医学、整形医学、牙科医学、临床医疗、康复医疗及生物运动科学研究等诸多领域。通过对人体运动的实时捕捉测量，取得人体各关节点的三维运动轨迹数据。以三维运动轨迹数据为基础，可以容易地得到人体关节点的位移、速度、加速度等运动信息。通过对运动数据的处理和分析，可以有效地实现如三维步态分析、人工假肢辅助制作和矫正、脊柱弯曲矫正测量等辅助诊断和临床医疗，通过对脑血管疾病、神经麻痹、关节疾病等有运动机能障碍的患者进行各种运动分析，可以有效地选择确定治疗及康复方法。

◎ 知识点拓展

01.表情动画实现的方法

脸部表情识别的难度在于光照条件的改变、脸部角度的不同、脸部表情的变化、遮挡、年龄增长带来的变化。脸部表情动画的研究大致可以从基于几何、基于图像、基于运动跟踪3个角度来分类。其中，几何操作又可分为3类：关键帧插值法，参数化方法，肌肉模型法；图像操作可分为图像变形，动态纹理映射，面色变化的表情等。

基于运动跟踪的方法主要是指利用运动捕捉系统进行识别。目前，使用光学式运动捕捉系统将脸部表情识别出来，是实现真实脸部动画的一种不错的选择。光学式动作捕捉的优点是表演者活动范围大，无电缆、机械装置的限制，表演者可以自由地表演，使用很方便。其采样速率较高，可以满足多数高速运动测量的需要，Marker的价格便宜，便于扩充。捕捉时需借助于在脸部模特上放置一些特殊的标记，俗称Marker点，一旦Marker点位置被决定下来，就能容易地获取脸部的位置，光学式动作捕捉通过对目标上特定光点的监视和跟踪来完成动作捕捉任务。目前常见的光学式动作捕捉大多基于计算机视觉原理。从理论上说，对于空间中的一个点，只要它能同时为两部相机所见，则根据同一时刻两部相机所拍摄的图像和相机参数，可以确定这一时刻该点在空间中的位置。当相机以足够高的速率连续拍摄时，从图像序列中就可以得到该点的运动轨迹，从而精确地跟踪脸部特征。

通过 Vicon 设备所获得的原始数据是贴在人身体上各 Marker 点的三维坐标值,并且还存在一定的噪声。首先必须对原始数据进行修整,尽可能除掉采集过程中引入的噪声,修正其中的错误,并利用一些方法对采集过程中遗失的信息进行补全。然后通过工具软件,得到表示人体运动的欧拉角。

02. 光学式脸部捕捉方案

为面部动作做实时捕捉有很多不同的系统配置方案可供选择。由于标记点是贴在脸上的,所以首先要考虑的要素是捕捉区域、捕捉的面部动作和后期应用。下面列出 4 种不同的脸部表情捕捉方案,供大家参考。

方案 1:6 个 MX-F40

6 个 MX-F40 镜头(图 10-5、图 10-6)的系统可以捕捉面部 30 个以上的标记点(图 10-7、10-8)。捕捉区域是非常小的并且集中在面部。在这个系统里是不能做全身捕捉的,只允许做非常有限的头部运动,头部倾斜和旋转的角度保持在 20°以内。这是一个非常基础的配置,仅仅适用于测试和脱机的数据收集。

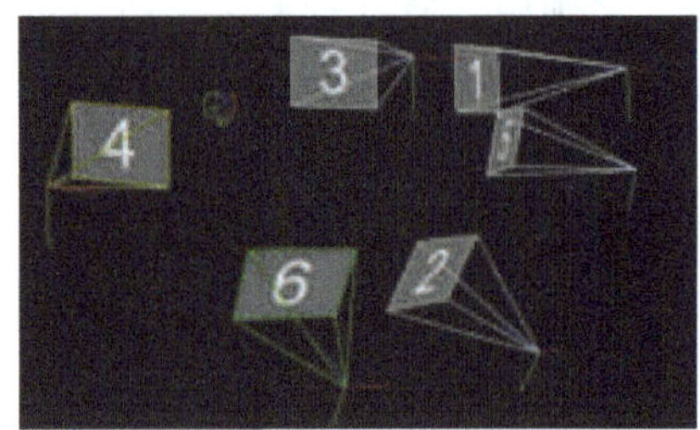

图 10-5　镜头摆放示意图

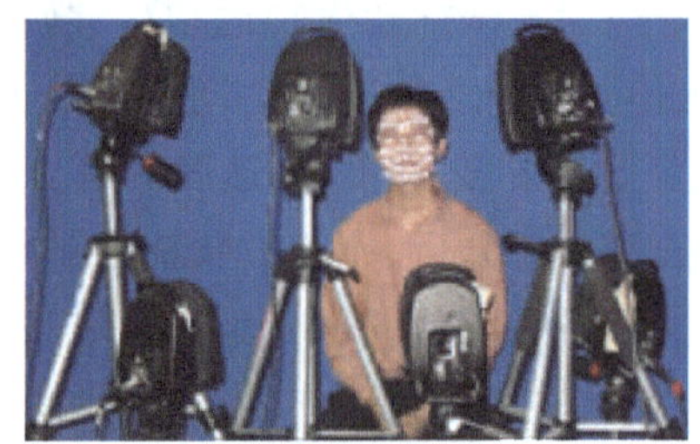

图 10-6　镜头摆放实景

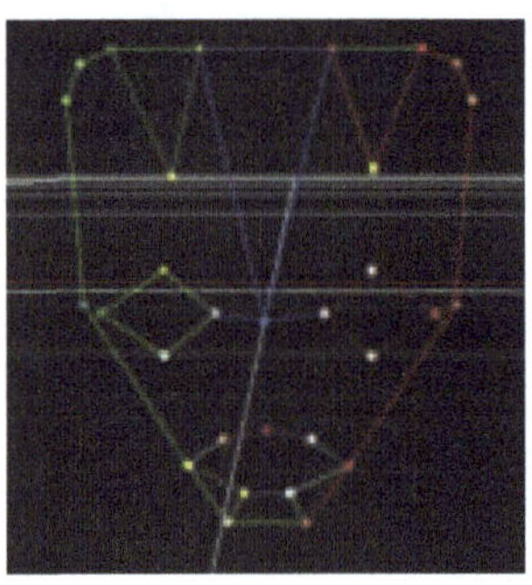

图 10-7　脸部贴点示意图

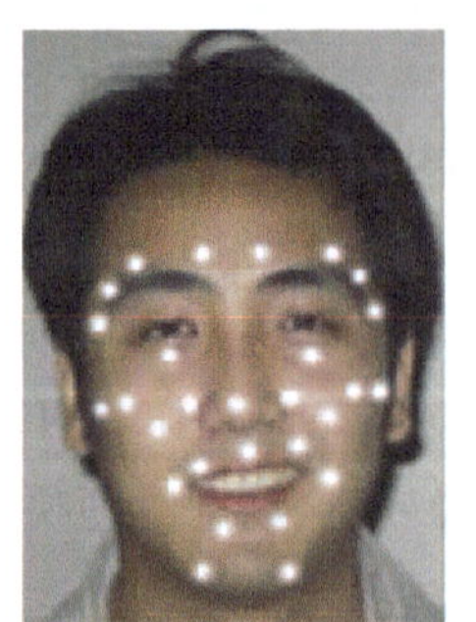

图 10-8　脸部贴点实景

对于标记点三维重建,至少需要被两个镜头看到。标记点能够实时被计算出,需要每个标记点完整地被捕捉到,所以 6 个镜头的系统,镜头数是偏少且没有冗余的。

方案 2:12 个 MX-F40

12 个镜头的系统是被推荐做面部的标准配置。在这个系统中,可以进行全身和面部的同时捕捉。并且可以捕捉到 360°区域内的全身动作和 60°旋转、40°倾斜的头部动作。这个是标准的做全身和面部的系统配置。

方案3：18个MX-F40

18个镜头的系统是全身加面部实时捕捉的理想的系统(图10-9)。这个系统可以支持360°的全身动作捕捉,头部180°旋转和60°倾斜的动作。

方案4：22个MX-F40

22个镜头(图10-10)的系统提供的捕捉区域和18个镜头是相同的。这个系统比较适合推荐专业的影视游戏制作公司。在捕捉的时候,4个增加的镜头可以提高动作数据的精度。

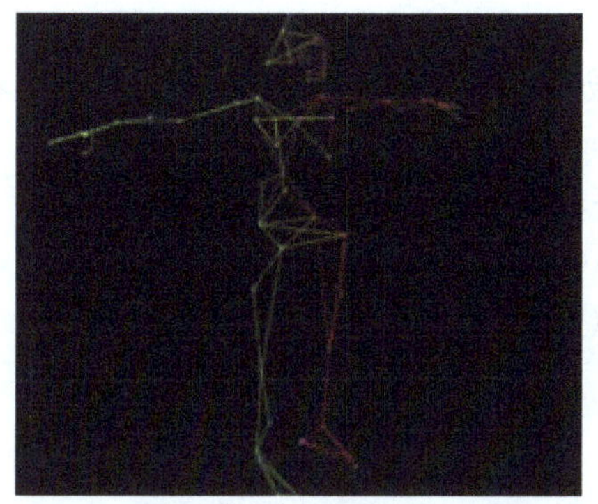

图10-9　全身和面部标记点示意图

图10-10　方案4镜头摆放示意图

◎ 独立实践任务

任务2　演员贴点和场地校正

【任务背景】

有的高校实验室配备有动作捕捉设备,那么可以很方便地实际操练,关于演员贴点和场地校正的更多细节,可以到本课程网站上查看,也可到动作捕捉专业性网站“动捕群英会(http://www.mdatas.net)”上查看。

【任务要求】

默认采用41个MARK点的VST来对演员进行贴点,如果想要得到更精细的动作,还可以采用更多的MARK点的自定义VST来对演员进行贴点。

【技术要领】要熟记镜头的位置,做到快速站位,此外,校正时也有很多细节需要注意,比如挥动校正棒时要成“8”字形挥动,放静态校正架时一定要让小气泡在中间。

【解决问题】做动作捕捉前的准备工作。

【素材来源】\模块10\情境01\任务2\素材\人物贴点练习(后面).exe和人物贴点练习(前面).exe,更多精彩请登录动捕中国会网站(http://www.mdatas.net)。

任务3 动作捕捉和数据处理

【任务背景】

考虑到有的高校实验室没有动作捕捉设备，故将这个任务放到独立实践任务里面，更多细节可到动作捕捉专业性网站——动捕中国会(http://www.mdatas.net)上学习。

【任务要求】

1. 捕捉单人舞蹈动作并进行数据处理。
2. 捕捉双人舞蹈动作并进行数据处理。

【技术要领】捕捉前一定要注意捕一段VSK动作，双人舞蹈捕捉前两个人要单独捕捉VSK动作。

【解决问题】数据处理时要注意将不见的点修补出来。

【素材来源】\模块10\情境01\任务3\素材\One Characters.x2d、Two Characters.x2d，更多精彩请登录动捕群英会网站(http://www.mdatas.net)。

情境02 开启制作人物动画之旅

MotionBuilder是用于游戏、电影、广播电视和多媒体制作的实用的实时三维角色动画制作软件。利用实时的以角色为中心的工具的集合，对于从传统的插入关键帧到运动捕捉编辑范围内的各种任务，该软件为技术指导和艺术家提供了处理最苛刻的、高容量的、动画的功能。它的固有文件格式(FBX)使在创建三维内容的应用软件之间具有无与伦比的互用性，该功能使MotionBuilder成为可以增强任何现有制作生产线的补充软件包。

现将之前制作的动作数据导入MotionBuilder，即可以制作复杂的动画了，让我们拭目以待吧。

【能力目标】

1. 能够导入动作数据。
2. 能够导入模型。
3. 能够将动作和模型匹配并绑定。
4. 能够导入场景。
5. 能够进行多模型动画制作。

【知识目标】

1. 理解时间轴的概念。
2. 理解动画的原理。

【学时分配】

4 课时(授课 2 课时,实践 2 课时)。

◎ 模拟制作任务

任务1　认识 MotionBuilder

【任务背景】

动作捕捉结束后得到了 C3D 格式的数据,但这并不是用户最终想要的东西,要呈现出实际的动画效果,就要第三方软件来配合制作了。

【任务要求】

初识 MotionBuilder,了解它的几个基本操作,对后面制作动画有所帮助。

【任务分析】

MotionBuilder 是一个功能强大的动画制作软件,事实上没有动作捕捉它也能制作出比较精良的动画,但有了动作捕捉就能制作出更为逼真的人体动画,而且制作速度很快。

【重点、难点】

1. 动作数据与模型之间的匹配。

2. 不同模型之间的拖动。

【技术要领】软件的基本操作和几种视图的切换。
【解决问题】MotionBuilder 软件的安装。
【素材来源】\模块 10\情境 02\任务 1\素材\Templates. rar,更多精彩请登录动捕群英会网站(http://www. mdatas. net)。

操作步骤

步骤一:认识 MotionBuilder 资源管理器

1. 启动 MotionBuilder,找到 Asset Browser 资源管理器,这里主要存放有制作所需要的各种资源,比如角色、场景等,如图 10-11 所示。

资源管理器窗口分为两部分:左边是类型,右边是细目,包含了软件提供的功能工具,能让用户快速地找到所需要的工具,更人性化的是用户可以在里面增加路径,放入已完成的文件,方便打开编辑。

2. 增加资源路径。用户可以将更多的资源添加到这个资源管理器里来,在本书的素材中有一个 Templates. rar 文件,将它解压出来后就可以看到一个 SET 和一个 Character 文件夹,其中 SET 文件是场景文件,Character 文件是角色文件夹,右击窗口可以看到增加路径的命令,如图 10-12 所示。

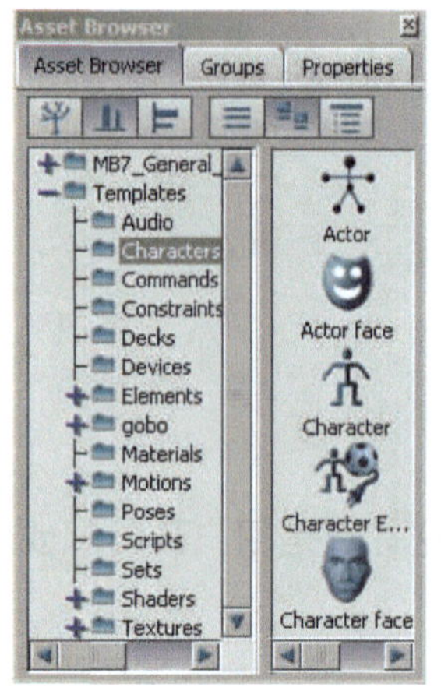

图 10-11 Asset Browser 资源管理器

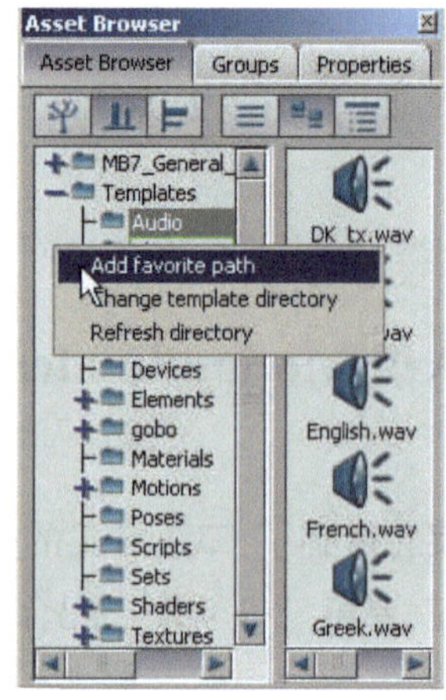

图 10-12 增加资源路径

3. 单击命令打开选择文件夹窗口，选择刚刚解压出来的文件夹路径即可，如图 10-13 所示。

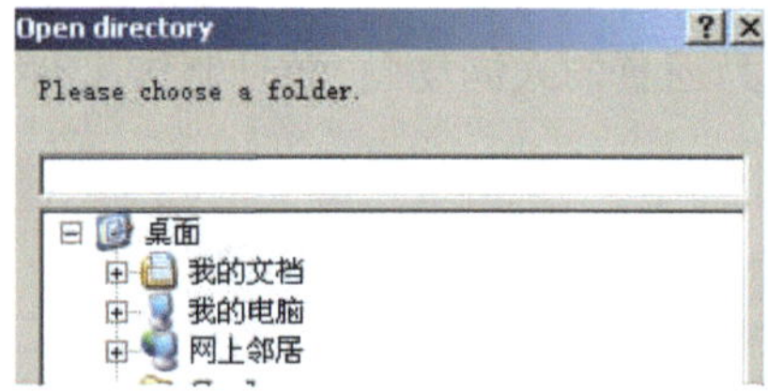

图 10-13 选择资源路径

图 10-14 改变文件管理器的显示方式

4. 还可以改变资源管理器的显示方式，试着单击这些命令，有树状、左右/上下结构、大小图标、明细图标等显示方式，如图 10-14 所示。

步骤二：认识 MotionBuilder 布局

1. 在菜单 Layout 中，软件系统已制订了 5 种视图布局方式提供给用户选择（图 10-15）。当然用户也可以制订个性布局，并将这个布局保存下来供以后使用。

2. 选择布局，当要将角色引入场景时，一般选择 Creation 布局，做动画时一般选择 Animation 布局，如图 10-16 所示。

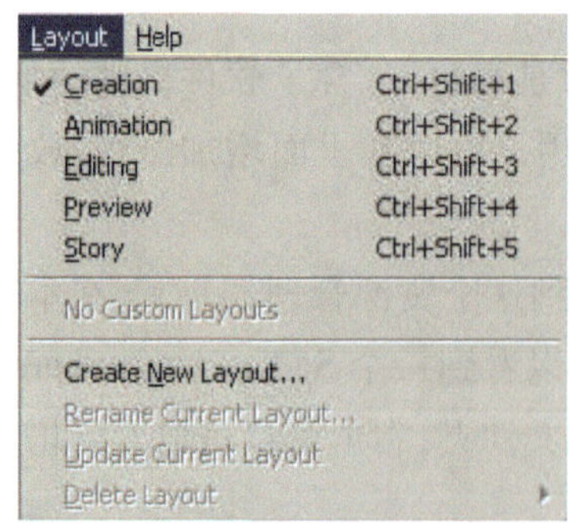

图 10-15 Layout 菜单

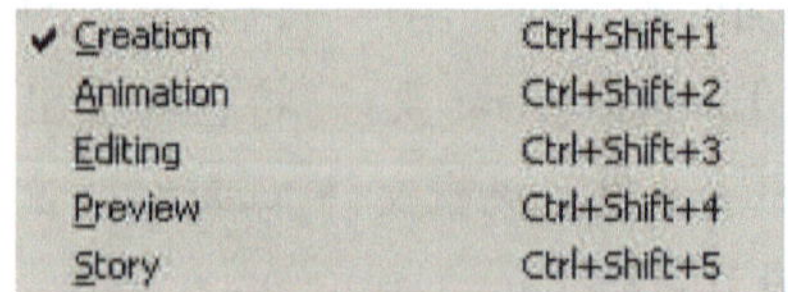

图 10-16 选中 Creation 布局

3. 也可根据自己的喜好建立一个新的布局，如图 10-17 所示。

4. 当然,如果对这个布局不满意,还可以删除布局,如图 10-18 所示。

图 10-17　建立新布局　　图 10-18　删除布局

步骤三:MotionBuilder 其他操作

1. 快捷键操作设定。在“Settings”中,有快捷键的快速设定,人性化地设定了几种主流三维软件的快捷键方式,使用户在软件使用上能更快捷的转换,如图 10-19 所示。

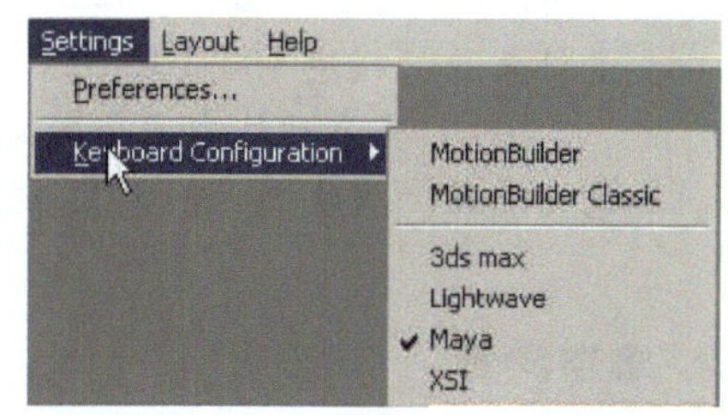

图 10-19　设定快捷键方式

2. 选择视图显示方式。有时用户并不希望所有的东西都显示在视图中,比如做完动画后想看实际的效果,那么会在“Display”中选择“Models Only”,如图 10-20 所示。

3. 控制摄像机视图。在“View”中,还可以控制摄影机视图,从各种角度来查看动画效果,如图 10-21 所示。

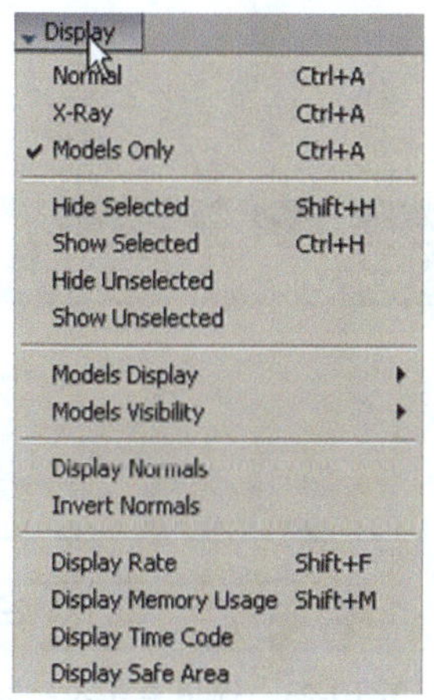

图 10-20　视图显示方式

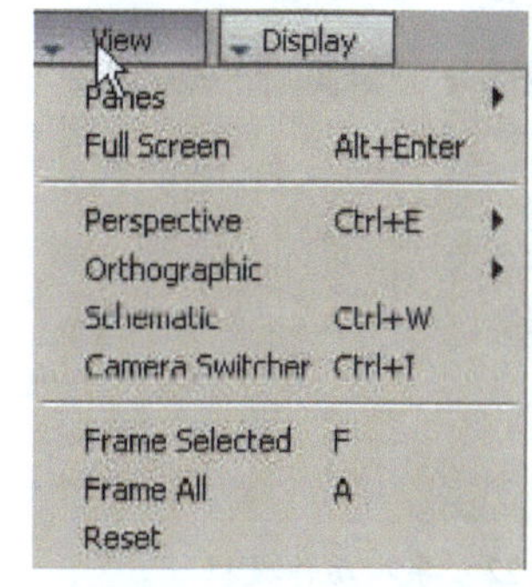

图 10-21　选择摄影机视图

任务 2　制作人物动画

【任务背景】

制作的最终目标是将现实演员的动作套到一个虚拟的角色上去,为此用户已经做了很多工作了。

【任务要求】

制作人物动画,要求角色不少于 3 个,并添加精美场景。

【任务分析】

要完成上述任务,必须先导入 C3D 动作数据,再导入 ACTOR 角色,绑定动作后再将任务要求的 3 个模型导入完成的动画，最后再将场景导入。

【重点、难点】

1. 动作数据与模型之间的匹配。

2. 不同模型之间的拖动。

【技术要领】动作的导入、匹配。

【解决问题】人物动画的制作。

【素材来源】\模块 10\情境 02\任务 1\素材\One Characters. c3d、2. MP3，更多精彩请登录动捕中国会网站(http://www.mdatas.net)。

【完成效果】\模块 10\情境 02\任务 2\完成效果\One Characters. fbx。

操作步骤

步骤一：导入动作捕捉数据

1. 打开 Motionbuildr 软件。选择“File”→“Import”菜单，导入一个名为“ROM. c3d”的文件，这个文件是通过 IQ 软件制作出来的，如图 10-22 所示。

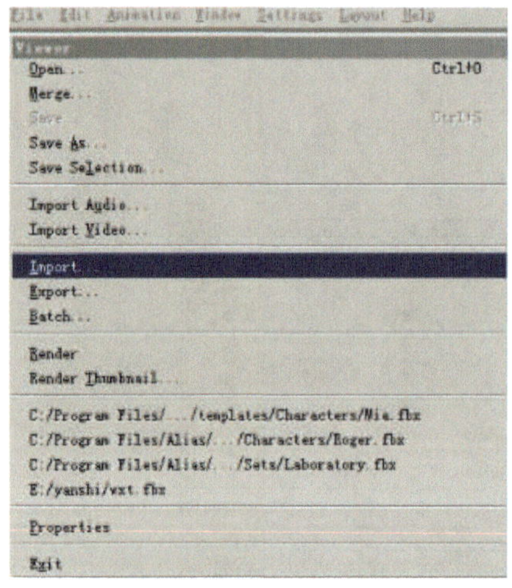

图 10-22 导入动作数据

图 10-23 选中要导入的数据

2. 在弹出的对话框中，选中要导入的 c3d 文件，单击“打开”，如图 10-23 所示。

3. 这样就可以看到一个捕捉下来的人物动画信息文件，图中的点就是演员身上的贴点，如图 10-24 所示。

4. 可以在“Navigator”面板中，展开“Sence”层级下的“C3D：optical”（图 10-25），可以看到所有 MARKER 点的名称。当在其中单击任何一个 MARKER 点的名称时，主界面上就会激活相应的一点。

反之，当在主界面中单击其中的任何一点时，并查看“Navigator”面板中的“Sence”层级下的“C3D：optical”，也会激活相应点的名称。

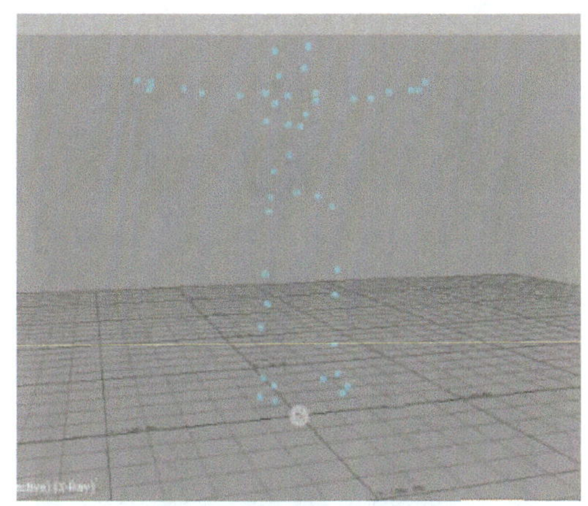
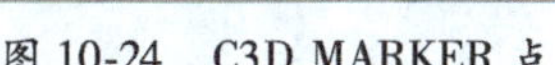

图 10-24　C3D MARKER 点

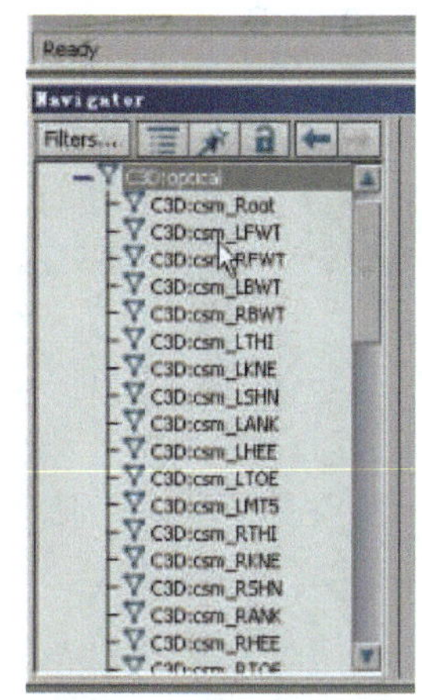

图 10-25　C3D MARKER 点名称

5. 将该层级收起，直接单击“C3D:optical”，就能选中主界面上所有的点的集合，然后再拖动相应的坐标，就能在空间中整体移动所有节点。也可以在视图中点选如图 10-26 所示的小圆球，达到同样功能。

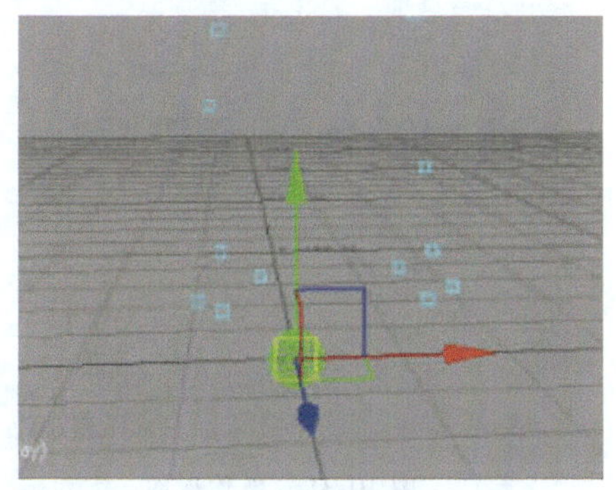

图 10-26　移动节点

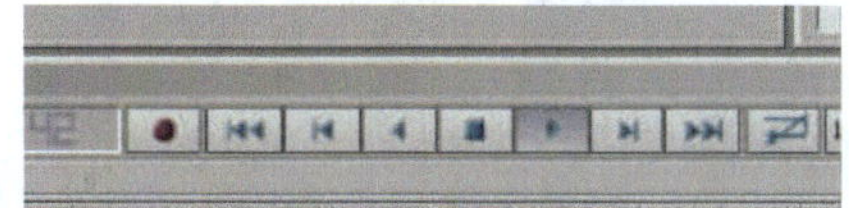

图 10-27　播放控制器

6. 单击“Transport Controls”面板中的“播放”按钮，就能预览动作数据动画。还有一些播放器上常用的功能键，如图 10-27 所示。

步骤二：绑定 Actor 模型

1. 由于这些动作动画，都是一个个没有连接起来的点的动画，看上去好像骨骼不是很明朗，那么下面为该动画中的人物赋予一个骨骼。在“Asset Browser”面板中，选择“Templates”层级中的“Characters”，就会有许多现成的模型供选取。首先选取名为“Actor”的模型，将其拖到主界面中，如图 10-28 所示。

2. 拖入主界面后画面如图 10-29 所示。

3. 可以选择其中的一个部件，比如手臂部分，然后拖动坐标，就能单独地拖动手臂。而选择模型的中心部分，即“Hips”部分时，就能拖动整个模型。大家可以试着了解这个模型的特性，如图 10-30 所示。

4. “Layout”中的各项菜单。“Layout”是控制显示各种不同的操作视图的。系统默认的共有 5 种，分别是“Creation”“Animation”“Editing”“Preview”和“Story”。在这里选择“Pre-

view”,如图 10-31 所示。

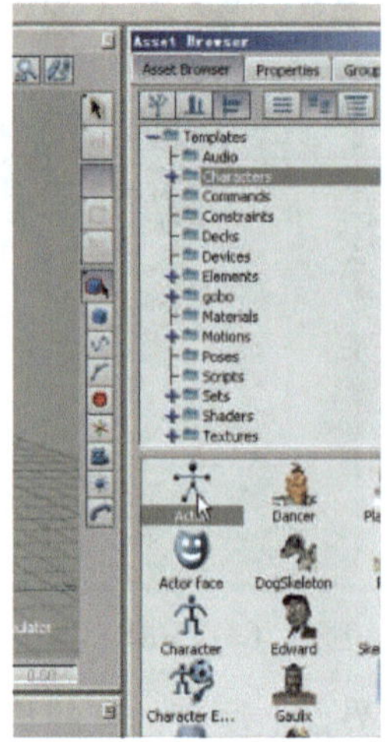

图 10-28　选择角色

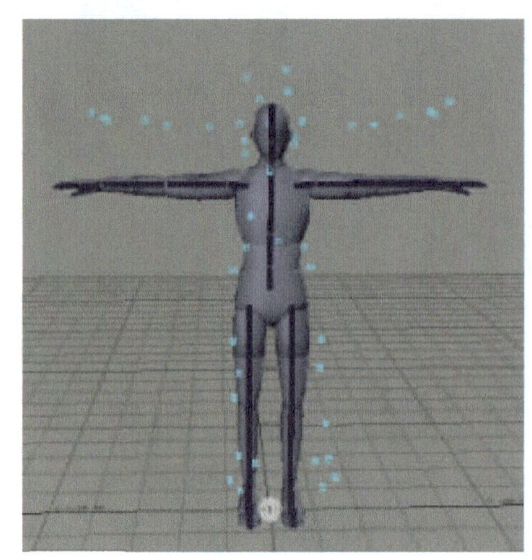

图 10-29　匹配 C3D 点

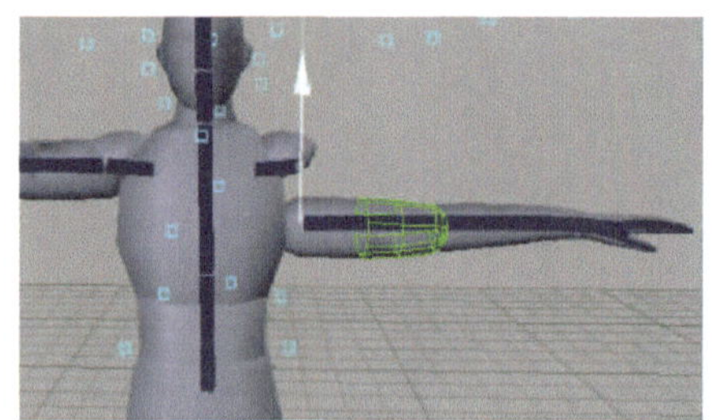

图 10-30　移动手臂

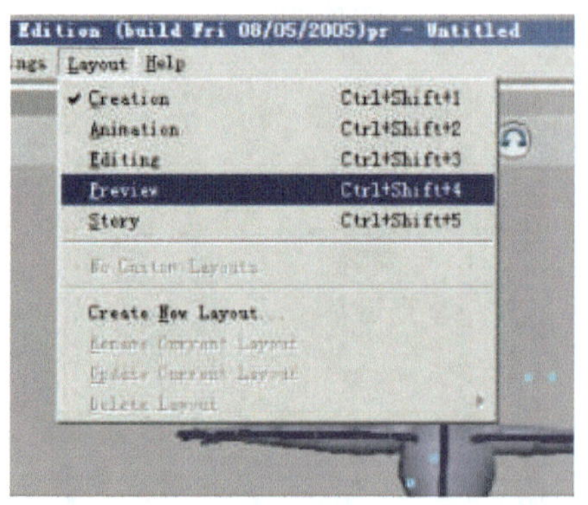

图 10-31　操作视图

同时还可以添加与删除自定义的操作视图。如果要添加的话,选择“Creation New Layout”,然后在弹出的对话框里输入一个名字,确定即可。如果要删除自定义视图,选择“Delete Layout”即可。

5. 在每个视图界面都有“Display”菜单,主要是用于控制视图物体的显示方式,这里看不出效果,是因为还没导入一个角色文件,就是所说的模型文件,这些文件一般都是在三维软件中制作(Maya, Max 等)完成,然后导入 Motionbuild 中,后面会讲述这部分内容,如图 10-32 所示。

6. 单击主界面的“View”选项标签中的“Panes”就会出现 4 种窗口显示模式的主界面视图。依次显示 1 ~4 个窗口,与许多三维制作软件一样。在这里选择第 4 个(如图 10-33)。主界面就会显示成有 4 个窗口的操作视图,因为软件提供的骨骼文件大小是一定的,而运动捕捉数据形状的大小取决于演员的高矮胖瘦,可以看到骨骼文件明显比数据文件小,接下的工作就是一个匹配过程,当然一定要记住:是骨骼文件匹配动画数据文件,如图 10-34 所示。

7. 首先,选择该人物模型的“Hips”部分,拖动坐标轴,然后移出节点区域。为的是在全部选中模型时,不要选中 MARKER 点,如图 10-35 所示。

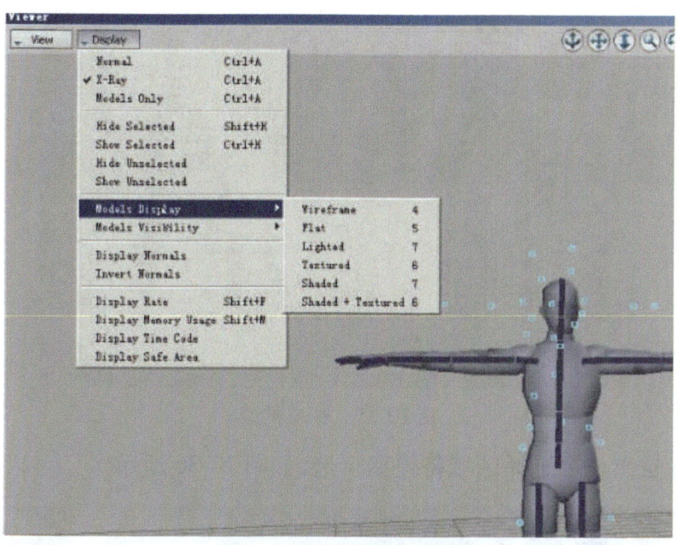

图 10-32　Display 菜单

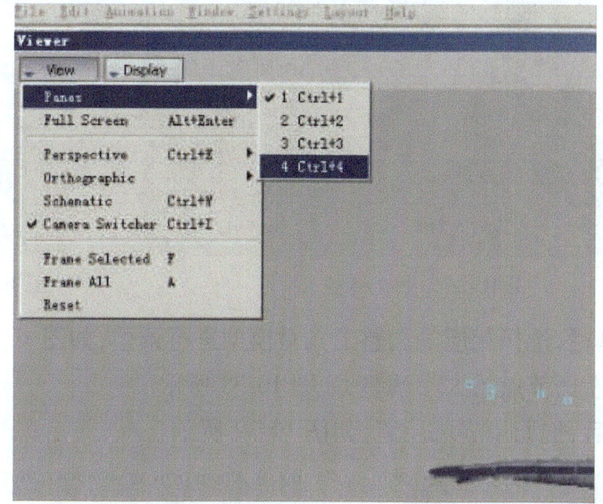

图 10-33　VIEW 菜单

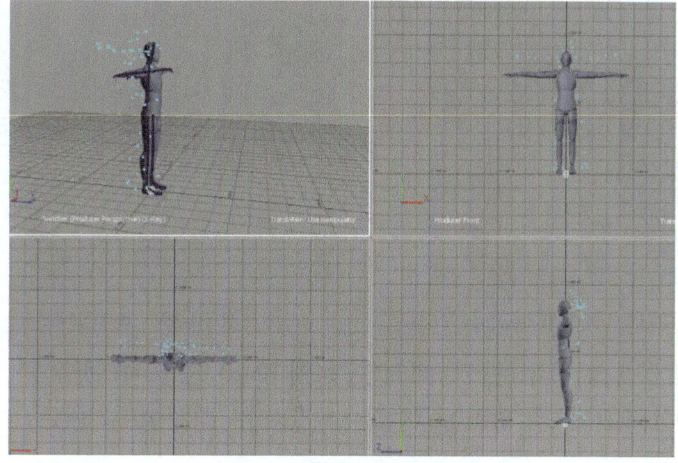

图 10-34　4 窗口视图方式

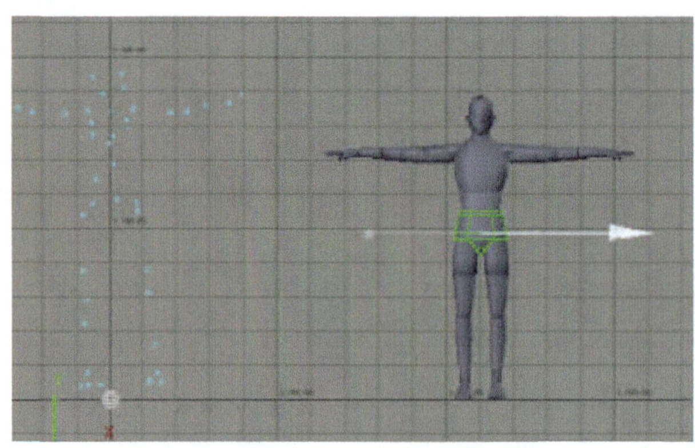

图 10-35　移动模型

8. 拖动鼠标，拉出一个选择区域将模型全选，如图 10-36 所示。

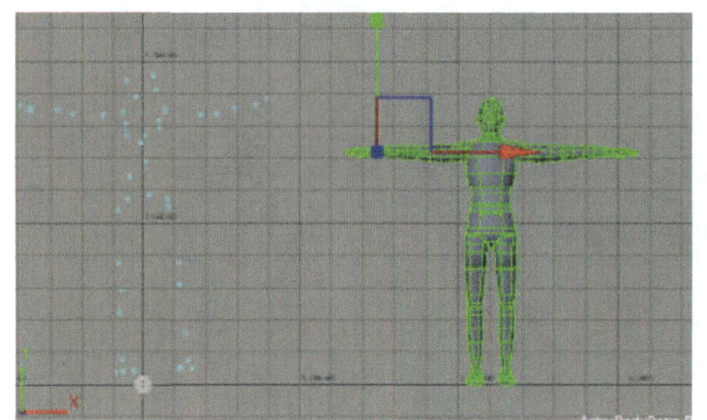

图 10-36　全选模型

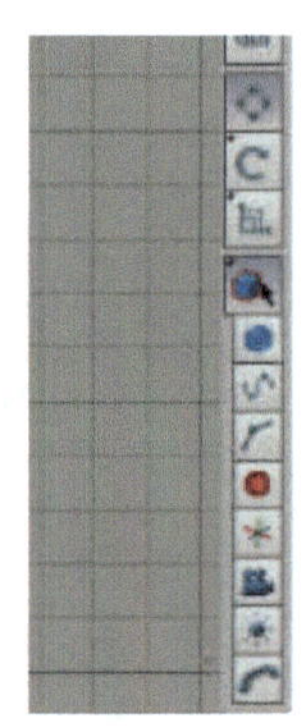

图 10-37　工具栏

9. 通过右边工具栏，选择相应的调整工具对模型进行调整，如图 10-37 所示。

10. 将模型按照左面节点的大小调整，如图 10-38 所示。

11. 在调整完毕后，拖回原来的位置，如图 10-39 所示。

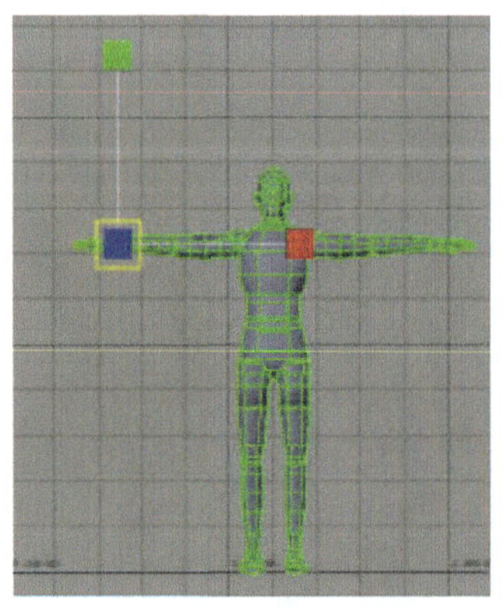

图 10-38　调整模型大小

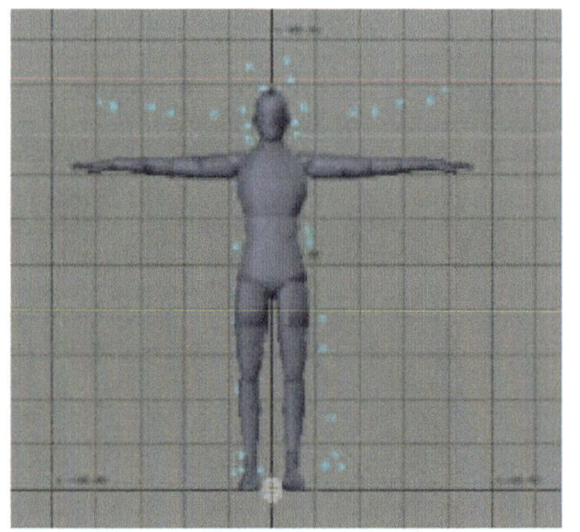

图 10-39　模型归位

12. 然后参照节点，对模型进行局部调整，如图 10-40、图 10-41 所示。

13. 然后在侧面视图中，拖动坐标，将模型与点对齐，如图 10-42 所示。

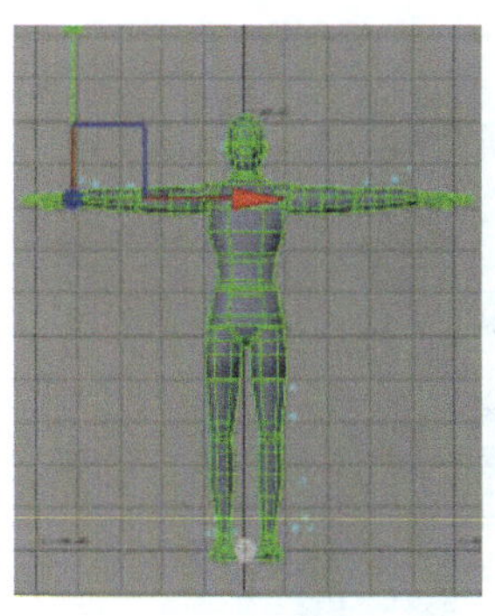

图 10-40　局部调整

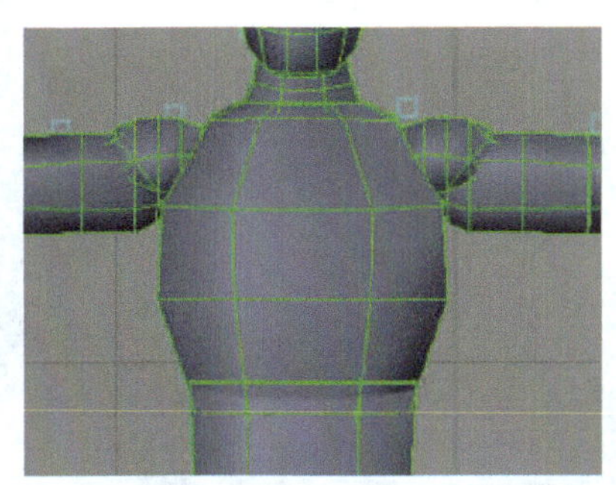

图 10-41　肩部对齐

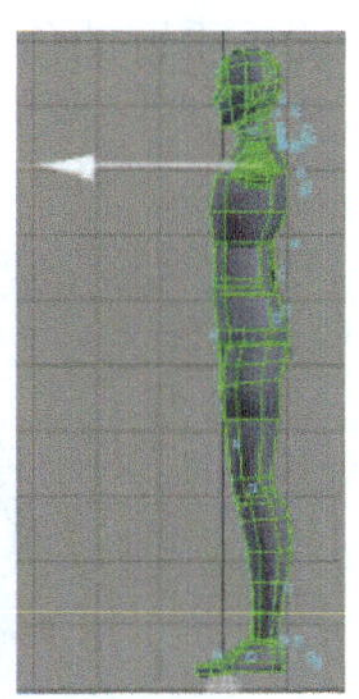

图 10-42　侧面对齐

14. 接着在顶视图中,将模型与点对齐,如图 10-43 所示。

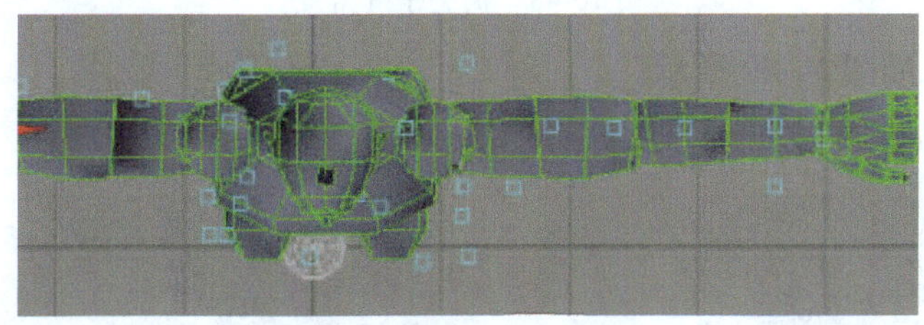

图 10-43　顶视图对齐

15. 调整模型腿部与点对齐,如图 10-44 所示。

16. 观察模型的膝关节处是否与相应的节点对齐,如图 10-45 所示。

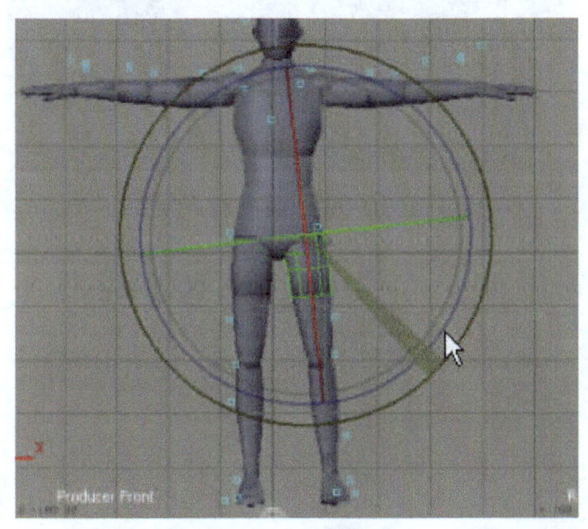

图 10-44　大腿对齐

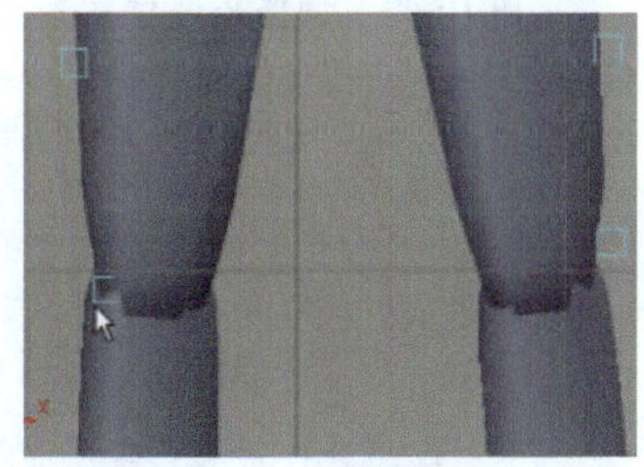

图 10-45　关节对齐

17. 调整手的长度。四肢的调整是左右同时调整的,应保持一致性,如图 10-46、图 10-47 所示。

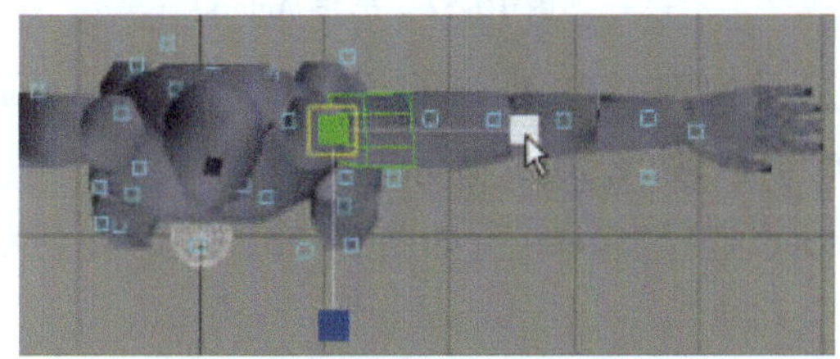

图 10-46　调整手臂长度

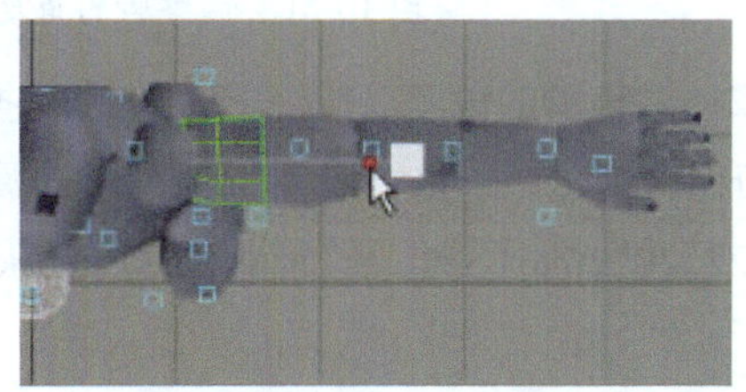

图 10-47　调整手臂长度

18. 调整手臂的角度,如图 10-48 所示。

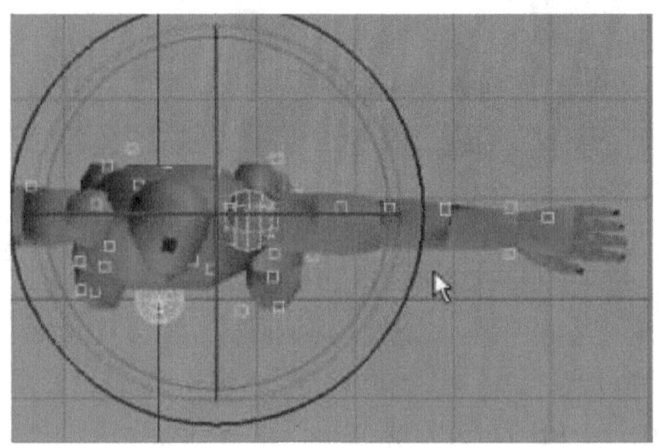

图 10-48　调整手臂角度

19. 调整头部,如图 10-49 所示。

20. 调整腿和脚的角度是否与点对齐,如图 10-50、图 10-51 所示。

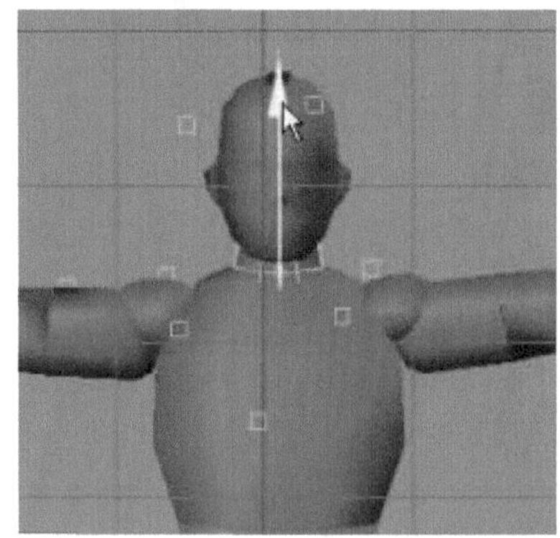

图 10-49　调整头部位置

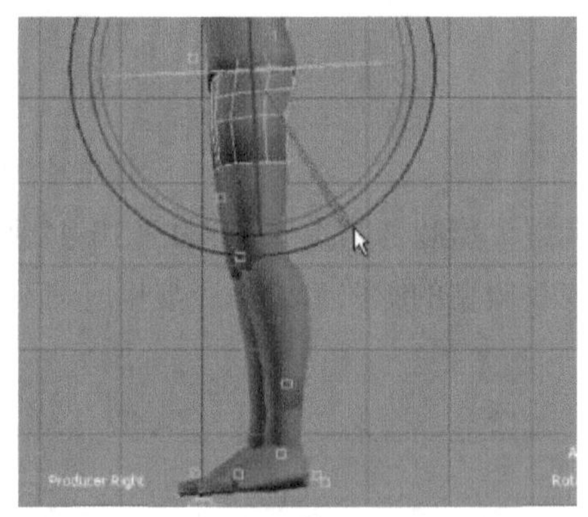

图 10-50　调整腿的角度

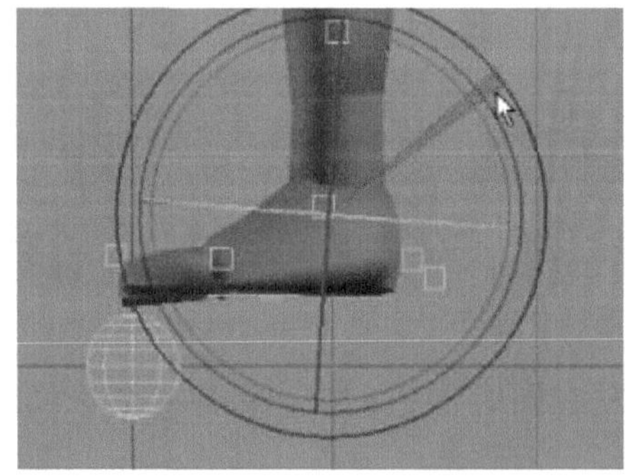

图 10-51　调整脚的角度

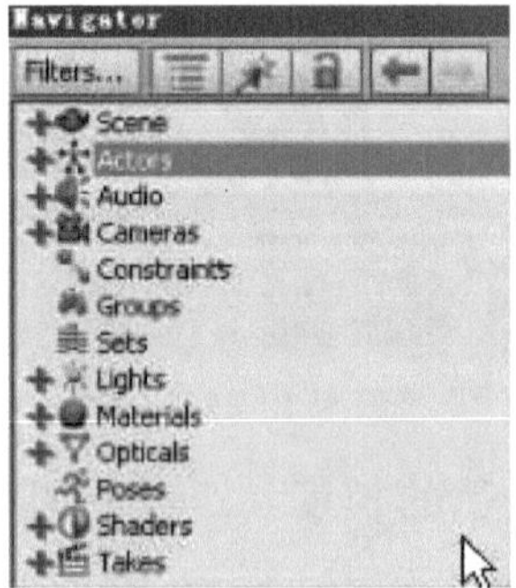

图 10-52　选中 Actors

21. 调整脚的角度。按"Ctrl+1"键切换到单视图。在"Layout"菜单中选择"Creation"视图,资源管理器中单击"Actors",查看右边属性面板,如图 10-52 所示。

22. 在"Actor Settings"面板中的"MarkerSet"选择"Create",如图 10-53、图 10-54 所示。

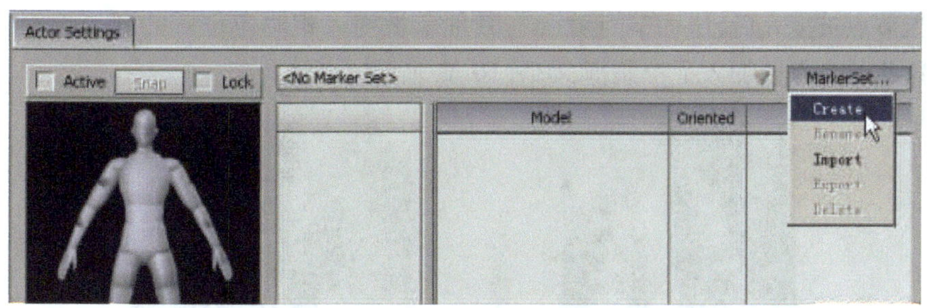

图 10-53 MarkerSet

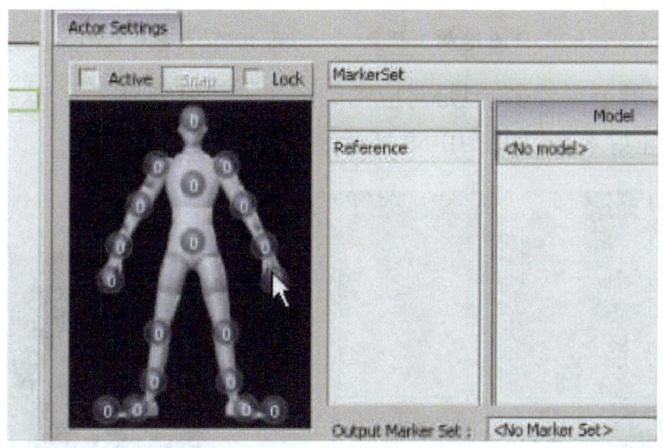

图 10-54 对应 Marker 点位置

23. 在预览图的模型上会出现许多圆形的控制框，这些控制框是用来放对应位置的动画信息点的。注意每个控制框最多能放 5 个控制点，也并不是所有的信息点都要放置在控制框内，把关节点一一对应放入，如图 10-55 所示。

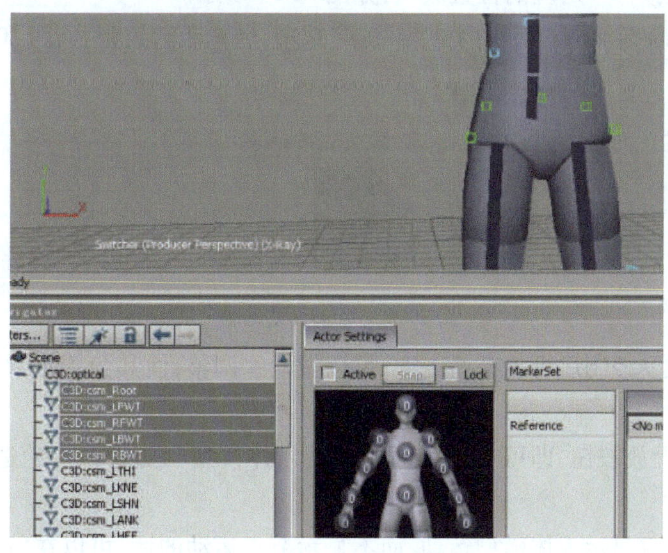

图 10-55 选中 C3D 点

24. 选中人物盆骨部位的 5 个点，然后从“Scene”层级中的“C3D：optical”中将被选中的点直接拖入模型预览图中那个相对应的圆形控制框即可，如图 10-56 所示。

25. 当节点被拖入后，这些节点就会与其他未被拖入相对应位置的圆形选框显示不一致，说明这些信息点已加入了控制框，如图 10-57 所示。

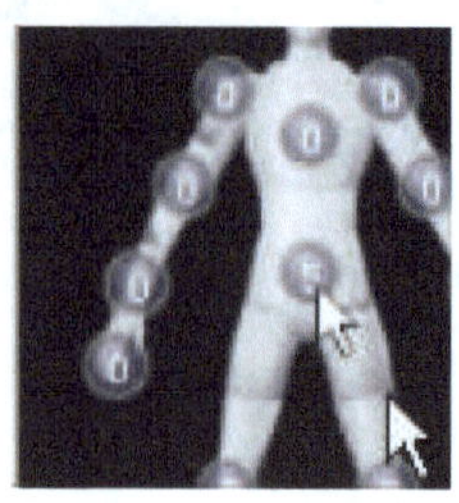

图 10-56　拖入 C3D 点进相应位置

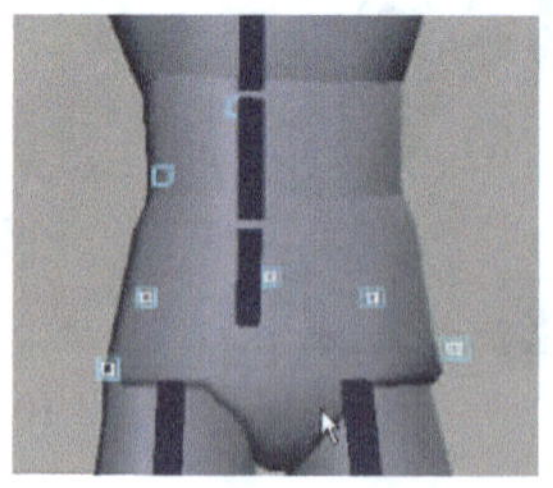
图 10-57　查看 C3D 点信息

26. 人的胸部分的节点较多，但是对应的圆形选框却只能放 5 个，这样即选择 5 个点，背后 2 个，胸前 3 个，正好 5 个，如图 10-58 所示。

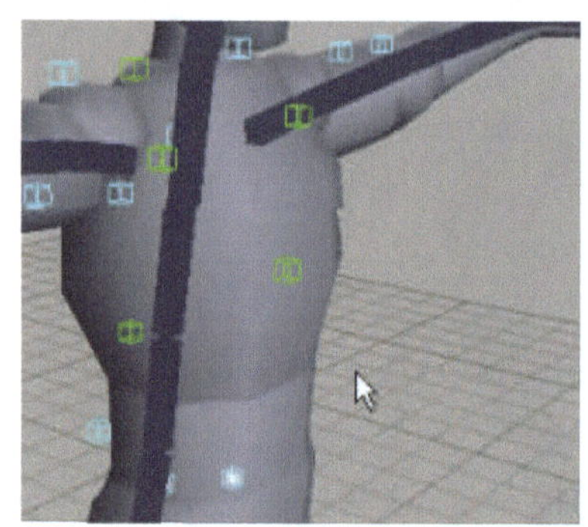
图 10-58　胸部 C3D 点

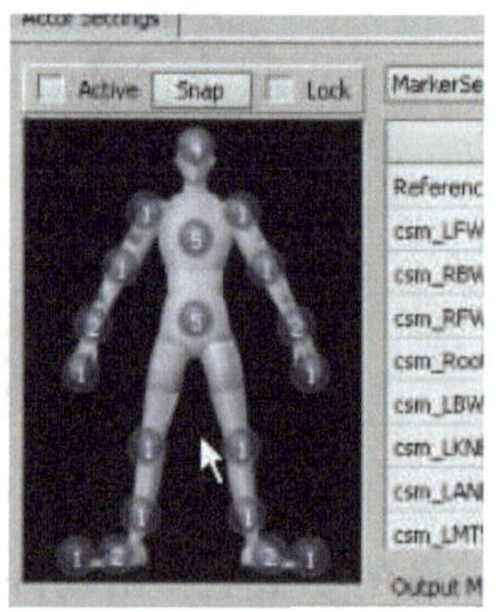

图 10-59　对应放入 Marker 点

27. 将信息点按一一对应的位置放入，如图 10-59 所示。

28. 单击“Actor Settings”面板内的“Active”选项，使其激活控制，如图 10-60 所示。

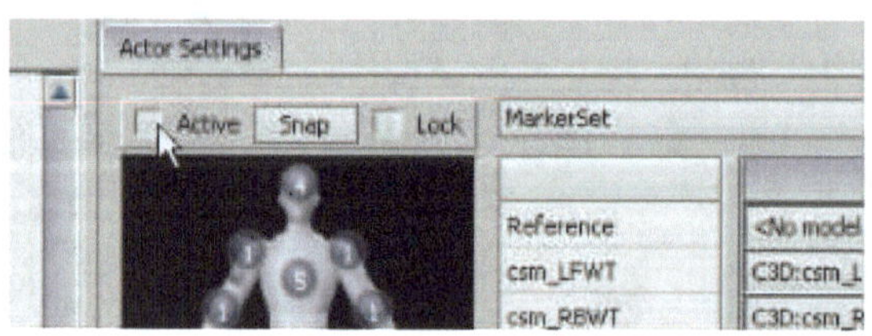

图 10-60　Active 复选框

29. 手臂部位受控制后可能有些变形，可以做一些调整，使其归于正常位置，如图 10-61 所示。

30. 然后，按播放按钮，即可在主界面中发现人体模型会随着节点的运动而运动了，如图 10-62 所示。

31. 如果要仅仅显示人体模型运动，而不显示节点运动的话，可以在“Display”菜单中选择“Models Only”选项即可，如图 10-63、图 10-64 所示。

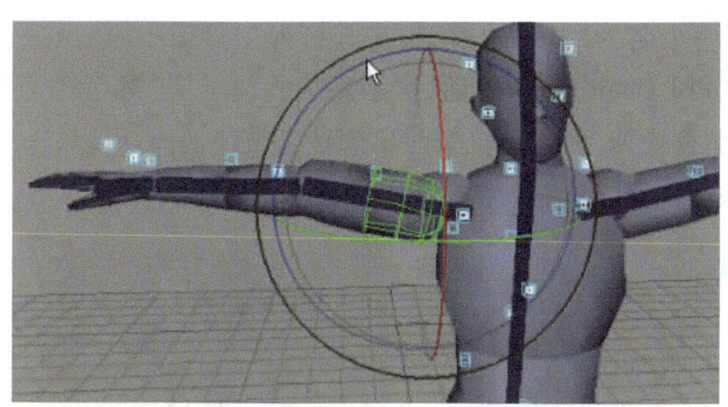
图 10-61　Active 调整处理

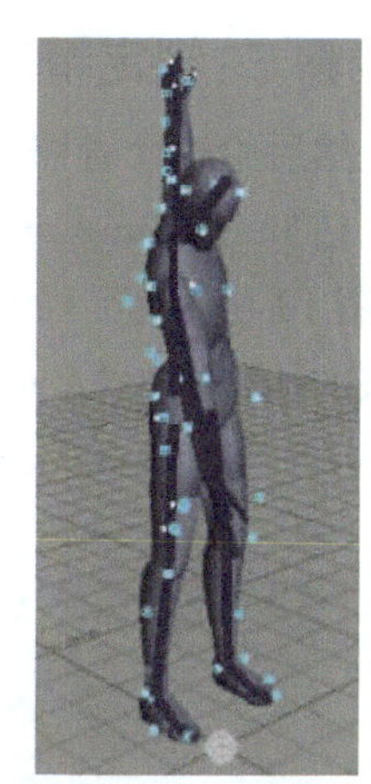
图 10-62　播放 Actor 动画

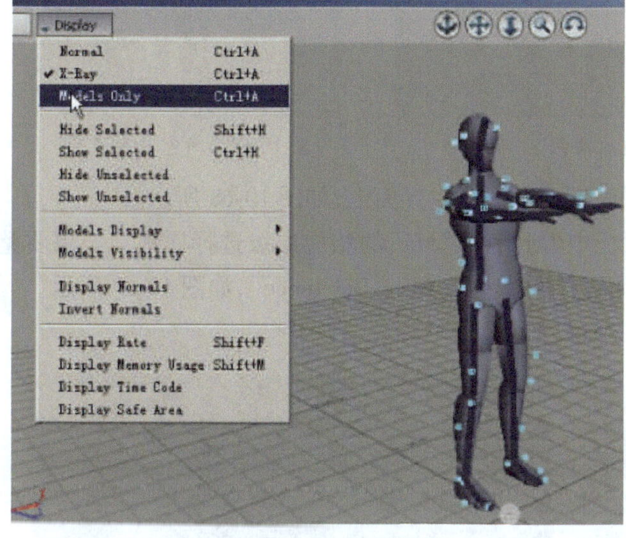

图 10-63　Display 菜单

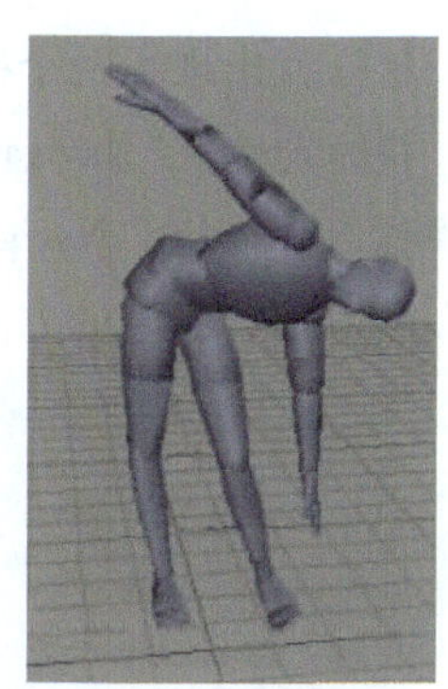
图 10-64　Models Only 视图

32. 在属性面板的操作方面有个小技巧，如果要锁定在“Navigator”中各层选项在右边属性栏里所显示的内容，可以单击“锁定”按钮，如图 10-65 所示。

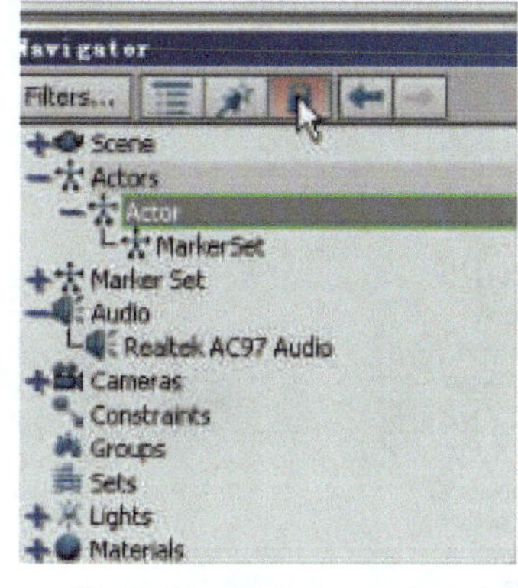

图 10-65　锁定 Actor 选项

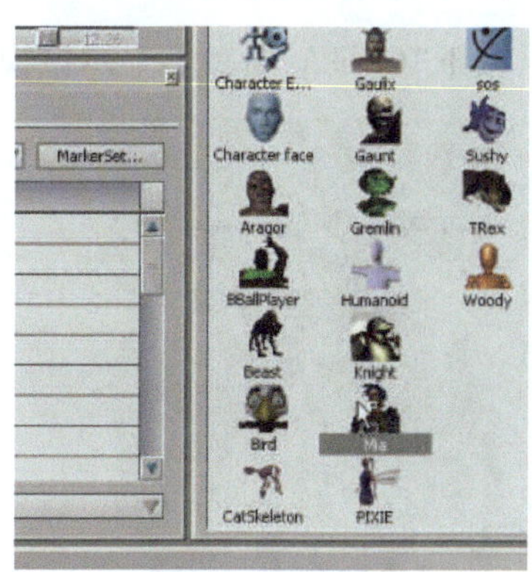

图 10-66　选择角色

步骤三:绑定精美模型

1. 然后给这个骨骼模型加上一个真正的人物角色模型,如图 10-66 所示。

2. 在"Asset Browser"中选择一个名为"Ma"的模型,将其拖入主界面中,会出现选择菜单,如图 10-67 所示。如果选择"FBI Open"选项的话,这个新拖入的名为"Ma"的模型就会将原来的那个名为"Actor"的模型替换掉,而在这里暂时不想让它被替换掉,所以,选择"FBI Merge"→"<No Animation>"选项。

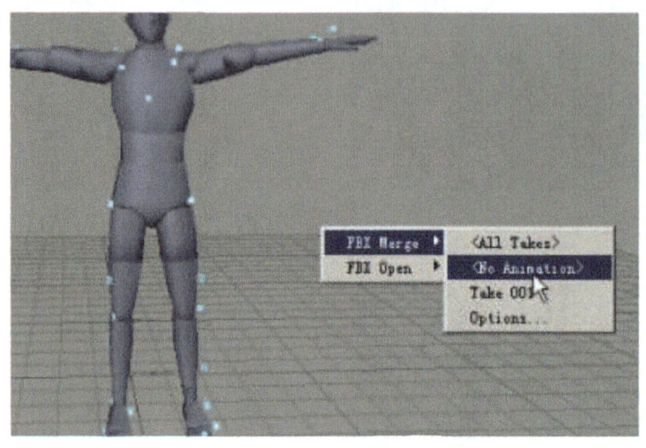

图 10-67　拖入角色

图 10-68　角色进入场景

3. 这样就出现了两个模型同时存在于一个主界面上,如图 10-68 所示。

4. 相应地能在"Navigator"面板中看到有关"Ma"的相应层级选择属性。如果要整体拖动该模型,就可以在"Navigator"面板中选择"Ma_Ctrl: Reference",如图 10-69 所示。

5. 然后拖动相应的方向箭头即可,如图 10-70 所示。

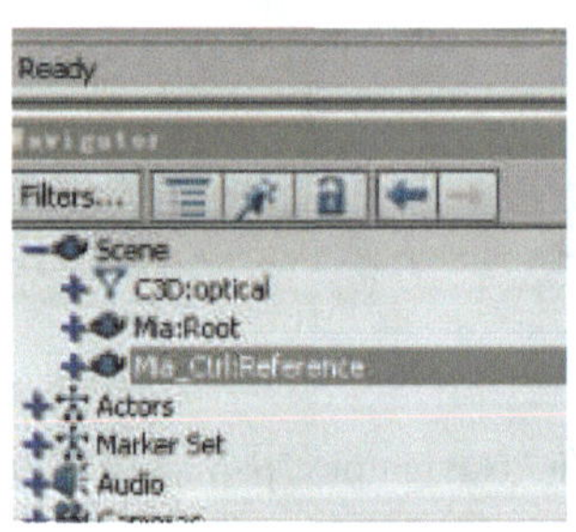

图 10-69　查看角色信息

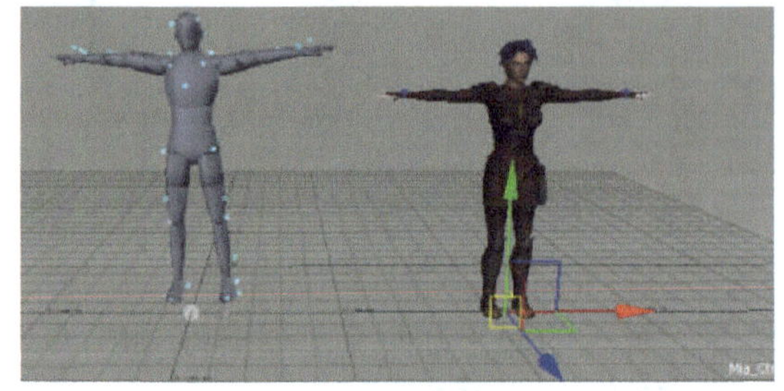
图 10-70　拖动新加入角色

6. 然后,按下"Ctrl+A"键就能显示该模型的骨架,如图 10-71 所示。

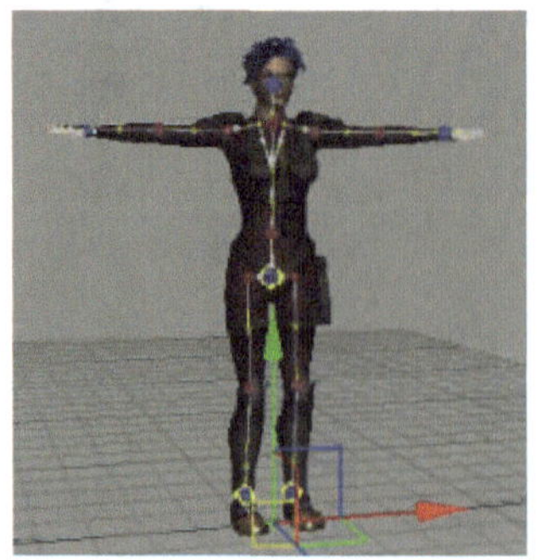
图 10-71　显示角色骨架

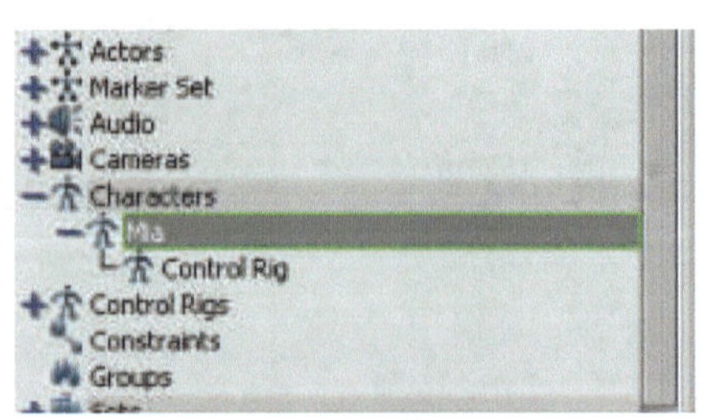

图 10-72　双击角色名称

7. 然后在"Navigator"面板中，选择"Characters"下的"Ma"，显示其相应属性，如图 10-72 所示。

8. 在右边的属性面板里，在"Character Settings"选项卡里选择"Actor Input"，选择给角色输入的动画信息来自于已经做好的"Actor"，如图 10-73 所示。

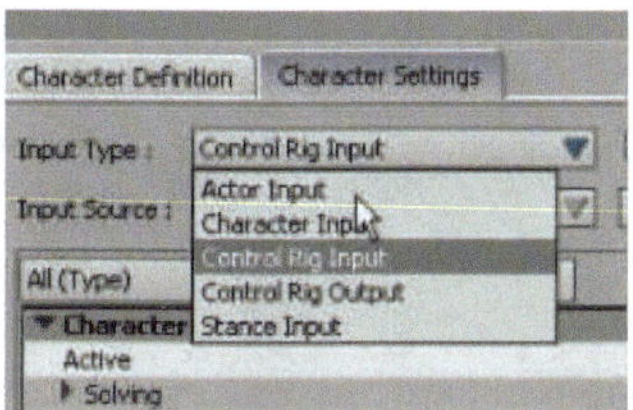

图 10-73　选择 Input Type 方式

图 10-74　选中 Active 复选框

9. 单击"Active"，这样模型就会吸附到那个"Actor"模型上，如图 10-74 所示。

10. 但是"Ma"模型并不是正好与"Actor"对齐，这时需要勾选"Match Source"，可以看到这两个模型已经自动对齐了，如图 10-75 所示。

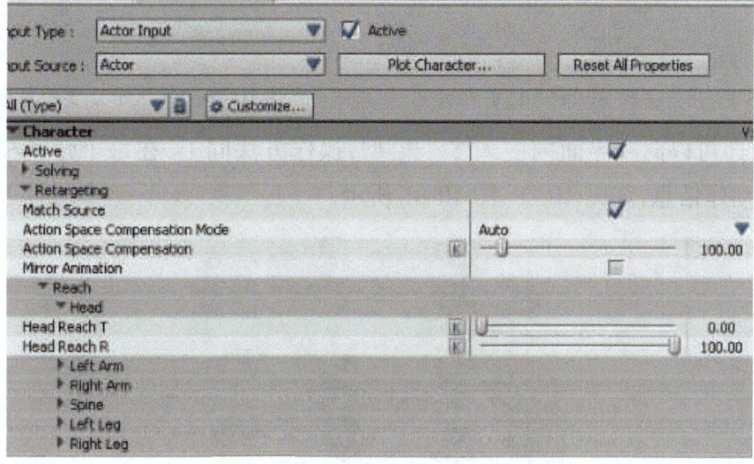

图 10-75　选中 Match Source 复选框

11. 播放测试，可以发现"Ma"模型也随着"Actor"动了起来，如图 10-76 所示。

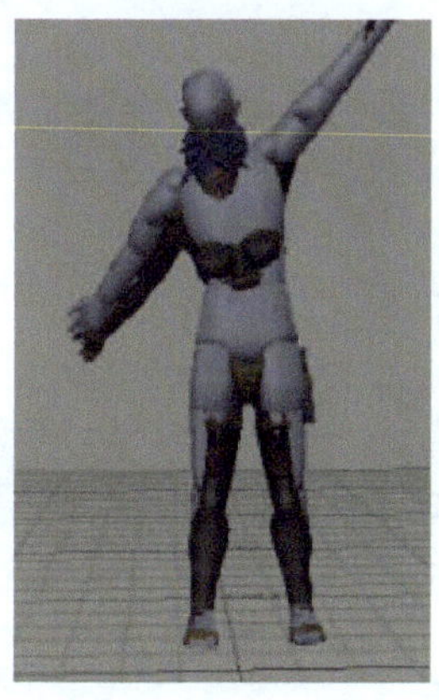

图 10-76　播放动画

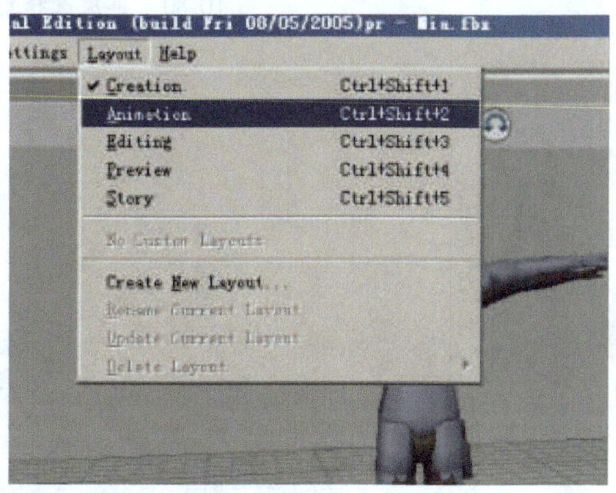

图 10-77　切换视图

12. 这时，选择“Layout”中的“Animation”操作视图，如图 10-77 所示。

13. 在“Character Controls”面板中的“Character Controls”选项标签内，勾去“Show”选项菜单中的“Actor (All)”，如图 10-78 所示。

14. 如图 10-79 所示，主界面上就只会显示出“Ma”模型。

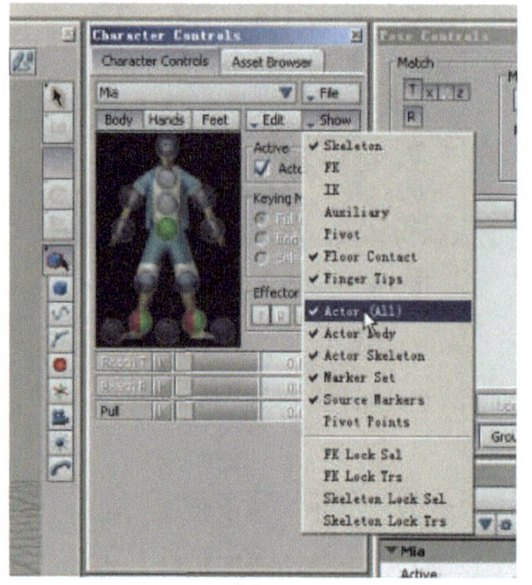

图 10-78　去掉 Actor(All)前面的钩

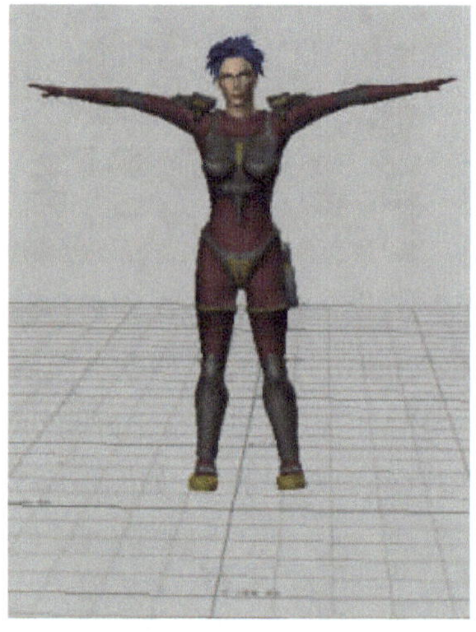

图 10-79　只显示需要的角色

15. 同时，还可以向主界面内拖入多个模型，操作方法同上，在每个角色模型的属性中选择 Actor 的动作信息，如图 10-80、图 10-81 所示。

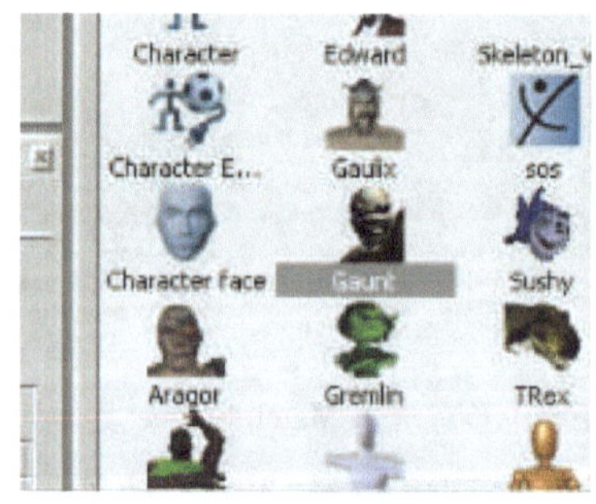

图 10-80　再次选择角色

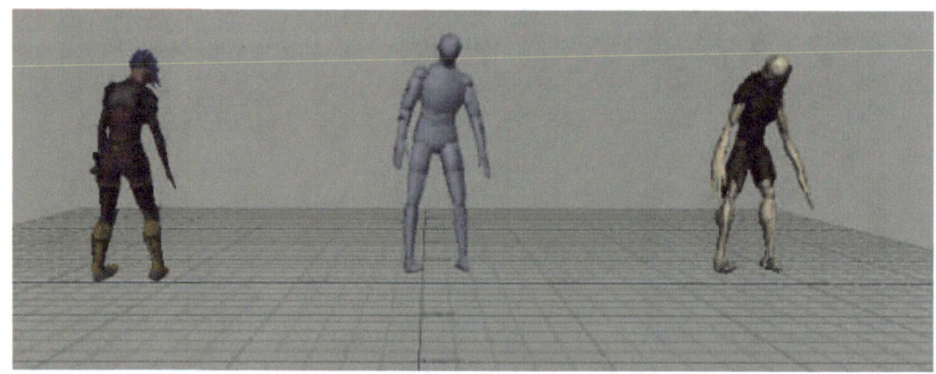

图 10-81　场景中的角色

16. 最后添加一个场景。在“Asset Browser”面板中，选择“Set”层级，就会发现有许多场景可供选择，如图 10-82 所示。

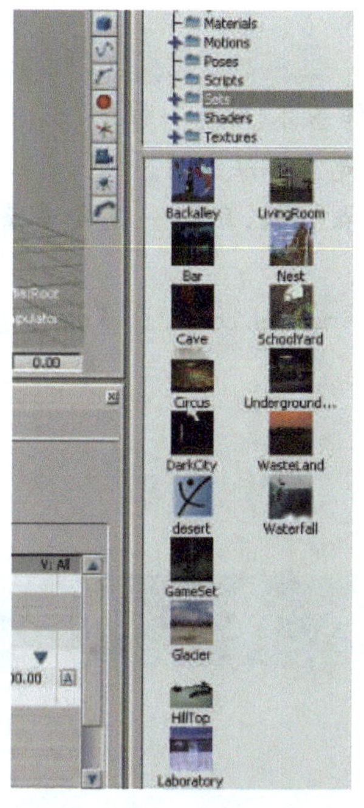

图 10-82　选择场景

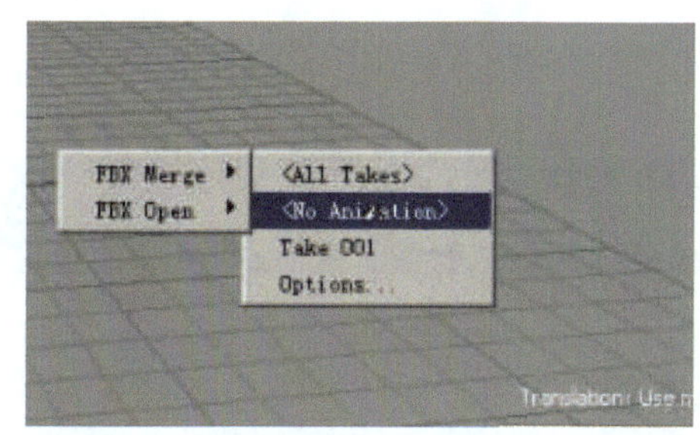

图 10-83　加入场景

17. 导入方法同模型的导入方法一样，也是选择“FBX Merge”→“<No Animation>”，如图 10-83 所示。

18. 最终效果如图 10-84 所示，播放一遍动画。

图 10-84　播放动画

◎ 独立实践任务

任务 3　制作双人动画

【任务背景】

前面制作了一段单人舞蹈动作，并且在场景中加入了 3 个角色，但是它们的动作其实是单人动作,现在需要做双人动画,比如两个人追着跑等。

【任务要求】

制作一段双人动画。

【技术要领】其实双人动画与单人动画原理和操作基本上是一样的,只不过在绑MARKER点时多了另外一个人的点,这是需要注意的。

【解决问题】双人动画容易出现的问题是把双方的点搞错,所以一定要看清对方的名字。

【素材来源】\模块10\情境02\任务3\素材\Two Characters. c3d,更多精彩请登录动捕中国会网站(http://www. mdatas. net)。

职业技能知识点考核

1. 单选题

(1)动作捕捉技术的出现可以追溯到____。

A. 20世纪70年代　　B. 20世纪80年代

C. 20世纪90年代　　D. 20世纪60年代

(2)动画艺术按传播方式分类可分为____、影院动画片、电视动画片。

A. 动画剧场片　　B. 实验动画片

C. 系列动画片　　D. 定格动画片

(3)MotionBuilder中,在系统默认设置下,视图区是一个视图,即____。

A. 透视图　　B. 侧视图

C. 顶视图　　D. 前视图

(4)MotionBuilder软件主要功能是____。

A. 创建三维模型,输出图像和视频动画

B. 编写复杂程序

C. 服务器操作系统

D. 查杀病毒

(5)以下哪项技术不是用来增强动画角色制作的____。

A. Alias MotionBuilder技术　　B. 变形器

C. 剥皮工具　　D. MayaFur

(6)以下哪个应用程序不能与Maya整合____。

A. Adobe Photoshop　　B. CAD

C. Java　　D. Adobe Illustrator

2. 多选题

(1)到目前为止,常用的动作捕捉技术从原理上说可分____。

A. 机械式 B. 声学式 C. 电磁式 D. 光学式

(2)光学式动作捕捉设备一般由以下几个部分组成____。

A. 传感器 B. 信号捕捉设备 C. 数据传输设备 D. 数据处理设备